U0689669

全本全注全译丛书

中华经典名著

陈曦　周旻　等◎注
陈曦　王珏　王晓东　周旻◎译
韩兆琦◎审阅

史　记 二
本纪　表

中华书局

史记卷九

吕太后本纪第九

【释名】

《吕太后本纪》与《史记》所有以单一人物为题的"本纪"都不相同,并没有写吕太后一生的经历,而只写了她在高祖刘邦去世后的所作所为,以及她死后功臣诛灭吕氏集团的事件(或曰"事变")。也就是说,《吕太后本纪》所写主要是刘邦死后十五年间,吕太后为首的吕氏集团与刘氏宗族、功臣集团的尖锐复杂矛盾和惊涛骇浪般的夺权斗争。本篇应与《孝文本纪》《外戚世家》《齐悼惠王世家》《留侯世家》《陈丞相世家》《绛侯周勃世家》《淮阴侯列传》《彭越列传》等篇结合来看。

本文以吕太后之死分为两大部分。第一部分的主要事件有:吕后杀戚夫人与赵王如意;孝惠帝因不满吕后所为抑郁而死;吕后杀刘氏子孙,封吕氏子侄为侯、为王;陈平、周勃为首的功臣向吕后妥协,甚至推波助澜;吕后临终命吕禄、吕产掌握军政实权,功臣集团利益受到侵害,吕氏与功臣矛盾激化。第二部分的主要事件有:刘章与其兄齐王刘襄首倡反吕,发兵西向;朝中诸功臣联合刘章等发难杀吕禄、吕产,彻底诛灭吕氏集团;选择迎立代王刘恒进京继位。

《吕太后本纪》的情节紧张,语言生动,艺术水平不在项羽、高祖、荆轲、田单等纪传之下。

吕太后者[1]，高祖微时妃也[2]，生孝惠帝、女鲁元太后[3]。及高祖为汉王[4]，得定陶戚姬[5]，爱幸，生赵隐王如意[6]。孝惠为人仁弱，高祖以为不类我，常欲废太子，立戚姬子如意，如意类我。戚姬幸，常从上之关东，日夜啼泣，欲立其子代太子。吕后年长，常留守[7]，希见上，益疏。如意立为赵王后[8]，几代太子者数矣，赖大臣争之[9]，及留侯策[10]，太子得毋废[11]。

吕后为人刚毅，佐高祖定天下，所诛大臣多吕后力[12]。吕后兄二人，皆为将。长兄周吕侯死事[13]，封其子吕台为郦侯[14]，子产为郊侯[15]；次兄吕释之为建成侯[16]。

【注释】

①吕太后者：颜师古曰："吕后名雉，字娥姁（xǔ）。"

②妃：配偶。

③孝惠帝：刘盈。生于前210年。谥"惠"，《谥法解》曰："柔质受谏曰'惠'"，又有"柔质慈民曰'惠'"，"爱民好与曰'惠'"。按，西汉诸帝除高帝刘邦外，谥号前都有一"孝"字，颜师古曰："孝子善述父之志，故汉家之谥，自惠帝已下皆称孝也。"鲁元太后：孝惠帝之姊。因其子张偃后来被封为鲁王，故称"鲁太后"。谥"元"，盖为其为刘邦嫡长女。

④高祖为汉王：在前206年。

⑤定陶戚姬：定陶，秦县名。县治在今山东菏泽定陶区西北。《集解》引如淳曰："姬音怡，众妾之总称也。"梁玉绳曰："《水经注》二十七卷又谓'夫人生于洋川'……程大昌《考古编》云：'疑姬家因乱，自定陶转徙洋川，而高祖以王汉中时得之。'"

⑥赵隐王如意：名如意，谥曰"隐"。《谥法解》："不显尸国曰隐。"具体详情见后文。

⑦留守：谓刘邦称帝后平定诸侯叛乱时留守关中。楚汉战争期间，吕后与太公一直被项羽扣为人质，直至鸿沟之约时才放回。

⑧如意立为赵王：事在高祖九年（前198）。赵相贯高谋刺刘邦未遂，赵王张敖因而被废，刘如意时为代王，刘邦徙封其为赵王。

⑨大臣争之：如周昌、叔孙通等皆争之甚力。争，谏诤，劝阻。

⑩留侯策：指留侯张良为吕后设计令太子迎"商山四皓"事。详见《留侯世家》。

⑪太子得毋废：宋祁曰："高祖知吕后与戚夫人有隙……然终不杀者，以惠帝不能制陈平、周勃、萧何、曹参等，故委戚氏不顾为天下计。"吕祖谦曰："存吕后为有功臣，存功臣为有吕后，知惠帝柔懦之故。"

⑫所诛大臣多吕后力：指吕后谋划杀韩信、彭越等事。卢绾也说过"吕后妇人，专欲以事诛异姓王者及大功臣"。见淮阴、彭越、卢绾诸传。

⑬周吕侯：吕泽。《高祖功臣侯者年表》云："以吕后兄初起以客从，入汉为侯。"周吕，封号，意谓吕泽佐汉定天下犹周有吕尚。其食邑当在彭城吕县，治今江苏徐州铜山区东南旧黄河北岸吕梁集。按，《高祖本纪》记刘邦彭城大败，"吕后兄周吕侯为汉将兵，居下邑。汉王从之，稍收士卒，军砀"。则吕泽之功不可没。死事：指战死。

⑭郦：治今河南南阳西北。

⑮子产为郊侯：郊，治今安徽蚌埠固镇东濠城。底本作"交"，《惠景间侯者年表》作"郊"，《齐鲁封泥集存》有"郊侯邑丞"封泥，今据改。

⑯吕释之为建成侯：《集解》引徐广曰："惠帝二年卒，谥康王。"建成，治今河南商丘永城东南。

【译文】

吕太后是高祖刘邦未显贵时的配偶，生有孝惠皇帝和鲁元太后。等到刘邦做了汉王时，又娶得定陶女子戚姬，高祖很是喜爱和宠幸她，生下了赵隐王刘如意。孝惠帝为太子时，仁惠柔弱，高祖认为他不像自己，常想废掉他，改立戚姬的儿子如意，觉得如意更像自己。戚姬受宠，常跟高祖到关东，她日夜啼哭，想让高祖改立自己的儿子来取代太子。吕后当时年纪较大，常留守关中，很少见到皇上，和高祖越发疏远。如意被立为赵王之后，有好几次都险些取代了太子，靠着大臣们的极力谏诤，以及留侯张良的计策，太子刘盈才没被废掉。

　　吕后为人刚强坚毅，辅佐高祖平定天下，高祖后来诛杀大臣也多有吕后之力。吕后有两个哥哥，都是刘邦的部将。长兄周吕侯吕泽战死了，他的儿子吕台被封为郦侯，另一个儿子吕产被封为郊侯；吕后的次兄吕释之被封为建成侯。

　　高祖十二年四月甲辰^①，崩长乐宫^②，太子袭号为帝^③。是时高祖八子：长男肥，孝惠兄也，异母^④，肥为齐王^⑤；余皆孝惠弟，戚姬子如意为赵王，薄夫人子恒为代王^⑥，诸姬子子恢为梁王，子友为淮阳王，子长为淮南王，子建为燕王^⑦。高祖弟交为楚王^⑧，兄子濞为吴王^⑨。非刘氏功臣番君吴芮子臣为长沙王^⑩。

【注释】

①十二年：前195年。四月甲辰：阴历四月二十五。

②长乐宫：也称东宫，在今陕西西安西北汉长安城东南隅。因在未央宫东，也称"东宫"。

③太子袭号为帝：即孝惠帝。

④长男肥，孝惠兄也，异母：按，《齐悼惠王世家》云："其母外妇也，曰曹氏。"

⑤肥为齐王:刘肥受封在高祖六年(前201),都临淄,即今山东淄博临淄区。

⑥薄夫人子恒为代王:薄夫人子恒,即日后之汉文帝刘恒。刘恒于高祖十一年(前196)被封为代王,都于中都(今山西平遥西南)。

⑦"诸姬子子恢为梁王"几句:刘恢、刘友、刘长封王皆在高祖十一年,刘建在高祖十二年。吴见思曰:"高祖八子,除孝文有本纪,齐、淮南有世家、列传,余皆附此,就孝惠袭号时一齐点出,后乃便于插叙。"

⑧弟交为楚王:高祖六年刘邦袭捕韩信后,封同父异母弟刘交为楚王,都彭城(今江苏徐州)。

⑨兄子濞为吴王:高祖十一年(前196)黥布攻杀荆王刘贾,并其地,十二年,刘邦打败黥布,将原属荆国的吴地封给刘濞为吴王,都广陵(今江苏扬州)。刘濞,刘邦的二哥刘仲之子。

⑩非刘氏功臣番君吴芮(ruì)子臣为长沙王:刘邦杀掉韩信、彭越诸人后,与功臣宗室定盟时有云:非刘氏者不得王,非有功者不得侯。唯一的非刘氏而得以保留王号者即番君吴芮。据《汉兴以来诸侯王年表》,吴芮死于高祖五年(前202),高祖六年(前201)吴臣继其父为长沙王。吴芮,初为秦朝鄱阳令,号"番君"。秦末,率百越起兵,并派部将领兵从刘邦入关。后项羽为西楚霸王,立他为衡山王,都邾(今湖北黄冈)。汉朝建立,于高祖五年(前202)改封为长沙王,都临湘(今湖南长沙)。同年卒,谥文。

【译文】

高祖于十二年四月甲辰,驾崩于长乐宫,太子刘盈承袭帝号做了皇帝。此时高祖有八个儿子:长子刘肥是孝惠帝的哥哥,异母,刘肥被封为齐王;其余儿子都是孝惠帝的弟弟,戚姬的儿子如意被封为赵王,薄夫人的儿子刘恒被封为代王,其他嫔妃的儿子刘恢被封为梁王,刘友被封为淮阳王,刘长被封为淮南王,刘建被封为燕王。高祖的弟弟刘交被封为

楚王,高祖哥哥的儿子刘濞被封为吴王。非刘姓的功臣原番阳县令吴芮
的儿子吴臣被封为长沙王。

　　吕后最怨戚夫人及其子赵王,乃令永巷囚戚夫人,而召
赵王①。使者三反,赵相建平侯周昌谓使者曰②:"高帝属臣
赵王,赵王年少。窃闻太后怨戚夫人,欲召赵王并诛之,臣
不敢遣王。王且亦病,不能奉诏③。"吕后大怒,乃使人召赵
相。赵相征至长安④,乃使人复召赵王。王来,未到。孝惠
帝慈仁,知太后怒,自迎赵王霸上⑤,与入宫,自挟与赵王起
居饮食⑥。太后欲杀之,不得间。孝惠元年十二月⑦,帝晨出
射,赵王少,不能蚤起。太后闻其独居,使人持鸩饮之⑧。犁
孝惠还⑨,赵王已死。于是乃徙淮阳王友为赵王⑩。夏,诏
赐郦侯父追谥为令武侯⑪。太后遂断戚夫人手足,去眼,煇
耳⑫,饮瘖药⑬,使居厕中,命曰"人彘"⑭。居数日,乃召孝
惠帝观人彘。孝惠见,问,乃知其戚夫人,乃大哭,因病,岁
余不能起。使人请太后曰:"此非人所为。臣为太后子,终
不能治天下⑮。"孝惠以此日饮为淫乐⑯,不听政,故有病也。

【注释】

①乃令永巷囚戚夫人,而召赵王:《汉书·外戚传》云:"(吕后)乃令
　　永巷囚戚夫人,髡钳衣赭衣,令舂。戚夫人舂且歌曰:'子为王,母
　　为虏,终日舂薄暮,常与死为伍! 相离三千里,当谁使告女?'太
　　后闻之大怒,曰:'乃欲倚女子邪?'乃召赵王诛之。"永巷,宫中署
　　名。掌管后宫人事,有令、仆射等,有狱监禁宫人。此指永巷令。
②建平侯周昌:周昌,刘邦的开国功臣。随刘邦起义于沛,入汉中迁

为中尉,后任御史大夫。高祖六年封汾阴侯。为人坚忍伉直,敢直言。刘邦惧自己死后吕后加害赵王刘如意,特徙他任赵相以保护如意。详见《张丞相列传》。按,据《高祖功臣侯者年表》,周昌封汾阴侯,未言周昌徙封建平侯事,然其子周开方为建平侯,故梁玉绳曰:"岂昌于孝惠时改封'建平'乎?何以本传不载,《汉书》不言也?疑。"

③不能奉诏:锺惺曰:"周昌当高祖时不阿高祖意废太子立赵王,所以当吕后时能不阿吕后意保持赵王,此高祖托赵王于周昌意也,在'期期不奉诏'时已定矣。"按,周昌在反对刘邦改立太子时,态度非常坚决,以至吕后见到周昌,"为跪谢曰:'微君,太子几废。'"故此时吕后也不好惩治他。

④征:征召。多指君召臣。

⑤霸上:地名。在今陕西西安东白鹿原北首,当时的咸阳城东南。

⑥自挟(xié):将其带在自己身边。挟,携带,带领。

⑦孝惠元年:前194年。

⑧使人持鸩(zhèn)饮之:鸩,传说中的一种毒鸟,据说以其羽毛蘸过的酒,使人饮之,立死。这里即指毒酒。按,《西京杂记》云吕后命力士于被中缢杀之。

⑨犁孝惠还:等到惠帝回来。犁,及,等到。底本作"犁明,孝惠还"。王念孙曰:"帝晨出射,则天将明矣。及既射而还,则在日出之后,不得言'犁明孝惠还'也。'犁明孝惠还'当作'犁孝惠还','明'字衍。言比及孝惠还,而赵王已死也。《汉书》作'迟帝还'……与'犁孝惠还'同义。"今据改。

⑩徙淮阳王友为赵王:据《汉兴以来诸侯王年表》,赵王被杀在高祖十二年刘邦死后,刘友移封赵王在惠帝元年。

⑪郦侯父:周吕侯吕泽。

⑫煇(xūn)耳:熏聋耳朵。煇,熏灼。

⑬饮（yìn）：灌。喑药：使人变哑的药。喑，哑。失音。

⑭命曰"人彘"：戚夫人墓在今咸阳渭城区之柏家嘴村，是刘邦陵园的陪葬墓之一，封土呈覆斗形。

⑮终不能治天下：意谓母亲如此酷虐惨无人道，自己作为儿子，实无颜再为人主治理天下。终，犹今之所谓"无论如何"。

⑯日饮为淫乐：按，即《魏公子列传》所谓"与宾客为长夜饮，饮醇酒，多近妇女"。司马光曰："为人子者，父母有过则谏，谏而不听则号泣而随之，安有守高祖之业，为天下之主，不忍母之残酷，遂弃国家而不恤，纵酒色以伤生！若孝惠者，可谓笃于小仁而未知大谊也。"

【译文】

　　吕后最恨戚夫人和她的儿子赵王，于是命令永巷令把戚夫人囚禁起来，并派人召回赵王。使者去了三趟，赵相建平侯周昌对使者说："高祖把赵王托付给了我，赵王年龄还小。我听说太后怨恨戚夫人，想把赵王召去一起杀掉，因此我不敢让赵王去。况且赵王正病着，不能接受诏命。"吕后大怒，就派人去征召周昌。周昌被召到长安，吕后又派人去召赵王。赵王动身前来，还没有到京城。孝惠帝心地仁慈，知道太后恼怒，于是便亲自到霸上迎接赵王，和他一起进宫，起居饮食都带在自己身边。太后想要杀赵王，却得不到机会。孝惠帝元年十二月的一天，孝惠帝清晨出去打猎，赵王年少，不能早起同去。太后得知赵王独自在宫，于是就派人拿着毒酒让他喝下。等孝惠帝回来时，赵王已经死了。于是吕后就将淮阳王刘友徙封为赵王。同年夏天，吕后下诏给郦侯吕台的父亲追赐谥号"令武"。吕后随即把戚夫人斩断手脚，挖去眼睛，熏坏耳朵，灌下哑药，扔到猪圈里，叫她"人彘"。过了几天，太后叫惠帝去看人彘。孝惠帝看后，一问才知道是戚夫人，于是大哭，因此病倒，一年多不能起身。他差人去见太后说："这不是人干的事。我身为太后之子，无论如何也不能治理天下了。"孝惠帝从此天天饮酒作乐，不理政事，故而一直患病。

　　二年①，楚元王、齐悼惠王皆来朝十月②，孝惠与齐王燕饮太后前③，孝惠以为齐王兄，置上坐，如家人之礼④。太后怒，乃令酌两卮鸩，置前，令齐王起为寿⑤。齐王起，孝惠亦起⑥，取卮欲俱为寿⑦。太后乃恐，自起泛孝惠卮⑧。齐王怪之，因不敢饮，详醉去。问，知其鸩，齐王恐，自以为不得脱长安，忧。齐内史士说王曰⑨："太后独有孝惠与鲁元公主⑩。今王有七十余城，而公主乃食数城。王诚以一郡上太后，为公主汤沐邑⑪，太后必喜，王必无忧。"于是齐王乃上城阳之郡⑫，尊公主为王太后⑬。吕后喜，许之。乃置酒齐邸⑭，乐饮，罢，归齐王⑮。三年⑯，方筑长安城，四年就半，五年九月城就⑰。

【注释】

①二年：前193年。

②楚元王、齐悼惠王皆来朝十月：汉初沿用秦历，以十月为每年第一个月，诸侯须于十月初一依礼来朝贺，此即所谓"朝十月"。底本断句为"楚元王、齐悼惠王皆来朝。十月，孝惠与齐王"云云不当。楚元王，刘邦之弟刘交，封楚王，谥"元"。齐悼惠王，刘邦之子刘肥，封齐王，谥"悼惠"。

③燕饮：聚会在一起吃酒饭。燕，通"宴"。

④如家人之礼：即平民百姓家父母兄弟间的礼节，区别于君臣之礼。颜师古曰："以兄弟齿列，不从君臣之礼，故曰'家人'也。"

⑤为寿：向对方敬酒祝福，同时自己干杯。

⑥孝惠亦起：孝惠是弟，兄长敬酒，遂亦起身以示尊敬。

⑦欲俱为寿：想一起相互祝福。

⑧泛（fěng）：翻，倾倒。

⑨齐内史士:《齐悼惠王世家》作"内史勋"。梁玉绳以为其人姓"士"名"勋",王叔岷以为其说较胜。内史,官名。汉初诸侯国设置内史,掌封国民政。位在丞相之下。

⑩太后独有孝惠与鲁元公主:按"孝惠""元"皆死后之谥,此时不当称。崔适曰:"当曰'太后独有帝与公主'。"

⑪汤沐邑:指国君、皇后、公主等收取赋税的私邑。

⑫城阳之郡:"之"字似应削。城阳,汉郡名。郡治莒县(今山东莒县)。

⑬尊公主为王太后:颜师古曰:"齐王忧不得脱,故从内史之言,请尊公主为齐太后,以母礼事之,用悦媚太后耳。"刘攽曰:"悼惠、公主兄弟耳,虽欲谄吕后,而以母事之,于理安乎?"王先谦曰:"'太后'无虚尊之理,鲁元子偃未王,此'太后'不系之齐,谊将何属?……惠帝乃公主亲弟,尚将为其婿,何有于齐王之虚尊?颜说未可驳也。"

⑭齐邸(dǐ):齐王在京的府邸。汉代制度,诸侯王可在京城修建官邸,作为来京时的栖息之处。

⑮罢,归齐王:史珥曰:"此意最妙,悼惠之得归在是,朱虚之得封、得入侍亦在是,一时权术,遂关宗社安危。"

⑯三年:前192年。

⑰四年就半,五年九月城就:底本作"四年就半,五年六年城就"。梁玉绳曰:"筑长安城始于元年,成于五年……此言三年方筑,六年城就,误矣。"泷川引沈家本曰:"《惠帝纪》五年'九月长安城成',则'五年六年'乃'五年九月'之讹。"今据改。《索隐》引《汉旧仪》曰:"城方六十三里,经纬各十二里。"《索隐》引《三辅旧事》云:"城形似北斗也。"按,长安城旧址在今西安城区之西北部。长安城平面近似正方形,方向基本作正南北向,总面积约34平方千米。东城墙平直,西、南、北三面城墙多曲折,尤以南、北城墙显得更突出,看上去其平面如天上的南斗星与北斗星,故有人

称长安城为"斗城"。城墙高8米，下宽16米。东面城墙长5940米，南面城墙长6250米，西面城墙长4550米，北面城墙长5950米。每面三个城门，每门三个门道，每个门道实际使用宽度约6米，可容纳当时四车并行。

【译文】

孝惠帝二年，楚元王刘交、齐悼惠王刘肥都进京参加十月初一的朝贺，孝惠帝和齐王一同在吕太后跟前饮酒，孝惠帝认为齐王是兄长，就依照家人的礼节，请他坐了上座。吕后动怒，就让人斟来两杯毒酒，放到齐王面前，命齐王起身为她敬酒祝寿。齐王一站起来，孝惠帝也站了起来，取过酒杯，要一起为太后敬酒祝寿。太后于是害怕了，急忙自己起身打翻惠帝的酒杯。齐王心中奇怪，因而没敢喝这杯酒，假装酒醉退席。事后打听，才知道是毒酒，齐王很害怕，认为自己不能从长安脱身了，非常焦虑。齐国内史士向齐王献策说："太后只生有当今皇帝和鲁元公主。如今大王拥有七十多座城池，而公主只享食几座城的贡赋。大王如果能拿出一个郡献给太后，用作公主的汤沐邑，太后肯定高兴，您也就没有可担忧的了。"于是齐王献上了城阳郡，尊称公主为自己的太后。吕太后很高兴，准许了他的要求。随后在京城齐王的府邸里设宴痛饮，酒宴结束，就让齐王返回封地。孝惠帝三年，开始修筑长安城，四年时完成了一半，到五年九月全部竣工。

七年，诸侯来会十月，朝贺[1]。秋，八月戊寅，孝惠帝崩[2]。发丧，太后哭，泣不下[3]。留侯子张辟彊为侍中[4]，年十五[5]，谓丞相曰[6]："太后独有孝惠，今崩，哭不悲，君知其解乎？"丞相曰："何解？"辟彊曰："帝毋壮子，太后畏君等。君今请拜吕台、吕产为将，将兵居南、北军[7]，及诸吕皆入宫，居中用事，如此则太后心安，君等幸得脱祸矣。"丞相乃如辟彊计⑧。太后说，其哭乃哀。吕氏权由此起⑨。乃大赦天下。九月辛丑，葬⑩。太子即位为帝⑪，谒高庙⑫。元年，号令一出太后⑬。

【注释】

①七年，诸侯来会十月，朝贺：底本"七年"二字，在下文"秋，八月戊寅"句上。当时以"十月"为岁首，据《汉兴以来诸侯王年表》，诸侯"来朝"是在惠帝七年十月，故下文"七年秋"之"七年"二字应移至"诸侯来会十月"句上。今据改正。七年，前188年。

②秋，八月戊寅，孝惠帝崩：《集解》引皇甫谧曰："帝以秦始皇三十七年生，崩时年二十三。"王鸣盛曰："帝年五岁，高祖为汉王。二年，立为太子，年六岁。十二年，高祖崩，帝即位，时年十六。又七年，崩，年二十三。"八月戊寅，阴历八月十二。

③太后哭，泣不下：意即干嚎不掉泪。颜师古曰："泣谓泪也。"

④留侯子张辟彊：张良的长子名"不疑"，少子名"辟彊"，皆从道家的"以弱自守"立意。侍中：官名。入侍天子，出入禁中，分掌天子乘舆服物，或顾问应对，谏议政事。《集解》引应劭曰："入侍天子，故曰侍中。"

⑤年十五：扬雄《法言·重黎》篇有所谓"甘罗之悟吕不韦，张辟彊之觉平、勃，皆以十二龄"之语。与此不同。

⑥丞相：此时的右丞相是王陵，左丞相是陈平。

⑦君今请拜吕台、吕产为将，将兵居南、北军：底本作"君今请拜吕台、吕产、吕禄为将，将兵居南、北军"。梁玉绳曰："南北军不容三人将之，《汉传》无吕禄，甚是，禄乃继台将北军者也。"今据削"吕禄"二字。今，倘若。吕台、吕产，皆吕后长兄吕泽之子；吕禄，吕后次兄吕释之之子。南、北军，为守备京师的禁卫军，分立南北。俞正燮曰："高祖时之南、北军，以卫两宫……长乐在东，为

北军；未央在西南，为南军……帝居未央，后居长乐。"

⑧丞相乃如辟彊计：此丞相当指陈平，《汉传》即明著之曰"陈平"。

⑨吕氏权由此起：泷川曰："六字理正词严，曲逆（陈平）甘服其罪。"
史珥曰："曲逆号称'多智'，不能主持国是，反资乳臭邪谋为兔
窟。"凌稚隆曰："非刘氏而王，即负白马之约，奚系汉室存亡哉？
其失在于以兵柄授吕氏，则曰帝而帝，曰王而王，太阿在手，人不
得而婴其锋耳。"

⑩九月辛丑，葬：泷川曰："当依《汉书》'葬'下补'安陵'二字。"
按，安陵在刘邦的长陵西南，今之咸阳东北。王先谦引沈钦韩曰：
"《御览》四百五十七引《楚汉春秋》曰：'惠帝崩，吕后欲为高坟，
使从未央宫而见之，诸将谏，不许。东阳侯垂泣曰：陛下见惠帝冢
流涕无已，是伤生也，臣窃哀之。太后乃已。'"九月辛丑，阴历九
月初五。

⑪太子即位为帝：梁玉绳曰："《史》《汉》不言其名，盖孝惠后宫子。
《正义》引刘伯庄谓'幸吕氏有身而入宫生子者'，妄。"

⑫谒高庙：高庙，祀汉高祖之庙，汉惠帝尊为太祖庙。按，历代皇帝
登基时，都要到本朝开国皇帝的庙（即太祖庙）去朝拜祭祀，以禀
告继位登基。

⑬元年：前187年。此孝惠帝子之元年，亦即吕后执政的第一年，习
称高后元年。

【译文】

七年，诸侯都来京聚会，十月入朝祝贺。孝惠帝七年秋八月戊寅，孝
惠帝驾崩。发丧时，吕太后大哭，却不见流下眼泪。留侯张良的儿子张
辟彊任侍中，只有十五岁，他对丞相陈平说："太后只有皇上一个儿子，现
在皇上驾崩了，她却只干哭而不悲恸，您知道这里面的缘故吗？"陈平问：
"什么缘故？"张辟彊说："皇上没有留下成年的儿子，太后顾忌的是你们
这些大臣。您要是能请求太后拜吕台、吕产为将，统领南、北禁卫军，再

让吕家人都入宫,执掌朝政,这样太后就会放心,你们也就能够幸免于祸了。"丞相于是按张辟彊的计策行事。太后很高兴,这才哭得哀痛起来。吕氏家族的权势从此起来了。于是大赦天下。九月辛丑,孝惠帝下葬。太子即位做了皇帝,拜谒了高祖庙。少帝元年,朝廷号令一律出自吕后。

太后称制①,议欲立诸吕为王。问右丞相王陵②。王陵曰:"高帝刑白马盟曰③:'非刘氏而王,天下共击之④。'今王吕氏,非约也。"太后不说。问左丞相陈平、绛侯周勃⑤。勃等对曰:"高帝定天下,王子弟;今太后称制,王昆弟诸吕,无所不可⑥。"太后喜,罢朝。王陵让陈平、绛侯曰:"始与高帝喋血盟⑦,诸君不在邪?今高帝崩,太后女主,欲王吕氏,诸君从欲阿意背约⑧,何面目见高帝地下?"陈平、绛侯曰:"于今面折廷争,臣不如君;夫全社稷,定刘氏之后,君亦不如臣⑨。"王陵无以应之。十一月,太后欲废王陵,乃拜为帝太傅⑩,夺之相权。王陵遂病免归。乃以左丞相平为右丞相⑪,以辟阳侯审食其为左丞相⑫。左丞相不治事⑬,令监宫中⑭,如郎中令⑮。食其故得幸太后⑯,常用事⑰,公卿皆因而决事。乃追尊郦侯父为悼武王⑱,欲以王诸吕为渐⑲。

【注释】

①称制:代行皇帝的职权。颜师古曰:"天子之言一曰制书,二曰诏书。制书者,谓为制度之命也,非皇后所得称。今吕太后临朝行天子事,断决万机,故称制诏。"

②右丞相王陵:王陵为刘邦同乡,刘邦兄事之。刘邦起兵后,王陵不肯相从,在南阳聚党数千人。后成为刘邦开国功臣,封安国侯。

惠帝时继曹参为右丞相。事迹见《陈丞相世家》。按，当时的右丞相，位在左丞相之上。

③刑白马盟：杀白马歃血盟誓。古代盟会盟约宣读后，参加者用口微吸所杀牲之血（一说以指蘸血，涂于口旁），以示诚意。按，刘邦与群臣刑白马定盟事，本纪不载。

④非刘氏而王，天下共击之：《汉兴以来诸侯王年表序》有云："高祖末年，非刘氏而王者，若无功上所不置而侯者，天下共诛之。"

⑤左丞相陈平：陈平，刘邦开国功臣。初从项羽，后归刘邦，屡出奇计，以功封曲逆侯。惠帝时继曹参为左丞相。事迹详见《陈丞相世家》。绛侯周勃：刘邦的开国功臣。从刘邦起兵，战功卓著，封绛侯。高祖十一年曾任太尉，同年"太尉"之职取消。至吕后四年又任周勃太尉。

⑥王昆弟诸吕，无所不可：昆弟诸吕，犹言"吕氏诸兄弟"。昆弟，兄弟。凌稚隆曰："陈平、周勃不以此时极谏而顾阿谀曲从，乃致酿成其祸，他日虽有安刘之功，仅足以赎今之罪耳。"

⑦喋（shà）血盟：歃血定盟。喋，通"歃"。

⑧从欲：顺从吕后心意。一说，从，同"纵"。纵欲指放纵吕后肆意妄为。阿意：迎合他人的意旨。阿，曲从，迎合。

⑨夫全社稷，定刘氏之后，君亦不如臣：史珥曰："曲逆尔时人品去长乐老（冯道）不远。"茅坤曰："使平、勃有殉国之忠，岂得动？"王鸣盛曰："其始惠帝崩，高后哭泣不下，此时高后奸谋甫兆，使平、勃能逆折其邪心，安见不可扑灭者？乃听张辟彊狂竖之言，请拜产、禄为将，将兵居南、北军。高后欲王诸吕，王陵守白马之约，而平、勃以为无所不可，然则成吕氏之乱者平、勃也。幸而产、禄本庸才，又得朱虚之忠勇，平、勃周旋其间，而乱卒平，功尽归此两人。"郭嵩焘曰："是时吕后决意王诸吕，非王陵、平、勃所能争也；争则相与俱罢，而吕氏之祸益烈，无有能制其后者矣。诸吕之王

无当汉氏之安危，而只益吕氏之祸。平、勃之不争，固自有见，非王陵所能及也。"按，郭嵩焘所云代表了一派人的意见。用"曲线救国"说为陈平、周勃撇清，不过是因后来二人扳倒了吕氏，若事不成，二人岂非罪魁祸首？

⑩太傅：官名。西周始置，与太师、太保共为三公，职主辅佐天子以治天下。秦不置。吕后此时又置，金印紫绶，位在三公（丞相、太尉、御史大夫）之上，而无实权。

⑪乃以左丞相平为右丞相：由此可知汉时以"右"为上。《史记》叙入汉以后诸事，以"右"为上者居多。故赵翼曰："颜师古曰：'右职，高职也。'其有得罪下迁者，则曰左迁。"且谓："两汉尊右卑左，久为定制；至汉以后，改从尚左，则不知于何时。"

⑫辟阳侯审食其（yì jī）为左丞相：审食其为吕后幸臣，封辟阳侯，今又任以为左丞相。辟阳，汉县名。在今河北枣强西南。

⑬不治事：谓不管理其左丞相职内的事务。

⑭令监宫中：令审食其管理宫中事务。监，监督，管理。

⑮郎中令：官名。位列九卿，总管宫殿内一切事务。

⑯故得幸太后：楚汉战争中，审食其曾与刘太公、吕后一起被项羽扣为人质。故，本来，早就。

⑰用事：当权，主事。

⑱追尊郦侯父为悼武王：吕泽前追谥"令武侯"，如今升为"悼武王"。悼武，因其为国战死，故谥为"悼武"。

⑲欲以王诸吕为渐：语略不顺，似应曰"欲以为王诸吕之渐"。渐，开端，起始。

【译文】

吕后临朝称制后，召集大臣商议打算立吕氏诸人为王。问右丞相王陵。王陵说："当年高帝杀白马与群臣誓盟时曾说：'非刘氏子弟称王者，天下共同诛讨他。'如今封吕氏为王，这不合先帝的盟约。"吕后很不高兴。又问左丞相陈平与绛侯周勃。周勃等人回答说："高帝平定了天下，就封他的子弟为王；现在太后临朝称制，也封自己的兄弟族人为王，没有什么不可以。"太后这才高兴地退朝。王陵退朝后责怪陈平、周勃说："当初和高帝一起歃血为盟时，你们难道不在场吗？如今高帝驾崩了，太后以女主当权，想封吕氏为王，你们竟然纵容她的私欲，迎合她的心愿，违背与高帝立下的誓约，将来你们有什么面目到地下去见高帝呢？"陈平、周勃说："今天在朝廷上当面反驳，直接谏诤，我们是不如您；如果说到保全江山社稷，安定刘姓后代，那您就不如我们了。"王陵无言以对。十一月，吕后想要罢免王陵，就拜他为皇帝的太傅，夺了他右丞相的权力。王陵遂称病去职回乡。于是吕后就让左丞相陈平为右丞相，让辟阳侯审食其为左丞相。左丞相不负责日常的宰相事务，而是像郎中令一样监督宫中的事务。审食其一向深得太后的宠幸，常常当权行事，公卿大臣处理政务都要通过他来决定。吕后又追尊郦侯吕台的父亲吕泽为悼武王，想以此为阶，逐渐分封诸吕为王。

四月，太后欲侯诸吕，乃先封高祖之功臣郎中令无择为博城侯①。鲁元公主薨，赐谥为鲁元太后，子偃为鲁王②。鲁王父，宣平侯张敖也③。封齐悼惠王子章为朱虚侯，以吕禄女妻之④。齐丞相寿为平定侯⑤。少府延为梧侯⑥。乃封吕种为沛侯⑦，吕平为扶柳侯⑧，张买为南宫侯⑨。

【注释】

①郎中令无择：冯无择。《惠景间侯者年表》云："以悼武王郎中，兵初起，从高祖起丰，攻雍丘，击项籍，力战，奉卫悼武王出荥阳。"博城：汉县名。县治在今山东泰安东南。《惠景间侯者年表》作"博成"，《史记》中书地名"城""成"常通用。

②赐谥为鲁元太后,子偃为鲁王:泷川引中井曰:"既号鲁元太后,是
为鲁王之母也,故封其子为鲁王,使谥号相称也。"按,鲁元公主
墓在今咸阳渭城区之白庙南村,是汉惠帝安陵的陪葬墓之一。张
敖墓亦在今咸阳渭城区之白庙南村,与其妻鲁元公主同茔异穴,
在鲁元公主墓东六十米,是汉惠帝的陪葬墓之一。

③宣平侯张敖:张耳之子。张耳封赵王,高祖五年去世,张敖袭爵为
赵王。后因其相贯高等欲刺杀刘邦,被牵连废为宣平侯。"宣平"
是封号名。

④封齐悼惠王子章为朱虚侯,以吕禄女妻之:悼惠王子章,刘肥的次
子刘章。朱虚,在今山东临朐东南。按,吕后多为刘氏子弟娶吕
氏女,一为加强两族关系,一为监督刘氏子弟。

⑤齐丞相寿:齐国的丞相名寿,亦姓齐。陈直曰:"齐寿,《史记》《汉
书》侯表皆作齐受,西汉时'受''寿'二字通用。"《惠景间侯者
年表》云:"以卒从高祖起留,以家车吏入汉,以枭骑都尉击项籍,
得楼烦将功。"平定:其地未详。王先谦《汉书补注》说为西河
郡平定县,治今陕西榆林府谷西北。钱穆以为"平定"应作"安
平",封地即今河北安国。

⑥少府延:阳成延。陈直引汉人有"阳成房""阳成脩"证明汉时确
有此姓。少府,官名。位列九卿,掌管山海池泽收入和皇室手工
业制造,为皇帝的私府长官。《惠景间侯者年表》云:"以军匠从起
郏,入汉后为少府,作长乐、未央宫,筑长安城,先就。"梧侯:封地
梧县,治今安徽萧县南。

⑦吕种:吕后次兄建成侯吕释之的次子。沛侯:封地沛县,即今江苏
沛县。沛侯原为刘濞,沛县被刘邦收作汤沐邑,不宜设侯,刘濞转
封吴王。如今刘邦去世多年,故又在此设侯。

⑧吕平:《惠景间侯者年表》云:"高后姊长姁子。"泷川引中井曰:
"吕后姊子,则不当姓吕,是恐有谬。"扶柳侯:封地扶柳县,在今

河北冀州西北。

⑨张买：据《惠景间侯者年表》云："以父越人为高祖骑将，从军，以大中大夫侯。"泷川引中井曰："张买叙于诸吕下，岂吕之姻族乎？"按，年表云"买坐吕氏事诛"，中井之说近是。南宫侯：封地南宫县，其地未详。《索隐》说"属信都"，在今河北邢台南宫西北。

【译文】

四月，吕太后为封吕氏诸人为侯，就先封了高祖的功臣郎中令冯无择为博城侯。鲁元公主去世，赐谥号为鲁元太后，又封鲁元太后的儿子张偃为鲁王。鲁王的父亲就是宣平侯张敖。同时还封齐悼惠王刘肥的儿子刘章为朱虚侯，把吕禄的女儿嫁给他为妻。封齐国丞相齐寿为平定侯，封少府阳成延为梧侯。于是封吕种为沛侯，吕平为扶柳侯，张买为南宫侯。

太后欲王吕氏，先立孝惠后宫子彊为淮阳王①，子不疑为常山王②，子山为襄城侯③，子朝为轵侯④，子武为壶关侯⑤。太后风大臣⑥，大臣请立郦侯吕台为吕王⑦，太后许之。建成康侯释之卒⑧，嗣子有罪，废⑨，立其弟吕禄为胡陵侯⑩，续康侯后。二年⑪，常山王薨，以其弟襄城侯山为常山王，更名义。十一月，吕王台薨，谥为肃王⑫，太子嘉代立为王⑬。三年，无事。四年⑭，封吕嬃为临光侯⑮，吕他为俞侯⑯，吕更始为赘其侯⑰，吕忿为吕城侯⑱，及侯诸侯丞相五人⑲。

【注释】

①后宫子：指宫中妃嫔所生的孩子。淮阳王：国都陈县，即今河南周口淮阳区。

②常山王：国都元氏县，在今河北元氏西北。

③子山为襄城侯：据下文此"刘山"改名"刘义"，又改名"刘弘"。
封地襄城县，治今河南襄城。

④轵（zhǐ）侯：封地轵县，治今河南济源东南。

⑤壶关侯：封地壶关县，治今山西长治西北。

⑥风：用含蓄的语言暗示。凌稚隆引凌约言曰："欲侯诸吕则有先
封，而以'乃'字转之；欲王诸吕则有先立，而以'风'字转之，皆
太史公揣摩吕后本意，欲假公义济私也。"

⑦吕台为吕王：此时的"吕国"领有原济南郡之地，国都东平陵，在
今山东章丘西北。

⑧建成康侯释之卒：据《高祖功臣侯者年表》，吕释之卒于惠帝二年
（前193），"康"字是谥。

⑨嗣子有罪，废：据《汉书·外戚恩泽侯表》，吕释之有子三人，长
子曰则，次子曰种，少子曰禄。嗣子吕则于惠帝三年（前192）袭
爵，为侯五年，吕后元年有罪被废。嗣子，帝王或诸侯的承嗣子，
多为嫡长子。

⑩胡陵侯：封地胡陵县，也作"湖陵"，在今山东鱼台东南。

⑪二年：前186年。按，此年孝惠帝的第一个儿子刘不疑死掉。

⑫吕王台薨，谥为肃王：吕台墓在今山东章丘枣园镇之洛庄村西。
在墓室周围发现处于不同层位和不同类型的陪葬坑和祭祀坑36
座，前后共出土各类遗物3000余件。陪葬器物有兵器、仪仗、车
马、仓储、车马、乐器等，特别是14件钮钟经测试就有4个八度，
仅比曾侯乙墓编钟少一个八度。107件编磬几乎相当于汉代发
现的实用编磬之和，且至今仍可直接演奏古今乐曲。因其具有的
重大学术价值，被评为2000年度全国十大考古发现之一。

⑬太子嘉：吕台之子吕嘉。汉初皇帝与诸侯王的嗣子都称"太子"。

⑭四年：前184年。

⑮封吕媭（xū）为临光侯：吕媭，吕后之妹，舞阳侯樊哙之妻。梁玉

绳认为吕嬃是吕氏集团中的重要人物，不发远封，疑当依《文帝纪》如淳注作"林光侯"，"主林光官而食邑云阳"。泷川曰："妇人封侯自此始。"

⑯ 吕他为俞（shū）侯：吕他，《惠景间侯者年表》作"吕它"，刘邦功臣吕婴之子。据《惠景间侯者年表》，吕婴"以连敖从高祖破秦，入汉，以都尉定诸侯，功比朝阳侯"。吕婴未及封侯而死，吕后四年，吕他袭其父功被封为俞侯，封地俞县，治今山东德州平原西南。按，吕婴与吕后是何关系，史无明文。

⑰ 吕更始为赘其侯：据《惠景间侯者年表》，吕更始是"吕后昆弟子"，盖堂侄，"用淮阳丞相侯"，所封侯为滕侯（治今山东滕州西南）。封赘其侯的是吕胜，封地赘其县，在今江苏盱眙西南。

⑱ 吕忿：《惠景间侯者年表》称其为"吕后昆弟子"。吕城侯：封地吕城，其说不一，《正义》《水经·淯水注》皆以为在今河南南阳西；《汉书补注》说即楚国吕县，在今江苏徐州铜山东南旧黄河北岸吕梁集；王应麟《诗地理考》说新蔡县（今河南驻马店新蔡）有大吕亭为故吕侯国。

⑲ 及侯诸侯丞相五人：底本作"及诸侯丞相五人"，句子欠完整。《会注考证》据古抄本、三条本于"及"下增"侯"字，作"及侯诸侯丞相五人"。今据增。梁玉绳曰："是年四月丙申封侯者，朱通、卫无择、王恬开、徐厉、周信及越六人，非五人也。六人中卫无择是卫尉，周信是河南守，非皆诸侯相也。此误。"

【译文】

吕太后为了封吕姓人为王，就先封了孝惠帝嫔妃所生的儿子刘彊为淮阳王，刘不疑为常山王，刘山为襄城侯，刘朝为轵侯，刘武为壶关侯。吕后又暗示大臣，大臣们就请封郦侯吕台为吕王，太后欣然准许。建成康侯吕释之去世，袭爵之子有罪被废，改立他的弟弟吕禄为胡陵侯，以接续吕释之的香火。少帝二年，常山王刘不疑去世，封他的弟弟襄城侯刘山为常山王,改名刘义。十一月,吕王吕台去世,谥为肃王,其太子吕嘉继位为吕王。少帝三年,没有大事。少帝四年,封吕婴为临光侯,吕他为俞侯,吕更始为赘其侯,吕忿为吕城侯,还封了五个诸侯国的丞相为侯。

宣平侯女为孝惠皇后时①,无子,详为有身,取美人子名之②,杀其母,立所名子为太子。孝惠崩,太子立为帝。帝或闻其母死③,非真皇后子,乃出言曰:"后安能杀吾母而名我?我未壮,壮即为变。"太后闻而患之,恐其为乱,乃幽之永巷中,言帝病甚,左右莫得见。太后曰:"凡有天下、治万民者④,盖之如天,容之如地,上有欢心以安百姓,百姓欣然以事其上,欢欣交通而天下治。今皇帝病久不已,乃失惑惛乱⑤,不能继嗣奉宗庙祭祀,不可属天下,其代之⑥。"群臣皆顿首言:"皇太后为天下齐民计所以安宗庙社稷甚深⑦,群臣顿首奉诏。"帝废位,太后幽杀之⑧。五月丙辰⑨,立常山王义为帝,更名曰弘。不称元年者,以太后制天下事也。以轵侯朝为常山王。置太尉官,绛侯勃为太尉⑩。五年八月⑪,淮阳王薨⑫,以弟壶关侯武为淮阳王。六年十月⑬,太后曰吕王嘉居处骄恣,废之⑭,以肃王台弟吕产为吕王。夏,赦天下。封齐悼惠王子兴居为东牟侯⑮。

【注释】

①宣平侯女:即宣平侯张敖与鲁元公主之女。

②美人:女官名。皇帝妃嫔之一。其等级相当于二千石。

③帝或闻其母死:底本作"帝壮,或闻其母死"。郭嵩焘曰:"惠帝崩,太子即位,年三岁耳。立四年而太后废之,其年不过六七岁。"

张文虎曰:"'壮'字疑衍。"按,张说是,后文有帝曰"我未壮,壮
即为变"。可知此时帝犹未壮也,今依张说削"壮"字。

④凡有天下、治万民者:底本作"凡有天下治为万民命者"。张文虎
曰:"《汉书·吕纪》无'为'字、'命'字,皆衍。"今依《汉书》改。

⑤失惑惛(hūn)乱:谓神志昏迷惑乱。惛,迷迷糊糊,神志不清。

⑥其代之:《汉书》作"其议代之",意谓"我想撤换他,你们大家讨
论一下"。

⑦齐民:犹言"平民",百姓。

⑧帝废位,太后幽杀之:此孝惠帝的第二个儿子被杀。加上前文赵
王如意,这是吕后杀的第二个刘氏子孙。

⑨五月丙辰:吕后四年的五月十一。

⑩置太尉官,绛侯勃为太尉:太尉,武官名。掌管全国武事。秦汉时
为三公(丞相、太尉、御史大夫)之一。据《汉兴以来将相名臣年
表》,太尉一职屡置屡废,高祖十一年,又任周勃为太尉,当年此职
又废,至此又任周勃为太尉。但据《绛侯周勃世家》,周勃乃自惠
帝六年重为太尉,一直任职至此,两处说法不同。

⑪五年:前183年。

⑫淮阳王薨:此孝惠帝的第三个儿子死掉。

⑬六年:前182年。

⑭太后曰吕王嘉居处骄恣,废之:前吕释之的长子吕则因"罪"被
废,今吕台之子吕嘉又以"骄恣"被废,可见吕后对吕氏族人也相
当严格。

⑮兴居:刘肥之少子。其长兄为齐王刘襄,次兄朱虚侯刘章。东牟
侯:封地东牟县,在今山东烟台东南之牟平。

【译文】

宣平侯张敖的女儿为孝惠帝皇后时,没有儿子,假装怀孕,取后宫美
人生的孩子说是自己所生,杀了孩子的生母,立这孩子为太子。孝惠帝

驾崩后,太子即位为帝。他听人说自己的生母已死,自己并非真的是皇后所生,就放话说:"皇后怎么能杀我生母而夺我为子呢?我现在还没长大,等我长大后就会报仇。"吕太后听说后很担心,生怕他真会作乱,于是便把他幽禁在永巷中,借口皇帝病得厉害,左右的人不得觐见。太后说:"凡是拥有天下治理万民的人,要能像天一样覆盖万物,像地一样容载万物,皇上能怀着欢乐的心情来安抚百姓,百姓也能欣然地为皇上做事,欢欣之情上下相通,天下才能太平。现在皇帝久病不愈,头脑不清,精神错乱,不能继续担负宗庙祭祀的责任,无法再把天下托付与他,要换个人代替他。"群臣都叩头说:"皇太后为天下百姓谋划,为安定宗庙社稷,用心极为深远,我等众臣恭敬地叩头从命。"于是少帝被废,吕太后就把他幽禁处死。五月丙辰日,立常山王刘义为皇帝,改名刘弘。不改称元年,是因为吕太后仍然掌管天下大事。改封轵侯刘朝为常山王。设置太尉的官职,绛侯周勃充任其职。五年八月,淮阳王刘彊死,封他的弟弟壶关侯刘武为淮阳王。六年十月,吕后说吕王吕嘉行为骄横恣纵,将其废掉,封肃王吕台的弟弟吕产为吕王。夏天,大赦天下。封齐悼惠王的儿子刘兴居为东牟侯。

七年正月①,太后召赵王友。友以诸吕女为后,弗爱,爱他姬,诸吕女妒,怒去,谗之于太后,诬以罪过,曰:"吕氏安得王!太后百岁后,吾必击之。"太后怒,以故召赵王。赵王至,置邸不见,令卫围守之,弗与食。其群臣或窃馈,辄捕论之②。赵王饿,乃歌曰:"诸吕用事兮刘氏危,迫胁王侯兮强授我妃。我妃既妒兮诬我以恶,谗女乱国兮上曾不寤③。我无忠臣兮何故弃国④?自决中野兮苍天举直⑤!于嗟不可悔兮宁蚤自财⑥。为王而饿死兮谁者怜之!吕氏绝理兮托天报仇。"丁丑,赵王幽死⑦,以民礼葬之长安民冢

次⑧。己丑,日食,昼晦⑨。太后恶之,心不乐,乃谓左右曰:
"此为我也。"

【注释】

①七年:前181年。

②论:定罪。

③上:此实指吕后。曾:竟然,根本。

④何故:同"何辜",有何罪过。

⑤自决中野:中野,原野之中。刘友幽死于赵邸,非自杀,也非死于
　原野。此处可理解为被扔在无人之处任其自生自灭。苍天举直:
　颜师古曰:"言己之理直,冀天临监之。"举直,《汉书》作"与直"。

⑥蚤:通"早"。财:通"裁"。

⑦丁丑,赵王幽死:丁丑,正月十八。按,这是吕后杀的第三个刘氏
　子孙。

⑧次:近旁。旁边。

⑨己丑,日食,昼晦:古人认为日食是重大"天变",是由于君主犯了
　大错,上天将要降下大祸以示惩罚的预兆,故将其写之入史。己
　丑,正月三十。昼晦,白天黑得像夜晚一样。

【译文】

　　七年正月,太后召见赵王刘友。刘友娶吕氏女为后,但不喜欢她,而
喜欢别的姬妾。吕氏女大为嫉妒,一怒之下离开赵国,向太后进谗,诬告
赵王有罪,说他讲过:"姓吕的哪能称王!等太后百年后,我一定要击杀
他们。"吕太后大怒,因此召见赵王。赵王到京后,太后将他晾置在府邸,
不予召见,并命卫士们团团围守,不给赵王东西吃。群臣之中若有偷给
他食物的,就抓捕起来治罪。赵王饥饿难忍,于是吟唱道:"诸吕执掌大
权啊,刘氏江山出现危机;胁迫刘姓王侯啊,强行嫁女为我王妃。我妃嫉
妒无良啊,竟进谗言诬我有罪;谗女祸国乱家啊,不料皇上竟也蒙昧。实

是我无忠臣啊,我因何故离弃封地?我将抛尸荒野啊,唯求上天分辨曲直!可惜悔之已晚啊,当时没有及早自尽。为王却将饿死啊,还会有谁把我怜惜!吕氏灭绝天理啊,祈望苍天为我雪恨。"丁丑日,赵王刘友被幽禁饿死,死后以平民的身份被埋在了长安的平民墓地。己丑日,出现日食,白昼如晦。吕太后心里厌恶,闷闷不乐,于是对左右的人说:"这是因为我的缘故吧。"

二月,徙梁王恢为赵王。吕王产徙为梁王,梁王不之国,为帝太傅①。立皇子平昌侯太为吕王②。更名梁曰"吕",吕曰"济川"③。太后女弟吕媭有女为营陵侯刘泽妻④,泽为大将军⑤。太后王诸吕,恐即崩后刘将军为害,乃以刘泽为琅邪王⑥,以慰其心。

【注释】

①梁王不之国,为帝太傅:吕后这样安排,是将吕产留在朝内为自己臂膀。

②皇子平昌侯太:惠帝最小的儿子刘太。

③更名梁曰"吕",吕曰"济川":为让吕产仍称"吕王",将国都睢阳的梁国改称"吕国";不能有两个吕国,就将国都东平陵的原吕国改称"济川国",刘太称"济川王"。

④营陵侯刘泽:刘邦的同姓,《高祖功臣侯者年表》说他是"高祖疏属"。《高祖功臣侯者年表》云:"以(汉)三年为郎中,击项羽,以将军击陈豨,得王黄,为侯。"按,刘泽之妻为吕后甥女,亦与吕氏联姻。

⑤大将军:此时尚非固定官名,只表示其在诸将军中地位最高。且由于周勃时为太尉,刘泽也不一定掌握很大军权。

⑥琅邪（láng yá）王：封地琅邪郡，国都东武，在今山东诸城。

【译文】

二月，迁梁王刘恢为赵王。吕王吕产迁为梁王，梁王不去封国，留在京城做皇帝的太傅。立孝惠皇帝的儿子昌平侯刘太为吕王。改称梁国为吕国，改称吕国为济川国。吕太后的妹妹吕媭有个女儿是营陵侯刘泽的妻子，刘泽是朝廷的大将军。吕太后封吕姓人为王，担心自己死后刘泽作乱，于是就封刘泽为琅邪王，以此来安抚他。

梁王恢之徙王赵，心怀不乐。太后以吕产女为赵王后。王后从官皆诸吕，擅权，微伺赵王①，赵王不得自恣。王有所爱姬，王后使人鸩杀之。王乃为歌诗四章，令乐人歌之。王悲，六月即自杀②。太后闻之，以为王用妇人弃宗庙礼，废其嗣③。宣平侯张敖卒④，以子偃为鲁王，敖赐谥为鲁元王⑤。秋，太后使使告代王⑥，欲徙王赵。代王谢，愿守代边⑦。太傅产、丞相平等言，武信侯吕禄上侯，位次第一⑧，请立为赵王。太后许之，追尊禄父康侯为赵昭王⑨。

【注释】

①微伺：暗中监视。

②六月即自杀：徐孚远曰："赵王自杀非但为悲哀爱姬也，惧有前幽王之祸耳。"这是吕后杀的第四个刘氏子孙。

③废其嗣：废掉了他的继位人。意即剥夺了他的后代做赵王的机会。

④宣平侯张敖卒：梁玉绳曰："敖卒于吕后六年，此在'七年'，误。"

⑤子偃为鲁王，敖赐谥为鲁元王：张敖之子为鲁王，妻刘邦之女谥"元"，称"鲁元太后"，故给张敖赐谥曰"鲁元王"。凌稚隆引锺惺曰："赵李同死，封其父为李侯，是父承子荫也。张敖尚鲁元公

主,赐谥为'鲁元王',是夫从妻爵也,千古奇事。"按,吕后掌权,便一切以吕氏为上。又,其子为鲁元王,其父又谥为鲁元王,亦怪事。

⑥代王:刘邦的儿子刘恒。

⑦代王谢,愿守代边:谢,推辞,谢绝。凌稚隆引茅坤曰:"文帝不敢徙赵,便有畏吕后而自远之识。"

⑧武信侯吕禄上侯,位次第一:梁玉绳曰:"《大事记》谓'吕后二年定位时,萧、曹皆死,必递迁第三之张敖为第一;敖既死,遂以禄补其处',或当然耳,盖陈平阿意顺之。"武信侯吕禄,《集解》引徐广曰:"前封胡陵侯,盖号曰武信。"上侯,位次第一,上等侯爵,位列第一。

⑨禄父康侯:即建成康侯吕释之,吕后之次兄。

【译文】

梁王刘恢被迁封到赵国后,心里很不开心。吕太后又将吕产的女儿嫁给他为王后。王后的随从官员都是吕氏的人,他们专横独断,暗中监视赵王,赵王一点自由都没有。赵王有了喜欢的姬妾,王后就派人毒死了她。于是赵王作诗四章,让乐工来唱。赵王心中悲愤,仅仅六个月就自杀了。吕太后听闻此事,认为赵王因为女人而背弃宗庙礼节,于是便废掉了他后人的王位继承权。宣平侯张敖去世,因为他的儿子张偃被封为鲁王,张敖遂被赐予鲁元王的谥号。这年秋天,吕太后派使者告诉代王刘恒,想迁封他为赵王。代王辞谢不受,表示愿意为朝廷守卫代国的边境。太傅吕产与丞相陈平等人进言说,武信侯吕禄是上等侯爵,官位排在第一,请求立他为赵王。太后准许,于是追尊吕禄的父亲康侯吕释之为赵昭王。

九月,燕灵王建薨①,有美人子,太后使人杀之②,无后,国除。八年十月③,立吕肃王子东平侯吕通为燕王④,封通弟吕庄为东平侯⑤。三月中，吕后祓，还过轵道⑥，见物如苍犬⑦，据高后掖⑧，忽弗复见。卜之，云赵王如意为祟⑨。高后遂病掖伤。

【注释】

①燕灵王建薨：刘邦子刘建在燕共十五年。据《金史·蔡珪传》，金海陵王完颜亮欲扩大京城时发现两座西汉墓，一座是刘邦子燕灵王刘建墓，一座是燕康王刘嘉墓。金世宗大定九年（1169）二月，诏改葬二燕王于城东，约当今顺义之燕王庄一带，见《北京考古集成》第十五册第三编第一章第四节《大葆台西汉墓》引。

②有美人子，太后使人杀之：刘建本有儿子继承王国，吕后为了将其国夺过来给吕氏，将他儿子杀死，造成其"无后，国除"。至此，吕后杀死了刘邦三个儿子（刘如意、刘友、刘恢），两个孙子（惠帝子、刘建子），共五位刘氏子孙。

③八年十月：即刘建死后一个月。八年，前181年。

④立吕肃王子东平侯吕通为燕王：吕肃王，吕台。东平侯吕通，吕台的次子，其兄即前已被废的吕嘉。梁玉绳曰："吕通封锤侯，非东平也，此与《诸侯王表》并误。"

⑤吕庄为东平侯：梁玉绳曰："东平侯之名，纪作'庄'，表作'壮'，而《汉·表》作'庀'，师古曰'匹履反'，则作'庄'与'壮'者并误。"东平，汉县名。在今山东东平东南。

⑥吕后祓（fú），还过轵道：泷川曰："《汉书·五行志》作'祓霸上还'。"祓，举行除灾去邪的祭礼。轵道，亦作"枳道"，古亭名。在今陕西西安东北，长安与霸上之间。

⑦物：特指鬼魅精怪。

⑧据：抓。掖：通"腋"。

⑨卜之，云赵王如意为祟：祟，古称神鬼作怪以害人。按，吕后多行

不义，亦如《红楼梦》中凤姐之末年，畏神畏鬼，整日陷于凄凄惶
惶之中。

【译文】

九月，燕灵王刘建去世，他有个美人生的儿子，吕太后派人把孩子杀
了，燕灵王没了后嗣，于是封国被取消。八年十月，立吕肃王吕台的儿子
东平侯吕通为燕王，封吕通的弟弟吕庄为东平侯。三月中，太后举行祓
祭，回来路过轵道时，看见一个类似黑狗的怪物，抓了太后腋下一把，忽
然之间又消失不见了。太后为此进行占卜，结果说是赵王如意的阴魂作
怪。太后从此就生了腋下伤痛的病。

　　高后为外孙鲁元王偃年少①，蚤失父母，孤弱，乃封张
敖前姬两子，侈为新都侯②，寿为乐昌侯③，以辅鲁元王偃。
及封中大谒者张释为建陵侯④，吕荣为祝兹侯⑤。诸中宦者
令、丞皆为关内侯，食邑五百户⑥。

【注释】

①外孙鲁元王偃：梁玉绳曰："敖从公主别赐谥'鲁元王'，已属悖
　理；而其子偃又称'鲁元王'，不尤悖乎？考《汉书·张耳传》无
　'元'字，是也；此纪及耳传并是误增之。下同。"

②侈为新都侯：张侈封新都侯。梁玉绳曰："《史》《汉》表、传并作
　'信都'，此作'新都'，误也。"信都，汉县名。即今河北冀州。

③寿为乐昌侯：张寿封乐昌侯。张寿，《惠景间侯者年表》作"张
　受"。封地乐昌，在今河南南乐西北，一说在今安徽阜阳太和东。

④中大谒者：官名。为诸谒者之长。谒者，掌宾赞受事，即为天子传
　达。此职常以阉人为之，诸官号前加"中"字者，多为阉人。陈直
　曰："《汉书·百官公卿表》有'谒者'……无'中大谒者'之名，

此为汉初之官制,当与'谒者仆射'相类。"张释:梁玉绳曰:"下文及《惠景侯表》作'张泽',《燕王世家》作'张子卿',又作'张卿'……盖张名'释',字'子卿',人或并呼之,或单称之,故各不同,而'泽'与'释'古通也。"建陵,汉县名。在今江苏新沂南沭河西岸。

⑤吕荣为祝兹侯:封地祝兹县,其地未详。梁玉绳认为在今山东临沂东南。吕荣,《集解》引徐广曰:"吕后昆弟子。"

⑥诸中宦者令、丞为关内侯,食邑五百户:沈川曰:"宦官为列侯始于此,以其劝王诸吕赏之也。"按,吕后自知其王诸吕、杀刘氏子孙等行为不得人心,故临终前大加封赏,以收买周围诸人。诸中宦者令、丞,《汉书·高后纪》作"诸中官宦者令、丞"。按,宦者令、丞为太监头目,令为正职,丞为副职,皆属少府。关内侯,为二十级军功爵之第十九级。得此爵有侯号,但无封国,居关内京畿,故称。是仅次于彻侯(即通侯、列侯)的高级爵位。

【译文】

吕太后因见外孙鲁王张偃年少,又早失父母,孤单势弱,于是就封张敖早先姬妾所生的两个儿子,张侈为新都侯,张寿为乐昌侯,以便辅佐鲁元王张偃。又封中大谒者张释为建陵侯,吕荣为祝兹侯。此外,凡宫中宦官担任令、丞职务的也都封为关内侯,食邑五百户。

　　七月中,高后病甚,乃令赵王吕禄为上将军,军北军;吕王产居南军。吕太后诫产、禄曰:"高帝已定天下,与大臣约,曰'非刘氏王者,天下共击之'。今吕氏王,大臣弗平。我即崩,帝年少,大臣恐为变。必据兵卫宫①,慎毋送丧,毋为人所制。"辛巳②,高后崩,遗诏赐诸侯王各千金,将、相、列侯、郎吏皆以秩赐金③。大赦天下。以吕王产为相国④,以吕禄女为帝后⑤。高后已葬⑥,以左丞相审食其为帝太傅⑦。

【注释】

① 据兵卫官:以便挟天子以令诸侯。

② 辛巳:阴历八月初一。

③ 遗诏赐诸侯王各千金,将、相、列侯、郎吏皆以秩赐金:凌稚隆曰:"吕后遗诏侈赐,所以为身后恩泽。"诸侯王,《集解》引蔡邕曰:"皇子封为王者,其实古诸侯也。加号称王,故谓之诸侯王。王子弟封为侯者,谓之诸侯。"郎,官名。有议郎、中郎、侍郎、郎中等,员额无定。均属于郎中令。其职责原为护卫陪从,随时建议、备顾问及差遣。以秩,按级别。

④ 以吕王产为相国:相国较丞相权重位尊,汉初设相国一人,萧何、曹参相继任之。曹参死后,王陵为右丞相,陈平为左丞相,不再设相国。如今在右丞相陈平、左丞相审食其之上又以吕产为"相国",表明吕后决意弃陈平等军功集团老臣不用,让吕产执政掌权以巩固吕氏权势。

⑤ 以吕禄女为帝后:梁玉绳曰:"禄女为后当在四年少帝宏即位之时,《汉书·外戚传》可证,此叙于高后死后,亦误也。"

⑥ 高后已葬:《集解》:"皇甫谧曰:'合葬长陵。'《皇览》曰:'高帝、吕后,山各一所也。'"按,吕后墓在今陕西咸阳城东二十多公里处,在刘邦墓长陵的东南侧,正所谓"山各一所"。其墓葬规格几乎与刘邦长陵一样,在帝后墓葬中极其罕见。吕后陵附近出土"皇后之玺"一方,可能是吕后之物。今考古学家尚不能断定此墓在历史上是否被盗过。《后汉书·刘盆子传》称赤眉入关后,"发掘诸陵,取其宝货,遂污辱吕后尸"云云,似尚未可遂以为真。

⑦ 以左丞相审食其为帝太傅:审食其是吕氏亲信,故特意由左丞相调任太傅,安排在皇帝身边,仍在吕氏集团内部。而陈平仍为右

丞相,在外朝被架空,此其转而反吕的关键原因。

【译文】

七月中,太后病重,于是任命赵王吕禄为上将军,统领北军;任命吕王吕产统领南军。太后告诫吕产、吕禄说:"高帝平定天下后,曾和大臣们约定'非刘氏子弟称王者,天下共同诛讨他'。现在封吕氏为王,大臣们都气愤不平。我就要死了,皇帝年幼,恐怕大臣们会作乱。因此你们一定要掌握军队守住宫廷,千万别去给我送葬,不要为人所制。"八月辛巳日,太后驾崩,留下遗诏赏赐诸侯王每人一千黄金,将、相、列侯、郎吏都按位次等级赏赐黄金。大赦天下。由吕王吕产出任相国,将吕禄的女儿嫁与皇帝为后。太后安葬后,左丞相审食其调任皇帝的太傅。

朱虚侯刘章有气力①,东牟侯兴居其弟也,皆齐哀王弟②,居长安。当是时,诸吕用事擅权,欲为乱③,畏高帝故大臣绛、灌等④,未敢发。朱虚侯妇,吕禄女,阴知其谋。恐见诛,乃阴令人告其兄齐王,欲令发兵西,诛诸吕而立⑤。朱虚侯欲从中与大臣为应。齐王欲发兵,其相弗听⑥。八月丙午⑦,齐王欲使人诛相,相召平乃反举兵欲围王⑧,王因杀其相,遂发兵东,诈夺琅邪王兵,并将之而西⑨。语在《齐王》语中⑩。

【注释】

①气力:才气,才能、气魄。

②齐哀王:刘襄,悼惠王刘肥之长子,时为齐王。哀,其去世后的谥号。凌稚隆引邵经邦曰:"吕后悉诛唐宗室,而吕氏不杀朱虚侯者,以齐为之殿也。"

③欲为乱:郭嵩焘曰:"吕后以南、北军属之吕禄、吕产,使据兵自固,

以毋为人所制而已。产、禄庸才,并所将兵亦解以属之太尉,是岂欲为乱者? 史公以周勃除诸吕,特重吕氏之罪,以疑似被之名耳。"

④绛:绛侯周勃。灌:颍阴侯灌婴。两人皆刘邦开国功臣。

⑤诛诸吕而立:王叔岷曰:"'而立'下疑脱'为帝'二字……《齐悼惠王世家》作'乃使人阴出告其兄齐王,欲令发兵西。朱虚侯、东牟侯为内应,以诛诸吕,因立齐王为帝。'又见《汉书》及《通鉴》,并其证。"按,孝惠帝去世后,刘邦已无嫡子,悼惠王刘肥为刘邦长庶子,今刘肥之子刘襄又于刘邦诸孙中年龄最大,且当时诸侯国中齐国势力也最强,故刘章有此设想。

⑥其相弗听:当时各诸侯国的丞相都由朝廷委派,故不服从刘襄。当时齐相为召平。

⑦八月丙午:阴历八月二十六。

⑧相召(shào)平乃反举兵欲围王:齐相召平听说齐王欲诛杀自己,于是反而抢前发兵想把齐王包围起来。按,底本断句为"相召平乃反,举兵欲围王",召平之举不能称"反",今改。

⑨"遂发兵东"几句:琅邪王,刘泽。刘泽虽是刘氏宗室,但也是吕氏姻亲,刘襄不清楚他的立场。且琅邪国原是齐国下辖之琅邪郡,吕后为收买刘泽,也为削弱齐国,将琅邪郡划出封给刘泽。所以刘襄起兵之始先派人把刘泽骗到齐国拘押起来,尽发琅邪军队,自己一并带领西进。

⑩《齐王》语:指《齐悼惠王世家》。

【译文】

朱虚侯刘章有气魄才干,东牟侯刘兴居是他的弟弟,都是齐哀王的弟弟,住在长安。当时,吕氏专权行事,想作乱,畏惧高帝的老臣周勃、灌婴等,所以没敢动手。朱虚侯刘章的妻子是吕禄的女儿,暗中察觉了他们的阴谋。刘章怕自己被杀,就悄悄地派人告知哥哥齐王刘襄,想让他发兵西进,灭掉吕氏而自立为帝。朱虚侯想从中和朝中大臣给他做内应。齐王想要起兵,他的丞相不听命。八月丙午日,齐王想派人去诛杀丞相,丞相召平反过来发兵来围攻齐王,齐王因此杀了丞相,遂发兵东征,用诈术夺取了琅邪王的兵权,率领两国军队向西进发。这件事记载在《齐悼惠王世家》中。

　　齐王乃遗诸侯王书曰:"高帝平定天下,王诸子弟,悼惠王王齐。悼惠王薨,孝惠帝使留侯良立臣为齐王①。孝惠崩,高后用事,春秋高②,听诸吕,擅废帝更立③,又比杀三赵王④,灭梁、赵、燕以王诸吕⑤,分齐为四⑥。忠臣进谏,上惑乱弗听。今高后崩,而帝春秋富⑦,未能治天下,固恃大臣诸侯。而诸吕又擅自尊官,聚兵严威,劫列侯忠臣,矫制以令天下,宗庙所以危。寡人率兵入诛不当为王者⑧。"汉闻之,相国吕产等乃遣颍阴侯灌婴将兵击之。灌婴至荥阳⑨,乃谋曰:"诸吕拥兵关中,欲危刘氏而自立。今我破齐还报,此益吕氏之资也。"乃留屯荥阳,使使谕齐王及诸侯,与连和⑩,以待吕氏变,共诛之⑪。齐王闻之,乃还兵西界待约⑫。

【注释】

①孝惠帝使留侯良立臣为齐王:事在惠帝六年(前189)。见《留侯世家》。

②春秋高:指年老。春秋,年纪,年数。

③擅废帝更立:指杀前少帝,更立今少帝刘弘。

④比:连续。三赵王:指刘如意、刘友、刘恢。

⑤灭梁、赵、燕以王诸吕:吕后徙梁王刘恢为赵王,而封吕产为梁王,刘氏之梁国灭;吕后杀赵王刘恢,封吕禄为赵王,刘氏之赵国灭;燕

灵侯刘建去世，吕后杀刘建之子，封吕通为燕王，刘氏之燕国灭。

⑥分齐为四：指割齐济南郡建吕国，割齐琅邪郡为琅邪国，割齐城阳郡给鲁元公主，再加原有之齐，共为四。

⑦春秋富：指年轻。

⑧入诛不当为王者：凌稚隆引真德秀曰："高祖为义帝发丧，告诸侯曰'愿从诸侯王击楚之杀义帝者'；齐王遗诸侯书，不曰'诛诸吕'，而曰'入诛不当为王者'，其意颇同，犹有古辞命气象。"按，此文亦全部录入《齐悼惠王世家》。

⑨荥阳：汉县名。即今河南荥阳东北之古荥镇。历来为军事要地。

⑩使使谕齐王及诸侯，与连和：朝廷诸臣最先脱离吕氏而转向诸侯者为灌婴。

⑪待吕氏变，共诛之：锺惺曰："此最是诛吕安刘先着，其得力在平、勃、朱虚之前，吕氏之败，败于灌婴牵制耳。文帝即位行赏先论灌婴合谋功，而后及平、勃、朱虚等，得之矣。"

⑫还兵西界：回兵驻扎于齐国的西部边界。王叔岷曰："《齐悼惠王世家》《汉书》'还'并作'屯'。"

【译文】

齐王给各诸侯王写信说："高皇帝平定天下，封子弟们为王，悼惠王被封在齐国。悼惠王去世，孝惠帝派留侯张良来立我为齐王。孝惠帝驾崩，高皇后主事，由于年岁已高，听凭吕氏诸人擅自废立皇帝；又接连杀了刘如意、刘友、刘恢三位赵王，灭掉梁、赵、燕三个刘姓王国来改封吕氏为王，又把齐国瓜分为四。虽有忠臣进谏，但为上者迷惑昏乱而不听从。现在高皇后驾崩，皇上又年轻，不能治理天下，本当倚仗大臣和诸侯的辅佐。但吕氏诸人却利用职权，擅自升官，聚集兵力，逼人畏惧，劫持列侯忠臣，假传圣旨，号令天下，危及刘氏宗庙社稷。我今天要率兵入京诛杀那些不该封王的人。"朝廷闻讯，相国吕产等就派颍阴侯灌婴率兵迎击。灌婴到达荥阳后，就谋划说："吕氏诸人把持兵权，控制关中，想危害刘氏而自立为帝。如今我们要是攻破齐军,回去报捷,那就是给吕氏增添了资本。"于是就在荥阳停军驻扎,派出使节晓谕齐王和各国诸侯,和他们联合起来,静待吕氏发生叛乱,而后合力诛灭他们。齐王听说后,也率兵回到齐国西界,等候消息,以便照约行事。

吕禄、吕产欲发乱关中,内惮绛侯、朱虚等,外畏齐、楚兵①,又恐灌婴畔之,欲待灌婴兵与齐合而发②,犹豫未决。当是时,济川王太、淮阳王武、常山王朝名为少帝弟,及鲁元王吕后外孙,皆年少未之国,居长安③。赵王禄、梁王产各将兵居南北军④,皆吕氏之人。列侯群臣莫自坚其命⑤。

【注释】

①齐、楚兵:楚,时亦为实力强大的诸侯国,其王为刘邦同母弟楚元王刘交。梁玉绳曰:"下文贾寿亦云'灌婴与齐、楚合从',而楚无发兵诛诸吕事,疑误。盖楚元王从高帝崩后未尝一至关中,以《诗》《书》自娱,绝不与闻朝政。即其遣子入长安,亦不过访浮邱伯学《诗》而已,故不为吕后所忌,复封其子上邳侯,使为宗正,岂非以力不足,而有远祸之识耶?殆与吴(刘濞)、代(刘恒)、长沙(吴臣)同居局外矣。"

②欲待灌婴兵与齐合而发:合,合战,交兵。盖此时诸吕尚不知灌婴已与齐兵连和。

③"济川王太"几句:按,"名为少帝弟"与"吕后外孙"皆夹注句,其主要所叙乃谓以上四子皆"年少未之国,居长安"。济川王太、淮阳王武、常山王朝皆孝惠帝之子。鲁元王吕后外孙,即张偃。

④梁王产:吕产。当时梁国已更名吕国,当同上文称"吕王产"。

⑤自坚:自保。

【译文】

吕禄、吕产想在关中发动叛乱，但他们在朝廷之内忌惮绛侯周勃、朱虚侯刘章等人，于朝廷之外畏惧齐、楚大军，又担心灌婴背叛，想等灌婴与齐军开战后再发动政变，总是犹豫不定，难下决断。当时，济川王刘太、淮阳王刘武、常山王刘朝，名义上都是少帝的弟弟，他们和鲁元王即吕太后的外孙张偃，都因为年少而没去封国，居住在长安。赵王吕禄、梁王吕产分别统领着南军与北军，都是吕氏之人。这让列侯群臣无不感到自身难保。

太尉绛侯勃不得入军中主兵。曲周侯郦商老病①，其子寄与吕禄善。绛侯乃与丞相陈平谋，使人劫郦商②，令其子寄往绐说吕禄曰③："高帝与吕后共定天下，刘氏所立九王④，吕氏所立三王⑤，皆大臣之议，事已布告诸侯，诸侯皆以为宜。今太后崩，帝少，而足下佩赵王印，不急之国守藩，乃为上将，将兵留此，为大臣诸侯所疑。足下何不归将印，以兵属太尉，请梁王归相国印，与大臣盟而之国⑥？齐兵必罢，大臣得安，足下高枕而王千里，此万世之利也。"吕禄信然其计⑦，欲归将印，以兵属太尉。使人报吕产及诸吕老人，或以为便，或曰不便，计犹豫未有所决。吕禄信郦寄，时与出游猎。过其姑吕媭，媭大怒，曰："若为将而弃军，吕氏今无处矣⑧。"乃悉出珠玉宝器散堂下，曰："毋为他人守也⑨。"左丞相食其免。

【注释】

①曲周侯郦商：刘邦的开国功臣，以功封曲周侯。事见《樊郦滕灌

列传》。

②劫：挟持以为人质。

③绐（dài）说：用假话劝说人。绐，欺骗。

④刘氏所立九王：即吴王刘濞、楚王刘交、齐王刘肥、淮南王刘长、琅
　邪王刘泽、代王刘恒、常山王刘朝、淮阳王刘武、济川王刘太。

⑤吕氏所立三王：即吕王吕产、赵王吕禄、燕王吕通。

⑥与大臣盟：与大臣盟誓以取信。

⑦信然其计：郭嵩焘曰："史公于此写尽吕氏庸才，意在容身保位而
　已，岂能为乱者？"邵宝曰："国为重，则朋友为轻，是故寄不给禄、
　产，北军不可入也。卖而取败，犹将襃之，况一举以定汉社稷哉！"
　凌稚隆引杨维桢曰："或问郦寄为'卖友'，予曰：汉之'卖友'则
　有其人，如酂侯、户牖是也。云梦之'伪'，钟室之'绐'，媒致淮
　阴以冤死。二子卖友，君子忍之；寄之卖禄非出于素心，而出于
　平、勃之劫其父也，则非二子之比已，安得谓之'卖友'耶？"按，
　责郦寄"卖友"者为司马迁，语见《樊郦滕灌列传》。

⑧吕氏今无处：我们吕家将永无存身之处。今，将，立即就要。无
　处，颜师古曰："言见诛灭，无处所也。'处'字或作'类'，言无种
　类也。"

⑨毋为他人守也：锺惺曰："吕后部署后事如此，虽百郦寄何为哉？
　及寄绐禄归将印，吕媭闻之大怒曰'若为将而弃军，吕氏无处
　矣'，与吕后意正合。吕氏独有两女子，禄、产辈奴耳。吕雉死后，
　诸吕中有一人如媭者，汉危矣哉。媭之雄略，胜吕氏数王耳。"

【译文】

　　这时绛侯周勃名为太尉，却不能进入兵营统领军队。曲周侯郦商年
老多病，他的儿子郦寄和吕禄关系不错。绛侯周勃就和丞相陈平筹谋，
派人劫持了郦商，迫令他的儿子郦寄去骗吕禄说："高皇帝和吕太后共同
平定天下，刘氏立王九人，吕氏立王三人，这些都由大臣们议定，事情业

已通告各国诸侯,诸侯都认为妥当。现在太后驾崩,皇帝年少,而您身佩赵国王印,却不赶快去封国驻守,而以上将军的身份率兵留在京城,惹得大臣诸侯都产生疑心。您何不交还将印,把兵权交给太尉,再请梁王交出相印,和大臣们订下盟约,回到封国去呢?这样齐国必定罢兵,朝中大臣也就放心了,您也可以高枕无忧地去当千里大国的国王,这才是有利于万世子孙的事啊。"吕禄果然相信了郦寄的话,想把将印交回朝廷,把兵权交给太尉周勃。他派人向吕产和吕姓族中老人报告,他们有人认为妥当,有人觉得不妥,一直犹豫不决,拿不定主意。吕禄信任郦寄,时常和他一起出城打猎。吕禄去拜访姑妈吕媭,吕媭大怒说:"你身为大将而丢弃军权,吕家人将要死无葬身之地了。"于是把珠玉宝器全都拿出来扔到堂下,说:"没必要再为别人守着啦!"左丞相审食其被免职。

九月庚申旦①,平阳侯窋行御史大夫事②,见相国产计事。郎中令贾寿使从齐来③,因数产曰:"王不蚤之国,今虽欲行,尚可得邪?"具以灌婴与齐楚合从欲诛诸吕告产,乃趣产急入宫④。平阳侯颇闻其语,乃驰告丞相、太尉⑤。太尉欲入北军⑥,不得入。襄平侯通尚符节⑦,乃令持节矫内太尉北军⑧。太尉复令郦寄与典客刘揭先说吕禄曰⑨:"帝使太尉守北军⑩,欲足下之国,急归将印辞去,不然,祸且起。"吕禄以为郦兄不欺己,遂解印属典客,而以兵授太尉。太尉将之入军门,行令军中曰:"为吕氏右袒,为刘氏左袒⑪。"军中皆左袒为刘氏。太尉行至,将军吕禄亦已解上将印去,太尉遂将北军⑫。

【注释】

①九月庚申旦:底本作"八月庚申旦"。梁玉绳引《通鉴考异》云:

"上有'八月丙午',此当作'九月'。"张文虎曰:"庚申,九月十日也。"诸说是,今据改。

②平阳侯窋(zhú):曹窋,曹参之子,袭父爵为平阳侯。行御史大夫事:代理御史大夫。行,兼摄官职。

③贾寿:据下文看应是吕氏一党。使:出使。

④趣(cù)产急入宫:即吕后"据兵卫宫"之意。

⑤丞相:右丞相陈平。太尉:太尉周勃。

⑥太尉欲入北军:吴仁杰曰:"汉之兵制,常以北军为重,周勃一入北军,而吕产辈束手被戮;戾太子不得北军之助,而卒败于丞相之兵,两军之势大略可睹。"

⑦襄平侯通:纪通,刘邦功臣纪成之子。纪成在收复三秦时战死于好畤,故封其子通为襄平侯,事见《高祖功臣侯者年表》。尚符节:为皇帝掌管兵符印信。尚,主管。

⑧矫内太尉北军:假传皇帝的命令让周勃进入北军。矫,假托君命。内,同"纳"。

⑨典客:官名。九卿之一。掌诸归义蛮夷,即少数民族事务。景帝时改称大行令,武帝时改称大鸿胪。

⑩守北军:掌管北军。

⑪为吕氏右袒,为刘氏左袒:袒,露出臂膀。此处"左袒""右袒"者,乃一种激励、鼓舞军心的手段。袁黄曰:"勃令军中'左袒',非有观望于其间,此勃之术也,军中怨吕氏而思刘氏,不待问可知也。必使之'左袒',所以发其忠愤而为建义号令之始也。士一'左袒',虽有吕氏之人潜伏行伍中,亦皆胆落神褫,无能为矣。"凌稚隆曰:"此兵机也,太尉预知众心已归刘氏,而不能无疑于吕氏之有党,故谬为此令以俟间有袒右或迟疑而未左者,则立诛之以警众,盖其计画已先定矣。"

⑫"太尉行至"几句:陈子龙曰:"凡定内变必须得禁军,观唐太子

重俊之所以败，玄宗之所以胜，皆在此，甘露之败亦如是也。"按，"太尉行至，将军吕禄亦已解上将印去"二句与前"遂解印属典客，而以兵授太尉，太尉将之入军门"意思重复，造成逻辑混乱，宜删。

【译文】

九月庚申一早，代理御史大夫的平阳侯曹窋就去见相国吕产商议政事。正赶上郎中令贾寿从齐国出使回来，他责备吕产说："大王不及早就国，现在即使想去，还去得了吗？"于是便把灌婴与齐楚联合想要诛灭诸吕的事全都告诉了吕产，催促他赶快进宫。平阳侯曹窋听了贾寿的这些话，就飞马报告给丞相陈平和太尉周勃。太尉周勃想进入北军，却无法进去。襄平侯纪通掌管兵符印信，他派人手持旄节，假传圣旨，让周勃进入了北军。周勃又派郦寄和典客刘揭先去劝说吕禄："皇上派太尉周勃驻守北军，想让你回到封国去，你要尽快归还大将之印，辞职离开，不然，大祸就要临头了。"吕禄认为郦寄不会骗他，于是便解下将军印信交给典客刘揭，把兵符授予太尉周勃。太尉周勃拿着兵符来到北军进入军门，边走边向军中下令说："拥护吕氏者袒露右臂，拥护刘氏者袒露左臂。"军中将士都袒露左臂表示拥护刘氏。太尉快要到达北军时，将军吕禄也已经交出上将印信离开了，周勃于是顺利地统领了北军。

然尚有南军。平阳侯闻之，以吕产谋告丞相平，丞相平乃召朱虚侯佐太尉[1]。太尉令朱虚侯监军门，令平阳侯告卫尉[2]："毋入相国产殿门[3]。"吕产不知吕禄已去北军，乃入未央宫，欲为乱[4]，殿门弗得入，裴回往来。平阳侯驰语太尉[5]。太尉尚恐不胜诸吕，未敢讼言诛之[6]，乃遣朱虚侯谓曰："急入宫卫帝[7]。"朱虚侯请卒，太尉予卒千余人。入未央宫门，遂见产廷中。日铺时[8]，遂击产。产走。天风大起，以故其从官乱,莫敢斗。逐产,杀之郎中府吏厕中⑨。

【注释】

①丞相平乃召朱虚侯佐太尉:底本此句上有"平阳侯闻之,以吕产谋告丞相平"十三字。梁玉绳曰:"'平阳侯'以下十三字与上下文不接,且前已言'平阳侯驰告丞相、太尉'矣,重出当衍,《汉书》无。"

②卫尉:官名。九卿之一。职掌统辖宫廷卫士,管辖宫内宿卫。按,汉初卫尉有二,一为长乐宫卫尉,一为未央宫卫尉,品级相同。皇帝居于未央宫,故此处乃指未央宫卫尉。

③毋入相国产殿门:茅坤曰:"恐其从中矫制为乱也,须安宫中而后可以制外。"

④乃入未央宫,欲为乱:郭嵩焘曰:"吕禄已去北军,吕产又去南军而入未央宫,一卫尉拒之有余,而云'入未央宫欲为乱',则所欲为乱者何也? ……其实'为乱'之形迹,初无可征也。"

⑤平阳侯驰语太尉:底本作"平阳侯恐弗胜,驰语太尉"。泷川曰:"'恐弗胜'三字疑衍,《汉书》无。"泷川说是,今据削"恐弗胜"三字。

⑥讼言:公开说,明说。讼,通"公"。

⑦急入宫卫帝:凌稚隆引余有丁曰:"予卒千余人,本以诛产;而曰'卫帝',是未敢讼言诛之也。"史珥曰:"太尉遣朱虚侯'急入宫卫帝',仓卒中见识力,观东汉之季及唐甘露之变,乃知绛侯此着为高。"

⑧日铺时:犹言下午时分。铺时,申时,下午三点至五点。

⑨郎中府:郎中令的官府。汉代制度,守卫宫禁的除卫尉统率的卫士外尚有郎中令管辖的郎官,前者称兵卫,后者称郎卫。故宫禁中有郎中令的官府。考古发现,未央宫西北部有中央官署遗址,

与后官区相近。吕产大约是想进后宫挟持少帝。

【译文】

但还有南军没掌握。平阳侯曹窋听说后,就把吕产的阴谋告诉了丞相陈平,丞相陈平随即召来朱虚侯刘章辅佐太尉周勃。太尉命令朱虚侯监守军门,命令平阳侯去告诉未央宫卫尉:"不要让相国吕产进入殿门。"吕产不知道吕禄已经离开北军,想要进入未央宫,挟持皇帝作乱,但进不了殿门,来回徘徊着。平阳侯飞马报知太尉周勃。周勃也担心不一定能战胜吕姓势力,不敢明言要诛杀诸吕,于是便派朱虚侯进宫,说:"你赶快进宫保护皇帝。"朱虚侯要求带兵前往,太尉就拨给他一千多人。朱虚侯一进未央宫门,就看见了吕产正在庭院里。时值日落时分,朱虚侯立刻攻击吕产,吕产奔逃。忽然狂风大起,吕产的随从官员因而大乱,没人敢抵抗。朱虚侯追逐吕产,把他杀死在郎中府吏的厕所里。

朱虚侯已杀产,帝命谒者持节劳朱虚侯①。朱虚侯欲夺节信,谒者不肯,朱虚侯则从与载,因节信驰走②,斩长乐卫尉吕更始③。还,驰入北军,报太尉。太尉起,拜贺朱虚侯曰:"所患独吕产④,今已诛,天下定矣。"遂遣人分部悉捕诸吕男女,无少长皆斩之。辛酉⑤,捕斩吕禄,而笞杀吕嬃⑥。使人诛燕王吕通,而废鲁王偃。壬戌⑦,以帝太傅食其复为左丞相⑧。戊辰⑨,徙济川王王梁⑩,立赵幽王子遂为赵王⑪。遣朱虚侯章以诛诸吕氏事告齐王,令罢兵。灌婴兵亦罢荥阳而归⑫。

【注释】

①帝命谒者持节劳朱虚侯:劳,慰问,盖少帝亦畏惧刘章。

②朱虚侯则从与载,因节信驰走:因节信,颜师古曰:"因谒者所持之

节用为信也,章与谒者同车,故为门者所信,得入长乐宫。"吴见
思曰:"写朱虚灵变迅捷,大是妙人。"

③斩长乐卫尉吕更始:刘章斩吕产于未央宫,又机智果断地急奔长
乐宫斩了卫尉吕更始,有勇有谋,确乎有"气力",才能、魄力出
众,是反吕行动成功的关键人物。

④所患独吕产:因其身为相国,且又掌握南军,故云。

⑤辛酉:九月十一,杀掉吕产的第二天。

⑥笞(chī)杀:用棍棒竹板打死。

⑦壬戌:九月十二。

⑧以帝太傅食其复为左丞相:吕氏集团覆灭,审食其竟能幸免。茅
坤曰:"此必陈平辈当吕后时为深交,故有此。"

⑨戊辰:九月十八。

⑩徙济川王王梁:济川国原名"吕国",乃吕后割齐国的济南郡而设
立,今吕氏已败,故须将其归还齐国;原梁王吕产已诛,济川王刘
太徙封梁王。

⑪立赵幽王子遂为赵王:梁玉绳曰:"遂之立也在文帝元年,文纪及
年表可据,此与世家谓吕后八年九月为大臣所立者误。"

⑫灌婴兵亦罢荥阳而归:按,灌婴与齐王连和,威胁吕氏集团不敢轻
举妄动,而为陈平、周勃等下决心发动政变推翻吕氏集团创造了
条件,提供了武力后援;同时,由于他阻止了齐王西进争夺帝位,
使得朝内大臣可以"合法""合礼"地废少帝立刘恒,免去了可能
造成内战的大分争。灌婴在这场汉初剧变中所起的作用、所立的
功勋是非常巨大的。王鸣盛曰:"而孰知当留屯荥阳,与齐连和之
时,婴之远虑有过人者?齐王之杀其相而发兵,夺琅邪王兵并将
而西也,此时吕禄独使婴击之。婴,高帝宿将,诸吕方忌故大臣,
而危急之际,一旦假以重兵,此必婴平日伪自结于吕氏,若乐为之
用者,而始得此于禄。既得兵柄,遂留屯荥阳,待其变而共诛之。

其时吕氏乱谋急矣,顾未敢猝发者,彼见大将握重兵居外,而与敌连和以观变,恐猝发而婴倍之,反率诸侯西向,故犹豫未忍决,于是平、勃乃得从容定计,夺其兵权而诛之。然则平、勃之成功,婴有以助之也。然婴不以此时亟与齐合,引兵而归共诛诸吕,乃案兵无动者,盖太尉入北军,吕禄归将印,此其诛诸吕如振槁叶耳。若婴合齐兵而归,遽以讨吕氏为名,则吕氏乱谋发之必骤,将印必不肯解,而太尉不得入北军矣。彼必将胁平、勃而拒婴与齐之兵,幸而胜之,喋血京师,不戕千万之命不止,此又婴计之得也。”

【译文】

朱虚侯杀了吕产后,皇帝派谒者手持旌节前来慰劳他。朱虚侯想夺走节信,谒者不肯给,朱虚侯便与谒者同车而行,借着谒者手中的节信到处奔走,到长乐宫斩杀了卫尉吕更始。而后返回,驰入北军,报告太尉周勃。周勃起身,向朱虚侯作揖祝贺说:“我所担心的只有吕产,现在已经被诛,天下可以安定了。”随即派人分头抓捕全部吕姓男女,不分老少一律斩杀。辛酉日,捕杀了吕禄,杖杀了吕嬃。派人诛杀了燕王吕通,废掉了鲁王张偃。壬戌日,皇帝太傅审食其恢复左丞相职务。戊辰日,改封济川王刘太为梁王,立赵幽王刘友的儿子刘遂为赵王。派遣朱虚侯刘章把诛灭吕氏的事情告知齐王刘襄,让他罢兵。灌婴的军队也从荥阳撤了回来。

诸大臣相与阴谋曰:“少帝及梁、淮阳、常山王,皆非真孝惠子也[①]。吕后以计诈名他人子,杀其母,养后宫,令孝惠子之,立以为后及诸王,以强吕氏。今皆已夷灭诸吕,而置所立,即长用事,吾属无类矣。不如视诸王最贤者立之。”或言:“齐悼惠王高帝长子,今其適子为齐王[②],推本言之,高帝適长孙,可立也。”大臣皆曰:“吕氏以外家恶而几危宗庙③,乱功臣④。今齐王母家驷钧,驷钧,恶人也⑤,即立齐王,则复为吕氏。"欲立淮南王,以为少,母家又恶。乃曰:"代王方今高帝见子最长,仁孝宽厚。太后家薄氏谨良⑥。且立长故顺,以仁孝闻于天下,便。"乃相与共阴使人召代王。代王使人辞谢。再反⑦,然后乘六乘传⑧,后九月晦日己酉⑨,至长安,舍代邸。大臣皆往谒,奉天子玺上代王,共尊立为天子。代王数让,群臣固请,然后听⑩。

【注释】

①少帝及梁、淮阳、常山王,皆非真孝惠子也:何焯曰:"'少帝非刘氏',乃大臣既诛诸吕,从而为之辞。"梁玉绳曰:"上文一则曰'孝惠后官',再则曰'孝惠皇后无子,取美人子名之',则但非张后子,不得言非孝惠子也。乃此言'诈名他人子以为子',后又云'足下非刘氏',何欤?《史记考要》谓诸大臣阴谋而假之词,以绝吕氏之党,不容不诛。其信然矣。史公于纪两书之,而年表亦云'以孝惠子封',又云'以非子诛',皆有微意存焉,非岐说也。"俞正燮《癸巳类稿》有"汉少帝本孝惠子考",亦发此意。

②適子:嫡长子,指刘襄。適,通"嫡"。

③外家:皇家的外戚。

④乱功臣:汉初刘氏宗族与军功集团共同执掌政权,即非刘姓不王,非军功不侯,是双方的约定与默契。吕氏集团违反了这一约定,动摇了执政根本,更实际危害到军功集团的利益,才会引发重大政变。

⑤今齐王母家驷钧,驷钧,恶人也:驷钧,据下文知其为齐王兄弟之舅。按,这当是周勃诸人对齐国因畏而生憎的强加之辞。观《齐悼惠王世家》写灌婴之欲杀齐国中尉魏勃事,可知当时朝廷诸大臣之心态。重出"驷钧",表现当时人说话的口角更为生动。

⑥太后家薄氏谨良：徐孚远曰："薄昭后杀汉使者，亦不为'谨良'
也。大臣以齐王起兵，英气难测，又刘泽怨之，故申代屈齐也。"

⑦再反：群臣第二次派人前往力请时。再，第二次。反，同"返"。

⑧乘六乘传（zhuàn）：诸说不一。其一谓文帝及其侍从总共只乘坐
六辆传车。传，传车，即驿车。凌稚隆引董份曰："盖文帝料汉事
已定，止用六乘急赶，不多备耳。"其二谓代王本人乘坐着六匹马
拉的传车，一取其快，二表示即将为帝的高贵身份。《汉书·武五
子传》写昌邑王刘贺入朝继位时有所谓"乘七乘传诣长安邸"，与
此情形略似，而《司马相如传》称司马相如等出使西南夷乃"驰
四乘之传"，可资比较。余不录。

⑨后九月晦日己酉：即闰九月的最后一天己酉日。后九月，即闰九
月。《集解》引文颖曰："以十月为岁首，至九月则岁终，后九月则
闰月。"中井曰："周、秦、汉初，皆以闰置岁终。"晦，月终。己酉，
闰九月的二十九，此月为小月。

⑩"代王数让"几句：例行做戏而已。真要让，又何必来长安？

【译文】

大臣们一齐暗中密谋说："少帝和梁王刘太、淮阳王刘武、常山王刘
朝，都不是孝惠帝真正的儿子。太后用计骗来别人家的儿子，杀掉他们
的生母，把他们养在后宫，让孝惠帝认作自己的儿子，立为继承人或封为
诸侯王，借以壮大吕氏的势力。现在吕氏已经全被消灭，却还留着吕氏
所立的人，等到他们长大后掌了权，我们这些人就要灭种了。不如在刘
氏诸王里挑一个最贤德的人立为皇帝。"有人说："齐悼惠王是高祖的长
子，现在他的嫡子是齐王，追溯本源，齐王是高祖的嫡亲长孙，可以立为
皇帝。"但其他大臣都说："吕氏就是凭着外戚身份作恶多端，几乎危及
宗庙，祸乱功臣。如今齐王的母家驷钧，乃是恶人，如立齐王为帝，那么
就会重蹈吕氏覆辙了。"大家想立淮南王刘长，又觉得他太年轻，母家也
很凶恶。最后大家说："代王刘恒是高帝见在的儿子，年纪最大，为人仁

孝宽厚。太后薄夫人娘家恭谨善良。再说拥立最大的儿子本来就名正言顺，而且代王又以仁爱孝顺闻名天下，立他为帝合适。"于是大臣们就一起暗中派使者去召代王进京。代王派人推辞。等到再次派人去请，刘恒这才乘坐六马所拉的传车进京，闰九月晦日到达长安，住进代王在京的官邸。大臣们都前往拜见，把天子的印玺呈给代王，一同尊立代王为天子。代王再三推辞，群臣坚决请求，最后代王才同意了。

　　东牟侯兴居曰："诛吕氏吾无功，请得除宫①。"乃与太仆汝阴侯滕公入宫②，前谓少帝曰："足下非刘氏，不当立③。"乃顾麾左右执戟者掊兵罢去④。有数人不肯去兵，宦者令张泽谕告⑤，亦去兵。滕公乃召乘舆车载少帝出⑥。少帝曰："欲将我安之乎？"滕公曰："出就舍。"舍少府⑦。乃奉天子法驾⑧，迎代王于邸。报曰："宫谨除。"代王即夕入未央宫。有谒者十人持戟卫端门⑨，曰："天子在也，足下何为者而入⑩？"代王乃谓太尉。太尉往谕，谒者十人皆掊兵而去。代王遂入而听政。夜，有司分部诛灭梁、淮阳、常山王及少帝于邸⑪。

　　代王立为天子。二十三年崩，谥为孝文皇帝⑫。

【注释】

①请得除宫：除，清扫。胡三省曰："此时群臣虽奉帝即位，而少帝犹居禁中，盖有所屏除也。"

②太仆：官名。位列九卿，掌管皇帝之舆马和马政。滕公：夏侯婴，刘邦的开国功臣，以功封汝阴侯。因其在秦时曾为滕县令，故又称"滕公"。夏侯婴从刘邦起兵即为其驾车，为太仆，历刘邦、惠帝、吕后，至文帝仍为太仆，历时可谓久矣。

③足下非刘氏，不当立：为除诸吕，必须连惠帝子一并除尽；除惠帝子则必诬以"非刘氏"。

④麾：挥手示意。搏（pū）兵：放下武器。搏，放倒。

⑤宦者令：官名。宫廷中宦者的最高长官，少府属官。张泽：一说即上文中大谒者张释。"泽""释"二字古通。

⑥乘舆车：此指皇帝所乘的一般车驾。乘舆，犹言"车驾"。

⑦舍少府：少府在未央宫西北部中央官署区内。

⑧天子法驾：天子车驾的一种，仪仗规模小于大驾。《集解》引蔡邕曰："天子有大驾、小驾、法驾。法驾上所乘，曰金根车，驾六马，有五时副车，皆驾四马，侍中参乘，属车三十六乘。"

⑨端门：宫殿的正南门。

⑩天子在也，足下何为者而入：徐孚远曰："是时禁卫之士皆有守，不贰其心，犹有仆御正人之意，非后代所及。"

⑪夜，有司分部诛灭梁、淮阳、常山王及少帝于邸：有司，主管该项事务的官员。设官分职，各有所司，故曰有司。司，主管。郭嵩焘曰："谓太子非皇后子可也，谓非惠帝子则不可……当时以吕后所立，废之可也；分部诛灭之，亦已过矣……少帝、诸王之死，史公据事直书，其情事固自显然。"凌稚隆引郑晓平曰："平、勃之留少帝以俟代王也，辟弑君之名也。少帝，真惠帝子也，平、勃不立少帝而迎代王，恐有唐五王之祸也。少帝不得其终，是以有七国之难。"

⑫二十三年崩，谥为孝文皇帝：徐孚远曰："此纪止宜著文帝即位之事，崩年谥法未宜载之。"张文虎亦谓此十一字"后人妄增"，但未说明理由。

【译文】

东牟侯刘兴居说："诛灭吕氏我无功劳，让我去清理宫廷吧。"于是便和太仆汝阴侯滕公进入未央宫，刘兴居上前对少帝说："您不是刘姓人，不应该继位。"然后回过头来挥手让左右执戟的卫士放下武器出去。有几个人不肯从命，宦者令张泽向他们说明情况，他们才放下武器走了。滕公召来乘舆车拉着少帝出宫。少帝说："你要把我拉到哪去？"滕公说："出去给你找地方住。"于是就让他住到了少府。他们又备好天子的法驾，前去代王的官邸迎接大驾。刘兴居报告说："宫廷已经清理完毕。"于是代王当夜就进了未央宫。进宫门的时候，有十名内侍手持长戟守卫端门，说道："天子还在里边，你们是什么人要进宫去？"代王就让太尉向他们说明情况。太尉上前说明情况，十个内侍听罢也都放下武器离去了。代王于是进宫主政。当天夜里，相关部门分头出动到各个官邸里，杀掉了梁王、淮阳王、常山王和少帝。

代王刘恒被立为天子。在位二十三年驾崩，谥号为孝文皇帝。

太史公曰：孝惠皇帝、高后之时①，黎民得离战国之苦，君臣俱欲休息乎无为②，故惠帝垂拱③，高后女主称制，政不出房户，天下晏然④。刑罚罕用，罪人是希⑤。民务稼穑，衣食滋殖⑥。

【注释】

①孝惠皇帝、高后之时：何焯曰："作'吕后本纪'者，著其实；赞以'孝惠皇帝'冠之，书法在其中矣。"

②休息乎无为：休养生息，清静无为。"无为"是道家学派的一种哲学思想，主张清静虚无，顺应自然，不要人为干预，要通过"无为"而达到"无不为"的目的。汉代自建立至武帝前期，多采用这种"清静无为"的政策，使社会生产得以恢复和发展。

③垂拱：垂衣拱手，谓不亲理事务，不费力气。

④晏然：安然。晏，安。

⑤罪人是希：犯罪的人却并不多。是，表示加重语气之词。希，稀少。

⑥民务稼穑，衣食滋殖：稼穑，耕种和收获。泛指农业劳动。滋殖，
增加。滋、殖，都有增加的意思。凌稚隆引赵恒曰："刑措则罪人
是稀，务稼穑则衣食滋殖，所谓天下晏如也。而政乃不出房户，几乎
女中尧舜也。纪与赞互见，功罪不相掩。"

【译文】

太史公说：孝惠皇帝和吕太后当政时，黎民百姓得以脱离战争的苦
难，君臣上下都希望无为而治，以求休养生息，所以孝惠帝垂衣拱手，安
闲无事，吕太后以女主身份行使天子职权，施政不出房门，天下安然无
事。刑罚很少使用，罪人确实不多。百姓专事农耕，家家衣食富足。

【集评】

凌约言曰："一篇关键，总在王诸吕、诛诸吕上着力，以汉室兴替所关
也，故史公乃见其大者。"（《史记评林》）

徐时栋曰："天下号令在某人，则某人为'本纪'，此史公史例也。故
《高祖本纪》之前，有《项羽本纪》；高祖以后，不立《孝惠皇帝本纪》，而
独立《吕后本纪》，固以本纪为纪实，而非争名分之地也。此后无人能具
此识力，亦无人敢循此史例矣。"（《烟屿楼读书志》）

赵翼曰："吕后则当高帝临危时，问萧相国后孰可代者，是固以安国
家为急也。孝惠既立，政由母氏，其所用曹参、王陵、陈平、周勃等，无一
非高帝注意安刘之人，是惟恐孝惠之不能守业。非如武后以嫌忌而杀太
子弘、太子贤也。后所生惟孝惠及鲁元公主，其他皆诸姬子，使孝惠而
在，则方与孝惠图治计长久，观于高祖欲废太子时，后迫留侯画策，至跪
谢周昌之廷诤，则其母子间可知也。迨孝惠既崩，而所取后宫子立为帝
者，又以怨怼而废，于是己之子孙无在者，则与其使诸姬子据权势以凌吕
氏，不如先张吕氏以久其权。故孝惠时未尝王诸吕，王诸吕乃在孝惠崩
后，此则后之私心短见。盖嫉妒者妇人之常情也，然其所最妒亦只戚夫

人母子,以其先宠幸时几至于夺嫡,故高帝崩后即杀之。此外诸姬子,如文帝封于代,则听其母薄太后随之;淮南王长无母,依吕氏以成立,则始终无恙;齐悼惠王以孝惠庶兄失后意,后怒,欲鸩之,已而悼惠献城阳郡为鲁元汤沐邑,即复待之如初;其子朱虚侯章入侍宴,请以军法行酒,斩诸吕逃酒者一人,后亦未尝加罪也。赵王友之幽死,梁王恢之自杀,则皆以与妃吕氏不谐之故。然赵王友妃吕产女,梁王妃亦诸吕女,又少帝后及朱虚侯妻皆吕禄女,吕氏有女不以他适,而必以配诸刘,正见后之欲使刘吕常相亲。"(《廿二史札记》)

李景星曰:"《吕后本纪》叙各项复杂事迹,而笔端却极有条理。写一时匆忙情形,而神气却自尔安闲。大旨以吕后为主,而附叙者为惠帝,为两少帝,为高祖诸子,为诸吕……总之,以刘氏、吕氏为一篇眼目,以王诸吕、诛诸吕为一篇关键,以'吕后为人刚毅'句为一篇骨子。"(《史记评议》)

【评论】

司马迁对吕后的总体评价是"刚毅",意思是她有气魄、有毅力,敢作敢为,更有能下狠手的意思。这一点首先表现在吕后帮刘邦杀功臣一事上,而其中在杀韩信、杀彭越时表现得最为突出。韩信被强加"谋反"罪名从楚王降为淮阴侯,让他住在长安,实际上是被软禁。六年后,又有人告韩信谋反,吕后遂与萧何密谋,将韩信诱进宫,斩于长乐钟室。而此时刘邦正亲自率军征讨陈豨,并不在长安。可见此事是刘邦与吕后早有预谋,而吕后一旦抓住机会,绝不手软。杀彭越一事更是吕后主导的。彭越被诬告谋反,"有司治反形已具,请论如法。上赦以为庶人,传处蜀青衣",可见刘邦本没有杀彭越之心。彭越流放途中遇到吕后,向吕后哭诉自己冤枉,吕后答应替他向刘邦求情。可是见到刘邦后,"吕后白上曰:'彭王壮士,今徙之蜀,此自遗患,不如遂诛之。妾谨与俱来。'于是吕后乃令其舍人告彭越复谋反,廷尉王恬开奏请族之,上乃可。遂夷越宗族"。可见坚决主张杀彭越的是吕后,并且亲自安排了告发、审判等一系列事宜。其实举一反三,也可推知韩信第二次被告谋反,应该也是同样的操作。于是韩信、彭越都惨遭灭族。虽然诛杀功臣这件事的主导者只能是刘邦,但吕后与他的配合,在其中起到的作用、采用的手段,都显现出她的决断与狠辣,也就是所谓"刚毅"。

那么吕后为什么坚决要与刘邦一起诛杀功臣,甚至在刘邦死后想将功臣全部杀掉呢?她与功臣的矛盾究竟是什么呢?说到底,就是怕功臣们威胁"刘氏江山"。吕后在刘邦灭秦时一直在沛县老家,楚汉战争期间则被俘一直被项羽关在营中做人质。这两年零六个月,她提心吊胆、惶恐不安、度日如年,心理上的折磨可以想见。这段经历使她特别珍惜这"刘氏江山",甚至觉得它就是刘邦和自己的,别人谁也不能染指,刘邦别的姬妾的孩子不行,功臣们更不行。可偏偏功臣们要么原来是和刘邦称兄道弟的老乡,要么有着赫赫战功,才干超群,而她的儿子刘盈年龄尚小(当时只有十来岁),性格和善,在她看来就是软弱可欺,对比之下,功臣们对她的江山威胁太大了。她怕刘邦死后,她与儿子刘盈都无法驾驭这些人,故而她在刘邦在世时,要借着刘邦的威望赶紧把他们除掉,以保证日后她与她儿子的政权稳固。其实刘邦也有这样的心思,所以吕后杀韩信后他很高兴,杀彭越他也欣然同意。当然,他也知道只有吕后能压制得住这些功臣,无论他多么宠爱戚夫人和小儿子如意,功臣们并不服,他必须牺牲戚夫人和如意才能保住刘氏社稷。

吕后一定是要吕氏夺取刘氏江山吗?答案是并不是。就她而言,国家只能是刘氏的,而且只能是她的嫡亲儿孙的。正是这种极端的自私狭隘使她杀功臣,杀刘邦其他的儿子,甚至祸害到自己的亲生儿女。吕后只有惠帝一个亲生儿子,从她本心出发,她必须全心全意、千方百计维护惠帝的利益。可是遗憾得很,她把自己对亲生儿子刘盈的爱,实际上都变成了"迫害"。她逼着皇帝刘盈娶他亲姐姐的女儿为皇后,目的是肥水不流外人田,因为"皇后"这个位置实在太重要了,怎能让关系疏远的人家得了去呢？惠帝初即位时十七岁，结婚时，这位小外甥女只有六七岁。这就使惠帝处于非常难堪的地位，造成的直接后果就是小皇后根本无法生育，惠帝没有嫡系的儿子，给日后的皇位继承造成了极大麻烦。至于她杀戚夫人和如意，除去疯狂的报复心，为维护惠帝帝位，也是必须的。问题是她的手段太残忍、太灭绝人性，惠帝竟因此而死。吕后还让刘氏与吕氏联姻，她让刘家的儿子都娶吕家的女儿，让吕家的儿子都娶刘家的女儿，她以为这一方面能使两家关系更加牢固，另一方面也可以监督刘氏宗亲。于是因为对她的安排不满，刘邦两个庶子刘友、刘恢先后被杀。总计，吕后杀掉的有刘邦的儿子三人：刘如意、刘友、刘恢，孙子一人：刘建的儿子；惠帝的儿子一人：前少帝刘某。这就给人造成了一种她仇恨刘氏宗室、意欲将之斩尽杀绝的印象。同时吕后大封吕氏侄为侯为王，目的并不是想取代刘氏，而是想巩固吕氏势力，以维护惠帝及其儿孙的政权。只是她既已得罪了功臣集团，又打压刘氏宗室太狠，吕氏集团基础太薄弱，不得人心，她的侄子们能力也太平庸，她一死，功臣集团就与刘氏宗室联手灭掉了吕氏集团，连惠帝的儿子们也被说成不是刘家的孩子而全被杀掉。吕后生前极力要确保嫡亲子孙独享天下，却落得嫡亲子孙被剿灭得一个不剩。

　　总体来说，吕后有气魄、有毅力，对维持汉初局势稳定有过一定贡献，但由于她目光短浅、心胸狭隘、私心太重、报复性强，没有政治家的风度；且又自以为是、总把自己的主观意志强加于人，以至于闹得众叛亲离，逼得刘氏与功臣联合起来，把对汉王朝的创建立有重大功勋的吕氏家族毁灭得一干二净，吕后自己的嫡亲儿子血脉断绝，自己也落下了千古恶名。

　　陈平、周勃是拥吕派还是倒吕派？在吕后生前死后究竟扮演了什么角色？周勃、陈平是诛灭吕氏集团、平息这场汉初最高统治集团内部斗争的功臣；但同时，局面最终发展成这样，他们也有不可推卸的责任。陈平等在刘邦生前就是拥护吕后的，这其实无可厚非；但在惠帝死后，吕后哭泣不下时,为了保官保命,接受了张辟彊的建议,迎合吕后,主动提出请让吕氏为将,统南北军,及诸吕皆入宫,居中用事,使得"吕氏权由此起"。司马迁这一笔是有很深用意的,等于是谴责了陈平、周勃,认为是他们促成了诸吕之乱。接着,当吕后要封诸吕为王时,王陵还能按刘邦的老规矩,据理力争,而周勃、陈平却说"无所不可"。就情理而论,刘邦做皇帝,可以封他的兄弟子侄为王;吕后掌国政,怎么就不能呢?何况吕后的兄弟都是跟着刘邦打天下,立有汗马功劳的,他们要比刘邦的那些儿子更有资格。陈平、周勃的表现,就忠于刘邦而言,的确不能算好,甚至可以说是"背叛";但从情理而言,吕后既然继其子执掌国政,周勃、陈平即使改变刘邦的规定,死心塌地地为吕后效力也无可厚非。让人反感的是,他们后来不承认投靠吕后,说自己当时是"伪应之",以求日后反戈一击,消灭吕氏。这显然是吕氏被灭后,陈平、周勃为掩饰、美化自己而编造出来的谎言了。陈平、周勃由于一向迎合吕后,故吕后也给他们以优厚回报:吕后任陈平为第一丞相,因第二丞相审食其经常居于宫里只管侍候吕后,故而处理国家政事的大权实际上归陈平一人。吕后又设立太尉官,任周勃为太尉,掌管全国武装,统领护卫京城的北军。这些安排本来对于维持政局的稳定有好处,但到吕后病危安排后事时,她的思想又起了变化。她任命侄子赵王吕禄为上将军,统领驻扎在京城、以护卫宫廷为主要任务的北军;任命侄子吕产统领南军,并同时升任吕产为"相国"。吕禄为"上将军",其地位居于诸将之上,周勃的军权即被剥夺,"太尉"只剩下虚名;吕产任"相国","相国"比"丞相"位尊而权大,陈平的"丞相"自然也就被架空了。陈平、周勃从军政大权的最高执掌者,一下子被踢出了政权中心,边缘化成了"闲人",他们自然地就加入了反吕联盟,而且以他们的威望成了反吕联盟的领导与旗帜。

　　诛灭吕氏集团后,现仍在位的少帝是吕后扶立,他虽然是惠帝儿子也不能留着,必须从现有的刘氏诸侯王中另外选择一个。在现有的诸侯王中可选择的是谁呢?就平定吕氏有功而又勇武有为而言,自然是齐王刘襄,这是刘章早就想好的。但周勃、陈平不愿意,他们的原则一定是要挑一个便于他们控制的。刘襄为人英武,本来就是大国之王,根基雄厚,又有刘章、刘兴居这样的弟兄,他做了皇帝,他们无法左右,于是他们以刘襄母家的驷钧是个恶人为借口排除了刘襄。最后挑选了没有什么根基、没有什么力量,看上去谦虚谨慎、无欲无争的代王刘恒,他们认为这个人大概容易对他们感恩戴德,容易受他们控制。陈平、周勃不知道,他们挑来的是一个用黄老思想包裹极严的,最有手段、最难对付的主子。对于陈平、周勃等功臣来说,他们之后的日子过得相当狼狈,而对于汉帝国的发展来说,这位刘恒开创了一个盛世,巩固了汉代几百年的基业,他就是汉文帝。

本篇正文只是讲了一场政变,未能照览全国,所以我们说它像是一篇"传",而不像是"纪"。但作品在论赞中说:"孝惠皇帝、高后之时,黎民得离战国之苦,君臣俱欲休息乎无为,故惠帝垂拱,高后女主称制,政不出房户,天下晏然。刑罚罕用,罪人是希。民务稼穑,衣食滋殖。"这段话拓展开去,不仅写到了全国,而且是对吕后时代的肯定。由此可以看出,司马迁不以基于全局的好评去掩盖具体的真实的恶,也不以具体真实的恶去改变基于长时段历史的总体性的好评。"因此,司马迁的历史观,在他生活的时代,是具有明显的超越性的。他对吕太后时期的评价,既超越了姓氏,也超越了性别,而具有更广泛意义上的评判国家领导者的指向。在他看来……上升到国家治理的层面,一切应该以是否让老百姓安居乐业,是否合乎普遍的人性,为唯一的价值判断标准。"(《时空——〈史记〉的本纪、表与书》)

文中几处文字、标点涉及汉代"朝十月"的礼制。

底本"二年,楚元王、齐悼惠王皆来朝。十月,孝惠与齐王燕饮太后前",这样标点,仿佛二王来朝是一事,在十月的某一天燕饮太后前又是一事。事实上,汉承秦制,以十月为每年第一个月,十月初一是这一年的"元日",这一天要举行朝贺大礼,各诸侯王必须前来京城参加,之后要与太后、皇帝进行家宴,这叫做"朝十月"。所以上面句子实际上讲的是楚元王、齐悼惠王参加"朝十月"时与太后燕饮这一件事,而"朝十月"不能点断。正确的标点应是:"二年,楚元王、齐悼惠王皆来朝十月,孝惠与齐王燕饮太后前。"

　　与此类似涉及以十月为岁首及"朝十月"礼制的还有:底本"诸侯来会。十月朝贺。七年秋八月戊寅,孝惠帝崩",似乎诸侯朝贺与孝惠帝崩是两年的事,而实际上年初十月诸侯来朝贺,年末八月孝惠驾崩,都是孝惠七年一年内发生的事。所以此数句标点应为:"七年诸侯来会十月。朝贺。秋八月戊寅,孝惠帝崩。"

孝文本纪第十

【释名】

《孝文本纪》以及下面的《孝景本纪》是最典型"本纪",后世正史中的帝王本纪"正体"就是这个样子。

本文除开头部分写文帝入继大统的过程外,其余大部分,是以文帝的二十一道诏令为中心展开历史叙事的。总结起来,除文帝轻徭薄赋、反对严刑酷法、反对铺张奢侈、广开言路等等善政外,主要有以下几件大事:一是朝中功臣诛灭吕氏后请他进京为帝,他果断入朝,继承皇位;二是任用跟随自己的代国亲信,打压陈平、周勃等元老功臣;三是打压齐王刘襄兄弟;四是抗击匈奴入侵,与匈奴和亲;五是处罚僭越妄为的淮南王刘长。

孝文皇帝^①,高祖中子也。高祖十一年春^②,已破陈豨军,定代地^③,立为代王,都中都^④。太后薄氏子^⑤。即位十七年^⑥,高后八年七月,高后崩^⑦。九月,诸吕吕产等欲为乱,以危刘氏,大臣共诛之,谋召立代王。事在《吕后》语中^⑧。

【注释】

①孝文皇帝:名恒。生于前202年,为刘邦第四子。谥"文",《谥法

解》曰:"经纬天地曰'文',道德博厚曰'文',学勤好问曰'文',
慈惠爱民曰'文',愍民惠礼曰'文',锡民爵位曰'文'。"

②高祖十一年:前196年。

③已破陈豨军,定代地:陈豨是刘邦的开国功臣,高祖十年(前197)
八月在代地谋反,十一年冬、春(当时以十月为岁首)被击败。

④立为代王,都中都:《汉书·高帝纪》:"代地居常山之北,与夷狄
边,赵乃从山南有之,远,数有胡寇,难以为国,颇取山南太原之地
益属代。"文帝时的代国辖雁门、定襄、代、太原四个郡。中都,汉
县名。即今山西平遥西南。

⑤太后薄氏:又称"薄姬""薄夫人"。本为魏王豹之姬。汉灭魏,
她被俘入织室,高祖纳之入官,生子刘恒。刘恒封为代王,高祖
卒,她从子至代,为代太后。文帝即位,尊为皇太后。景帝二年
卒。事见《外戚世家》。

⑥即位十七年:指刘恒为代王的第十七年,即高后八年,前180年。

⑦高后八年七月,高后崩:高后即吕后,据《吕太后本纪》,吕后死于
"辛巳",是八月初一,非"七月"。

⑧"诸吕吕产等欲为乱"几句:陈平、周勃等灭诸吕、召立代王事,详
见《吕太后本纪》。这就是人们通常所说的"互见法"。吕产,吕
后之侄,封吕王,任相国,并统领南军。

【译文】

孝文皇帝刘恒,是汉高祖排行居中的儿子。高祖十一年春,在陈豨
的叛军被击败、代地被平定之时,便被立为代王,建都在中都。孝文皇
帝为薄太后所生。他即代王位第十七年,也就是吕太后当政的第八年七
月,吕太后驾崩。九月,吕氏家族的吕产等人企图发动叛乱,危害刘氏江
山,汉朝的大臣们共同诛灭了吕氏宗族,并商议把代王召来长安,立为皇
帝。详情记载在《吕太后本纪》中。

丞相陈平、太尉周勃等使人迎代王①。代王问左右郎中令张武等②。张武等议曰："汉大臣皆故高帝时大将，习兵，多谋诈，此其属意非止此也③，特畏高帝、吕太后威耳。今已诛诸吕，新喋血京师④，此以迎大王为名，实不可信。愿大王称疾毋往，以观其变⑤。"中尉宋昌进曰⑥："群臣之议皆非也。夫秦失其政，诸侯豪桀并起，人人自以为得之者以万数，然卒践天子之位者，刘氏也，天下绝望⑦，一矣。高帝封王子弟，地犬牙相制⑧，此所谓盘石之宗也⑨，天下服其强，二矣。汉兴，除秦苛政，约法令，施德惠，人人自安，难动摇，三矣。夫以吕太后之严，立诸吕为三王⑩，擅权专制，然而太尉以一节入北军⑪，一呼士皆左袒⑫，为刘氏，叛诸吕，卒以灭之。此乃天授，非人力也⑬。今大臣虽欲为变，百姓弗为使，其党宁能专一邪？方今内有朱虚、东牟之亲⑭，外畏吴、楚、淮南、琅邪、齐、代之强⑮。方今高帝子独淮南王与大王，大王又长，贤圣仁孝，闻于天下，故大臣因天下之心而欲迎立大王，大王勿疑也⑯。"

【注释】

①丞相陈平、太尉周勃等使人迎代王：据《吕太后本纪》，朝臣们消灭吕氏集团后，商议另立新君，忌齐王刘襄英武，而淮南王年少，母家又恶，而"代王方今高帝见子最长，仁孝宽厚。太后家薄氏谨良。且立长故顺，以仁孝闻于天下"，遂暗中派人与代王刘恒联络，欲迎立为帝。

②左右郎中令：左右近臣及郎中令。郎中令，汉中央与诸侯王国均设有此官，为皇帝或诸侯王的宿卫之臣，负责守护宫殿门户。王

先谦曰："汉初诸王国群卿大夫如汉朝,此代国之郎中令也。"

③属意:犹今之所谓"用心"。非止此:指不满足于为列侯、为将相。

④喋血:践血而行。谓杀人流血遍地。喋,通"喋(dié)"。颜师古曰:"喋……本字当作蹀。蹀谓履涉之耳。"

⑤愿大王称疾毋往,以观其变:郭嵩焘曰:"张武等阻文帝之行可谓无识,然其言以为汉大臣皆习兵,多谋诈,而疑其属意不可测……固非无因也。"

⑥中尉:官名。汉初诸侯国设中尉,典武职,备盗贼。

⑦天下绝望:各路诸侯都断绝了想争夺天子之位的念头。言天下归心刘氏。

⑧地犬牙相制:指刘氏子弟的封国与朝廷管辖的郡县犬牙交错,足以制约朝内大臣。

⑨盘石之宗:像磐石一样坚固的宗法统治。盘石,即磐石。大石。喻稳定坚固。

⑩立诸吕为三王:即梁王吕产、赵王吕禄、燕王吕通。

⑪太尉以一节入北军:指纪通派人手持旄节,假传圣旨,就让周勃进入了北军。详见《吕太后本纪》。节,旄节,此指纪通所派天子使者所持的信物。北军,汉代守卫京师的屯卫兵。长乐宫在京城东面偏北,其卫兵称北军。

⑫士皆左袒:周勃进入北军后,呼曰"为吕氏右袒,为刘氏左袒",于是"军中皆左袒"。

⑬此乃天授,非人力也:泷川曰:"《留侯世家》张良称汉皇曰:'沛公殆天授。'《淮阴侯传》韩信谓汉皇曰:'陛下所谓天授,非人力也。'盖当时有此语,宋昌亦引称刘氏。"

⑭朱虚:朱虚侯刘章。东牟:东牟侯刘兴居,刘章之胞弟。二人皆刘邦之孙,刘恒之侄,当时都在长安。

⑮吴:吴王刘濞,刘邦之侄。楚:楚王刘交,刘邦之弟。淮南:淮南

　　王刘长,刘邦之子。琅邪:琅邪王刘泽,刘邦之同族。齐:齐王刘

　　襄,刘邦之孙,刘章、刘兴居之兄。

⑯大王勿疑也:凌稚隆曰:"诸吕既诛,人心已定,安可毋往? 张武其

　　过虑哉。宋昌三说灼见时事,亦有识之士矣。"

【译文】

　　丞相陈平和太尉周勃等派人去迎接代王。代王询问左右近臣及郎中令张武等人的意见。张武等人议论说:"朝廷中的大臣都是过去高皇帝时候的大将,熟悉军事,多谋善变,他们的真正意图恐怕不止于此,不过是畏惧高皇帝和吕太后的威势罢了。如今已经诛灭了吕氏宗族,刚刚血染京师,此举名义上是迎接大王,实际上不可相信。希望大王称病莫去,以观其变。"中尉宋昌进言说:"众位臣僚的意见都不对。当初秦政治昏乱,诸侯豪杰纷纷起事,自以为能够夺取天下的人数以万计,但最终登上天子大位的却是刘氏,这就让天下豪杰断绝了做皇帝的希望,这是第一点。高皇帝分封刘氏子弟为王,他们的封地与周边郡县犬牙交错,相互制约,这就是古人所说坚如磐石的宗室,天下人臁服刘氏的强大,这是第二点。汉朝建立以来,废除了秦的苛政,简化法令,布施德泽恩惠,人人自谋安乐,已经难以动摇,这是第三点。再说以吕太后的威严,封吕氏子弟三人为王,擅权专制,然而当太尉周勃凭借一枚符节进入北军,一声呼喊,士兵们都袒露左臂,效忠刘氏,抛弃吕氏,最终因此诛灭了吕氏宗族。这是天意所授,非人力所致。如今大臣们就算想要谋反,百姓也不会为其所用,他们的同党难道就能够专心一意吗? 方今内有朱虚侯和东牟侯这样的亲族,外又有吴、楚、淮南、琅邪、齐、代等众多的强国。现在高皇帝的儿子只剩淮南王和大王您了,大王您又年长,贤能圣明仁慈孝顺,早已天下闻名,所以大臣们顺应天下人的心愿,想迎立大王您为天子,大王您就不要迟疑了。"

　　代王报太后计之,犹与未定①。卜之龟,卦兆得大横②。

占曰③:"大横庚庚④,余为天王,夏启以光⑤。"代王曰:"寡人固已为王矣,又何王?"卜人曰⑥:"所谓天王者乃天子。"于是代王乃遣太后弟薄昭往见绛侯⑦,绛侯等具为昭言所以迎立王意。薄昭还报曰:"信矣,毋可疑者。"代王乃笑谓宋昌曰:"果如公言。"乃命宋昌参乘,张武等六人乘传诣长安⑧。至高陵休止⑨,而使宋昌先驰之长安观变⑩。

【注释】

①犹与:犹豫。

②卦兆得大横:《集解》引应劭曰:"以荆灼龟,文正横。"兆,指龟壳上显示的征象。泷川引中井曰:"大横是卜兆之名,犹筮之卦名。"

③占:占辞。

④庚庚:纹理横布的样子。一说即变更。《索隐》曰:"庚庚犹'更更',言以诸侯更帝位也。"

⑤夏启以光:夏启能光大禹的事业。颜师古引张晏曰:"(夏启)能光先君之业。文帝亦袭父迹,言似启也。"

⑥卜人:陈直曰:"当即太常属官之太卜令,汉初王国设官皆如汉朝,非一般占卜之人。"

⑦遣太后弟薄昭往见绛侯:徐孚远曰:"遣薄昭往见太尉,非但察迎立之情,亦以自托于大臣也。"绛侯,周勃,时为太尉,总揽军权。

⑧宋昌参乘,张武等六人乘传诣长安:传,传车,驿车。据《吕太后本纪》,文帝等进京乃"乘六乘传",所乘为"传车"无疑。宋昌作为刘恒参乘同乘一辆传车,其他人分乘其他传车。此处似应作"宋昌参乘,与张武等乘六乘传诣长安"。

⑨高陵:汉县名。故治在今陕西西安高陵区西南,当时长安城东北。

⑩使宋昌先驰之长安观变:郭嵩焘曰:"遣薄昭见绛侯,所以观大臣

　　将相之心也……又复使宋昌观变，以少帝尚在，虑其事或中变也。
　　写得文帝周详慎重。"

【译文】

　　代王禀报给了薄太后，母子反复计议，还是犹豫不定。又灼龟甲占卜，显现的征兆是一条长长的横向裂纹。占辞说："大横显豁深长，我将成为天王，以光大夏启王。"代王听罢问道："我本来就是代王了，还要做什么王呢？"占卜的人说："所谓天王者，就是天子。"于是代王就派薄太后的弟弟薄昭前往京城去见绛侯周勃，绛侯等人向薄昭详细说明了之所以要迎立代王的意图。薄昭回来报告说："情况是真实的，不用怀疑了。"代王就笑着对宋昌说："果然如您所言。"于是就让宋昌同车陪乘，其他张武等六人乘坐六辆传车，前往长安。行至高陵时，停了下来，派宋昌先驱车前往长安察看局势的变化。

　　昌至渭桥①，丞相以下皆迎②。宋昌还报。代王驰至渭桥，群臣拜谒称臣。代王下车拜。太尉勃进曰："愿请间言③。"宋昌曰："所言公，公言之；所言私，王者不受私④。"太尉乃跪上天子玺符。代王谢曰："至代邸而议之。"遂驰入代邸。群臣从至。丞相陈平、太尉周勃、大将军灌婴、御史大夫张苍、宗正刘郢、朱虚侯刘章、东牟侯刘兴居、典客刘揭皆再拜言曰⑤："子弘等皆非孝惠帝子⑥，不当奉宗庙⑦。臣谨请阴安侯、列侯顷王后与琅邪王、宗室、大臣、列侯、吏二千石议曰⑧：'大王高帝长子，宜为高帝嗣。'愿大王即天子位。"代王曰："奉高帝宗庙，重事也。寡人不佞⑨，不足以称宗庙⑩。愿请楚王计宜者⑪，寡人不敢当。"群臣皆伏固请。代王西乡让者三，南乡让者再⑫。丞相平等皆曰："臣伏计之，大王奉高帝宗庙最宜称，虽天下诸侯万民以为宜。臣等为宗庙社稷计，不敢忽^⑬。愿大王幸听臣等。臣谨奉天子玺符再拜上。"代王曰："宗室将相王列侯以为莫宜寡人，寡人不敢辞。"遂即天子位^⑭。

【注释】

①渭桥：《集解》引苏林曰："在长安北三里。"《索隐》引《三辅故事》曰："咸阳宫在渭北，兴乐宫在渭南，秦昭王通两宫之间，作渭桥。"最近考古工作者在汉长安城北部与厨城门、洛城门相对的渭河故道发现了南北向的秦汉时代桥梁遗迹，即汉代长安的渭桥。

②丞相：指陈平。

③愿请间言：希望能私下交谈。凌稚隆引焦竑曰："范子入国，不欲代帅受名，故终身不染于难。太尉智不及此，徒恃请间数语，为足以固文帝之心；而文帝方入国，已不直太尉所为，而有心于勃矣。霍氏之祸萌于参乘；械系之辱，始于请间，有以来之也。然则勃欲自全，乃自祸哉！"

④王者不受私：凌稚隆引邵经邦曰："文帝二十三年之天下，决信于宋昌之片词。其却太尉之请，词意确然，益足以见其持守之正。"锺惺曰："不学之过，惹出宋昌正论。"陈仁锡曰："宋昌敢众折太尉，亦是算定大臣无变计也，不然废立在太尉，而可激之乎？"

⑤大将军灌婴：底本作"大将军陈武"，误。王先谦引钱大昭曰："《高五王传》，'汉闻齐王举兵，相国吕产等遣大将军颍阴侯灌婴将兵击之'；《灌婴传》，'吕禄等以婴为大将军，婴至荥阳，乃与绛侯等谋；绛侯既诛诸吕，婴自荥阳还，与绛侯、陈平共立文帝'。观本纪元年诏书，益封户邑者止有太尉勃、丞相平、将军婴，而无名'武'之大将军，则其为灌婴何疑！"灌婴参与平诸吕及拥立文帝事，见《吕太后本纪》《樊郦滕灌列传》，今据改。御史大夫张

苍：御史大夫，位上卿，掌副丞相职。秦汉时为"三公"之一。张
苍，刘邦的开国功臣，事迹见《张丞相列传》。宗正刘郢：宗正，官
名。九卿之一，掌管王室亲族的事务。汉魏以后，皆由皇族担任。
刘郢，应作"刘郢客"。梁玉绳曰："此即楚元王子夷王郢客也。"
典客：官名。九卿之一。掌诸归义蛮夷，即少数民族事务。景帝
时改称大行令，武帝时改称大鸿胪。

⑥子弘等皆非孝惠帝子：大臣们诛灭吕氏集团后，认为当时的少帝
刘弘以及梁王刘太、淮阳王刘武、常山王刘朝等都是吕后所立，留
下来是后患，为了斩草除根，就诬蔑这些孩子都不是惠帝之子。
实际上《吕太后本纪》已说明这些孩子都是惠帝与后宫妃嫔所生。
说见《吕太后本纪》相关注释。子弘，刘弘，当时在位的少帝。

⑦不当奉宗庙：不能主持宗庙祭祀。即不应在位称帝。

⑧臣谨请阴安侯、列侯顷王后：阴安侯，刘邦的大嫂，文帝的大伯母。
列侯顷王后，刘邦的二嫂，文帝的二伯母。刘邦曾封二哥刘仲为
代王，谥曰"顷"，故称其妻曰"顷王后"。泷川引中井曰："《汉
书》无'列侯'二字，此疑衍。"按，后人读《吕太后本纪》见吕后
之妹吕嬃封临光侯，常为女子封侯而惊讶，不知刘邦之二嫂亦皆
封侯。琅邪王：刘泽，刘邦的同族兄弟。按，群臣想废掉刘弘，改
立文帝，其所以首先要和刘邦的大嫂、二嫂、刘泽商议，是因为在
刘氏宗室尚存的老人中以这三个人的辈分为最高，与皇帝的亲缘
关系也最近。二千石（shí）：秦汉时中央列卿和地方郡守、诸侯相
一级高级官吏的俸禄是二千石，因以称此级官吏为二千石。

⑨不佞：谦辞，犹言不才。佞，才能。

⑩称（chèn）：相称，相配。

⑪愿请楚王计宜者：楚王，刘邦的少弟刘交。何焯曰："阴安侯、顷
王后皆妇人，琅邪王疏属，帝言请楚王计宜，斯识体矣。"泷川曰：
"自高祖而言，尊属只阴安侯、顷王后；自代王而言，尚有楚王，所

以有此言。”

⑫西乡让者三，南乡让者再：乡，通“向”，面向。胡三省曰：“盖王入代邸，而汉廷群臣继至，王以宾主礼接之，故‘西乡’。群臣劝进，王凡三让；群臣遂扶王正南面之位，王又让者再。则‘南乡’，非王之得已也。”王骏图曰：“西乡让三，示不敢居正位也；南向让再，让楚王交及吴王濞也，盖吴、楚地在南。有司劝立太子时，文帝犹以‘楚王季父也，吴王于朕兄也’为辞，可见此时南乡让之意矣。”按，非正常继位的帝王例行要有此一番做作。前文又是占卜，又是探听消息，明示此次来长安就是为了继位为帝。

⑬不敢忽：不敢掉以轻心。忽，不经心，轻视。

⑭遂即天子位：郭嵩焘曰：“此即天子位谓受天子玺符，群臣舞蹈拜贺而已……故于次年特著‘皇帝即祚’之文。盖以是时犹用秦朔以十月为岁首，绛侯诛诸吕在九月，文帝不敢遽夺吕后之年，至次年始即位，改元，谒高庙。”

【译文】

宋昌到达渭桥，丞相以下的官员都前来迎接。宋昌返回报告。代王便驱车到达渭桥，众大臣都跪拜参见自称臣下。代王下车答拜。太尉周勃进前说：“希望能单独禀报。”宋昌说：“如果您要谈的是公事，就请公开讲；如果您要谈的是私事，我们大王不接受私人请托。”于是太尉周勃便跪下向代王献上天子的玉玺和符节。代王推辞说：“等到代邸再商议吧。”于是驱车进入代邸。群臣跟随而至。丞相陈平、太尉周勃、大将军灌婴、御史大夫张苍、宗正刘郢客、朱虚侯刘章、东牟侯刘兴居、典客刘揭等都上前拜了两拜，说道：“皇子刘弘等都不是孝惠帝的儿子，不应当继承帝位，奉祀宗庙。臣等已经恭请阴安侯、列侯顷王后与琅邪王、宗室、大臣、列侯、二千石官员商议说：‘大王现在是高皇帝最年长的儿子，理应成为高皇帝的继承人。’希望大王即天子位。”代王说：“奉祀高皇帝的宗庙是大事。我无德无能，不足以奉祀高皇帝的宗庙。希望请楚王来考虑合适的人选,我实在不敢担当。"群臣都拜伏不起,坚决请求。代王西向让了三次,南向让了两次。丞相陈平等都说:"臣等反复思量,认为大王奉祀高皇帝宗庙是最适宜的,即使是天下诸侯和万民百姓,也都认为大王是合适的。臣等为宗庙社稷着想,不敢有丝毫疏忽。希望大王能听从我们的意见。请允许臣等敬献天子的玉玺和符节。"代王说:"既然宗室、将相、诸王、列侯都认为没有比我更合适的人选,那我就不敢再推辞了。"于是代王即位为天子。

　　群臣以礼次侍。乃使太仆婴与东牟侯兴居清宫[①],奉天子法驾[②],迎于代邸。皇帝即日夕入未央宫[③]。乃夜拜宋昌为卫将军[④],镇抚南、北军[⑤]。以张武为郎中令[⑥],行殿中[⑦]。还坐前殿。于是夜下诏书曰[⑧]:"间者诸吕用事擅权[⑨],谋为大逆,欲以危刘氏宗庙,赖将相列侯宗室大臣诛之,皆伏其辜。朕初即位,其赦天下,赐民爵一级[⑩],女子百户牛酒[⑪],酺五日[⑫]。"

【注释】

①太仆婴:即夏侯婴,也称"滕公""滕婴",刘邦的开国功臣。几十年间一直任太仆。事迹见《樊郦滕灌列传》。太仆,官名。位列九卿,掌管皇帝之舆马和马政。清宫:清理宫室。《集解》引应劭曰:"天子行幸所至,必遣静宫令先案行清静殿中,以虞非常。"此实指将还在在宫中的少帝刘弘迁出,以便文帝入主。具体情节见《吕太后本纪》。

②天子法驾:天子车驾仪仗的一种。《索隐》引《汉官仪》云:"天子卤簿有大驾、法驾。大驾公卿奉引,大将军参乘,属车八十一乘。法驾公卿不在卤簿中,惟京兆尹、执金吾、长安令奉引,侍中参乘,

属车三十六乘。"

③未央宫：汉宫名。刘邦称帝后，萧何所造。惠帝时始以之为正式的皇宫，皇帝居于此宫。因在当时长安城内的西南部，也称"西宫"。

④卫将军：高级武官名。职典京师禁军。

⑤镇抚南、北军：镇抚，这里即指监管、统领。南、北军，自古理解不一，有说，北军管护卫京城，南军管护卫宫廷，其他说法参看《吕太后本纪》。按，南、北军原由太尉周勃掌管，现文帝连夜交由亲信宋昌镇抚，以分周勃之权。

⑥以张武为郎中令：张武原为代国之郎中令，今乃更为朝廷之郎中令，位列九卿。

⑦行殿中：在宫殿中巡逻。颜师古曰："行谓案行也。"泷川曰："入宫即令抚军行殿，疾雷不及掩耳，亦是汉皇驰入夺军之术矣。"

⑧于是夜下诏书：董份曰："前'驰至渭桥'，'驰入代邸'，用二'驰'字。此又云'即日夕'，又用二'夜'字，盖变起仓卒，机不容间，事须如此；亦见文帝应变神速，知大计也。"

⑨间者：前者，前不久。

⑩赐民爵一级：赐给每个成年男人一级爵位。秦、汉时的爵位共分二十级。列侯以下的爵位可以通过作战立功获得，皇帝也可以因事赏赐，后来还可以通过上交一定数量的钱粮换到。拥有不同爵位，可以享受相应等级的待遇，也可以用来赎罪，还可以卖了换钱，但不享有行政权力。

⑪女子百户牛酒：王先谦引《后汉书》李贤注曰："'女子百户'，若是户头之妻，不得更称为'户'。此谓女户头，即今之女户也。"此句意谓家里没有成年男人、不能得到爵位的女户，则每百家赐牛若干、赐酒若干。《索隐》引《封禅书》云："百户牛一头，酒十石。"

⑫酺（pú）五日：酺，聚饮。《集解》引文颖曰："汉律三人已上无故群饮，罚金四两。"今则解禁五日，以示欢庆。

【译文】

大臣们依照礼仪，按班次侍立。于是派遣太仆夏侯婴和东牟侯刘兴居先去清理皇宫，用天子法驾到代邸迎接文帝。当天傍晚，文帝入住未央宫。夜间，任命宋昌为卫将军，统领南、北二军。任命张武为郎中令，负责巡视宫殿内部。文帝回到前殿坐朝。连夜颁下诏书说："近来诸吕擅权专制，阴谋叛逆，想要篡夺刘氏的宗庙社稷，全靠将相列侯和宗室大臣将他们诛灭，使他们都得到了应有的惩罚。我刚刚登基，现宣布大赦天下，赐给民户之主每人爵位一级，赐给无夫无子的女子每百家一头牛、十石酒，准许百姓聚饮五天。"

孝文皇帝元年十月庚戌①，徙立故琅邪王泽为燕王②。辛亥③，皇帝即阼④，谒高庙。右丞相平徙为左丞相，太尉勃为右丞相⑤，大将军灌婴为太尉⑥。诸吕所夺齐、楚故地，皆复与之⑦。壬子⑧，遣车骑将军薄昭迎皇太后于代⑨。皇帝曰："吕产自置为相国⑩，吕禄为上将军，擅矫遣灌将军婴将兵击齐⑪，欲代刘氏，婴留荥阳弗击，与诸侯合谋以诛吕氏。吕产欲为不善，丞相陈平与太尉周勃谋夺吕产等军⑫。朱虚侯刘章首先捕吕产等⑬。太尉身率襄平侯通持节承诏入北军⑭。典客刘揭身夺赵王吕禄印⑮。益封太尉勃万户，赐金五千斤。丞相陈平、灌将军婴邑各三千户，金二千斤。朱虚侯刘章、襄平侯通、东牟侯刘兴居邑各二千户，金千斤。封典客揭为阳信侯，赐金千斤⑯。"

【注释】

①孝文皇帝元年：前179年。十月庚戌：十月初六。当时以十月为岁首。

②徙立故琅邪王泽为燕王：刘泽时为琅邪王，其封地实为从齐国割出的琅邪郡。齐王刘襄在诛灭诸吕中有大功，故要把琅邪郡还给齐国，而燕王吕通被诛，正好把刘泽徙封为燕王，国都蓟，在今北京城的西南部。

③辛亥：十月初七。

④即阼：即位登基。阼，大堂前东面的台阶。《礼·曲礼》疏："阼，主人阶也，天子祭祀升阼阶。"因称嗣君即位曰"即阼""践阼"。

⑤右丞相平徙为左丞相，太尉勃为右丞相：汉初以右为上。因为在诛灭诸吕中，陈平不如周勃功大，所以陈平由右丞相降为左丞相，周勃升为右丞相。

⑥灌婴为太尉：灌婴在诛灭诸吕时驻兵荥阳与齐联合，在朝廷诸臣中最先脱离吕氏而转向诸侯，促使陈平、周勃下决心诛除诸吕；同时也阻止了齐军西进，使文帝得以入继大统，功劳极大，故文帝将其列于第三位。详见《吕太后本纪》《樊郦滕灌列传》《齐悼惠王世家》。太尉，国家的最高军事长官，与丞相、御史大夫合称"三公"。

⑦诸吕所夺齐、楚故地，皆复与之：胡三省曰："吕后封吕台为吕王，得梁地，夺齐、楚之地以傅益之。"按，刘泽徙封燕，是还齐地。

⑧壬子：十月初八。

⑨车骑将军：高级武官名。地位比一般将军高。薄昭：薄太后之弟，文帝之舅。

⑩吕产自置为相国：按，据《吕太后本纪》，吕产之为相国乃吕后所任命，不可谓"自置"，此强加罪名。

⑪矫遣灌将军婴将兵击齐：吕后死后，刘章遂暗中请其兄齐王刘襄带兵来京诛诸吕而自立为帝。吕产、吕禄听说齐王起兵，便派灌婴率军前往讨伐。矫遣，假传圣旨派遣。因当时国政把持在吕氏手中，虽有皇帝命令，亦可谓之假传圣旨。

⑫谋夺吕产等军：周勃借助郦寄、纪通等人的力量夺得了吕禄所统领的北军；刘章杀死了吕产，于是吕产所统领的南军遂也被周勃等所掌握。详见《吕太后本纪》。

⑬朱虚侯刘章首先捕吕产等：刘章奉周勃命入宫"卫帝"，恰遇吕产于未央宫门前，刘章遂将吕产杀死。

⑭太尉身率襄平侯通持节承诏入北军：《吕太后本纪》云"襄平侯通尚符节，乃令持节矫内太尉北军"，实际上是纪通派人手持旌节，假传圣旨，让周勃进入了北军。襄平侯通，纪通，刘邦功臣纪成之子，当时为皇帝掌管符节。

⑮典客刘揭身夺赵王吕禄印：据《吕太后本纪》，周勃命刘揭与郦寄从吕禄手中骗来了北军将印。

⑯封典客揭为阳信侯，赐金千斤：阳信侯，封地阳信，在今山东无棣东北。按，史述以上诸事之时间多有讹误，梁玉绳曰："'孝文皇帝元年十月庚戌（初一），皇帝即阼。辛亥（初二）谒高庙'，盖是年十月朔为庚戌，文帝以上年后九月晦己酉至长安，故翼（翌）日为岁首，行即阼之礼，越日谒高庙也。平、勃、灌婴之为丞相、太尉在十一月辛卯（十二），《将相表》可据，此与《百官表》并误书于十月辛亥。若果以十月辛亥（初二）命官，则下文十月壬子（初三）封赐诸臣之诏，何以尚称太尉勃、将军婴乎？是宜于'封典客揭为阳信侯，赐金千斤'之后，而书之曰'十一月，右丞相平徙为左丞相，太尉勃为右丞相，大将军灌婴为太尉'。若夫琅邪之徙，赵王之封及复与齐、楚地，俱在十二月，《汉书·文纪》可据，此与《诸侯王表》并误书于十月之庚戌、辛亥两日。"梁玉绳又曰："大臣谋诛诸吕，郦寄之功不在平、勃下，盖非寄说吕禄解印，太尉不得入北军矣。乃文帝封赐不及，岂以给禄之功，仅足以偿平时党吕之罪，而又迫于绛侯之劫，非其本心乎？曹窋、陆贾亦皆有功无赏，何哉？"

【译文】

孝文皇帝元年十月庚戌，改封琅邪王刘泽为燕王。辛亥，文帝即位，拜谒高皇帝庙。右丞相陈平改任左丞相，太尉周勃任右丞相，大将军灌婴任太尉。诸吕氏所侵夺的齐、楚故地，都归还给齐、楚。壬子，派车骑将军薄昭到代国去迎接皇太后。文帝说："吕产自任为相国，吕禄自任为上将军，他们擅自矫诏派将军灌婴领兵出击齐国，想要取代刘氏，灌婴留驻荥阳按兵不动，与诸侯合谋诛灭吕氏。吕产想要发动叛乱，丞相陈平和太尉周勃用计夺取了吕产等人的军权。朱虚侯刘章首先捕杀了吕产等人。太尉周勃亲自率领襄平侯纪通等持节进入北军。典客刘揭夺下赵王吕禄的印信。因此，增封太尉周勃食邑一万户，赐金五千斤。丞相陈平、将军灌婴的食邑各增三千户，赐金两千斤。朱虚侯刘章、襄平侯纪通、东牟侯刘兴居的食邑各增二千户，赐金一千斤。封典客刘揭为阳信侯，赏金一千斤。"

十二月，上曰："法者，治之正也①，所以禁暴而率善人也②。今犯法已论③，而使毋罪之父母妻子同产坐之④，及为收帑⑤，朕甚不取。其议之。"有司皆曰："民不能自治，故为法以禁之。相坐坐收⑥，所以累其心，使重犯法，所从来远矣。如故便。"上曰："朕闻法正则民悫⑦，罪当则民从。且夫牧民而导之善者⑧，吏也。其既不能导，又以不正之法罪之，是反害于民为暴者也。何以禁之？朕未见其便，其孰计之。"有司皆曰："陛下加大惠，德甚盛，非臣等所及也。请奉诏书，除收帑诸相坐律令⑨。"

【注释】

①法者，治之正也：法律是审判、定罪的原则、标准。正，标准，准则。

②率善人：引导人改恶向善。率，劝导。

③论：判决，惩处。

④同产：同母所生者，犹"同胞"，指兄弟。坐：连坐，因受牵连被判罪。

⑤及为收孥（nú）：李笠曰："'及'，疑应作'乃'。"收孥，亦作"收帑"。一人犯法，妻子连坐，没为官奴婢，谓之收孥。

⑥相坐坐收：因受牵连而被拘留、逮捕。坐收，导致被逮捕。坐，以致。收，逮捕，下狱。

⑦悫（què）：诚实，谨慎。

⑧牧民：即"治民"，像放牧牛羊一样地管理黎民百姓。

⑨除收孥诸相坐律令：王鸣盛曰："车裂、腰斩、具五刑、夷三族，皆秦之酷法，汉初沿袭行之。韩信、彭越、英布皆受此。至《文纪》元年冬十二月，尽除收孥相坐律令，十三年夏五月除肉刑法矣。然景帝于晁错，武帝于郭解、主父偃、公孙贺、李陵、李广利、公孙敖、任安、田仁、刘屈氂，犹皆腰斩、夷族，则《文纪》云云徒虚语耳！"泷川曰："《汉书·刑法志》云：'后新垣平谋逆，复行三族之诛。'王说未备。"按，新垣平妖言欺诈被诛事，见后文十七年。

【译文】

十二月，文帝说："法是审判定罪的标准，用来制止残暴，导人向善。现在犯法的人已被惩处，却还要使其无罪的父母、妻子、儿女与兄弟受连坐治罪，乃至被没入官府为奴，这我很不赞同。请大家议议吧。"大臣们都说："百姓不能管好自己，所以制定法令来禁止他们犯罪。实施连坐，收捕亲属，就是要让他们心有忌惮，不敢轻易犯法，这种做法由来已久。还是依照旧法为好。"文帝说："我听说法律公正则百姓忠厚，惩罚得当则百姓服从。况且管理百姓引导他们向善，这是官吏的责任。官吏既不能教化百姓，又采用不公正的法令惩罚他们，这样反倒是加害于民而使他们去干凶暴的事。又怎么能禁止犯罪呢？这样的法令，我看不出它有哪些适宜之处，请你们再仔细考虑考虑。"于是大臣们都说："皇上对百姓布施恩惠,功德浩荡,不是臣等赶得上的。请让我们遵奉诏书,废除拘执罪犯家属、收为奴婢等各种连坐的法令。"

正月,有司言曰:"蚤建太子,所以尊宗庙。请立太子。"上曰:"朕既不德,上帝神明未歆享①,天下人民未有嗛志②。今纵不能博求天下贤圣有德之人而禅天下焉,而曰豫建太子③,是重吾不德也。谓天下何? 其安之④。"有司曰:"豫建太子,所以重宗庙社稷,不忘天下也。"上曰:"楚王,季父也,春秋高,阅天下之义理多矣,明于国家之大体。吴王于朕,兄也,惠仁以好德。淮南王,弟也,秉德以陪朕⑤。岂为不豫哉⑥! 诸侯王宗室昆弟有功臣⑦,多贤及有德义者,若举有德以陪朕之不能终⑧,是社稷之灵、天下之福也。今不选举焉,而曰必子,人其以朕为忘贤有德者而专于子,非所以忧天下也。朕甚不取也⑨。"有司皆固请曰:"古者殷、周有国,治安皆千余岁⑩,古之有天下者莫长焉,用此道也。立嗣必子,所从来远矣。高帝亲率士大夫,始平天下,建诸侯,为帝者太祖⑪。诸侯王及列侯始受国者皆亦为其国祖。子孙继嗣,世世弗绝,天下之大义也,故高帝设之以抚海内。今释宜建而更选于诸侯及宗室⑫,非高帝之志也。更议不宜。子某最长⑬,纯厚慈仁,请建以为太子。"上乃许之⑭。因赐天下民当代父后者爵各一级⑮。封将军薄昭为轵侯。

【注释】

①歆享:神灵享受供物。意即将给祭祀者以护佑。

②嗛(qiè)志:称心,满意。嗛,通"慊"。

③豫建：及早建立。豫，通"预"。

④其安之：还是缓缓吧。安，徐缓，推迟。《索隐》曰："其，发声也。安者，徐也。言徐徐且待也。"

⑤陪朕：对我多有辅佐。陪，辅佐。

⑥岂为不豫哉：豫，通"与"，参与。此指纳入考虑范围。

⑦诸侯王宗室昆弟有功臣：泷川引中井曰："此有功臣，亦以同姓而言，朱虚等是也，非指异姓功臣。"

⑧陪朕之不能终：辅佐我完成这个我不能胜任的工作。不能终，不能到底，不能完成。凌稚隆引金隐星曰："'不能终'三字，亦见诸大臣擅废立如此，实加敬慎，非饰听也。"

⑨朕甚不取也：凌稚隆引许应元曰："让固美德，然为天下万世虑，不崇虚言以开觊觎。幸元王长者独无异志，如吴王、淮南，卒谋叛逆以绝其世，岂非'秉德陪朕'之言有以启之耶？"

⑩治安皆千余岁：治安，国治民安。梁玉绳曰："治安千余岁之言非其实。"按，通常皆说商朝传国六百年，周朝传国八百年。

⑪为帝者太祖：为汉代历朝皇帝的始祖。太，大，至高无上。

⑫今释宜建：颜师古曰："释，舍也。宜建，谓嫡嗣。"

⑬子某：为景帝避讳，应作"子启"，《汉书》作"启"。钱大昕曰："《高帝纪》书文帝名；《景帝纪》书武帝名，此称'某'，例亦不一。"

⑭上乃许之：按，与前辞让帝位一样，都是演戏而已。武帝于封诸子为王时亦用之。见《三王世家》。

⑮赐天下民当代父后者爵各一级：《集解》引韦昭曰："文帝以立子为后，不欲独飨其福，故赐天下为父后者爵。"当代父后者，指有继承权的男人。颜师古曰："虽非己生正嫡，但为后者即得赐爵。"

【译文】

　　正月，大臣们进言说："及早立太子，用以尊奉宗庙。请皇上立太子。"文帝说："我德行浅薄，上帝神明还没有享受我的祭品，天下的人民也没有表示满意。如今纵然不能广求贤明有德的人,让我禅让天下,要我预立太子,这是加重我的无德。我将拿什么向天下人交待呢? 还是缓一缓吧。"大臣们说:"预立太子,正是为了尊奉宗庙社稷,不忘天下。"文帝说:"楚王是我的叔父,年岁大,阅历丰富,经历见识过的事理多了,懂得国家的大体。吴王是我的堂兄,惠爱仁慈,好施恩德。淮南王是我的弟弟,能秉持才德,辅佐于我。难道不应该列入考虑的范围吗! 诸侯王和宗室兄弟的有功之臣中,也有许多贤明而有德义的人,如果能推举有德者来辅佐我、完成我所不能胜任的工作,这才是社稷的威灵、天下的福分。现在你们不举荐他们,却说必须选立我的儿子,这样人们就会认为我是忘记了贤明有德的人,而专私于自己的儿子,这不是为天下着想。我不同意这样做。"大臣们都坚决请求说:"古代殷、周立国,国治民安都长达一千多年,古来享有天下的王朝没有比它们更长久的了,就是因为殷、周采用了早立太子的做法。立嗣必须立自己的儿子,这是由来已久的制度。高皇帝亲自率领众将士,最早平定天下,封建诸侯,成为本朝皇帝的太祖。最初受封的诸侯王与各位列侯,也都是他们所在封国的始祖。子孙相继承位,代代永不断绝,这是普天之下的根本原则,所以高皇帝建立了这一传子制度来安定海内。现在如果舍弃应当立为继承人的人选,而在诸侯或宗室中另选他人,这不是高皇帝的意愿。改议他人不合适。陛下的儿子启最年长,纯厚仁慈,请立他为太子。"文帝这才答应。于是赐给天下百姓中应当继承父业者每人一级爵位。封将军薄昭为轵侯。

三月,有司请立皇后。薄太后曰:"诸侯皆同姓,立太子母为皇后①。"皇后姓窦氏。上为立后故,赐天下鳏、寡、孤、独穷困及年八十已上、孤儿九岁已下布帛米肉各有数②。上从代来,初即位,施德惠天下,填抚诸侯四夷皆洽欢③,乃循从代来功臣④。上曰："方大臣之诛诸吕迎朕，朕狐疑，皆止朕，唯中尉宋昌劝朕，朕以得保奉宗庙。已尊昌为卫将军，其封昌为壮武侯⑤。诸从朕六人，官皆至九卿⑥。"

【注释】

①诸侯皆同姓，立太子母为皇后：按，据古礼，天子当以贵族为后，宜娶异姓诸侯之女，然当时无异姓诸侯王，文帝无可娶之女。又，文帝正妻及其子均已死，故太子刘启之母窦氏为后。何焯曰："今诸侯皆同姓，则不可拘以旧制，必贵姓也。然自此景立王，武立卫，安于立贱矣。此等皆汉事，与三代始判分处，况此时固亦有长沙王在乎。"又曰："先建太子，后立皇后者，时代王王后先卒，窦姬乃以子贵也。"又曰："立皇后称皇太后命，得著代之意。"

②赐天下鳏、寡、孤、独穷困及年八十已上、孤儿九岁已下布帛米肉各有数：吴见思曰："即位，'赐民爵'；立太子，'赐为父后爵'；立后，'赐鳏寡孤儿'，因事施恩，当为后世法。"

③填抚：镇定安抚。填，通"镇"。洽欢：满意喜悦。洽，和乐。

④乃循从代来功臣：凌稚隆引董份曰："先叙治化已成，然后论封，见帝不私代邸臣耳。"循，以次及之。按，《会注考证》本与《汉书》皆作"修"，作"修"者是。修，行，这里指封赏。

⑤封昌为壮武侯：封地壮武，治今山东即墨西。

⑥诸从朕六人，官皆至九卿：从朕六人，即张武等。王先谦曰："'官皆至九卿'非诏文，诏应云'诸从朕六人进秩有差'，而修史者终言之耳。"九卿，指太常、郎中令、卫尉、太仆、廷尉、大鸿胪、宗正、大司农、少府。

【译文】

三月，大臣们请立皇后。薄太后说："诸侯都是刘姓，再无可娶之女，就立太子的母亲为皇后吧。"皇后姓窦。文帝因为立皇后的缘故，对普天下无妻、无夫、无父、无子的贫苦人和八十岁以上的老人与九岁以下的孤儿,都赐予一定数量的布帛米肉。文帝从代国来到京城,即位之初,就对天下施以恩惠,安抚诸侯、四夷,各方融洽,和睦相处,于是封赏从代国随同来京的功臣。文帝说:"当大臣们诛灭吕氏而迎立我的时候,我犹豫不决,群臣都阻拦我,只有中尉宋昌劝勉我,我才得以奉祀宗庙。我已经尊任宋昌为卫将军,现在再封宋昌为壮武侯。其他跟我来京的六个人,官职都升到九卿一级。"

上曰:"列侯从高帝入蜀、汉中者六十八人,皆益封各三百户;故吏二千石以上从高帝颍川守尊等十人食邑六百户①,淮阳守申徒嘉等十人五百户②,卫尉定等十人四百户③。封淮南王舅父赵兼为周阳侯④,齐王舅父驷钧为清郭侯⑤。"秋,封故常山丞相蔡兼为樊侯⑥。

【注释】

①故吏二千石以上:刘邦的老部下,官至二千石以上但未能封侯者。颍川守尊:颍川郡的郡守名尊,史失其姓。

②淮阳守申徒嘉:淮阳郡守申徒嘉。申徒嘉,又写作"申屠嘉",姓申屠,名嘉,刘邦功臣,文帝时为丞相,事见《张丞相列传》。

③卫尉定:卫尉名定,史失其姓。

④赵兼为周阳侯:封地周阳,在今山西绛县西南。一说即阳周,在今山东莒县。

⑤齐王舅父驷钧:齐哀王刘襄的舅父,姓驷名钧。清郭侯:《汉书》作"靖郭侯"。靖郭在今山东滕州。梁玉绳以为《惠景间侯者年表》之所谓"清都"者亦"靖郭"之讹。陈直曰:"《齐鲁封泥集存》十九页有'请郭邑丞'封泥。四十四页有'请郭丞印'封泥。可

　　见当作'请郭',疑即孟尝君父田婴所封之靖郭邑。"

⑥故常山丞相蔡兼:前常山王刘义的丞相。樊侯:封地樊县,在今山
　东兖州西南。凌稚隆曰:"常山王既以'非孝惠子'诛之,而复封
　其所置相,何也? 岂诛诸吕时相亦有功耶?"凌稚隆引凌约言曰:
　"先施德惠,次论代来功,又次论汉中功,观太史所叙,知帝王施政
　缓急皆有深意也。"按,以上文帝通过广施恩惠以结众心来争取更
　多支持。

【译文】

　　文帝说:"当年跟随高皇帝进入蜀郡和汉中的列侯六十八人,都各加
封食邑三百户;原先官禄在二千石以上曾跟随高皇帝的颍川郡守尊等十
人,各赐封食邑六百户;淮阳郡守申徒嘉等十人,各赐封食邑五百户;卫
尉定等十人,各赐封食邑四百户。封淮南王的舅父赵兼为周阳侯,齐王
的舅父驷钧为清郭侯。"秋天,封原常山国的丞相蔡兼为樊侯。

　　人或说右丞相曰:"君本诛诸吕,迎代王,今又矜其功,
受上赏,处尊位,祸且及身。"右丞相勃乃谢病免罢,左丞相
平专为丞相。二年十月①,丞相平卒,复以绛侯勃为丞相。
上曰:"朕闻古者诸侯建国千余,各守其地,以时入贡,民不
劳苦,上下欢欣,靡有遗德。今列侯多居长安②,邑远,吏卒
给输费苦③,而列侯亦无由教驯其民。其令列侯之国,为吏
及诏所止者,遣太子④。"

【注释】

①二年:前178年。十月:梁玉绳曰:"《将相表》《公卿表》勃复相在
　十一月,此连书于十月,非。"

②列侯多居长安:列侯都有封地,应该在自己的封地住,但由于一些

列侯之妻为公主不愿离开京城等原因,列侯长期住在京城。

③卒:此指被征调服徭役的人。给输:供应运输。

④其令列侯之国,为吏及诏所止者,遣太子:凌稚隆曰:"此议起于贾谊。"凌稚隆引陈仁子曰:"文帝令列侯之国,高处有三,一则代来,知馈饷之苦;二则留京师,孤乌牧之任;三则有缓急,生肘掖之祸。至于宴饮赏赐之滥,又其余者也,深哉!"锺惺曰:"遣列侯之国故自有深意,而出题甚正,立言有法,一毫形迹不露。"之国,去封地。当时列侯的领地也称"国"。为吏,指在朝廷任有职务。诏所止,皇帝下令让其留在京城。遣太子,汉初皇帝与诸侯王的嗣子都称"太子"。

【译文】

有人劝说右丞相周勃道:"您原先诛灭诸吕氏,迎立代王,如今居功自傲,接受重赏,安处尊位,大祸就要临头了。"右丞相周勃于是推说有病,辞去官职,左丞相陈平独任丞相之职。孝文皇帝二年十月,丞相陈平去世,重新起用绛侯周勃为丞相。文帝说:"我听说古时建国的诸侯有一千多个,他们各自守在自己的封地,按时向天子进贡,民不劳苦,上下欢欣,没有失德之处。如今列侯大都住在长安,远离封地,需要官吏民丁来输送物资,烦费劳苦,而列侯本人也没法去教化封地的百姓。命令所有列侯都回到自己的封国,凡在朝廷任职及有诏令特别留下的诸侯,要派太子回去。"

十一月晦①,日有食之。十二月望②,月又食③。上曰:"朕闻之,天生蒸民④,为之置君以养治之。人主不德,布政不均,则天示之以灾,以诫不治。乃十一月晦,日有食之,适见于天,灾孰大焉⑤!朕获保宗庙,以微眇之身托于兆民君王之上⑥,天下治乱,在朕一人,唯二三执政犹吾股肱也。

朕下不能理育群生^⑦，上以累三光之明^⑧，其不德大矣。令至，其悉思朕之过失，及知见思之所不及，丏以告朕^⑨。及举贤良方正、能直言极谏者^⑩，以匡朕之不逮^⑪。因各饬其任职^⑫，务省繇费以便民^⑬。朕既不能远德，故憪然念外人之有非^⑭，是以设备未息。今纵不能罢边屯戍，而又饬兵厚卫^⑮，其罢卫将军军^⑯。太仆见马遗财足^⑰，余皆以给传置^⑱。"

　　正月，上曰："农，天下之本，其开籍田^⑲，朕亲率耕，以给宗庙粢盛^⑳。"

【注释】

①十一月晦：十一月的最末一天。晦，每个月的最末一天。

②十二月望：十二月的望日。十五日或十六日。

③月又食：底本作"日又食"。李光缙引焦竑曰："'日'当作'月'。盖日食必于朔，月食必于望，时以晦既日食，望又月食，不半月而灾变两见，故于望日下诏书修省。"今据改。

④蒸民：黎民，百姓。蒸，同"烝"，众，多。

⑤適见于天，灾孰大焉：古人认为日食、月食都是重大的天变，预示将要发生大灾祸。適，通"谪"，罚。

⑥托于兆民君王之上：意即管辖黎民百姓与各诸侯君长。兆民，泛指众民，百姓。君王，诸侯及各级官员。

⑦理育群生：治理教化百姓。

⑧累三光之明：指发生日食、月食。累，连累，使受害。三光，指日、月、星。

⑨丏以告朕：请你们告诉我。丏，凌稚隆引丘濬曰："此后世人主因灾异求言之始。"何焯曰："自秦以来，不畏于天，至文帝始闻此言。"泷川曰："自是其后，宣帝五凤四年，元帝永元二年、四年，成

　　帝河平元年、永始二年、三年,哀帝元寿元年,亦日食下诏自责,其
　　他天灾地变,莫不皆然,盖以为天象与人事相关也。"

⑩贤良方正:汉代选拔统治人才的科目之一。被举者对政治得失应
　　直言极谏。如表现特别优秀,则授予官职。这是举贤良方式之始。

⑪匡:扶助,扶正。不逮:不足之处,过错。

⑫各饬其任职:严格要求在任官吏。饬,整顿,严管。

⑬繇费:徭役及与之相关的费用。繇,通"徭",兵役,劳役。

⑭憪(xiàn)然:戒惧不安的样子。颜师古引苏林曰:"寝视不安貌
　　也。"憪,不安的样子。念外人之有非:担心境外的民族寻衅生事。

⑮饬兵厚卫:指增加守卫宫廷的军队。

⑯罢卫将军军:撤掉宋昌统领的禁卫军。郭嵩焘曰:"宋昌为卫将军
　　兼领南、北军……疑当时必稍益卫将军军以备区庐屯卫,诏书所
　　谓'饬兵厚卫'是也,至是始罢之。"按,所谓"罢"者乃罢去新增
　　的军队。

⑰太仆见马:太仆管理的皇帝现有马匹。见,同"现"。遗财足:留
　　到够用即可。财,通"才"。

⑱给传置(zhuàn zhì):补充到驿站。传置,驿站。

⑲籍田:藉田。古代天子、诸侯征用民力耕种的田。相传天子籍田
　　千亩,诸侯百亩。每逢春耕前,由天子、诸侯执耒耜在籍田上三
　　推或一拨,称为"籍礼",以示对农业的重视。亦指天子示范性的
　　耕作。

⑳给宗庙粢盛(zī chéng):供给祭祀宗庙所用谷物。粢盛,古代盛
　　在祭器内以供祭祀的谷物。颜师古曰:"黍稷曰粢,在器曰盛。"

【译文】

　　十一月晦日,发生日食。十二月望日,又发生月食。文帝说:"我听
说,天生万民,为他们设置君主来养治他们。如果君主不仁德,施政不公
正,上天就会降下灾难,以警示他治理不善。十一月晦日发生的日食,就

是上天对我的谴责,没有比这更大的灾难了!我自获祖宗保佑即位为帝以来,以微末之身居于万民诸侯之上,天下的安定与动乱,责任全在我一人,你们诸位执政大臣,犹如我的股肱。我对下没能养治好百姓,对上又损害了日月星辰的光辉,我的不德实在是太严重了。接到诏令后,你们都要想想我的过失,以及你们知道的、看到的、想到的我做得不够的地方,恳请你们都要告诉我。你们还要向朝廷推荐贤良方正和能够直言极谏的人,让他们来匡正我的不周之处。你们也要趁此机会,整顿好各自所担任的职事,务必减省徭役与各种费用,以便利民众。我不能远布恩泽,忧念外族侵扰边境为非作歹,因此边境的设防不能解除。现在纵然不能撤除边塞上的驻防军队,而又增加我的护卫兵力,这是不必要的,现命令撤销卫将军新增加的禁卫军。太仆掌管的现有马匹,只留下够用的即可,其余的给驿站使用。"

正月,文帝说:"农业是国家的根本,应该开辟籍田,我要亲自带头耕种,以供给宗庙祭祀所用的谷物。"

三月,有司请立皇子为诸侯王①。上曰:"赵幽王幽死②,朕甚怜之,已立其长子遂为赵王③。遂弟辟彊及齐悼惠王子朱虚侯章、东牟侯兴居有功,可王。"乃立赵幽王少子辟彊为河间王④,以齐剧郡立朱虚侯为城阳王⑤,立东牟侯为济北王⑥,皇子武为代王⑦,子参为太原王⑧,子揖为梁王⑨。

【注释】

①三月,有司请立皇子为诸侯王:梁玉绳曰:"诸侯王之立,《史》《汉》表俱在'二月乙卯',本纪皆误作'三月'。"

②赵幽王幽死:赵幽王,名友,刘邦之子。吕后杀死如意,将他徙封为赵王。他不爱其王后吕氏女,吕氏女向吕后进谗言,吕后将其

拘禁饿死。见《吕太后本纪》。

③已立其长子遂为赵王：据《汉兴以来诸侯王年表》，刘遂被立为赵
　王事在文帝元年十月，《汉书·文帝纪》书于十二月。

④河间王：国都乐成，在今河北献县东南。

⑤以齐剧郡立朱虚侯为城阳王：将齐国的城阳郡封给刘章为城阳
　国。剧郡，大郡，政务繁剧的州郡。这里指城阳郡（郡治今山东
　莒县）。城阳国，国都仍在莒县。凌稚隆引王维桢曰：“章报齐约
　楚，亲诛二逆，帝乃列其功于平、勃之下，逾二年而后封以城阳小
　国，岂非讶其初欲立齐王故耶？”

⑥东牟侯为济北王：封地即原齐国济北郡，国都卢县，在今山东长清
　西南。按，大臣诛诸吕时，曾许诺封刘章为赵王，封刘兴居为梁
　王，后听说他们谋立齐王刘襄，遂仅从齐国各割一个郡封给他们。

⑦皇子武为代王：皇子武，刘武，即日后之梁孝王。代王，国都代县，
　在今河北蔚县东北。此时的代国领有代郡、雁门、定襄三郡。

⑧子参为太原王：太原国，国都晋阳，在今山西太原西南。这时的太
　原国只领有太原一个郡。

⑨子揖为梁王：梁王，国都定陶，今山东菏泽定陶区西北。这时的梁
　国只领有砀郡一个郡。

【译文】

　　三月，主管大臣请求封立皇子为诸侯王。文帝说：“赵幽王被幽禁而
死，我非常怜悯他，已经立他的长子刘遂为赵王。刘遂的弟弟刘辟彊和
齐悼惠王的儿子朱虚侯刘章、东牟侯刘兴居对国家有功，可以封他们为
王。”于是立赵幽王的小儿子刘辟彊为河间王，割出齐国的大郡立朱虚
侯刘章为城阳王，立东牟侯刘兴居为济北王，立皇子刘武为代王，皇子刘
参为太原王，皇子刘揖为梁王。

　　上曰：“古之治天下，朝有进善之旌、诽谤之木①，所以

通治道而来谏者。今法有诽谤妖言之罪^②，是使众臣不敢尽情，而上无由闻过失也。将何以来远方之贤良？其除之。民或祝诅上以相约结而后相谩^③，吏以为大逆，其有他言，而吏又以为诽谤。此细民之愚无知抵死^④，朕甚不取。自今以来，有犯此者勿听治^⑤。"

九月，初与郡国守相为铜虎符、竹使符^⑥。

【注释】

①进善之旌：应劭曰："旌，幡也。尧设之五达之道，令民进善也。"如淳曰："欲有进善者，立于旌下言之。"诽谤之木：王先谦引《古今注》："以横木交柱头，状如花形，似桔槔，大路交衢皆施焉，以表王者纳谏。"

②今法有诽谤妖言之罪：颜师古曰："高后元年诏除妖言之令，今此又有妖言之罪，是则中间曾重复设此条也。"梁玉绳曰："诏中无一语及妖言，《名臣表》止言除诽谤律；景帝元年十月诏，历叙孝文功德，但云除诽谤而亦不及妖言，则师古重设之说未确。疑'妖言'二字是羡文。"

③民或祝诅上以相约结而后相谩（mán）：沈川引顾炎武曰："谓先共祝诅，已而欺负，乃相告言也。"祝诅，祝告鬼神，使嫁祸于别人。相约结，互相约定保密。谩，负，背叛。

④抵死：触犯死罪，判处死刑。

⑤有犯此者勿听治：凌稚隆引霍韬曰："谓忠谏为诽谤，谓深计为妖言，秦所以失天下也。祝诅得罪，陷民罟也，帝悉除之，虽则宥罪，实来谏也。"

⑥初与郡国守相为铜虎符、竹使符：初，首次实行。郡国守相，朝廷直属郡的郡守与诸侯国的丞相，都是朝廷任命的地方官员，主理

当地民政,掌握实权。铜虎符、竹使符,《集解》引应劭曰:"铜虎符第一至第五,国家当发兵,遣使者至郡合符,符合乃听受之。竹使符皆以竹箭五枚,长五寸,镌刻篆书,第一至第五。"《索隐》引《汉旧仪》:"铜虎符发兵,长六寸。竹使符出入征发。"颜师古曰:"与郡守为符者,谓各分其半,右留京师,左以与之。"

【译文】

文帝说:"古人治理天下,朝廷设置进呈善言的旌旗和批评朝政的木牌,用来畅通治国理邦的途径,招来直言敢谏的人才。如今的法令中却定有诽谤朝廷妖言惑众的罪名,这就使大臣们不敢倾吐真情,皇上也无从闻知自己的过失。这怎么能招来远方的贤士呢?要废除这些法令。百姓中有些人相约结誓诅咒皇上,而后又背负誓约相互告发,官吏们认为是大逆不道;如果还有其他怨言,官吏们又认为是诽谤朝廷。这些只是小民愚昧无知而招致死罪,我很不赞成这种做法。从今以后,再有犯这类罪的,一律不加审理不予治罪。"

九月,初次把铜虎符和竹使符授予各郡郡守、各封国丞相。

三年十月丁酉晦①,日有食之。十一月,上曰:"前日诏遣列侯之国,或辞未行。丞相朕之所重,其为朕率列侯之国②。"绛侯勃免丞相就国,以太尉颍阴侯婴为丞相③。罢太尉官,属丞相④。四月,城阳王章薨⑤。淮南王长与从者魏敬杀辟阳侯审食其⑥。

【注释】

①三年:前177年。十月丁酉晦:十月的最末一天是丁酉日。

②其为朕率列侯之国:率,带头。徐孚远曰:"遣丞相就国,亦以收大臣之权,言词深隐,不见猜防。"

③以太尉颍阴侯婴为丞相：梁玉绳曰："'以太尉'上失书'十二月'，《汉纪》有。"

④罢太尉官，属丞相：撤销"太尉"一职，原属太尉的事务全部交给丞相处理。胡三省曰："盖三公不必备之意，且兵柄难以轻属也。"

⑤城阳王章薨：刘章在诛诸吕中立下大功，事后因曾谋立齐王，被文帝忌恨，备受压抑，致愤郁而死，事见《齐悼惠王世家》。杨维桢曰："起吕氏之权者，张辟彊也。大臣依之而谋诸吕者，朱虚侯也。辟彊罪当诛，而朱虚侯不加恩何也？以立齐王之嫌而绌之耶？吁！帝亦不广矣。"

⑥淮南王长与从者魏敬杀辟阳侯审食其：审食其是吕后的亲信，淮南王刘长之母赵氏受贯高谋杀刘邦的牵连下狱，当时已怀有刘长。赵氏通过审食其向吕后求情，审食其不肯尽力为她争取，致使赵氏生下刘长后愤而自杀。因此刘长恨审食其，借拜访之机杀了他。事见《淮南王列传》。

【译文】

孝文皇帝三年十月丁酉晦日，发生日食。十一月，文帝说："前日曾下诏让列侯回封国，有的推托未走。丞相是我所敬重的，希望丞相为我率领列侯就国。"于是绛侯周勃被免去丞相回归封国，任命太尉颍阴侯灌婴为丞相。废除太尉一职，太尉所掌兵权归属于丞相。四月，城阳王刘章去世。淮南王刘长与其随从魏敬杀了辟阳侯审食其。

五月，匈奴入北地，居河南为寇①。帝初幸甘泉②。六月，帝曰："汉与匈奴约为昆弟③，毋使害边境，所以输遗匈奴甚厚④。今右贤王离其国⑤，将众居河南降地⑥，非常故，往来近塞，捕杀吏卒，驱保塞蛮夷⑦，令不得居其故，陵轹边吏⑧，入盗，甚敖无道⑨，非约也。其发边吏骑八万五千诣高奴⑩，遣丞相颍阴侯灌婴击匈奴。"匈奴去，发中尉材官属卫将军⑪，军长安。辛卯⑫，帝自甘泉之高奴⑬，因幸太原⑭，见故群臣，皆赐之。举功行赏，诸民里赐牛酒。复晋阳、中都民三岁⑮。留游太原十余日。

【注释】

①匈奴入北地，居河南为寇：匈奴曾被蒙恬打败退到河套以北，趁秦末中原战乱又南下占据了黄河以南大片地区。北地，汉郡名。郡治马领，在今甘肃庆阳西北。河南，指今内蒙古黄河以南的鄂尔多斯西部地域。

②帝初幸甘泉：甘泉，山名。在今陕西淳化西北。秦、汉时代那里有皇帝的离宫。按，文帝之"幸"甘泉，有巡北边以御匈奴之意，故史文连及之。

③汉与匈奴约为昆弟：泷川引《匈奴传》曰："高帝使刘敬奉宗室女公主为单于阏氏，岁奉匈奴絮缯酒米食物，各有数，约为昆弟，以和亲。"昆弟，兄弟。汉初与匈奴和亲事，见《刘敬叔孙通列传》。

④输遗（wèi）：运送，给予。

⑤右贤王：汉时匈奴官名。地位仅次于单于。匈奴谓贤为"屠耆"，故又称右屠耆王。与之相应还有左贤王，位略高。右贤王居西方，在汉上郡以西。

⑥居河南降地："降"字无来由，疑衍，《汉书·匈奴传》无"降"字。郭嵩焘曰："是河南本胡地，秦始略得之，故云'河南降地'。"按，郭说略勉强。

⑦保塞蛮夷：归附汉朝住在边境上的少数民族。保，依附。塞，边界。

⑧陵轹（lì）：欺压，践踏。轹，车轮辗压。引申为欺凌，压制。

⑨敖：同"傲"，狂傲。

⑩高奴：汉县名。县治在今陕西延安东北。

⑪中尉材官：中尉统领的预备队。中尉，武官名。掌京师治安。位
　　列九卿。材官，秦汉始置的一种地方预备兵兵种。

⑫辛卯：六月二十七。

⑬帝自甘泉之高奴：文帝亲临北部前线。

⑭太原：汉郡名。郡治晋阳，在今山西太原西南。是当年文帝为代
　　王时的旧领地。

⑮复：免除徭役或赋税。中都：文帝为代王时代国的国都，在今山西
　　平遥西南。

【译文】

　　五月，匈奴侵入北地郡，占据河南，抄掠为害。文帝初次驾临甘泉宫。六月，文帝说："汉朝与匈奴曾经结为兄弟，为了不让他们祸害边境，送给他们的财物非常丰厚。如今匈奴的右贤王离开本土，没有任何正当理由，就率众进驻了河南这块归降之地，在边塞一带往来出没，捕杀官兵，驱逐居边守塞的蛮夷部族，使他们不能在原地居住，欺凌边防官吏，掠夺边民财物，傲慢无道，背弃先前的盟约。现征调边防官吏骑兵八万五千人进驻高奴，派遣丞相颍阴侯灌婴率兵出击匈奴。"匈奴撤离边境，征调中尉属下的勇武士卒归属于卫将军统领，驻守长安。辛卯，文帝从甘泉来到高奴，顺便驾临太原，接见原代国群臣，全都给予赏赐。又论功行赏，对当地百姓按里分赐牛酒。免除晋阳与中都百姓三年赋税。文帝在太原逗留游玩了十多天。

　　济北王兴居闻帝之代，欲往击胡，乃反，发兵欲袭荥阳①。于是诏罢丞相兵，遣棘蒲侯陈武为大将军②，将十万往击之。祁侯贺为将军③，军荥阳。七月辛亥④，帝自太原至长安。乃诏有司曰："济北王背德反上，诖误吏民⑤，为大逆。

济北吏民兵未至先自定,及以军地邑降者,皆赦之,复官爵。与王兴居去来⑥,亦赦之。"八月,破济北军,虏其王⑦。赦济北诸吏民与王反者。

【注释】

①"济北王兴居闻帝之代"几句:济北王刘兴居对文帝忌恨、压制自己不满,遂趁机造反。事见《齐悼惠王世家》。

②棘蒲侯陈武:《齐悼惠王世家》作"棘蒲侯柴将军"。按,棘蒲侯究竟是"陈武",还是"柴武",各处说法不一。据《高祖功臣侯者年表》,陈武封棘蒲侯。陈直则认为先秦至两汉某些姓有通称现象,如田陈通称、陈姚通称等,或陈武与柴武也是姓氏通称。

③祁侯贺:姓缯,名贺,刘邦的开国功臣。封地祁,在今山西祁县东南。

④七月辛亥:七月十八日。

⑤诖(guà)误:贻误,连累。诖,贻误。

⑥与王兴居去来:去来,犹"往来"。王骏图曰:"谓但与兴居通往来,非相从反叛者。"

⑦虏其王:《汉书》作"虏济北王兴居,自杀"。王先谦引《西京杂记》曰:"兴居始举兵,大风东来,直吹其旌旗上天入云,而坠城西井中,马皆悲鸣不进,左右李廓等谏,不听,后遂自杀。"

【译文】

济北王刘兴居得知文帝到了代地,想要前去攻打匈奴,就趁机起兵造反,打算偷袭荥阳。于是文帝诏令丞相撤回军队,派棘蒲侯陈武为大将军,统率十万军队前去讨伐济北王。任命祁侯缯贺为将军,驻守荥阳。七月辛亥,文帝从太原回到长安。诏令有关大臣说:"济北王背弃道义反叛皇上,连累济北的吏民,是为大逆不道。济北的官吏和民众,凡在朝廷军队到达之前,能自行停止反叛活动以及能率部归降或献城投降朝廷的,一律赦免,官复原职。曾与刘兴居有过交往但未参加叛乱的,也予以赦免。"八月,打败了济北王的军队,俘虏了济北王。赦免了追随济北王造反的官吏和百姓。

六年①,有司言淮南王长废先帝法,不听天子诏,居处毋度,出入拟于天子,擅为法令,与棘蒲侯太子奇谋反,遣人使闽越及匈奴②,发其兵,欲以危宗庙社稷。群臣议,皆曰"长当弃市"③。帝不忍致法于王,赦其罪,废勿王。群臣请处王蜀严道邛邮④,帝许之。长未到处所,行病死⑤,上怜之。后十六年⑥,追尊淮南王长谥为厉王⑦,立其子三人为淮南王、衡山王、庐江王⑧。

十三年夏⑨,上曰:"盖闻天道祸自怨起而福繇德兴⑩。百官之非,宜由朕躬。今秘祝之官移过于下⑪,以彰吾之不德,朕甚不取。其除之。"

【注释】

①六年:前174年。

②闽越:汉诸侯王国名。汉高祖五年(前202)置以封闽越族首领无诸,治东冶,今福建福州,但据近来之考古发掘,学者多以为在今福建武夷山市。王闽中故地。辖境相当于今浙江南部和福建。汉惠帝时又分为东越、闽越两国。

③群臣议,皆曰"长当弃市":弃市,本指受刑罚的人皆在街头示众,民众共同鄙弃之,后专指死刑。徐孚远曰:"废徙诸王,有司弹事,不欲出自人主,伤亲亲之恩也。始见于此,后世仍之。"

④蜀严道邛(qióng)邮:蜀郡严道的邛邮。底本作"蜀严道邛都",梁玉绳曰:"'都'乃'邮'字之讹,《汉书·淮南王传》作'邛邮'可证。"按,邛都在今四川西昌东南,当时尚属西南夷,朝廷流人

　　无由到此,作"邛邮"是。今据改。严道,汉道(县一级行政区
　　划)名。因县有蛮夷,故称"道"。故治在今四川荥经。邛邮,在
　　邛筰之地。因当地有递送文书者歇止的驿馆而得名,在今四川荥
　　经西南,属严道。

⑤行病死:实即刘长在流放途中自杀。详见《淮南衡山列传》《袁盎
　　晁错列传》。

⑥后十六年:指后来到文帝十六年,前164年。

⑦追尊淮南王长谥为厉王:《谥法解》:"杀戮无辜曰厉。"《正义》引
　　《谥法》云:"暴慢无亲曰厉。"按,《淮南衡山列传》追谥之事在文
　　帝十二年(前168)。

⑧淮南王:刘安,都寿春(今安徽寿县),封地为九江郡。衡山王:刘
　　勃,都邾(今湖北黄冈西北),封地为衡山郡。庐江王:刘赐,都
　　舒(今安徽庐江西南),封地为庐江郡。按,此句乃探后文以终淮
　　南事。

⑨十三年:前167年。

⑩繇:通"由"。

⑪秘祝之官:掌管为皇帝秘密祷告祈福消灾的官员。移过于下:将
　　皇帝的过失推给臣下。泷川引洪亮吉曰:"此盖《周礼》'甸师代
　　王受灾眚'遗意。"

【译文】

　　孝文皇帝六年,主管官员报告文帝说淮南王刘长废弃先帝的法律,
无视天子的诏命,日常生活奢侈无度,出入仪仗可比拟天子,擅自制定法
律条令,串通棘蒲侯的太子陈奇图谋造反,并派人到闽越和匈奴,勾引他
们发兵,想要危害宗庙社稷。大臣们商议,都说"刘长应当处死示众"。
文帝不忍心按法律处置淮南王,赦免了他的罪行,只是废除了他的王位。
大臣们请求把淮南王流放到蜀郡严道县邛邮邑,文帝答应了。刘长还没
有到达流放地点,就在路上病死了,文帝对他很是怜悯。后来孝文皇帝

十六年,追谥淮南王刘长为厉王,立他的三个儿子刘安为淮南王、刘勃为衡山王、刘赐为庐江王。

孝文皇帝十三年夏,皇上说:"我听说祸患是从怨恨而起,福泽是由德义而生,这是天理。百官的过错,理应由我负责。现在秘祝官在祷告的时候总是将过错推给臣下,这是在彰显我的不德,我很不赞成。予以废除。"

五月,齐太仓令淳于公有罪当刑①,诏狱逮徙系长安②。太仓公无男,有女五人。太仓公将行会逮③,骂其女曰:"生子不生男,有缓急非有益也④!"其少女缇萦自伤泣⑤,乃随其父至长安,上书曰:"妾父为吏,齐中皆称其廉平,今坐法当刑。妾伤夫死者不可复生,刑者不可复属⑥,虽复欲改过自新,其道无由也。妾愿没入为官婢⑦,赎父刑罪,使得自新。"书奏天子,天子怜悲其意,乃下诏曰:"盖闻有虞氏之时⑧,画衣冠异章服以为僇⑨,而民不犯。何则?至治也。今法有肉刑三⑩,而奸不止,其咎安在?非乃朕德薄而教不明欤?吾甚自愧。故夫驯道不纯而愚民陷焉⑪。《诗》曰'恺悌君子,民之父母'⑫。今人有过,教未施而刑加焉,或欲改行为善而道毋由也。朕甚怜之。夫刑至断支体⑬,刻肌肤,终身不息⑭,何其楚痛而不德也,岂称为民父母之意哉!其除肉刑⑮。"

上曰:"农,天下之本⑯,务莫大焉。今勤身从事而有租税之赋,是为本末者毋以异,其于劝农之道未备⑰。其除田之租税⑱。"

【注释】

①齐太仓令:齐国主管粮库的官员。时诸侯王国置仓长,主管谷物仓库,有时亦称太仓令。淳于公:姓淳于,名意,即《扁鹊仓公列传》里的"仓公",精于医术。当刑:判刑。

②诏狱逮徙系长安:诏狱派人来逮捕并押解到长安去服刑。诏狱,关押钦犯的牢狱。

③将行会逮:将要去接受逮捕。会逮,依据文书接受逮捕。

④缓急:偏义复词,这里指急。

⑤少女缇萦(tí yíng):最小的女儿名叫缇萦。

⑥刑者:指受肉刑被斩断了肢体。不可复属:不能再连起来。属,连接。

⑦愿没入为官婢:甘愿做官府的奴婢。没入,因罪没收财物、人口等入官。

⑧有虞氏:即舜帝。事迹见《五帝本纪》。

⑨画衣冠异章服以为僇:《正义》引《晋书·刑法志》云:"三皇设言而民不违,五帝画衣冠而民知禁。犯黥者皂其巾,犯劓者丹其服,犯膑者墨其体,犯宫者杂其屦,大辟之罪,殊刑之极,布其衣裾而无领缘,投之于市,与众弃之。"画衣冠,在犯人的衣服、帽子上画出某种标志。异章服,让罪犯穿有不同识别符号的衣服。僇,侮辱,惩罚。

⑩今法有肉刑三:说法不一,《集解》引孟康曰:"黥、劓二,左右趾合一,凡三。"梁玉绳曰:"疑此是劓、刖、宫为三肉刑,盖黥至轻,自不应数之。"

⑪驯道:训导。道,导,教导。不纯:不善。纯,美,善。陷:指沦于犯罪。

⑫恺悌君子,民之父母:语见《诗·大雅·泂酌》。颜师古曰:"言君子有和乐简易之德,则其下尊之如父,亲之如母也。"恺悌,和乐

平易。

⑬支体：同"肢体"。

⑭终身不息：永远不能再长出来。息，生。

⑮其除肉刑：即将一部分肉刑改为罚苦役和笞刑；另一部分肉刑则改成了死刑。据《汉书·刑法志》："诸当完者，完为城旦舂；当黥者，髡钳为城旦舂；当劓者，笞三百；当斩左止者，笞五百；当斩右止，及杀人先自告，及吏坐受赇枉法，守县官财物而即盗之，已论命复有笞罪者，皆弃市。"凌稚隆引陈傅良曰："以一女子言改百年之故典，非甚勇不及此。"按，史公称赞文帝去肉刑为"善政"，《汉书·刑法志》则云："是后，外有轻刑之名，内实杀人。斩右止者又当死。斩左止者笞五百，当劓者笞三百，率多死。"

⑯本：指农业。末：指手工业、商业。

⑰劝农：鼓励人们从事农业。劝，鼓励。

⑱除田之租税：郭嵩焘曰："文帝用晁错之言，令民入粟边，六百石爵上造，四千石五大夫，万二千石为大庶长；错复奏言边粟足支五岁，可令入粟郡县，足支一岁以上，可时赦勿收农民租……除田租十一年至景帝立，制田租三十而税一，遂为定制，文帝之遗泽远矣。"

【译文】

五月，齐国的太仓令淳于意因犯罪要被施刑罚，诏狱派人来逮捕他并把他押解到长安拘禁起来。太仓令淳于意没有儿子，只有五个女儿。他准备去接受逮捕时，责怪女儿们说："生孩子若不生儿子，一旦遇到急事一点用也没有！"他的小女儿缇萦听后伤心地哭了，于是她就跟随父亲一起来到长安，给文帝上书说："我的父亲做太仓令，齐国人都称赞他廉洁公平，如今犯法应当受刑。我伤心的是，那受了死刑的人不能复生，受了肉刑的人断肢不能接上，即使他们想改过自新，也没有一点儿办法了。我请求被收入官府做奴婢，来抵我父亲应受的刑罚，使他能够改过自新。"缇萦的上书转到了文帝手里，文帝怜悯缇萦的孝心，就下诏说："我听说虞舜的时候，只在犯人的衣帽上画上特定的标志，让他们的衣帽与别人有所不同，使他们感到耻辱，这样民众就不犯法了。为什么能这样呢？因为当时政治清明到了极点。如今法令中有三种肉刑，而犯法之事却屡禁不止，问题出在哪里呢？不就是由于我的德义浅薄教化不明吗？我深感惭愧。所以说训导的方法不完善，愚昧的百姓就会走向犯罪。《诗经》中说'和乐平易的君子，才是百姓的父母'。现在人有了过错，还没有进行教化就施加刑法，有些人想要改过从善也没有办法了。我很怜悯这些人。刑法使人断裂肢体、毁坏肌肤，终生不能恢复，这是多么令人痛苦而又不道德啊，这哪里和为民父母的心意相称呢！废除肉刑。"

文帝说："农业是天下的根本，没有什么比这更重要的。如今农民辛勤从事生产却还要交纳租税，这是让从事农业的人与从事工商业的人没有区别，对鼓励农耕的方法未能完备。免除农田的租税。"

十四年冬①，匈奴谋入边为寇，攻朝那塞②，杀北地都尉卬③。上乃遣三将军军陇西、北地、上郡④，中尉周舍为卫将军，郎中令张武为车骑将军，军渭北⑤，车千乘，骑卒十万。帝亲自劳军，勒兵申教令⑥，赐军吏卒。帝欲自将击匈奴，群臣谏，皆不听。皇太后固要帝⑦，帝乃止⑧。于是以东阳侯张相如为大将军⑨，成侯赤为内史⑩，栾布为将军⑪，击匈奴。匈奴遁走。

【注释】

①十四年：前166年。

②朝那塞：即萧关，在今宁夏固原东南。

③北地都尉卬：北地郡的都尉孙卬。都尉，其级别同于郡尉，辅佐郡守并掌全郡军事。

④遣三将军军陇西、北地、上郡：据《匈奴列传》，遣隆虑侯周灶军陇西（郡治狄道，今甘肃临洮），遣宁侯魏遬军北地（郡治马岭，今甘肃庆阳西北），遣昌侯卢卿军上郡（郡治肤施，今陕西榆林东）。

⑤渭北：指长安一带渭河以北地区。长安城在渭水南岸。

⑥勒兵：治军，操练或指挥军队。勒，控制，统领。

⑦固要（yāo）：竭力劝阻。要，拦阻。

⑧帝乃止：史珥《四史剿说》曰："守文之君，此一段奋发亦不可少，虽不果行，已足作三军之气矣。"锺惺曰："文帝是大有作用人，谦逊爱养，至欲自将击匈奴，群臣谏不听，何其勇也。予曾谓，文帝用兵远过武帝，武帝快一己之私，故常生事；文帝在安天下，故卒归于无事，大小公私不同。"

⑨东阳侯张相如：汉初功臣。《高祖功臣侯者年表》："高祖六年，为中大夫，以河间守击陈豨力战功，侯。"东阳侯，封地东阳，在今江苏盱眙东南。

⑩成侯赤：董赤，高祖功臣董渫之子，袭父爵为侯。内史：官名。掌治京师。后来改称京兆尹。

⑪栾布：与彭越友善，先后为臧荼、彭越部下。高祖诛彭越，令不准收尸，他时奉使自齐还，独收而哭祭，为吏所捕。高祖壮其义而释其罪，任为都尉，从征黥布。文帝时，历任燕相、内史。后在平定七国之乱中立功封侯。事见《季布栾布列传》。

【译文】

孝文皇帝十四年冬，匈奴人谋划侵入边境进行劫掠，攻打朝那塞，杀害了北地郡都尉孙卬。文帝于是派遣三位将军驻守陇西、北地、上郡，任命中尉周舍为卫将军，郎中令张武为车骑将军，驻扎在渭水北岸，计有战车一千辆，骑兵十万人。文帝亲自慰劳军队，操练士卒，申明教令，奖赏全军将士。文帝想亲自率军出击匈奴，群臣劝阻，文帝一律不听。皇太后坚决阻拦，文帝才留下没去。于是任命东阳侯张相如为大将军，成侯董赤为内史,栾布为将军,一同北击匈奴。匈奴逃走。

　　春,上曰:"朕获执牺牲珪币以事上帝宗庙^①,十四年于今,历日县长^②,以不敏不明而久抚临天下,朕甚自愧。其广增诸祀墠场珪币^③。昔先王远施不求其报^④,望祀不祈其福^⑤,右贤左戚^⑥,先民后己,至明之极也。今吾闻祠官祝釐^⑦,皆归福朕躬,不为百姓,朕甚愧之。夫以朕不德,而躬享独美其福^⑧,百姓不与焉,是重吾不德。其令祠官致敬,毋有所祈。"

【注释】

①执牺牲珪币以事上帝宗庙:即婉言为皇帝,只有皇帝才有资格主持祭祀上帝与宗庙。珪币,祭神的供品。颜师古曰:"币,祭神之帛。"

②县长:漫长。县,同"悬",长久。

③诸祀墠(shàn)场:各个祭祀场所。底本原文作"诸祀场"。墠,供祭祀用的经清扫的场地。

④远施:指施恩德于化外。

⑤望祀:遥祭山川地祇。

⑥右贤左戚:颜师古曰:"以贤为上,然后及亲也。"

⑦祝釐:祈求福佑,祝福。釐,福。

⑧躬享独美其福:意即独享其福。躬,自身。陈仁锡曰:"圣主避谀如仇,端士避誉如敌。"

【译文】

　　春天,文帝说:"我得以手执牺牲玉帛来祭祀上帝、宗庙,到现在已经十四年了,历时可谓漫长,以我这样一个既不敏达又不贤明的人长久地治理天下,我深感惭愧。我准备扩大各种祭祀的场所,增加祭品玉帛的数量。从前先王都是远施恩惠而不求报答,遥祭山川而不为己祈福,崇贤能,抑亲戚,先黎民,后自己,圣明到了极点。现在我听说主管祭祀的祠官向神祈福时,都是祈求将福泽降到我一人身上,而不是为了黎民百姓,我为此很惭愧。像我这样一个无德的人,却独享着神灵的福佑,百姓却享受不到,这是加重我的不德。我命祠官今后只向神灵表达敬意,不要再为我有所祈祷。"

是时北平侯张苍为丞相①,方明律历②。鲁人公孙臣上书陈终始传五德事③,言方今土德时,土德应黄龙见④,当改正朔、服色、制度⑤。天子下其事与丞相议。丞相推以为今水德⑥,始明正十月上黑事⑦,以为其言非是,请罢之。

【注释】

①是时北平侯张苍为丞相:张苍自文帝四年(前176)继灌婴为丞相,至文帝后二年(前162)免。北平侯,封地北平,县治在今河北保定满城区北。

②方明律历:正在为国家制订历法。明,阐而行之。律历,《大戴礼记·曾子天圆》:"圣人慎守日月之数,以察星辰之行,以序四时之顺逆,谓之历;截十二管,以宗八音之上下清浊,谓之律也。律居阴而治阳,历居阳而治阴,律历迭相治也。"卢辩注:"历以治时,律以候气,其致一也。"

③鲁人公孙臣:鲁郡(郡治曲阜)的阴阳五行家,姓公孙,名臣。终始传五德:古代哲学术语。又作"始终五德""五德始终""五德转移"。"五德"即五行,"始终"即循环之意。古代阴阳家认为水、火、木、金、土五种物质德性的相生相胜之变化,决定着历史上王朝的兴衰和替代。如夏、商、周、秦朝代之更换,便认为是水

（秦）克火（周）、火（周）克金（商）、金（商）克木（夏）的结果。《索隐》曰："五行之德，帝王相承传易，终而复始。传音转也。"

④土德应黄龙见：土德的征兆，是将有黄龙出现。应，效应，征兆。

⑤改正朔、服色、制度：改正朔，谓颁布新的历法。古代帝王易姓受命，必改正朔，重新规定以十二个月中的某个月为正月。正，正月，古代历法中一年的第一个月。如夏历以建寅之月（今阴历一月）为正月，殷历以建丑之月（今阴历十二月）为正月，周历以建子之月（今阴历十一月）为正月。朔，每个月的初一。服色，车马和祭牲的颜色。五行家还把红、黄、青、白、黑五种颜色与五行相比附，不同王朝要推崇与其"德性"颜色相配的颜色。《礼记·大传》"易服色"，郑玄注："服色，车马也。"孔颖达疏："谓夏尚黑，殷尚白，周尚赤，车之与马，各用从所尚之正色也。"制度，指包括度量衡在内的各种规定。如《秦始皇本纪》"数以六为纪，符、法冠皆六寸，而舆六尺，六尺为步，乘六马"之类。

⑥以为今水德：张苍等汉初的许多人也同样讲五行转移，他们之所以坚持说汉是"水德"，是因为他们不承认秦是一个王朝，坚持认为汉朝是直接周朝。关于汉代是"水德"还是"火德"的争论，还见于《张丞相列传》《屈原贾生列传》《封禅书》等。

⑦始明正十月上黑事：阐发以十月为岁首、颜色上黑等理论。梁玉绳曰："张苍之议必因高帝'北畤待我而起'一语，故《历书》亦云'高祖自以为获水德之瑞'。不知高祖一时之词，非自道得水德，初起事时，旗帜已尚赤矣，特袭秦正朔服色，未遑更定也。"

【译文】

这时，北平侯张苍任丞相，正在制定新的律历。鲁人公孙臣上书讲述五德终始说，言称现在是土德时期，土德行将会有黄龙出现，应改变正朔实行新的历法，变易朝廷礼服颜色，重新制定各种制度。文帝把此事下交给丞相张苍去讨论。张苍经过推算，认为现在是水德当行，首次阐

明建正十月、崇尚黑色之理论,认为公孙臣的意见不对,请皇帝不要采纳
他的建议。

　　十五年^①,黄龙见成纪^②,天子乃复召鲁公孙臣,以为博
士^③,申明土德事。于是上乃下诏曰:"有异物之神见于成
纪,无害于民,岁以有年^④。朕亲郊祀上帝诸神。礼官议,毋
讳以劳朕。"有司礼官皆曰:"古者天子夏躬亲礼祀上帝于
郊^⑤,故曰郊。"于是天子始幸雍^⑥,郊见五帝^⑦,以孟夏四月
答礼焉^⑧。赵人新垣平以望气见^⑨,因说上设立渭阳五庙^⑩。
欲出周鼎,当有玉英见^⑪。十六年^⑫,上亲郊见渭阳五帝庙,
亦以夏答礼而尚赤。十七年^⑬,得玉杯,刻曰"人主延寿"^⑭。
于是天子始更为元年^⑮,令天下大酺^⑯。其岁,新垣平事觉,
夷三族^⑰。

【注释】

①十五年:前165年。

②黄龙见成纪:成纪,汉县名。县治在今甘肃静宁西南。见,同
　"现"。按,所谓"黄龙见成纪"之说,自然是公孙臣之流所编造。

③博士:官名。为太常属官。诸子、诗赋、方技、术数等皆曾立博士,
　职掌议论顾问,充当君主参谋,并兼有礼官性质。

④有年:指农业丰收。

⑤夏躬亲礼祀上帝于郊:夏至日帝王亲自于北郊祭祀上帝。

⑥始幸雍:首次到雍县祭天。雍,汉县名。县治在今陕西宝鸡凤翔
　区南。其地有秦朝祭天的坛台。

⑦五帝:五方之帝,即东方青帝、南方赤帝、西方白帝、北方黑帝、中
　央黄帝。

⑧孟夏:夏季的第一个月。答礼:即指祭祀,以报谢上帝的福佑。

⑨新垣平:姓新垣名平。赵国方士。望气:观察云气以预测吉凶。

⑩渭阳五庙:在今陕西咸阳东霸水、渭水会合处,南临渭水,又称"渭阳五帝庙"。祀古代神话传说中的五位天帝,即五方神。《封禅书》:"渭阳五帝庙,同宇,帝各一殿,面各五门,各如其帝色。"

⑪欲出周鼎,当有玉英见:《封禅书》记新垣平怂恿文帝说:"周鼎亡在泗水中,今河溢通泗,臣望东北汾阴直有金宝气,意周鼎其出乎? 兆见不迎则不至。"并未言及玉英。玉英,《楚辞》洪兴祖补注:"玉英,玉有英华之色。"陈直曰:"屈原《九章•涉江》云:'登昆仑兮食玉英。'又按:《小校经阁金文》卷十五、九十页,有《上太山镜铭》云:'上太山,见神人,食玉英,饮醴泉,驾蛟龙,乘浮云。'玉英之瑞,为先秦两汉人所称道如此。"按,新垣平蛊惑文帝建渭北五帝庙及怂恿文帝打捞周鼎事,见《封禅书》。凌稚隆引许应元曰:"文帝贤君而微好鬼神之事,前席贾生时略可窥其微矣。"

⑫十六年:前164年。

⑬十七年:前163年。

⑭得玉杯,刻曰"人主延寿":《封禅书》云:"新垣平使人持玉杯,上书阙下献之。平言上曰:'阙下有宝玉气来者。'已视之,果有献玉杯者,刻曰'人主延寿'。"

⑮始更为元年:改十七年为"后元元年"。凌稚隆引胡缵宗曰:"文帝玄默寡欲,令祠宗无有所祈,可谓不惑邪佞矣,而信新垣平玉杯之诈,辄为改元,不其亏至德乎?"

⑯令天下大酺(pú):梁玉绳曰:"《汉书•文纪》:'十六年九月得玉杯,令天下大酺。'此与《封禅书》以得杯大酺在十七年,误也。改元以'日再中',而此谓因得杯,亦误。"

⑰新垣平事觉,夷三族:《封禅书》:"人有上书告新垣平所言气、神事

皆诈也，下平吏治，诛夷新垣平。"梁玉绳曰："《汉书》纪、志，'高后元年，除三族罪'，《史记》脱不书，则族诛之法已前除之，何以新垣平复行三族之诛？岂妖诬不道，不用常典耶？"李商隐《贾生》诗云："宣室求贤访逐臣，贾生才调更无伦。可怜夜半虚前席，不问苍生问鬼神。"吴见思曰："文帝之失止新垣平一事，故约略写之，为贤者讳也。"

【译文】

孝文皇帝十五年，黄龙在成纪现身，文帝又召来鲁人公孙臣，任用他为博士，阐明如今是土德之理。文帝下诏："有奇异的神龙现于成纪，没对百姓造成伤害，今年的收成大好。我要亲自到郊外祭祀上帝和诸神。礼官们商议一下细节，不要因为怕我劳累而有所回避。"于是负责祭祀的礼官们都说："古时，天子每年夏天亲自到郊外依礼祭祀上帝，所以称为'郊'。"于是文帝首次莅临雍县，郊祭五帝，在孟夏四月举行答谢天帝的祭礼。这时，赵国人新垣平靠着望气之术得到文帝的召见，他劝说文帝在渭水北岸修建五帝庙。打捞落入水中的周鼎，并预言将有玉英现世。孝文皇帝十六年，文帝亲自到渭水北岸的五帝庙郊祭上帝，也在孟夏举行了答谢天帝恩德的祭典，并确定崇尚赤色。孝文皇帝十七年，得到了一个玉杯，上面刻有"人主延寿"四个字。于是文帝把这一年改为后元元年，下令让天下百姓聚会宴饮。也是在这一年，新垣平派人献杯欺骗皇帝的事情败露，被灭了三族。

　　后二年①，上曰："朕既不明，不能远德，是以使方外之国或不宁息②。夫四荒之外不安其生③，封畿之内勤劳不处④，二者之咎，皆自于朕之德薄而不能远达也。间者累年匈奴并暴边境⑤，多杀吏民，边臣兵吏又不能谕吾内志⑥，以重吾不德也。夫久结难连兵，中外之国将何以自宁？今朕夙兴夜寐，勤劳天下，忧苦万民，为之怛惕不安⑦，未尝一日忘于心，故遣使者冠盖相望，结轶于道⑧，以谕朕意于单于。今单于反古之道⑨，计社稷之安，便万民之利，亲与朕俱弃细过⑩，偕之大道，结兄弟之义，以全天下元元之民⑪。和亲已定，始于今年。”

【注释】

①后二年：后元二年，前162年。泷川引顾炎武曰：“汉文帝后元年，景帝中元年、后元年，当时只是改为元年，后人追记之，为中为后耳。若光武之中元元年，梁武帝之中大通元年、中大同元年，则自名之为‘中’，不可一例论也。”

②方外：域外，边远地区。

③四荒之外：四方荒远之地。亦即上文之所谓“方外”。颜师古曰：“戎狄荒服，故曰四荒，言其荒忽去来无常也。”颜师古引《尔雅》曰：“孤竹、北户、西王母、日下，谓之四荒。”

④封畿之内：指王都周围地区。此指国内。封，国境线。畿，多指京城管辖的地区。勤劳不处：即不得安生。处，居。

⑤间者：近来。并暴：谓连续入侵。

⑥谕吾内志：明白我的内心想法。谕，明白，领会。

⑦怛（dá）惕：忧愁惊惧的样子。

⑧结轶：犹结辙。形容车辆络绎不绝。《索隐》引司马彪曰：“结谓车辙回旋错结之也。”轶，此处音、义皆同“辙”。《田敬仲完世家》有“伏轼结轶”，与此用法相同。

⑨反古之道：重新回到古代圣人的治国安邦之道。

⑩俱弃细过：彼此忘掉对方的小过失。即今所谓“捐弃前嫌”。

⑪以全天下元元之民：郭嵩焘曰：“文帝此诏至诚恻怛，孟子以太王

迁岐为仁，而引汤事葛、文王事昆夷，以为乐天，亦即此义。"朱黼曰："文帝二十三年之间，其商画区处舍农桑外，所深着意者独边事而已……帝亦度匈奴桀骜之势未可以遽服，而疮痍甫定之民未可以遽用，故虽外为和亲之礼，而在内未尝轻弃自治之策。"元元，百姓，黎民。

【译文】

孝文皇帝后元二年，文帝说："我不英明，不能远布德泽，让境外有些邦国不得安宁。四荒之外的民众不得安生，封畿之内的百姓辛苦不止，这两方面的过失，都是因为我的德行浅薄，不能流布四方。最近几年，匈奴接连犯我边境，杀我吏民，守边的官兵又不能理解我的想法，因此更加重了我的失德。若总是这样兵连祸结，中外各国将如何能得到安宁？现在我早起晚睡，为天下操劳，为万民忧思，为此心神不安，未尝一日忘记，所以派出的使者络绎不绝，可谓冠盖相望，车辙相接，让他们向匈奴单于说明我的意愿。如今单于已经回到过去的友好道路，重新考虑社稷的安定与万民的幸福，愿意和我一同抛弃细小的仇怨，共同迈向和平大道，缔结兄弟情谊，保全天下百姓的生命。和亲盟约已经确定，就从今年开始。"

后六年冬①，匈奴三万人入上郡，三万人入云中②。以中大夫令勉为车骑将军③，军飞狐④；故楚相苏意为将军⑤，军句注⑥；将军张武屯北地；河内守周亚夫为将军，居细柳⑦；宗正刘礼为将军⑧，居霸上⑨；祝兹侯军棘门⑩：以备胡。数月，胡人去，亦罢。

天下旱，蝗。帝加惠：令诸侯毋入贡，弛山泽⑪，减诸服御狗马⑫，损郎吏员⑬，发仓庾以振贫民⑭，民得卖爵⑮。

【注释】

① 后六年:前158年。

② 云中:汉郡名。郡治在今内蒙古托克托东北。

③ 中大夫令勉:一说为中大夫令,其名曰"勉",史失其姓。中大夫令,即卫尉,九卿之一,职掌统辖宫廷卫士,管辖宫内宿卫。秩中二千石。汉景帝初更名中大夫令,后又改回中尉。

④ 飞狐:飞狐口,关塞名。在今河北涞源北、蔚县东南。

⑤ 故楚相:曾为楚元王刘交之相。

⑥ 句注:句注山,在今山西代县西北。以山形勾转、水势注流而名。又名西陉山、陉岭,亦称雁门山。为古代北方军事重地。

⑦ 河内守周亚夫为将军,居细柳:河内守周亚夫,绛侯周勃之子,时为河内郡守。河内郡,郡治怀县,在今河南武陟东南。细柳,地名。在今陕西咸阳西南渭河北岸,当时的长安城西。按,周亚夫军细柳时,文帝劳军,故事动人,见《绛侯世家》。

⑧ 宗正刘礼:楚元王刘交之子。

⑨ 霸上:地名。在今陕西西安东白鹿原北首,当时的咸阳城东南。为古代咸阳、长安附近军事要地。

⑩ 祝兹侯军棘门:《汉书》作"祝兹侯徐厉为将军,军棘门"。梁玉绳以为史文无"徐厉"应属脱误。棘门,地名。在今陕西咸阳东北,当时长安城北的渭水之北。

⑪ 弛山泽:解除有关山林水泽的禁令,允许百姓打猎、捕鱼。弛,解除。《集解》引韦昭曰:"弛,废也。废其常禁以利民。"按,当时山林水泽归国家所有,百姓不得随意开发。

⑫ 服御:指皇帝本人的服饰车马器用之类。狗马:指出游打猎之物。

⑬ 损郎吏员:裁减皇帝身边侍从。郎吏,郎官。古时君王侍从官之通称,如中郎、侍郎、郎中等。

⑭ 发仓庾以振贫民:《集解》引胡广曰:"在邑曰仓,在野曰庾。"振,

赈济。

⑮民得卖爵：《索隐》引崔浩曰："富人欲爵，贫人欲钱，故听买卖也。"泷川曰："武帝许卖武功爵，盖由有此先例。"

【译文】

孝文皇帝后元六年冬，匈奴三万人入侵上郡，三万人入侵云中郡。文帝任命中大夫令勉为车骑将军，驻军飞狐口；原楚国丞相苏意为将军，驻军句注山；将军张武屯兵北地；河内郡守周亚夫为将军，率军驻扎细柳；宗正刘礼为将军，率军驻扎霸上；祝兹侯徐厉为将军，率军驻扎棘门：共同防备匈奴。数月后，匈奴撤兵，汉军亦返回原地。

天下大旱，蝗虫肆虐。文帝施加恩惠：命令诸侯毋需向朝廷进贡，解除国家对山林湖泽的禁令，让百姓自由进入捕捞采伐，减少自身的服饰、车驾、游猎等各项开支，裁减身边侍从官员人数，打开粮仓赈济贫民，百姓可以买卖爵位。

　　孝文帝从代来，即位二十三年，宫室、苑囿、狗马、服、御无所增益，有不便①，辄弛以利民。尝欲作露台②，召匠计之，直百金③。上曰："百金中民十家之产，吾奉先帝宫室，常恐羞之，何以台为④！"上常衣绨衣⑤，所幸慎夫人，令衣不得曳地，帏帐不得文绣，以示敦朴，为天下先⑥。治霸陵皆以瓦器⑦，不得以金银铜锡为饰⑧，不治坟⑨，欲为省，毋烦民。南越王尉佗自立为武帝⑩，然上召贵尉佗兄弟⑪，以德报之，佗遂去帝称臣。与匈奴和亲，匈奴背约入盗，然令边备守，不发兵深入⑫，恶烦苦百姓。吴王诈病不朝⑬，就赐几杖⑭。群臣如袁盎等称说虽切⑮，常假借用之⑯。群臣如张武等受赂遗金钱，觉，上乃发御府金钱赐之⑰，以愧其心，弗下吏⑱。专务以德化民，是以海内殷富，兴于礼义⑲。

【注释】

① 不便：不利。指百姓遇到天灾人祸。

② 露台：露天台榭。

③ 百金：金百斤。汉称黄金一斤曰"一金"，"一金"可抵铜钱一万。

④ 何以台为：凌稚隆引王懋曰："露台之资才千缗耳，于恭俭之德未有损也，帝直以中人十家之产而不敢妄费，其爱惜天下之财如此！"

⑤ 绨（tí）衣：厚缯制成之衣。言服饰俭朴。绨，丝绵混织的纺织品。

⑥ 以示敦朴，为天下先：陈仁锡曰："载诸琐屑，以著文帝细行纯备，写出一玄默恭俭之图。"

⑦ 霸陵：文帝的陵墓。汉代皇帝一般从即位开始便给自己预修陵墓。

⑧ 不得以金银铜锡为饰：此语恐多夸饰，梁玉绳曰："《晋书·愍帝纪》：'建兴三年盗发霸、杜二陵，金玉采帛不可胜纪，敕收其余，以实内府。'又《索琳传》：'盗发霸、杜陵，多获珍宝。帝问琳："汉陵中物何多耶？"琳对以"汉天子即位一年而为陵，天下贡赋三分之一充山陵。武帝享年久长，比崩，而茂陵不复容物。赤眉取陵中物不能减半，于今犹有朽帛委积，金玉未尽。此二陵是俭者耳"。'然则文帝之葬特差少于诸陵，而非真薄也，岂景帝不从遗诏之故乎？"

⑨ 不治坟：不修高大的坟丘。

⑩ 南越王尉佗自立为武帝：尉佗，姓赵名佗。真定（今河北石家庄）人。秦始皇时用为南海龙川（今广东龙川西南）县令。二世时，命行南海郡尉事，故又名"尉佗"，亦作"尉他"。秦朝灭亡，即并桂林、象郡，自立为南越武王。高祖时遣陆贾立其为南越王。高后时，又自尊号为南越武帝。事见《南越列传》。

⑪ 召贵尉佗兄弟：尉佗兄弟皆在真定老家，故文帝可用此以收服其心。

⑫ 令边备守，不发兵深入：史公以此为文帝善政，与武帝屡次大规模

用兵匈奴做对比。

⑬吴王诈病不朝：吴王刘濞是文帝堂兄弟。刘濞之子入朝，与文帝太子刘启因下棋发生争执，被太子打死，刘濞因此恼怒不朝。

⑭就赐几杖：将几杖送至吴国。几杖，老人居则凭几，行则持杖。文帝赐刘濞几杖，是为了表示优礼，并示意刘濞可不进京朝见。

⑮群臣如袁盎等称说虽切：切，急切，激烈。按文帝时对时政"称说甚切"的人有贾谊、晁错、张释之、袁盎等，所针对的主要有匈奴进扰问题、国内诸侯王割据问题以及一些体制、礼法上的问题等。袁盎本传说他"常引大体忼慨"，又说他"数直谏"，所涉及的多为礼法之事。

⑯假借用之：意谓对谏言者宽容对待，所言可用则用，不可用也不责备。《风俗通义·正失》曰："文帝礼言事者，不伤其意，群臣无小大，至即便从容言，上止辇听之，其言可者称善，不可者喜笑而已。"假借，宽假，宽容。

⑰御府：皇家府库。陈直曰："《汉书·百官公卿表》属官有御府令，盖等于都内令，皆藏有帝王之私蓄。"

⑱弗下吏：不将其交有关部门查办。陈仁锡曰："张武有代来功故尔，非概之群臣也。"凌稚隆引何孟春曰："纵盗饮酒非剪恶之法，绝缨加赐非防淫之具，汉文帝金钱之愧，唐太宗布绢之给，非刑赏之正道也。"

⑲是以海内殷富，兴于礼义：吴见思曰："撮其大略总叙一段在编年之后、遗诏之前，如一小纪，虽略写大意，而精神气度无不逼露，是大手笔。"梁玉绳曰："此段总叙文帝诸善政，当在后七年之末'袭号曰皇帝'句下，错简于后六年也。后世作史，皆仿此总叙法。"

【译文】

文帝从代国来到京城登帝位，在位二十三年，宫室、苑囿、狗马、服饰、车驾等，都没有任何增加，但凡遇到天灾人祸等不便百姓的事情，就放宽有关皇家苑囿的禁令，以便利百姓进入采伐耕种。他曾打算修建一座露台，召来工匠计算，造价要值上百斤黄金。文帝说："黄金百斤相当于中等百姓十家的资产，我奉守先帝留下的宫室，已时常担心让其蒙羞，还建造露台做什么呢！"文帝经常穿着质地粗厚的丝织衣服，对所宠幸的慎夫人，也不准她穿拖地长裙，不准她用绣锦帷帐，以此来表示俭朴，为天下人做出榜样。营建陵墓霸陵，严令殉葬品一律用瓦器，禁止用金银铜锡做装饰，不修高大的墓冢，目的就是想节省，不要烦扰百姓。南越王尉佗自立为武帝，而文帝却召来尉佗的兄弟，给予高官厚禄，使他们显贵，用恩德回报他们，尉佗于是取消了帝号，向汉朝称臣。文帝与匈奴和亲，匈奴屡屡背约入侵，而文帝只是命令边境加强戒备防守，不发兵深入匈奴境内，怕的是给百姓带来烦扰和痛苦。吴王刘濞谎称有病不来朝觐，文帝就趁机赐给他小几与手杖。袁盎等大臣进言说事尖锐急切，而文帝总是宽容对待。张武等大臣收受金钱贿赂，事情败露后，文帝就拿出皇宫府库中的金钱赏赐给他们，使其内心羞愧，而不把他们下交给执法官吏治罪。文帝专心致力于用恩德感化臣民，因此天下富足，礼义兴盛。

　　后七年六月己亥①，帝崩于未央宫。遗诏曰："朕闻盖天下万物之萌生，靡不有死。死者天地之理，物之自然者，奚可甚哀②！当今之时，世咸嘉生而恶死，厚葬以破业③，重服以伤生④，吾甚不取。且朕既不德，无以佐百姓；今崩，又使重服久临⑤，以离寒暑之数⑥，哀人之父子，伤长幼之志⑦，损其饮食⑧，绝鬼神之祭祀⑨，以重吾不德也，谓天下何！朕获保宗庙，以眇眇之身托于天下君王之上，二十有余年矣。赖天地之灵，社稷之福，方内安宁⑩，靡有兵革。朕既不敏，常畏过行，以羞先帝之遗德；维年之久长⑪，惧于不终⑫。今乃幸以天年，得复供养于高庙，朕之不明与嘉之⑬，其奚哀悲之有！其令天下吏民，令到出临三日，皆释服⑭。毋禁取妇、嫁女、祠祀、饮酒、食肉者。自当给丧事服临者⑮，皆无践⑯。绖带无过三寸⑰，毋布车及兵器⑱，毋发民男女哭临宫殿。宫殿中当临者，皆以旦夕各十五举声⑲，礼毕罢。非旦夕临时，禁毋得擅哭。已下⑳，服大红十五日㉑，小红十四日㉒，纤七日㉓，释服。佗不在令中者，皆以此令比率从事㉔。布告天下，使明知朕意。霸陵山川因其故㉕，毋有所改。归夫人以下至少使㉖。"令中尉亚夫为车骑将军，属国捍为将屯将军㉗，郎中令武为复土将军㉘，发近县见卒万六千人㉙，发内史卒万五千人，藏郭穿复土属将军武㉚。

乙巳㉛，群臣皆顿首上尊号曰孝文皇帝㉜。太子即位于高庙。丁未㉝，袭号曰皇帝。

【注释】

①后七年：前157年。六月己亥：阴历六月初一。

②奚可甚哀：有什么可以特别哀伤的呢。奚，何，什么。

③厚葬：谓不惜财力地经营丧葬。破业：犹破产，丧失全部财产。

④重服：服丧过度。如守丧的时间长，且又礼数多等。伤生：妨害活着的人。

⑤久临（lìn）：长时间地哭丧。临，哭吊死者。

⑥离寒暑之数：意即经过漫长的寒暑。离，经历，经过。

⑦伤长幼之志：让老人小孩都跟着伤心。

⑧损其饮食：吏民为皇帝服丧，饮食皆不得奢华。

⑨绝鬼神之祭祀：在为皇帝服丧期间，祭祀活动无法正常举行。

⑩方内：四方之内。犹国内，域中。

⑪维年之久长：考虑即位已有多年。维，通"惟"，思虑。

⑫惧于不终：害怕不能善始善终。

⑬朕之不明与嘉之：意谓我并不贤明，能有这样的结局已经够好了。与，语气词。《集解》引如淳曰："与，发声也。得卒天年已善矣。"

⑭出临三日，皆释服：意即只哭丧三天，就都脱掉丧服。释服，脱去孝服。黄震曰："文帝遗诏短丧，议礼者讥焉。然观文帝恻怛为民，惟恐妨之，至死弥笃，在帝不失其为厚。"

⑮自当给丧事服临者：指皇室家属与经办丧事的人们。给，从事。

⑯践：《集解》引孟康曰："践，跣也。"光着脚，以表示哀戚之至。又，伏俨曰："践，翦也。"即服"斩衰（cuī）"。"斩衰"的丧服用粗麻做成，不缝边，露着线头，表示不加修饰。服丧期是三年，是丧礼中之最重者。

⑰绖（dié）带：丧服所用的麻布带子。扎在头上的称首绖，缠在腰间的称腰绖。无过三寸：古制，为天子服斩衰，道绖之围九寸，腰绖之围是首绖的五分之四。文帝欲一切从简，要求绖带之围不过三寸，与五服中最轻的缌麻服大体相同。

⑱毋布车及兵器：不必把车驾与兵器都用白布包起来。

⑲旦夕各十五举声：早晨、晚上每个人只哭十五声。王先谦引王先慎曰："后汉悉沿此制。"

⑳已下：此指棺木下葬以后。

㉑大红十五日：应服九个月丧服的亲属从简只服十五日。大红，同"大功"，五服之一，服期九个月。其服用熟麻布做成。

㉒小红十四日：应服五个月丧服的亲属从简服十四日。小红，同"小功"，五服中第四服，服期五个月。其服以熟麻布制成，视大功为细，较缌麻为粗。

㉓纤七日：应服三十六日丧服的亲属，现在只服七日。《集解》引应劭曰："纤者，禫也。凡三十六日而释服。"

㉔比率：比照遵从法令、条例等。

㉕霸陵山川因其故：陵园当地的山川都要保持其原有的样子。《集解》引应劭曰："因山为藏，不复起坟，山下川流不遏绝也，就其水名以为陵号。"按，2021年12月，国家文物局确定霸陵即今西安东郊白鹿原的江村大墓，而非传统认为的西安灞桥区毛窑院村的"凤凰嘴"。

㉖归夫人以下至少使：《集解》引应劭曰："夫人以下有美人、良人、八子、七子、长使、少使，凡七辈，皆遣归家，重绝人类也。"

㉗属国悍：徐悍，前面提到的祝兹侯（梁玉绳以为当是松兹侯）徐厉之子。属国，即典属国，职掌少数民族归降、朝贡之事。秩中二千石。将屯将军：杂号将军名。颜师古曰："典屯军以备非常。"

㉘郎中令武：张武。复土将军：杂号将军名。

㉙近县见卒：长安附近各县现有士卒。见，同"现"。

㉚藏郭：安放棺椁。郭，通"椁"，外棺。穿：挖掘墓穴。复土：封土。凌稚隆引真德秀曰："高帝无诏，景帝以后亦不复有，盖特出帝意而非故事也。观其词非知死生之说者不能，孰谓帝不知学乎？"又引陈仁子曰："文帝此诏非但了死生之事，而爱民恻怛之心溢乎言外。"又引杨维桢曰："遗诏特谦德之言，又为时之厚葬者矫其过而设也。"李贽曰："身崩而念在民，真仁人哉，真圣主哉！"

㉛乙巳：六月初七。梁玉绳曰："《史诠》谓'乙巳'下漏'葬霸陵'三字，是也，《汉书》有。"凌稚隆引罗大经曰："汉文帝以七月己亥崩，乙巳葬，才七日耳。"

㉜上尊号：指议定谥号。

㉝丁未：六月初九。

【译文】

孝文皇帝后元七年六月己亥，文帝在未央宫驾崩。遗诏说："我听说天下万物萌芽生长，最终没有不死的。死是世间的常理，万物的归宿，怎么可以过分哀伤呢！当今之时，世人都好生恶死，为了厚葬死者而不惜倾家荡产，为了服重丧而不顾及生者，我很不赞成这么做。况且我德行缺乏，没能给百姓多少助益；现在死了，又让他们长期服丧哭吊，遭受漫长的寒暑折磨，使天下的父子为我悲哀，老幼的心志受到损伤，也使他们减损了饮食，中断对鬼神的祭祀，这就更加重了我的不德，叫我如何向天下人交代！我有幸得到祖宗的保佑，以微末之身凌驾于天下诸侯之上，到今天已有二十多年了。依赖天地的威灵、社稷的福佑，才使得海内安宁，没有战乱。我并不聪敏，常常担心行为有过错，使先帝遗留下来的美德蒙羞；后来时间长了，又害怕不能善始善终。现在有幸得享天年，又能被供养在高庙中，以我的不贤明而能得到这样好的结果，还有什么可悲哀的呢！请告令天下吏民，令到以后，民众吊唁三天，都要除去丧服。不要禁止娶妻嫁女、祭祀鬼神和饮酒食肉等事。凡是应当参加丧礼需穿丧服的人，也不要穿斩衰的丧服。系腰缠头的孝带其宽不要超过三寸，不要把车驾与兵器都用孝布包起来，不要发动男女百姓到宫殿里来号哭。宫中应当哭丧的人，每天早晚各哭十五声，哭完后就停止。不是早晚哭丧的时候，禁止擅自号哭。下葬以后，服丧以大功十五天，小功十四天，禫七天，即除丧服。其他没有列在令中的事项，都参照这份遗令处理。布告天下，使百姓都明白我的意思。霸陵所在的山川要保持原貌，不要有所改变。后宫女子自夫人以下至少使，都遣送回家。"任命中尉周亚夫为车骑将军，典属国徐悍为将屯将军，郎中令张武为复土将军，调集附近各县现役士兵一万六千人，调集京城现役士兵一万五千人，负责安葬棺椁、穿圹掩埋的事务，由张武将军指挥。

乙巳，文帝葬于霸陵。群臣都伏地叩首，奉上尊号为"孝文皇帝"。太子在高祖庙即位。丁未，太子袭尊号称皇帝。

孝景皇帝元年十月①，制诏御史②："盖闻古者祖有功而宗有德③，制礼乐各有由。闻歌者，所以发德也；舞者，所以明功也④。高庙酎⑤，奏《武德》《文始》《五行》之舞⑥。孝惠庙酎，奏《文始》《五行》之舞。孝文皇帝临天下，通关梁，不异远方⑦。除诽谤⑧，去肉刑，赏赐长老，收恤孤独，以育群生。减嗜欲，不受献⑨，不私其利也。罪人不帑⑩，不诛无罪。除肉刑，出美人，重绝人之世⑪。朕既不敏，不能识。此皆上古之所不及，而孝文皇帝亲行之。德厚侔天地⑫，利泽施四海，靡不获福焉。明象乎日月，而庙乐不称，朕甚惧焉。其为孝文皇帝庙为《昭德》之舞⑬，以明休德⑭。然后祖宗之功德著于竹帛，施于万世，永永无穷，朕甚嘉之。其与丞相、列侯、中二千石、礼官具为礼仪奏⑮。"丞相臣嘉等言⑯："陛下永思孝道，立《昭德》之舞以明孝文皇帝之盛德，皆臣嘉等愚所不及。臣谨议：世功莫大于高皇帝，德莫盛于孝文皇帝，高皇庙宜为帝者太祖之庙。孝文皇帝庙宜为帝者太宗之庙。天子宜世世献祖宗之庙⑰，郡国诸侯宜各为孝文皇帝立太宗之庙。诸侯王列侯使者侍祠天子⑱，岁献祖宗之庙⑲。请著之竹帛，宣布天下。"制曰："可。"

【注释】

①孝景皇帝元年：前156年。孝景皇帝，名启，文帝之子，窦皇后所生。

②制诏御史：下令给御史。御史，此御史指御史大夫。汉制，皇帝的制书和诏书多由御史大夫承转，而后下达丞相。

③祖有功而宗有德：《集解》引应劭曰："始取天下者为祖，高帝称高祖是也。始治天下者为宗，文帝称太宗是也。"颜师古曰："祖，始也，始受命也。宗，尊也，有德可尊。"王先谦引王启原曰："'祖有功而宗有德'，《家语·庙制篇》以为孔子之言，虽不足据，《后汉

书·光武纪》注引其文而云《礼》,盖佚《礼》之文。"

④"闻歌者"几句:李笠曰:"'闻'疑涉上'盖闻'而衍,《汉纪》无。"
王先谦引王启原曰:"《白虎通》云:'歌者象德,舞者象功,君子上
德而下功。'"发德,阐发其德。与下之"明功"对文。

⑤高庙酎(zhòu):意谓给高祖庙献酒。酎,《集解》引张晏曰:"正月
旦作酒,八月成,名曰酎。酎之言纯也。"颜师古曰:"酎,三重酿
醇酒也,味厚,故以荐宗庙。"

⑥《武德》《文始》《五行》:皆舞名。《集解》引孟康曰:"《武德》,高
祖所作也;《文始》,舜舞也;《五行》,周舞也。《武德》者,其舞人
执干戚;《文始》舞,执羽籥;《五行》舞,冠冕衣服法五行色。"据
《汉书·礼乐志》,《武德》为高祖四年所制,《文始》即舜《大招》,
高祖六年改名《文始》,表示朝代变异,乐舞也不相袭。《五行》即
周代《大武》,秦始皇二十六年改名《五行》。汉人参杂使用,一
方面是赞美刘邦的武功,同时也表示汉代对以往圣明帝王的效法
继承。

⑦通关梁,不异远方:《集解》引张晏曰:"孝文十二年,除关不用传
令,远近若一。"关梁,关口和桥梁。泛指水陆交通必经之处。
这些地方往往设防戍守或设卡征税。通关梁,即不再设卡,以利
往来。

⑧除诽谤:废除惩办"诽谤"罪的刑法。事在文帝二年。

⑨不受献:不接受各郡国的进贡。梁玉绳曰:"纪中无却贡事,考
《汉书·贾捐之传》云:'孝文时有献千里马者,诏曰:"鸾旗在
前,属车在后,吉行五十里,师行三十里,朕乘千里马,独先安
之?"……此可补《史》缺。"泷川曰:"《汉书·文帝纪》云元年有
'九月,令郡国无来献'。"

⑩罪人不帑(nú):惩办罪人不连累其妻子儿女。帑,通"孥",妻子
儿女。

⑪绝人之世：断绝人的后嗣。

⑫侔天地：与天地之德相比并。侔，相比，相当。

⑬为《昭德》之舞：《集解》引文颖曰："景帝采高祖《武德舞》作《昭德舞》，舞之文帝庙，见《礼乐志》。"

⑭休德：美德。休，美。

⑮中二千石：汉代的"二千石"官分三等，最高者为"中二千石"，九卿的秩俸等级，"中"是满之意，中二千石即实得二千石，月得谷一百八十斛。其次为"二千石"，中央列卿和地方郡守、诸侯相一级高级官吏的秩俸等级。月得谷一百二十斛。其三为"比二千石"，有中郎将、光禄大夫、太子太傅、少傅、三辅长官、禁军诸校尉等。谷得月百斛。

⑯丞相臣嘉：申屠嘉，即前文"申徒嘉"。自文帝后元二年代张苍为丞相。事迹见《张丞相列传》。

⑰天子宜世世献祖宗之庙：意即后世每代皇帝都要亲自祭祀太祖和太宗。

⑱诸侯王列侯使者侍祠天子：各诸侯王与各列侯，每年都要派专人进京陪同皇帝一起祭祀太祖、太宗。

⑲岁献祖宗之庙：按，诸侯王和列侯还要献给朝廷供祭祀之用的贡金，即所谓"酎金"。

【译文】

　　孝景皇帝元年十月，下诏御史："听说古时帝王，取天下有功者称祖，对治天下有德者称宗，为祭祀他们而制定的礼乐，也各有因由。还听说歌是用来颂扬德行的，舞是用来彰显功绩的。在高庙献酒祭祀，要表演《武德》《文始》《五行》之舞。在孝惠庙献酒祭祀，要表演《文始》《五行》之舞。孝文皇帝君临天下，开放了关隘桥梁，远近都是一样。废除了诽谤有罪的法令，取消断裂肢体的肉刑，赏赐老人，收养孤独，以抚育众生。他减少嗜欲，不受进贡，不谋任何私利。对犯罪者不搞株连，不杀无辜。他废除肉刑,放出后宫女子,不做绝人后嗣的事情。我生性不敏,识见有限。但我却觉得这些都是上古帝王没有做到的事情,而孝文皇帝都亲自实行了。他的圣德深厚,有如天地,他恩惠广施,遍及四海,没有哪个人不曾得到他所赐予的福分。孝文皇帝的光辉如同日月,如果祭祀所用的歌舞不相匹配,那我就恐惧极了。要给孝文皇帝庙制作《昭德》之舞,以显扬他的美德。这样才能让大汉开国之'祖'与治国之'宗'的功德载入史册,使之流传万世,永无尽头,我认为只有这样做才好。你和丞相、列侯、中二千石以及礼官们共同制定一套祭祀孝文皇帝的礼仪,上报给我。"丞相申屠嘉等启奏说:"陛下始终想着孝亲之道,想制作《昭德》之舞以彰明孝文皇帝的赫赫功德,这都是臣等愚钝之人所想不到的。我们恭敬地建议:世间取天下之功没有大过高皇帝的,治天下之德没有超过孝文皇帝的,高皇帝庙应当作为本朝皇帝的太祖庙,孝文皇帝庙应当作为本朝皇帝的太宗庙。后代天子应当世世祭祀太祖和太宗之庙。各郡郡守与各国诸侯应当分别为孝文皇帝建立太宗庙。诸侯王、各列侯要派使者进京陪侍天子祭祀,每年献祭祖宗之庙。请把这些规定著于史册,并布告天下。"景帝下制说:"可以。"

太史公曰:孔子言:"必世然后仁[1]。善人之治国百年,亦可以胜残去杀[2]。"诚哉是言[3]!汉兴,至孝文四十有余载[4],德至盛也。廪廪乡改正服、封禅矣[5],谦让未成于今[6]。呜呼,岂不仁哉[7]!

【注释】

①必世然后仁:语出《论语·子路》:"子曰:如有王者,必世而后仁。"孔安国曰:"三十年曰'世',如有受命王者,必三十年仁政乃成。"

②善人之治国百年,亦可以胜残去杀:语本《论语·子路》:"子曰:善人为邦百年,亦可以胜残去杀矣,诚哉是言也。"王肃注:"胜残,残暴之人使不为恶也。去杀,不用刑杀也。"

③诚哉是言:四字本是孔子说话的原文,但在此处将其理解、标点为作者对文帝的赞颂似乎更好。

④汉兴,至孝文四十有余载:从刘邦建国至文帝即位,共二十六年;若从刘邦建国至文帝去世,共四十九年。

⑤廪廪:接近,渐近。改正服:即改正朔、易服色。封禅:古代帝王祭天地的大典。在泰山上筑土为坛,报天之功,称封;在泰山下的梁父山上辟场祭地,报地之德,称禅。这是古代帝王向天地汇报国家已达至治的最高祭典。

⑥谦让未成于今:意谓由于文帝谦让,一直到今天也没有搞改正朔、易服色以及封禅等活动。按,根据此语,赖长扬、赵生群等都以为《孝文本纪》乃是司马谈所作。说见本篇"释名"。

⑦呜呼,岂不仁哉:泷川曰:"细味此数语,似史公不慊于武帝者。"吴见思曰:"此纪通篇与武帝事对照,昔人所谓鱼藻之义也。"陈仁子曰:"西汉有帝王气象,文帝一人而已。"汤谐曰:"孝文为三代后第一贤君,史公在孝武时作《孝文纪》,尤极无穷慨慕也。二十余年,深仁厚泽,纪中排缵不尽,止举其大要,而余者令人悠然可思,正是史公画龙点睛妙手,而或以为'年缺不具有残简之失'者,误矣。"

【译文】

太史公说:孔子说:"如有王者兴起,需要经过三十年,仁政才能大行。善人治理国家,要经过上百年的时间,才能战胜残暴,废弃刑杀。"这话真是太正确了!从汉朝建国到孝文皇帝,已经过了四十多年,德政达到极盛的地步。几乎可以改正朔、易服色、进行封禅了,但孝文皇帝总是谦让,至今没有完成。唉,这难道不是仁德的体现吗!

【集评】

李景星曰:"太史公于他帝诏令多不载录,独于《孝文本纪》录诏令最详,盖以孝文各诏质古温醇,实属三代之遗;且所行政事又足以副之,非托诸空言者比也。通篇叙事,皆以文胜,写得秩秩楚楚,优柔不迫,既无《高纪》中疏荡之气,亦无《吕纪》中刻挚之笔,又处处与《武纪》中作反面对照,写仁厚守成之主,不得不另用此一副笔墨也。"(《四史评议》)

齐树楷曰:"各本纪言'德'者,唯此为最多,计通篇言'德'共四十有三,而以'德莫盛于孝文'为'德'字总结,赞又言'德至盛也'以咏叹之。"(《史记意》)

【评论】

本文所引用的文帝二十一道诏书中,除去遗诏及封赐之外,关于废除苛法的有三道(废收孥法、废诽谤妖言、废肉刑);关于祭祀的三道(两道不许祝史为自己祝祷,一道议定关于郊祭之礼);命令诸侯回封国的有两道;鼓励农耕的有两道(行籍田礼、免田租);关于匈奴政策的两道(三年五月抗击匈奴入侵,后元二年与匈奴合亲);求贤诏一道;赦罪诏一道。从中可以看出,不论是废除苛法,还是鼓励农耕、与匈奴合亲,都是从黎民的利益出发,皆以利于百姓的安生为准则,文帝确实是位体恤民生的好帝王。文中还写到他想要造一座露台,估计要花费百金,他考虑到这相当于十家中等人家的家产,就不再造了,这种节俭与那些奢侈的帝王有着天壤之别。

汉文帝是作者笔下相对理想的帝王形象。在三代以后,秦汉以来,真正符合作者理想的帝王只有汉文帝。作者歌颂文帝,他广开言路、从谏如流,他爱民如子、为民谋福,他反对严刑酷法,反对发动无谓的战争,这实际是也有着对比、批评汉代其他诸帝的意义,尤其针对好大喜功的汉武帝,这种意在言外的意思就更加明显,而这也是作者"成一家之言"的重要手段。

　　《孝文本纪》写出了作者对汉文帝的欣赏与向往,同时也写出了汉文帝在巩固政权时使用的一些策略,反映出他绝不是与世无争、毫无心计的,相反,他在仁慈柔顺的外表下,有着极厉害的心机和手段。当初,朝内功臣们诛灭吕氏集团后,特意挑选了看上去最好控制的代王刘恒,觉得他一定会对他们感恩戴德,可是刘恒在渭桥上遇到迎驾的公卿大臣时就给他们一个下马威。太尉周勃代表着功臣"愿请间言",希望和刘恒私下谈一谈,但刘恒手下中尉宋昌说:"所言公,公言之;所言私,王者不受私。"周勃乃跪上天子玺符,刘恒当时并未接受,只说:"至代邸而议之。"周勃的请间言是特功,献天子玺符是邀功,刘恒一概不受,表明他要的是在代王长安府邸得到大臣们的正式劝进,而不是在渭桥这个地方接下玺符,仿佛是受了大臣们的恩惠。从这一时刻起,刘恒就表明了不受功臣挟制的姿态。在此后的执政生涯中,汉文帝一次次找机会打压陈平、周勃等功臣,但又不采取强硬手段,不激化与功臣集团的矛盾,而是时时让他们感受到来自皇帝的威压,最终基本解决了功臣集团对皇权的威胁。这种绵里藏针、以柔克刚的做法来自黄老哲学,正是他在代国韬晦的结果。

　　汉文帝处置刘襄、刘章、刘兴居兄弟的做法,司马迁是很不满意的。在诛灭吕氏集团的过程中,刘襄兄弟居功至伟。是朝中的刘章首先密请刘襄发兵来长安诛诸吕,刘襄立即响应,发兵西向,迫使吕禄、吕产派灌婴率军迎击,而灌婴与刘襄的联合,进一步引发朝内功臣与刘章、刘兴居兄弟等联手发动了诛灭诸吕的政变。政变中是刘章杀了吕产,斩了长乐卫尉吕更始,这是政变得以成功的关键。刘恒入京后,又是刘兴居与太仆夏侯婴将少帝从宫中迁出,清除了文帝入宫继位的最后一个障碍。但由于刘襄等曾有争夺皇位的打算,文帝继位后,只是从齐国割出了城阳郡封刘章为城阳王,割出济北郡封刘兴居为济北王。结果刘襄、刘章没几年都郁愤而死,刘兴居则趁着匈奴入侵而起兵造反,终被镇压。文帝这一场恩将仇报,怎么说都不光彩。

　　其他至于文帝在代邸接受群臣劝进时的一再辞让,虽然是非常情况下继位的帝王们的一贯操作,但联系前文又是占卜,又是探听消息,又是乘六乘传火速来京,不是为了继位称帝,又是为了什么呢? 至于立太子时的几番推让,就更显得故弄玄虚,太过虚伪了。作者对文帝总体上是肯定的、赞美的,但也并不是一味地歌功颂德。

　　关于废肉刑一事,这从文帝的出发点来说当然是很好的,作者也是将其作为文帝的德政来歌颂的,但真实效果却不尽如人意。《汉书·刑法志》载张苍、冯敬上书称文帝之废肉刑为"外有轻刑之名,内实杀人。斩右趾者又当死;斩左趾者笞五百,当劓者笞三百,率多死",不够死刑的为废肉刑而升为死刑,已经是不合适了;将稍轻之肉刑改为鞭笞,由于打得太重,也等不到打满数目就被打死了。为此,景帝时曾两次减少鞭笞的数目,武帝时重又恢复了肉刑。

　　关于本文的作者,赖长扬、赵生群等认为本篇作品的作者应是司马谈,而不是司马迁。赵生群在《司马迁研究》中说:"司马谈作史之时,封禅、改正朔、易服色三件大事都未能举行,所以《孝文帝本纪》赞语中说'谦让未遑至今';司马迁作史时,此三事都已大功告成,如果他作《孝文本纪》就不可能再出现'谦让未遑至今'这样的话。这是《孝文本纪》为司马谈所作的铁证。"其说似乎可以成立。

孝景本纪第十一

【释名】

　　《孝景本纪》是《史记》十二篇本纪中纪事最为简略的一篇,只是比较简单地逐年记述了汉景帝刘启在位十六年间发生的国家大事,没有具体诏令的征引,也没有具体事件的展开。景帝年间最重要的大事是"七国之乱",本篇也只是一带而过。由于本文记载的简略,想要了解景帝之为人,以及期间发生的事件详情,需参考《梁孝王世家》《绛侯周勃世家》《外戚世家》《五宗世家》《魏其武安侯列传》《袁盎晁错列传》《吴王濞列传》等篇目。

　　孝景皇帝者①,孝文之中子也。母窦太后②。孝文在代时,前后有三男③,及窦太后得幸,前后死,及三子更死④,故孝景得立⑤。

　　元年四月乙卯⑥,赦天下。乙巳⑦,赐民爵一级。五月,除田半租⑧,为孝文立太宗庙⑨。令群臣无朝贺。匈奴入代⑩,与约和亲。

【注释】

①孝景皇帝:名启,生于前188年。谥"景",《谥法解》:"布义行刚曰景;由义而济曰景。"

②窦太后:文帝后窦氏。生平事迹详见《外戚世家》。

③前后有三男:据《外戚世家》文帝之前王后生四男。前后,文帝为代王时期的王后,史失其姓名。

④前后死,及三子更死:按,有人认为,吕后为刘邦之子所娶王后皆吕氏之女,文帝前后很可能也是吕氏女。大臣们诛诸吕时,连惠帝之子皆杀掉,必不容吕王后和其子存在,故很可能他们也在这场政变中先后被除掉了。

⑤故孝景得立:在文帝现存的儿子中,孝景最长,且又为宠姬窦氏所生,故得立为太子。按,景帝立为太子时,其母窦氏还不是皇后。

⑥元年:前156年。四月乙卯:四月二十二。

⑦乙巳:景帝元年四月无"乙巳"日,梁玉绳曰:"'乙巳'二字衍。"张文虎曰:"《汉书》四月赦天下,赐民爵一级,不书日。"

⑧除田半租:王先谦引齐召南曰:"文帝十三年尽除田租,至此年,始复收其半租也。"泷川引中井曰:"《史记》'除'字失当。"王先谦曰:"《通鉴》云三十而税一。"

⑨为孝文立太宗庙:据《孝文本纪》景帝元年十月申屠嘉议曰:"世功莫大于高皇帝,德莫盛于孝文皇帝。高皇帝庙宜为帝者太祖之庙,孝文皇帝庙宜为帝者太宗之庙。"此时立庙工作完成。

⑩代:诸侯国名。这时的代王为刘登,刘参之子,文帝之孙。都晋阳(今山西太原西南)。

【译文】

孝景皇帝刘启,是孝文皇帝排行中间的儿子。生母是窦太后。孝文帝在代国为王的时候,前一个王后生了三个儿子,等到窦太后得宠,前王后已经去世,三个儿子也相继死亡,故而孝景帝得以继位。

　　孝景皇帝元年四月乙卯,大赦天下。乙巳,赐给男户爵位一级。五月,下诏减去一半的田租,为孝文帝修建太宗庙。诏令群臣不要为此上朝拜贺。这一年,匈奴侵入代国,朝廷与匈奴定约和亲。

　　二年春①,封故相国萧何孙嘉为武阳侯②。男子二十而得傅③。四月壬午④,孝文太后崩⑤。广川、长沙王皆之国⑥。丞相申屠嘉卒⑦。八月,以御史大夫开封侯陶青为丞相⑧。彗星出东北⑨。秋,衡山雨雹⑩,大者五寸,深者二尺。荧惑逆行,守北辰⑪。月出北辰间⑫。岁星逆行天廷中⑬。置南陵及内史祋祤为县⑭。

【注释】

①二年:前155年。

②封故相国萧何孙嘉为武阳侯:底本作"封故相国萧何孙係为武陵侯"。钱大昕曰:"《功臣表》'武陵'作'武阳';其名'嘉',非'係'也。"梁玉绳曰:"《功臣表》及《汉书》表、传皆作'武阳侯萧嘉'。"武陵为郡名,在今湖南西部、贵州东部,不可能把一郡之地作为萧嘉的侯国。《汉书·萧何传》记景帝二年下诏,"以武阳县户二千封何孙嘉为列侯",则"武陵"为"武阳"之误。今据改。武阳,约在今山东郯城附近。

③男子二十而得傅:傅,男子成丁之年登记其名于册籍以备服役。汉代规定,男子从成丁直至五十六岁都要服劳役。王先谦引沈钦韩曰:"本年十五以上出算钱,今宽之至二十岁始傅,著于版籍也。"

④四月壬午:四月二十五。

⑤孝文太后:文帝的母亲薄太后,景帝的祖母。事迹见《外戚世家》。

⑥广川、长沙王皆之国:景帝二年,封自己的六个儿子为王:刘德为

河间王,刘阏于为临江王,刘馀为淮阳王,刘非为汝南王,刘彭祖为广川王,刘发为长沙王。梁玉绳曰:"六王同封,而独举广川、长沙二王之就国,岂其余四王仍居长安乎? 抑《史》之疏脱也?"按,有关景帝六子事,见《五宗世家》。

⑦丞相申屠嘉卒:申屠嘉自文帝后二年(前162)为相。事迹见《张丞相列传》。

⑧御史大夫开封侯陶青:刘邦建国初期的功臣。"以中尉击燕,定代"封开封侯。

⑨彗星出东北:古人视彗星出现为大不祥,故书之于史。梁玉绳曰:"《汉纪》及《天文志》并作'西南',此言'东北',误也。"

⑩衡山:汉代诸侯国名。国都邾县,在今湖北黄冈西北。时衡山王为淮南厉王刘长之子刘勃。

⑪荧惑逆行,守北辰:意即火星逆行停留在北极星的位置。荧惑,指火星。因隐现不定,令人迷惑,故名。守,停留。古代指某一星辰进入别的星辰的天区。北辰,指北极星。

⑫月出北辰间:月亮运行到了北极星的位置。

⑬岁星逆行天廷中:木星逆行到了太微垣。岁星,即木星。古人认识到木星约十二年运行一周天,其轨道与黄道相近,因将周天分为十二分,称十二次。木星每年行经一次,即以其所在星次来纪年,故称岁星。天廷,星垣名。即太微垣。在北斗之南,围绕五帝座有星十颗作屏藩状。按,以上三者都是天文上的反常现象,古人以为不祥,故书于史。

⑭置南陵及内史祋祤(duì yǔ)为县:南陵,文帝母薄太后的陵墓名。在今陕西西安东。景帝为祖母陵墓所在地区设立陵邑,级别同县。内史祋祤,内史辖区里的祋祤邑。设县后的县治即今陕西西安耀州区。内史,官名,也是地区名。京畿地方由内史(官名)治理,遂以官名为政区名,不称郡。

【译文】

孝景皇帝二年春,封已故相国萧何的孙子萧嘉为武阳侯。规定男子年满二十,名入傅籍,服徭役,为正卒。四月壬午,孝文帝的母亲薄太后驾崩。景帝之子广川王刘彭祖、长沙王刘发,都奔赴封地就国。丞相申屠嘉去世。八月,任命御史大夫开封侯陶青为丞相。彗星出现在东北方。这年秋天,衡山国下了冰雹,最大的直径达五寸,最厚的地方有二尺。火星逆向运行,逼近北极星。月亮出现在北极星区域。木星在太微垣逆向而行。将薄太后陵墓所在的南陵和内史所辖的役祖设置为县。

三年正月乙巳①,赦天下。长星出西方②,天火燔淮阳东宫大殿城室③。吴王濞、楚王戊、赵王遂、胶西王卬、济南王辟光、菑川王贤、胶东王雄渠反④,发兵西乡。天子为诛晁错⑤,遣袁盎谕告,不止⑥,遂西围梁⑦。上乃遣大将军窦婴、太尉周亚夫将兵诛之⑧。六月乙亥⑨,赦亡军及楚元王子蓺等与谋反者⑩。封大将军窦婴为魏其侯⑪。立楚元王子平陆侯礼为楚王⑫。立皇子端为胶西王⑬,子胜为中山王⑭。徙济北王志为菑川王⑮,淮阳王馀为鲁王⑯,汝南王非为江都王⑰。齐王将庐、燕王嘉皆薨⑱。

【注释】

①三年:前154年。正月乙巳:正月二十二。

②长星:彗星。

③天火燔淮阳东宫大殿城室:底本作"天火燔雒阳东宫大殿城室"。《集解》引徐广曰:"雒,一作淮。"《索隐》曰:"《汉书》作'淮阳'。灾,故徙王于鲁也。"今改"雒"作"淮"。淮阳国的国都陈县,即今河南周口淮阳区。天火,由雷电或物体自燃等自然原因引起的

大火。大殿城室，郭嵩焘曰："当谓殿夹室殿壁四周若城也。"《汉书》作"淮阳王宫正殿灾"。按，汉人迷信"天人感应"，以为上述各种天变皆与吴楚七国之乱相对应，故史家书之。

④吴王濞：刘濞，刘邦之侄。七国之乱中为首谋。楚王戊：刘戊，刘邦弟楚元王刘交之孙。赵王遂：刘遂，刘邦子赵幽王刘友之子。胶西王卬、济南王辟光、淄川王贤、胶东王雄渠：刘卬、刘辟光、刘贤、刘雄渠，皆刘邦庶子齐悼惠王刘肥之子，于文帝十六年同时封王，其地皆从原齐国划出。

⑤天子为诛晁错：晁错当时为御史大夫，力主削弱诸侯王加强中央集权，七国之乱以"诛晁错，清君侧"为口号，景帝听信袁盎之言斩晁错以换取七国罢兵，将晁错处死。

⑥遣袁盎谕告，不止：景帝杀了晁错后，派袁盎去劝说吴、楚退兵，吴、楚不退。袁盎，字丝。文帝时任中郎将（一说为郎中将）。为人好直谏。后历仕齐相、吴相，并得吴王厚遇。素与晁错不合。七国之乱中借机请景帝杀晁错，及错已诛，他以太常使吴，吴王不听，欲杀之，逃回。按，以上诸事见《袁盎晁错列传》《吴王濞列传》。

⑦西围梁：西下包围了梁孝王的国都睢阳，今河南商丘城南。当时梁王为刘武，景帝胞弟。七国叛军向西攻取洛阳必须经过梁国，刘武据守睢阳，顽强抵抗。事迹见《梁孝王世家》。

⑧上乃遣大将军窦婴、太尉周亚夫将兵诛之：大将军窦婴，景帝母窦太后之侄，景帝的表兄弟，事迹详见《魏其武安侯列传》。大将军，此时尚非固定官名，只表示在诸将中之地位最高，权力最大。太尉周亚夫，绛侯周勃之子，文帝时封条侯。时任太尉。按，以上七国谋反及周亚夫等平定七国事，可参看《吴王濞列传》《绛侯世家》《梁孝王世家》等篇。

⑨六月乙亥：六月二十四。

⑩亡军：平叛过程中逃亡的军人。楚元王子蓺：刘蓺，楚王刘戊之

叔。按,《汉书·景帝纪》景帝诏曰:"楚元王子蓺等与濞等为逆,朕不忍加法,除其籍,毋令污宗室。"今《楚元王世家》已不载此人。

⑪封大将军窦婴为魏其侯:封地魏其县,在今山东临沂东南。

⑫平陆侯礼为楚王:代替刘戊。刘礼,刘戊之叔。当时在朝为宗正。

⑬皇子端为胶西王:代替刘卬。刘端,景帝妃程氏所生。

⑭子胜为中山王:子胜,刘胜,景帝妃贾氏所生。中山王,国都卢奴,即今河北定州。其封地盖自常山郡分出。按,中山靖王刘胜之墓在今河北保定满城区城西之陵山,1968年进行了考古发掘。死者身穿金缕玉衣,是我国考古首次发现的成套玉衣,其他文物有四千二百多件,是我国重大的考古发现之一。

⑮徙济北王志为菑川王:代替刘贤。济北王志,刘志,刘肥之子。济北国都卢县,今山东长清西南。按,济北王刘志也答应参加叛乱,后被其郎中令劫持,不得发兵,故受宽容,改封淄川。事见《吴王濞列传》,而《齐悼惠王世家》与此说法不同。

⑯淮阳王馀为鲁王:鲁王,封地即楚国旧日的薛郡,都曲阜。

⑰汝南王非为江都王:刘非徙封江都王,《汉兴以来诸侯王年表》在景帝四年。汝南国的国都上蔡,在今河南上蔡西南。江都王,江都国的封地为原属吴国的丹阳郡与鄣郡,国都广陵,在今江苏扬州西北。吴王濞造反被灭,景帝改国名以封己子。按,以上景帝子刘端、刘胜、刘馀、刘非的事迹皆见《五宗世家》。

⑱齐王将庐、燕王嘉皆薨:齐王将庐,也作"将间",刘肥之子。叛乱初起时未参加叛乱,被胶西、胶东等四反国所围,"围急,阴与四国通谋,约未定",朝廷派栾布等将兵救之,齐围始得解。后来朝廷知道了齐王与反国通谋事,准备伐齐,将间畏惧自杀。燕王嘉,刘嘉,刘邦功臣刘泽之子,继其父为燕王二十六年,卒于景帝五年。今与齐王将间并列而曰"皆薨",时间、情节皆不同。齐王将间事

见《齐悼惠王世家》,燕王嘉事见《荆燕世家》。

【译文】

孝景皇帝三年正月乙巳,大赦天下。彗星出现在西方,天火烧毁了淮阳东宫的大殿和城中的房屋。吴王刘濞、楚王刘戊、赵王刘遂、胶西王刘卬、济南王刘辟光、淄川王刘贤、胶东王刘雄渠造反,起兵向西进发。景帝为安抚反叛的诸侯王们而杀了晁错,派遣袁盎通告七国,但他们仍不罢兵,继续西进,包围了梁国。景帝于是派大将军窦婴、太尉周亚夫率军讨伐,将其诛灭。六月乙亥,下诏赦免被打散逃亡的叛军和楚元王之子刘蓺等参与谋反的人。封大将军窦婴为魏其侯。立楚元王的儿子平陆侯刘礼为楚王。立皇子刘端为胶西王,皇子刘胜为中山王。改封济北王刘志为淄川王,淮阳王刘馀为鲁王,汝南王刘非为江都王。齐王刘将庐与燕王刘嘉相继去世。

四年夏①,立太子②。立皇子彻为胶东王③。六月甲戌④,赦天下。后九月⑤,更以弋阳为阳陵⑥。复置津关,用传出入⑦。冬,以赵国为邯郸郡⑧。

五年三月,作阳陵、渭桥⑨。五月,募徙阳陵,予钱二十万。江都大暴风从西方来,坏城十二丈。丁卯⑩,封长公主子蟜为隆虑侯⑪。徙广川王为赵王⑫。

【注释】

①四年:前153年。

②立太子:立栗姬所生的刘荣为太子。

③立皇子彻为胶东王:代替参加七国之乱的刘雄渠。皇子彻,刘彻,即日后的汉武帝,景帝妃王氏所生。

④六月甲戌:六月二十九。

⑤后九月：闰九月。

⑥更以弋阳为阳陵：意即改"弋阳县"为"阳陵邑"。弋阳，汉县名。在今陕西西安高陵区西南。因汉景帝的陵墓"阳陵"在此县境内，故改此县为"阳陵邑"，与县同级。按，汉代帝王自其即位时起，即为自己预造陵墓，并同时设置陵邑。

⑦复置津关，用传（zhuàn）出入：《集解》引应劭曰："文帝十二年，除关，无用传，至此复置传，以七国新反，备非常也。"津关，水陆冲要之处所设的关口。津，渡口。传，古代过关津、宿驿站和使用驿站车马的凭证。

⑧冬，以赵国为邯郸郡：景帝三年赵王刘遂因参加了七国之乱，所以废赵国，以其地设邯郸郡。据《汉兴以来诸侯王年表》，改设邯郸郡事在景帝三年，《汉书·地理志》亦云在景帝三年，今书于四年初，疑误。按，当时以十月为岁首，按例冬季之事皆当书于年初，不能书于年末。

⑨五年三月，作阳陵、渭桥：五年，前152年。梁玉绳曰："渭桥之作，《汉纪》不书，而作阳陵在正月。"渭桥，汉文帝来长安时，群臣即在渭桥迎接，则此渭桥当是景帝新造的另一座渭桥。

⑩丁卯：五月二十八。

⑪封长公主子蟜（jiǎo）为隆虑侯：按，据《惠景间侯者年表》，陈蟜封隆虑侯在景帝中元五年（前145），此书于前元五年，误。长公主子蟜，陈蟜。长公主，汉制：皇帝之姐妹称长公主。此长公主是景帝之姊刘嫖，嫁堂邑侯陈午（刘邦时功臣陈婴之孙）。隆虑侯，封地隆虑，即今河南林州。

⑫徙广川王为赵王：将邯郸郡改回赵国，将广川王刘彭祖（景帝子）徙封为赵王。

【译文】

孝景皇帝四年夏，立刘荣为太子。立皇子刘彻为胶东王。六月甲戌,大赦天下。闰九月,把弋阳改名为阳陵。重新在要塞、津渡设置关卡,凭证件出入。冬天,改赵国为邯郸郡。

　　孝景皇帝五年三月,修建阳陵和渭桥。五月,招募百姓迁居阳陵邑,每户给钱二十万。江都遭遇大暴风,风从西边刮来,摧毁城墙十二丈。五月丁卯,景帝封长公主的儿子陈蛟为隆虑侯。迁封广川王刘彭祖为赵王。

　　六年春①,封中尉绾为建陵侯②,江都丞相嘉为建平侯③,陇西太守浑邪为平曲侯④,赵丞相嘉为江陵侯⑤,故将军布为鄃侯⑥。梁、楚二王皆薨⑦。后九月,伐驰道树,殖兰池⑧。

　　七年冬,废栗太子为临江王⑨。十一月晦,日有食之。春,免徒隶作阳陵者⑩。丞相青免⑪。二月乙巳⑫,以太尉条侯周亚夫为丞相⑬。四月乙巳⑭,立胶东王太后为皇后⑮。丁巳⑯,立胶东王为太子。名彻。

【注释】

①六年:前151年。

②封中尉绾(wǎn)为建陵侯:中尉绾,即卫绾,文帝时任中郎将。景帝时曾任河间王太傅。吴楚七国之乱起,奉命率河间兵击吴楚有功,拜中尉。中尉,官名。掌管首都的治安。

③江都丞相嘉:江都国的丞相程嘉。

④陇西太守浑邪:姓公孙,名浑邪,《惠景间侯者年表》作"昆邪"。陇西,汉郡名。郡治狄道,即今甘肃临洮。

⑤赵丞相嘉:赵国的丞相苏嘉。江陵侯:据《惠景间侯者年表》,应作"江阳侯"。

⑥故将军布:栾布。按,以上五人皆因在平定吴楚之乱中有功而封

侯。见《惠景间侯者年表》。

⑦梁、楚二王皆薨:楚王刘礼卒于此年,梁孝王刘武卒于景帝中六年(前144)。此处误书。

⑧伐驰道树,殖兰池:驰道,秦始皇时修筑的专供皇帝行驰车马的大道。据文帝时贾山说,道宽五十步,道旁隔三丈植树一棵。殖兰池,《集解》引徐广曰:"殖,一作'填'。"兰池,故址在今陕西咸阳东北。《正义佚存》曰:"《三秦记》云:'始皇都长安,引渭水为长池,筑为蓬莱山,刻石为鲸,长二百丈。'刘伯庄云:'此时兰池毁溢,故堰填。'"梁玉绳曰:"此文曰'伐',则不得言'殖'矣,徐广曰'殖,一作填',当是也。"陈直曰:"谓移殖驰道树于兰池宫也,驰道亦仅指咸阳与兰池宫相近之一段而言。"

⑨七年冬,废栗太子为临江王:七年,前150年。栗太子,刘荣,其母为栗姬,故称之为栗太子。景帝四年立为太子。长公主刘嫖想利用嫁女之机为自己家族谋取更多利益,王夫人想让自己的儿子为太子,二人于是联姻,并阴谋激怒景帝,废了栗太子。过程详见《外戚世家》。临江王,都于江陵(今湖北江陵一带)。梁玉绳曰:"太子之废,此言'冬',表言'十一月乙丑',《汉书》于纪云'春',于表云'十一月乙酉'……余以为皆误,当作'三月乙丑'。何以明之?《绛侯世家》曰:'景帝废栗太子,丞相固争之,不得,景帝由此疏之。'丞相者,亚夫也。亚夫以二月乙巳为丞相,若栗太子废于正月以前,则不可通矣。"

⑩徒隶:刑徒奴隶,服劳役的犯人。

⑪丞相青免:陶青自景帝二年为丞相,至此免。

⑫二月乙巳:二月十六。

⑬太尉条侯周亚夫:太尉周亚夫于文帝时被封为条侯,封地条县,在今河北景县南。

⑭四月乙巳:四月十七。

⑮立胶东王太后为皇后：胶东王太后，诸侯王之母称太后，从其子胶
　　东王刘彻则称王太后，从其夫景帝则称王夫人。前夫姓金，后来
　　嫁与汉景帝。王氏与长公主相互勾结，谋得皇后之位的过程见
　　《外戚世家》。
⑯丁巳：四月二十九。

【译文】

　　孝景皇帝六年春天，封中尉卫绾为建陵侯，江都王丞相程嘉为建平
侯，陇西太守公孙浑邪为平曲侯，赵国丞相苏嘉为江陵侯，已故将军栾布
为鄃侯。梁王刘武、楚王刘礼相继去世。闰九月，砍掉驰道两旁的树木，
填平兰池。

　　孝景皇帝七年冬，栗太子刘荣被废，改封为临江王。十一月的最后
一天，发生日食。春天，赦免了修建阳陵的囚徒和奴隶。丞相陶青被免
职。二月乙巳，任命太尉条侯周亚夫为丞相。四月乙巳，立胶东王的母
亲王太后为皇后。丁巳，立胶东王为太子。太子名彻。

　　中元年①，封故御史大夫周苛孙平为绳侯②，故御史大
夫周昌孙左车为安阳侯③。四月乙巳④，赦天下，赐爵一级。
除禁锢⑤。地动。衡山、原都雨雹⑥，大者尺八寸。

　　中二年二月⑦，匈奴入燕⑧，遂不和亲。三月，召临江王
来，即死中尉府中⑨。夏，立皇子越为广川王⑩，子寄为胶东
王⑪。封四侯⑫。九月甲戌⑬，日食。

【注释】

①中元年：前149年。
②封故御史大夫周苛孙平为绳侯：据《高祖功臣侯者年表》，封绳
　　侯者为周应，周苛之曾孙，周平之父。按，周苛是刘邦的部将，楚

汉战争期间以御史大夫的身份为刘邦坚守荥阳,城破被俘,骂敌不屈而死。见《项羽本纪》。绳侯,封地绳县,钱穆以为应在"济南、千乘两郡间"。

③周昌孙左车:底本作"周昌子左车"。《高祖功臣侯者年表》与《汉书·高惠高后文功臣表》《汉书·周昌传》皆云左车是周昌之孙,今据改。周昌,汉初功臣。周苛之弟,高祖时曾为御史大夫,是著名的直臣,坚决反对刘邦废长立幼。曾被刘邦任命为赵王如意丞相以保护他。事见《张丞相列传》。安阳侯,封地安阳,在今河南安阳西南。《高祖功臣侯者年表》与《汉书·高惠高后文功臣表》皆云周左车封安阳侯在景帝中元二年。

④四月乙巳:四月二十三。

⑤禁锢:禁止做官。当时被禁止做官的有商人、入赘的女婿、犯赃罪的官吏。

⑥原都:汉县名。属上郡(郡治肤施,今陕西榆林横山区东),具体方位不详。

⑦中二年:前148年。

⑧燕:汉代诸侯国名。国都蓟县(今北京西南),当时的燕王是刘泽之孙刘定国。

⑨召临江王来,即死中尉府中:景帝以刘荣"坐侵庙堧垣为宫"征入京,至则让其至中尉府受审。刘荣想上书自辩,当时的中尉郅都不许,刘荣自杀。详见《五宗世家》。

⑩皇子越:刘越,景帝妃王皇后之妹王氏所生。

⑪子寄为胶东王:原胶东王刘彻立为太子,另立刘寄为胶东王。刘寄,刘越之胞弟。

⑫封四侯:吴楚七国之乱时,楚相张尚、太傅赵夷吾、赵相建德、内史王悍(《惠景间侯者年表》作王慎),各谏其王不要造反,被杀,所以景帝封四人之子为侯。张尚之子张当居为山阳侯,赵夷吾之子

赵周为商陵侯,建德之子横为遽侯,王悍之子王康为新市侯。

⑬九月甲戌:九月三十。

【译文】

孝景皇帝中元元年,封已故御史大夫周苛的孙子周平为绳侯,已故御史大夫周昌的孙子周左车为安阳侯。四月乙巳,大赦天下,赐给男户爵位一级。废除商人、赘婿等特定人员不得进入官场的禁令。有地震发生。衡山国、原都郡都下了冰雹,最大的冰雹直径一尺八寸。

孝景皇帝中元二年二月,匈奴入侵燕国,于是不再与匈奴和亲。三月,召临江王刘荣到京受审,刘荣随即死于中尉府中。夏天,封皇子刘越为广川王,皇子刘寄为胶东王。赐封张当居等四人为列侯。九月甲戌,发生日食。

中三年冬①,罢诸侯御史大夫②。春,匈奴王二人率其徒来降,皆封为列侯③。立皇子乘为清河王④。三月,彗星出西北。丞相周亚夫免,以御史大夫桃侯刘舍为丞相⑤。四月,地动。九月戊戌晦⑥,日食。军东都门外⑦。

中四年三月⑧,置德阳宫⑨。大蝗。秋,赦徒作阳陵者⑩。

中五年夏⑪,立皇子舜为常山王⑫。封五侯⑬。六月丁巳⑭,赦天下,赐爵一级。天下大潦⑮。更命诸侯丞相曰相⑯。秋,地动。

【注释】

①中三年:前147年。

②罢诸侯御史大夫:底本作"罢诸侯御史中丞",《汉书》作"罢诸侯御史大夫官"。今据改。御史中丞是御史大夫的属官。汉初,诸侯国自御史大夫以下众官诸侯王皆可自行任命,七国之乱后,撤

消其"御史大夫",只设"御史中丞",以削弱诸侯王的权势。梁玉
绳曰:"《百官表》省诸侯王御史大夫与改丞相为相,并在中五年,
此与《汉纪》书于中三年,未知孰是。"

③匈奴王二人率其徒来降,皆封为列侯:据《惠景间侯者年表》,中
三年匈奴王来降被封侯者共七人。子军封安陵侯,赐封垣侯,隆
彊封遒侯,唯徐卢封容成侯,仆卿封易侯,代封范阳侯,邯郸封翕
侯。今云"二人",不知何故。

④立皇子乘为清河王:封地即清河郡。都清阳,在今河北清河东南。
刘乘,景帝妃王皇后之妹王氏所生。乘,原为"方乘"。野村本无
"方"字。按,本书卷一七《汉兴以来诸侯王年表》、卷五九《五宗
世家》、《汉书》卷五《景帝纪》、卷六《武帝纪》皆云清河王名乘。
今据改。

⑤桃侯刘舍为丞相:据《高祖功臣侯者年表》,刘舍是刘邦功臣刘襄
之子。刘襄原姓项,是项羽同族,因功被封为桃侯,并被赐姓刘。
《张丞相列传》未记刘舍为相时作为,但云其"娖娖廉谨,为丞相
备员而已"。

⑥九月戌戌:九月三十。

⑦东都门:《集解》引《三辅黄图》云,长安"东出北头第一门曰宣平
门,外曰东都门"。

⑧中四年:前146年。

⑨置德阳宫:《集解》引臣瓒曰:"是景帝庙也,帝自作之,讳不言庙,故
言宫。"即景帝在为自己立生庙。德阳宫故址在今陕西咸阳东北。

⑩赦徒作阳陵者:前七年冬曾"免徒隶作阳陵者",此年又赦。按,
20世纪70年代初考古工作者在景帝阳陵帝陵西北约1.5千米处
发现了刑徒墓地,面积达8万平方米,估计葬于此地的刑徒在万
人以上。

⑪中五年:前145年。

⑫立皇子舜为常山王:皇子舜,刘舜,刘越的同胞四弟。常山国的国都元氏,在今河北元氏西北。封地即常山郡。

⑬封五侯:底本作"封十侯"。据《惠景间侯者年表》,此年只封五人为侯。梁玉绳曰:"'十'乃'五'之误。"梁说是,今据改。据《惠景间侯者年表》,此五侯为亚谷侯卢它父,"以匈奴东胡王降,故燕王卢绾子侯";隆虑侯陈蟜,"以长公主嫖子侯";乘氏侯刘买、桓邑侯刘明,皆"以梁孝王子侯";盖侯王信,"以孝景后兄,侯"。

⑭六月丁巳:六月二十九。

⑮天下大潦(lào):即大雨成灾。潦,水淹,积水成灾。

⑯更命诸侯丞相曰相:汉初,朝廷为诸侯王任命丞相,称"丞相",此年改称"相"。颜师古曰:"亦所以抑黜之,令异于汉朝。"按,与中三年之"罢诸侯御史大夫"用意相同。

【译文】

孝景皇帝中元三年冬,撤销诸侯中御史大夫一职。春天,有两位匈奴王率部前来投诚,都被封为列侯。封皇子刘乘为清河王。三月,彗星出现在西北方。丞相周亚夫被免职,以御史大夫桃侯刘舍为丞相。四月,发生地震。九月最后一天戊戌日,发生日食。派军队驻扎在东都门外。

孝景皇帝中元四年三月,建造德阳宫。发生大蝗灾。秋天,赦免修建阳陵的囚徒。

孝景皇帝中元五年夏,封皇子刘舜为常山王。封卢它父等五人为列侯。六月丁巳,大赦天下,赐给男户爵位一级。天下大涝。更改诸侯国的丞相为相。秋天,发生地震。

中六年二月己卯①,行幸雍,郊见五帝。三月,雨雹。四月,梁孝王、城阳共王、汝南王皆薨②。立梁孝王子明为济川王,子彭离为济东王,子定为山阳王,子不识为济阴王③。梁分为五,封五王④。更命廷尉为大理⑤,将作少府为将作大匠⑥，主爵中尉为都尉⑦，长信詹事为长信少府⑧，将行为大长秋⑨，大行为行人⑩，奉常为太常⑪，典客为大行⑫，治粟内史为大农⑬。以大内为二千石⑭，置左右内官⑮，属大内。七月辛亥⑯，日食。八月，匈奴入上郡。

【注释】

①中六年：前144年。二月己卯：二月二十五。

②梁孝王、城阳共王、汝南王皆薨：梁孝王，刘武，景帝的胞弟，谥"孝"。事迹见《梁孝王世家》。城阳共王，刘喜，刘章之子，谥"共"。事迹见《齐悼惠王世家》。汝南王，名非，景帝子。事迹见《五宗世家》。梁玉绳曰："前四年徙汝南王非为江都王，则汝南国久已除为郡矣，安得中六年有汝南王乎？即非亦以武帝元朔元年薨，不与梁孝、城阳并薨于是年也。"

③"立梁孝王子明为济川王"几句：封刘明为济川王，国都济阳，在今河南兰考东北。封刘彭离为济东王，国都无盐，在今山东东平东。封刘定为山阳王，国都昌邑，在今山东金乡西北。封刘不识为济阴王，国都定陶，在今山东菏泽定陶区西北。四国皆从当时的梁国分出。

④梁分为五，封五王：底本作"梁分为五，封四侯"。梁玉绳曰："此言'封四侯'，误，当作'封五王'。"按，《梁孝王世家》云："梁孝王长子买为梁王，是为共王；子明为济川王；子彭离为济东王；子定为山阳王；子不识为济阴王。"今据改。将梁国原来的地盘一分为五，即贾谊《治安策》所谓"众建诸侯而少其力"，文帝已对齐国采取过这一手段。景帝之所以要将梁孝王刘武的梁国分拆，主要原因恐怕是刘武生前得到窦太后支持谋求继位，景帝感到威胁太大。

⑤廷尉：九卿之一。掌管司法刑狱的最高官员。秩中二千石。

⑥将作少府：主修建宫室、宗庙、陵寝及京城其他土木工程，为列卿

之一。秩二千石。

⑦主爵中尉：掌列侯封爵之事。秩二千石。

⑧长信詹事：掌皇太后长信宫中事务，秩二千石。长信，即长信宫，皇太后居住的宫殿。

⑨将行：掌皇后官属，或用宦者，或用士人。秩二千石。

⑩大行为行人：五字疑误。梁玉绳曰："《百官表》行人为典客属官，景帝改典客为大行令，未尝改大行为行人也。"

⑪奉常：掌宗庙礼仪，兼管文化教育，包括选拔、培养、录用博士弟子员（太学生），以及选拔博士等。为九卿之首，秩中二千石。

⑫典客：九卿之一。掌诸归义蛮夷，即少数民族事务。秩中二千石。

⑬治粟内史：掌管天下钱谷，以供国之常用。为九卿之一，秩中二千石。

⑭以大内为二千石：将主管"大内"长官的官阶确定为二千石。大内，《集解》引韦昭曰："京师府藏。"即京师储存金银布帛等财货的国库，这里实际是指掌管大内的长官。景帝时"大内"与"治粟内史"是并行的机构，大内掌财货，治粟内史掌农业。

⑮左右内官：梁玉绳曰："《百官表》无考。"按，当为大内长官的属官。

⑯七月辛亥：七月二十九。

【译文】

孝景皇帝中元六年二月己卯，景帝巡幸到雍县，郊祀五帝。三月，天降冰雹。四月，梁孝王刘武、城阳共王刘喜、汝南王刘非相继去世。立梁孝王的儿子刘明为济川王，儿子刘彭离为济东王，儿子刘定为山阳王，儿子刘不识为济阴王。梁国一分为五，封五人为王。更改廷尉为大理，将作少府为将作大匠，主爵中尉为都尉，长信詹事为长信少府，将行为大长秋，大行为行人，奉常为太常，典客为大行，治粟内史为大农。把大内的官阶定为二千石，设置左、右内官，归大内统辖。七月辛亥，发生日食。八月，匈奴入侵上郡。

后元年冬①，更命中大夫令为卫尉②。三月丁酉③，赦天下，赐爵一级，中二千石、诸侯相爵右庶长④。四月，大酺。五月丙戌⑤，地动，其蚤食时复动。上庸地动二十二日⑥，坏城垣。七月乙巳⑦，日食。丞相刘舍免⑧。八月壬辰⑨，以御史大夫绾为丞相，封为建陵侯⑩。

【注释】

①后元年：前143年。

②卫尉：九卿之一，掌宫门卫屯兵。秩中二千石。当时之未央宫与长乐宫各有卫尉一人。

③三月丁酉：三月十九。

④中二千石、诸侯相爵右庶长：颜师古引如淳曰："虽有尊官，未必有高爵，故数有赐爵。"中二千石，汉代的"二千石"官分三等，最高者为"中二千石"，九卿的秩俸等级，"中"是满之义，中二千石即实得二千石，月得谷一百八十斛。右庶长，秦汉二十等爵制的第十一级。

⑤五月丙戌：五月初九。

⑥上庸：汉县名。县治在今湖北竹山县西南。

⑦七月乙巳：七月二十九。

⑧丞相刘舍免：汉代人迷信"天人感应"，认为日食是上天的严厉警告，表示施政出现了严重问题，由于不能惩罚皇帝，于是便由丞相承担罪责，一般是罢免，也有将丞相处死的情况。

⑨八月壬辰：八月无"壬辰"日，疑干支有误。

⑩以御史大夫绾为丞相，封为建陵侯：御史大夫绾，即卫绾，景帝六年封建陵侯，中元三年任御史大夫，今年拜相。《万石张叔列传》言卫绾"醇谨无他"，其为相"自初官以至丞相，终无可言"，意谓

除了敦厚自保，没什么能力。梁玉绳曰："卢学士云：'"封为建陵侯"五字衍。'余谓依《史》例当云'以御史大夫建陵侯绾为丞相'。"

【译文】

孝景皇帝后元元年冬，把中大夫令改名为卫尉。三月丁酉，大赦天下，赐给男户爵位一级，中二千石的朝官与诸侯国的国相都赐爵为右庶长。四月，下令允许民众聚会宴饮。五月丙戌，发生地震，早饭时再次地震。上庸县的地震持续了二十二天，震坏了城墙。七月乙巳，发生日食。丞相刘舍被免职。八月壬辰，任命御史大夫卫绾为丞相，封为建陵侯。

后二年正月①，地一日三动。郅将军击匈奴②。酺五日。令内史郡不得食马粟③，没入县官④。令徒隶衣七缌布⑤。止马舂⑥。为岁不登，禁天下食不造岁⑦，省列侯遣之国⑧。三月，匈奴入雁门⑨。七月，租长陵田⑩。大旱。衡山国、河东、云中郡民疫⑪。

【注释】

①后二年：前142年。

②郅将军：《正义》以为是郅都，郅都与匈奴作战，匈奴畏之，至刻木人为郅都，匈奴人乃不敢射云，见《酷吏列传》。梁玉绳引《通鉴考异》曰："《酷吏传》'郅都死后，宗室多犯法，上乃召宁成为中尉，在中六年，则后二年所谓郅将军者非都也，疑别一人。"

③内史郡：后也叫京兆尹，指首都及其郊区。不得食马粟：因为首都粮食短缺，所以不准以粟饲马。食，即"饲"。

④没入县官：即罚没入官。县官，朝廷，官府。

⑤令徒隶衣七缌（zōng）布：七缌布，陈直曰："等于丧家所用之粗麻

布。"

⑥止马春：禁止用马拉器械舂米。泷川引中井曰："止马，必用人为
　之，则贫人得食。"

⑦禁天下食不造岁：前人对此句解释纷纭，梁玉绳曰："'食不造'句
　必有误字，当缺所疑。"陈直曰："食不造者，谓不以谷食造酒，一
　岁为禁令也。"也有人解释为禁止浪费粮食，以免粮食吃不到明年。
　也有认为"禁"当作"恐"，连上句读，即担心粮食吃不到明年。

⑧省列侯遣之国：按，此亦为减少京城消耗粮食的人口。

⑨雁门：汉郡名。郡治善无，在今山西右玉南。

⑩七月，租长陵田：将长陵周围的农田租给农民耕种。长陵，刘邦陵
　墓名。也可指长陵所在的长陵邑。在今西安北。七月，底本作
　"十月"。梁玉绳曰："'十月'不当书于'三月'之后，《史诠》谓
　'七月'之讹，是也。"按，当时以"十月"为岁首，本年内"三月"
　以后没有"十月"。今据改。

⑪河东：汉郡名。郡治安邑，在今山西夏县西北。云中：汉郡名。郡
　治在今内蒙古鄂尔多斯东北。

【译文】

孝景皇帝后元二年正月，一天之内发生三次地震。郅将军率军出击
匈奴。下令准许百姓聚会饮宴五天。诏令内史和各郡不得用粮食喂马，
违者将马匹收归官府。诏令囚徒和奴隶只准穿粗麻布衣。禁止借用马
力舂米。因为粮食歉收，严禁不到明年收获时节就把口粮吃完，于是动
员列侯不要住在京城，都回到自己的封地。三月，匈奴入侵雁门郡。七
月，把长陵邑的官田租给百姓耕种。天下大旱。衡山国、河东郡、云中郡
都有瘟疫流行。

后三年十月①，日月皆食，赤五日。十二月晦，雷②。日
如紫。五星逆行守太微③。月贯天廷中④。正月甲寅⑤，皇

太子冠⑥。甲子⑦,孝景皇帝崩⑧。遗诏赐诸侯王以下至民为父后爵一级⑨,天下户百钱。出宫人归其家⑩,复无所与⑪。太子即位,是为孝武皇帝⑫。三月,封皇太后弟蚡为武安侯,弟胜为周阳侯⑬。葬阳陵⑭。

【注释】

①后三年:前141年。

②十二月晦,雷:雷,即"雷"。十二月非打雷之时,此时"雷"属非正常现象,故记录之。

③五星逆行守太微:金、木、水、火、土五星逆行,停留在太微垣的位置。

④月贯天廷中:月亮从天廷中穿行而过。"天廷"亦即"太微垣"。按,从"天人感应"的角度,上述天象都预示人间将有大灾变。

⑤正月甲寅:正月十七。

⑥皇太子冠:皇太子行加冠礼,当时太子刘彻年十六岁。

⑦甲子:正月二十七。

⑧孝景皇帝崩:景帝刘启以孝惠七年(前188)生,三十二岁即位为帝,在位十六年,卒年四十八岁。

⑨遗诏赐诸侯王以下至民为父后爵一级:梁玉绳曰:"《汉纪》,'赐诸侯王、列侯马二驷,吏二千石黄金二斤',此但云'赐诸侯王以下',则疏略矣。而'赐民为父后者爵一级',乃前十日皇太子冠时事,非遗诏也。"

⑩宫人:宫中的侍女。

⑪复无所与:免除其一切劳役赋税。复,免除劳役赋税。

⑫是为孝武皇帝:梁玉绳曰:"史公本书称武帝曰'今上',曰'今帝',曰'今天子',曰'今皇帝',故凡言'孝武'者,悉后人所妄改也。"按,司马迁死于武帝去世前,不可能知道武帝之谥。

⑬封皇太后弟蚡（fén）为武安侯，弟胜为周阳侯：皇太后，武帝之母
　王太后。田蚡，王太后的同母异父弟。武安侯，封地武安县，在今
　河北武安西南。周阳侯，封地周阳，在今山西绛县西南。按，当时
　武帝虽已冠，但并未实际掌握朝政，王太后、窦太后都有很大权
　力，此时封田蚡、田胜为侯，带有王太后想增加自己权势的意图。
⑭葬阳陵：底本作"置阳陵"。凌稚隆曰："置，一作'葬'。"应作
　"葬"，今据改。程一枝曰："'葬阳陵'三字，当在上文'太子即位'
　句前。"按，阳陵在今咸阳渭城区之张家湾村，由陵园、陵邑、陪葬
　区三部分合成。刘启墓在陵园中央，王皇后墓在刘启墓东北四百
　五十米。陵邑在陵园之东，陪葬墓也大都在陵东，今其地建有阳
　陵博物馆。

【译文】

　孝景皇帝后元三年十月，发生了日食和月食，天呈赤色，长达五日。
十二月的最后一天，忽然打起雷来。太阳变成了紫色。五星逆向运行，
逼近太微垣。月亮也从太微垣穿过。正月甲寅，皇太子举行加冠礼。甲
子，孝景皇帝驾崩。遗诏赐予诸侯王以下至平民中继承父业的人每人爵
位一级，天下百姓每户一百钱。遣散后宫宫人回家，免除她们终生的赋
税。皇太子即位，这就是孝武皇帝。三月，封皇太后弟田蚡为武安侯，弟
田胜为周阳侯。景帝葬于阳陵。

　　太史公曰：汉兴，孝文施大德，天下怀安①。至孝景，
不复忧异姓②，而晁错刻削诸侯③，遂使七国俱起，合从而西
乡④。以诸侯太盛，而错为之不以渐也⑤。及主父偃言之，而
诸侯以弱，卒以安⑥。安危之机，岂不以谋哉⑦？

【注释】

①怀安：归向德政而安居乐业。

②不复忧异姓：不再担心异姓诸侯造反，因为有势力的异姓诸侯都
　已被清除。

③刻削：侵害，剥夺。按，从这里的用词及下文"错为之不以渐"来
　看，史公对晁错削藩的具体措施颇有微词。

④合从：同"合纵"，即联合。西乡：西向。七国在东，长安在西，故云。

⑤以诸侯太盛，而错为之不以渐也：为之不以渐，指削藩没能采用循
　序渐进的方式。凌稚隆引真德秀曰："太史公论七国事，以一言断
　之曰：'以诸侯太盛，而错为之不以渐也。'则其初封建之过制，后
　之当抑损而为之不善，皆见于一言，非后世史笔可及。"

⑥"及主父偃言之"几句：指主父偃劝武帝对诸侯实行"推恩法"：
　"令诸侯得推恩分子弟，以地侯之。彼人人喜得所愿，上以德施，
　实分其国，必稍自销弱矣。"主父偃，姓主父，名偃，武帝时人。其
　献计事在武帝元朔二年（前127），见《平津侯主父列传》。

⑦安危之机，岂不以谋哉：班固曰："孔子称'斯民，三代之所以直道
　而行也'，信哉！周秦之弊，罔密文峻，而奸轨不胜。汉兴，扫除烦
　苛，与民休息。至于孝文，加之以恭俭，孝景遵业，五六十载之间，
　至于移风易俗，黎民醇厚。周云成康，汉言文景，美矣！"苏辙曰：
　"汉之贤君皆曰'文''景'。文帝宽仁大度，有高帝之风；景帝忌
　克少恩，无人君之量，其实非文帝比也……原其所以能全身保国，
　与文帝俱称贤君者，惟不改其恭俭故耳。"王治皞曰："孔子作《春
　秋》，定哀之间则微，太史公岂能直道于当世之君乎？观《景帝本
　纪》略载日月，只详七国反事，其余杂见于各传，岂非隐约畏咎故
　耶？"

【译文】

　　太史公说：汉朝建立以来，孝文皇帝恩德广施，百姓安居乐业。到孝
景帝时，不再顾虑异姓诸侯的威胁，然而晁错还严苛削夺同姓诸侯的封
地，于是造成七国一同起兵反叛，联合向西进发。这当然是由于诸侯势

力过于强大,但与晁错没有采取逐步削减的办法也大有关系。到主父偃建议实行"推恩"法,准许诸侯王分封自己的子弟为侯,才使诸侯王的势力弱了下来,天下终于安定。由此可见,国家安危的关键,难道不在于谋略吗?

【集评】

李景星曰:"《孝景本纪》,班固以为'有录无书',卫宏以为褚先生所补,茅坤以为太史公未定之书,柯维骐以为纪缺而赞存,余以为四家之说皆非也。是纪之用笔以严简胜,而书法尤为不苟,在史公为另一格文字,实后来作本纪者之正例也……至于七国之反,关系国家安危,是孝景时第一大事,故纪中既载之,而赞语复论及之。'卒以安'三字,娟峭之至。末后结出'谋'字,尤有无穷感慨。"(《四史评议》)

董份曰:"《孝文纪》备载诏令德泽,而《景纪》止书年月,赞中亦止及七国一事,盖景帝不及文帝远甚,意固有在也。"(《史记评林》引)

【评论】

关于《孝景本纪》是否是《史记》中的原文,一直以来就有争议。有人认为《孝景本纪》的原文在司马迁去世后就佚失了,有人认为是后人补作,有人认为是司马迁没有完成的草稿,也有人认为只有论赞部分是司马迁的原作,而正文部分则是后人所补,当然也有人认为本篇就是司马迁的原作。《太史公自序》云:"诸侯骄滋,吴首为乱。京师行诛,七国伏辜。天下翕然,大安殷富,作《孝景本纪》第十一。"就是说写作《孝景本纪》的意图是歌颂景帝平定七国之乱,天下太平,国富民安。现存的《孝景本纪》虽然简略,但从中也可以看出景帝一朝实是延续了文帝的治理方针,继续实行休养生息的政策,除了"七国之乱"的那几个月,其他十多年都是安定的。景帝也没有什么大规模的兴作,也只有为自己修生庙"德阳宫"一事被人诟病。《汉书评林》引陈仁子曰:"景帝所病者天资之惨刻,所长者政事之真实。"这是平允之论。至于说"七国之乱"的纪事不像其他"本纪"中那样详细生动,王治皞《史汉榷参》说:"孔子作《春秋》,定哀之间则微,太史公岂能直道于当世之君乎?观《景帝本纪》略载日月,只详七国反事,其余杂见于各传,岂非隐约畏咎故耶?"这大概接近事实。实际上,《孝景本纪》中在一些细节的处理上,也颇有深意。李景星举例说:"书'天子为诛晁错,遣袁盎喻告,不止',所以著其诛错之失也。本纪体例,书封王不书封侯,而此书封绾等五侯,所以著录其讨吴、楚之功也。故御史大夫周苛孙平,故御史大夫周昌子左车亦以封侯者,所以著录忠臣之后也。'置德阳宫',景帝自作庙也,书之所以著失德也。'立太子''立皇子彻'必连书之者,所以为后来废立伏案也。凡此皆所谓书法也。至于七国之反,关系国家安危,是孝景时第一大事,故纪中既载之,而赞语复论及之。"所以他认为这篇文章是司马迁"另一格文字",并说这种写法才是后来作本纪者之"正例"。我们也同意此说。

汉景帝是司马迁笔下"君德"较差的帝王之一,其明显的罪孽一是杀大臣周亚夫,见《绛侯世家》;二是杀大臣晁错,见《袁盎晁错列传》;三是杀临江王刘荣,见《外戚世家》《五宗世家》;四是在平定吴楚七国之乱的过程中鼓动将士以"深入多杀为功"。此外,梁孝王的一系列奢僭甚至图谋不轨固然与其母窦太后的纵容有关,但与汉景帝自己前期的纵容也大有关系。司马迁在本文的论赞中特别赞美文帝"施大德",就是对景帝的一种批评对照。所以古人评论说:"论民风国势,文景齐驱;论道德功业,景不逮文远矣。"(《汉书评林》引吴京)这一点从他写《文帝本纪》时详载诏策条文,对文帝反复称许,又引用孔子语录,一唱三叹,而在本篇则只是书写大事纲目,文不加饰可以看出。明代董份说司马迁的这种写法是"意固有在",应该是符合事实的。

史记卷十二

孝武本纪第十二

【释名】

本文除开头的六十个字，其余皆节录于《封禅书》的后半截，甚至连《封禅书》的"太史公曰"也一并录了过来，所记都是汉武帝听信方士之言大搞各种祭祀，以及为"封禅"而进行的各种活动。而汉武帝所做的这些事，主要目的，一是为向上天表"成功"，一是为了追求长生不死。它并不是《史记》中原本的汉武帝的"本纪"。原来的那篇，据《太史公自序》，叫做《今上本纪》，现在这篇纯粹是后代"妄人"为了凑数而做的手脚。

孝武皇帝者[①]，孝景中子也[②]。母曰王太后[③]。孝景四年[④]，以皇子为胶东王[⑤]。孝景七年[⑥]，栗太子废为临江王，以胶东王为太子[⑦]。孝景十六年崩[⑧]，太子即位，为孝武皇帝[⑨]。孝武皇帝初即位，尤敬鬼神之祀。

【注释】

①孝武皇帝：名彻。生于前156年。谥"武"，《谥法解》曰："刚强直理曰'武'，威强敌德曰'武'，克定祸乱曰'武'，刑民克服曰

'武'，夸志多穷曰'武'。"《集解》曰："《太史公自序》曰'作《今
上本纪》'，又其述事皆云'今上'、'今天子'，或有言'孝武帝'
者，悉后人所定也。"

②孝景中子：《索隐》曰："《景十三王传》，广川王已上皆是武帝兄，
自河间王德以至广川，凡有八人，则武帝第九也。"

③王太后：景帝王夫人，景帝七年立为皇后。

④孝景四年：前153年。

⑤以皇子为胶东王：刘彻作为皇子被封为胶东王，时年四岁。胶东，
诸侯国名。国都即墨，在今山东平度东南。

⑥孝景七年：前150年。

⑦栗太子废为临江王，以胶东王为太子：栗太子，刘荣，景帝长子。
其母为栗姬，故称之为栗太子。景帝四年立为太子。景帝姐长公
主刘嫖想利用嫁女之机为自己家族谋取更多利益，王夫人想让自
己的儿子刘彻为太子，二人于是联姻，并阴谋激怒景帝，废了栗太
子，立刘彻为太子。过程详见《外戚世家》。刘彻时年七岁。临
江，诸侯国名。国都江陵，在今湖北荆州江陵一带。

⑧孝景十六年：即景帝后元三年，前141年。

⑨太子即位，为孝武皇帝：梁玉绳曰："史公《今上本纪》全缺，首六
十字后人妄加……此下取《封禅书》补之……而又臆为增改……
殊觉乖乱。"《集解》引张晏曰："武帝以景帝元年生，七岁为太子，
为太子十岁而景帝崩，时年十六矣。"

【译文】

孝武皇帝是孝景皇帝排行中间的儿子。他的母亲是王太后。孝景
四年，他以皇子的身份被封为胶东王。孝景七年，栗太子被废为临江王，
胶东王被立为太子。孝景帝在位十六年去世，太子即位，这就是孝武皇
帝。孝武帝在即位之初，就尤其热衷祭祀鬼神。

元年^①,汉兴已六十余岁矣,天下乂安^②,荐绅之属皆望天子封禅改正度也^③。而上乡儒术^④,招贤良^⑤,赵绾、王臧等以文学为公卿^⑥,欲议古立明堂城南^⑦,以朝诸侯。草巡狩封禅改历服色事未就^⑧。会窦太后治黄老言,不好儒术^⑨,使人微得赵绾等奸利事^⑩,召案绾、臧^⑪,绾、臧自杀,诸所兴为者皆废^⑫。后六年^⑬,窦太后崩。其明年^⑭,上征文学之士公孙弘等^⑮。

【注释】

①元年:即建元元年,前140年。按,中国皇帝之有年号,乃从汉武帝开始,但武帝初期的几个年号如"建元""元光""元狩"等,实为后来所追改。

②乂(yì)安:太平,安定。

③改正度:颜师古曰:"正,亦正朔。度,度量也。服色度量,互言之耳。"

④乡儒术:喜欢儒家学说。乡,通"向",趋从。

⑤招贤良:通过察举"贤良"选拔官吏。贤良,汉代察举制之科目名称。全称贤良方正。意在挑选品行端正而又敢于直言极谏的人才。一般由郡国各推举一人,然后经过中央复试,方除授官职。属特科,即并非每年定期举行,而是按照皇帝诏令随时举行的选官科目。

⑥赵绾(wǎn)、王臧:皆当时著名的儒生。武帝即位时,赵绾为御史大夫,王臧为郎中令,都职位通显,且握有实权。文学:在当时的本义即指儒术。公卿:三公九卿,御史大夫与丞相、太尉合称"三公";郎中令与太常、廷尉、卫尉等都属于"九卿"。

⑦明堂:古代帝王宣明政教的地方。凡朝会、祭祀、庆赏、选士、养

　　老、教学等大典，都在此举行。其体制形式后人已说不清楚。

⑧巡狩：天子出行，视察邦国州郡。改历服色：即"改正朔，易服色"，谓颁布新的历法，车马和祭牲的颜色换用与本朝"德性"颜色相配的颜色，以示与前一王朝相区别。

⑨会窦太后治黄老言，不好儒术：汉朝初建时推崇黄老"清静无为"学说，以配合休养生息的施政方针，以便社会经济得以恢复发展。窦太后，文帝皇后，景帝之母，武帝之祖母。自景帝在位时，窦太后就干预朝政；武帝即位后，窦太后仍欲继续干政，遂用"黄老言"对于想通过推尊儒术从自己手里夺权的王太后、田蚡、武帝等予以打压。

⑩微得：暗中查到。奸利事：贪赃枉法的事情。梁玉绳曰："'奸利'二字，史之曲笔也。"徐孚远曰："盖有司以太后旨坐之耳。"

⑪召案绾、臧：将赵绾、王臧召来，下狱查办。案，通"按"，查办，审理。

⑫诸所兴为者皆废：按，这是汉武帝的第一次"尊儒"，真正目的是将窦太后手中权力夺回来，但由于实力不足而失败。过程详见《魏其武安侯列传》。

⑬后六年：武帝建元六年，前135年。

⑭其明年：武帝元光元年，前134年。

⑮上征文学之士公孙弘等：按，窦太后一死，武帝立即再次发动"尊儒"，清除了旧势力，实际掌握了政权。公孙弘，姓公孙，名弘，字季。齐地的儒生。学《春秋》杂说，熟悉文法吏事，用儒家学说来解释法令，以通晓《公羊春秋》而跻身丞相，封平津侯。事迹详见《平津侯主父列传》。

【译文】

　　武帝元年，汉朝开国已经六十多年了，天下太平，官员们都希望皇帝举行封禅大典，改变历法和服色制度。而武帝喜爱儒家学说，通过察举"贤良"选拔官吏，赵绾、王臧等人都凭儒学被任命为公卿，他们讨论请武帝效法古代在城南建立明堂,用来朝会诸侯。他们草拟了巡狩、封禅、更改历法服色的计划但还没有最后完成。这时候窦太后喜好黄老学说,不喜欢儒家学说,她暗中派人收集赵绾等人非法牟利的事,召来赵绾、王臧进行审查,赵绾、王臧自杀了,他们所兴办的事也都废止了。六年后,窦太后去世了。第二年,皇帝就征召来公孙弘等儒生。

　　明年①,上初至雍,郊见五畤②。后常三岁一郊③。是时上求神君,舍之上林中蹏氏观④。神君者,长陵女子⑤,以子死悲哀⑥,故见神于先后宛若⑦。宛若祠之其室,民多往祠。平原君往祠⑧,其后子孙以尊显⑨。及武帝即位,则厚礼置祠之内中⑩,闻其言,不见其人云⑪。

【注释】

①明年:元光二年,前133年。

②上初至雍,郊见五畤(zhì):雍,汉县名。在今陕西宝鸡凤翔区南,其地有秦汉帝王祭天的场所。郊,古帝王祭祀天地。冬至祭天于南郊,夏至瘗地于北郊。五畤,五处祭天的场所,《正义》曰:"先是(秦)文公作鄜畤,祭白帝;秦宣公作密畤,祭青帝;秦灵公作吴阳上畤、下畤,祭赤帝、黄帝;汉高祖作北畤,祭黑帝:是五畤也。"

③三岁一郊:三年中第一年祭天,第二年祭地,第三年祭五畤。每三年轮流一遍。

④舍:设其神位,即供奉。上林:苑名。在今陕西西安西南周至、鄠邑交界处。蹏氏观:上林苑中的台观名。

⑤长陵:古县名。故治在今陕西咸阳东北。汉高祖十二年(前195)置,以高祖长陵为名。

⑥以子死:即难产而死。泷川曰:"'子'当作'字'。"字,生产。

⑦见神于先后宛若：向她的姒娌宛若显灵。见，同"现"。先后，姒娌。兄、弟之妻的合称。宛若，人名。

⑧平原君：名臧儿。王太后的母亲，武帝外祖母，汉初燕王臧荼孙女。武帝即位后尊之为"平原君"。事迹见《外戚世家》。

⑨其后子孙以尊显：臧儿先嫁王姓，生长女为景帝后，次女为景帝妃，生男王信，封盖侯；后来改嫁田氏，所生即田蚡、田胜，武帝初期皆封侯，田蚡更先后任太尉、丞相。

⑩内中：指皇家的宫苑之内，此指"上林中蹄氏观"。

⑪闻其言，不见其人：《正义》引《汉武故事》："太后延于宫中祭之，闻其言，不见其人。至是神君求出局，营柏梁台舍之。初，霍去病微时，自祷神君，及见其形，自修饰，欲与去病交接。去病不肯，谓神君曰：'吾以神君精洁，故斋戒祈福，今欲淫，此非也。'自绝不复往。神君惭之，乃去也。"

【译文】

下一年，皇帝初次来到雍县，郊祭时在五畤祭坛举行了祭祀。以后通常是三年祭祀一次。这时皇帝寻求到一位神君，把她安置在上林苑蹄氏观里。神君原本是长陵女子，因为难产而死心内悲哀，就依附在她的姒娌宛若身上显灵。宛若把她供奉在自己屋内，很多老百姓都来祭拜。平原君曾前往祭祀，她的子孙们也因此尊贵显赫。到武帝继位，用厚礼延请至宫中立祠供奉，可是只能听到她说话，却见不到她的身影。

是时而李少君亦以祠灶、谷道、却老方见上①，上尊之。少君者，故深泽侯入以主方②。匿其年及所生长③，常自谓七十，能使物④，却老。其游以方遍诸侯。无妻子。人闻其能使物及不死，更馈遗之，常余金钱帛衣食。人皆以为不治产业而饶给，又不知其何所人，愈信，争事之。少君资好方，善为巧发奇中⑤。尝从武安侯饮⑥，坐中有年九十余老人，少君乃言与其大父游射处，老人为儿时从其大父行，识其处，一坐尽惊。少君见上，上有故铜器，问少君。少君曰："此器齐桓公十年陈于柏寝⑦。"已而案其刻，果齐桓公器。一宫尽骇，以少君为神，数百岁人也。

【注释】

①谷道：李奇曰："辟谷不食之道也。"却老：避免衰老。

②故深泽侯入以主方：按，《封禅书》作"故深泽侯舍人，主方"。较此明晰。深泽侯，始封者为刘邦的开国功臣赵将夜，景帝三年赵循为侯时有罪国除。主方，主管方药。

③生长：此指籍贯。颜师古曰："生长，谓其郡县所属及居止处。"

④使物：指使精灵魔怪。物，汉时指鬼神以外的精灵妖怪。

⑤善为巧发奇中：善于巧妙地预言事物，并每每应验。发，发覆，猜度隐秘的事物。

⑥武安侯：田蚡，王太后的同母异父弟，至景帝晚年为太中大夫。武帝初立，以国舅身份得封武安侯，拜太尉，后为丞相。事迹见《魏其武安侯列传》。

⑦齐桓公十年陈于柏寝：柏寝，春秋时齐国的台观名。故址在今山东广饶东北。按，《晏子春秋》卷六有"景公（前547—前490年在位）为柏寝之台成"云云，则柏寝乃筑于齐景公之时，齐桓公（前685—前642年在位）时不可能有"柏寝"。可见李少君之胡说八道，也可见武帝与其大臣之容易上当受骗。吴见思曰："自古术士，决非一人作成，必要旁人帮衬，一则买嘱老人，一则私通宫竖耳。此处不说明，是史公欺人处。"

【译文】

这时李少君也凭借着祭祀灶神、辟谷不食、长生不老等方术来拜见

皇上，皇上很敬重他。李少君，是已故深泽侯的舍人，主管方药。他隐瞒
了自己的年龄和籍贯，常常自称说自己七十岁了，能够驱使鬼神，长生
不老。他靠着方术在诸侯各国云游。他也没有妻子儿女。人们听说他
能够驱使鬼神办事以及长生不老，就纷纷赠送财物给他，使他的金钱和
衣服、食物常有富余。人们都认为他不经营产业而生活富裕，又不知道
他是什么地方的人，就更信服他，争着去侍奉他。李少君天生喜欢方术，
又善于巧妙地预言事物，每每都应验了。他曾经陪同武安侯宴饮，席间
有一位九十多岁的老人，李少君说起曾经同他的祖父一道游玩打猎的地
方，那老人小时候经常跟随祖父，还记得那个地方，因此满座的客人都非
常吃惊。李少君拜见皇上，皇上有一件旧铜器，就问少君是否认得它。
少君说："这件铜器是齐桓公十年时陈放在柏寝台上的。"皇上即刻查看
上面的铭文，果然是齐桓公的铜器。全宫廷的人都惊骇不已，认为李少
君是神仙，已是几百岁的人了。

　　少君言于上曰："祠灶则致物，致物而丹沙可化为黄
金①，黄金成以为饮食器则益寿，益寿而海中蓬莱仙者可见，
见之以封禅则不死，黄帝是也②。臣尝游海上，见安期生③，
食臣枣，大如瓜。安期生仙者，通蓬莱中，合则见人，不合
则隐。"于是天子始亲祠灶，而遣方士入海求蓬莱安期生之
属，而事化丹沙诸药齐为黄金矣④。居久之，李少君病死。
天子以为化去不死也，而使黄锤史宽舒受其方⑤。求蓬莱安
期生莫能得，而海上燕、齐怪迂之方士多相效，更言神事矣⑥。

【注释】

①丹沙：即朱砂。矿物名。色深红，方士用以化汞炼丹。

②见之以封禅则不死，黄帝是也：茅坤曰："至是始以封禅为不死之

术。"钱锺书曰:"茅坤言是也,秦始皇封禅,而不死之方术则别求之海上三山;汉武乃二而一之,故下文公孙卿曰'封禅七十二王,唯黄帝得上泰山封';申公曰'汉主亦当上封,上封则能登天矣'。又丁公曰:'封禅者,合不死之名也。'是泰岱之效,不减蓬瀛;东封即可,无须浮海。"

③安期生:秦时方士。或谓古之仙人。

④而事化丹沙诸药齐为黄金矣:诸药齐,各种药材。齐,同"剂"。郭嵩焘曰:"此著武帝信用方士之始。"

⑤黄锤史宽舒:黄锤县人姓史名宽舒。郭嵩焘曰:"史宽舒即后'祠官宽舒'。"黄锤,黄县和锤县,黄县即今山东龙口;锤,也作"腄",即今山东福山;都在今山东烟台。但一人不能分属两县,其说可疑。郭嵩焘曰:"《始皇本纪》'过黄锤',疑初为一县,后乃分治也。"受其方,徐孚远曰:"少君已死,何所从受? 当是修其遗方。"

⑥更言神事矣:郭嵩焘曰:"此著方士言神鬼之始,皆李少君倡之。"

【译文】

李少君对皇上说:"祭祠灶神可以招致神异之物,招致神异之物丹沙就可以炼成黄金,黄金炼成了再制成饮食器皿就可以延年益寿,人的寿命延长了就可以见到蓬莱岛上的仙人,见到了仙人后再举行封禅大礼就可以长生不死,黄帝就是这样的。我曾在海上云游,见到过安期生,他给我吃一种枣,有瓜那么大。安期生是位仙人,他能在蓬莱岛上往来,他如果认为你是同道就与你相见,认为不同道就隐而不见。"于是皇上就开始亲自祭祀灶神,派方士们到海上去寻找在蓬莱岛上的安期生这一类仙人,并开始把丹沙等各种药炼成黄金的工作。过了好久,李少君病死了。皇上认为他是尸解升天了,并没有死,就让黄锤县史宽舒接着研究李少君的方术。寻求蓬莱岛上的仙人安期生,但是没能找到,从此,沿海一带燕、齐两地那些行为离奇荒唐的方士们争相仿效李少君,前来谈论神仙一类事情的人更多了。

　　亳人薄诱忌奏祠泰一方^①，曰："天神贵者泰一，泰一佐曰五帝^②。古者天子以春秋祭泰一东南郊，用太牢具，七日^③，为坛开八通之鬼道^④。"于是天子令太祝立其祠长安东南郊^⑤，常奉祠如忌方。其后人有上书，言："古者天子三年一用太牢具祠神三一：天一，地一，泰一。"天子许之，令太祝领祠之忌泰一坛上^⑥，如其方。后人复有上书，言："古者天子常以春秋解祠^⑦，祠黄帝用一枭破镜^⑧；冥羊用羊^⑨；祠马行用一青牡马^⑩；泰一、皋山山君、地长用牛^⑪；武夷君用干鱼^⑫；阴阳使者以一牛^⑬。"令祠官领之如其方，而祠于忌泰一坛旁。

【注释】

①亳人薄诱忌：《封禅书》作"亳人谬忌"。亳，薄县。在今山东曹县东南。薄诱忌，即谬忌，姓谬名忌，居亳，故后文也称之为"薄忌"。"薄"为衍文。"诱"为"谬"之误。王骏图以为"薄"是姓；"诱忌"或"谬忌"是名。亦可。泰一：也作"太一"，《正义》曰："泰一，天帝之别名也。"

②五帝：五方之帝，即前所谓青帝、白帝、赤帝、黑帝、黄帝。

③用太牢具，七日：《汉书·郊祀志》作"日一太牢，七日"，颜师古曰："每日以一太牢，凡七日祭也。"太牢具，牛、羊、猪三牲叫太牢，也有说牛为太牢，羊为少牢的。

④八通之鬼道：坛八面有阶，作为神鬼来往的通道。《索隐》引《续汉书·郊祀志》云："坛有八陛，通道以为门。"又引《三辅黄图》云："上帝坛八觚，神道八通，广三十步。"八觚，八角。

⑤太祝：祝官之长，掌祭祀祈祷之事。

⑥领祠：主管并祭祀。

⑦解祠：祭祀以求解祸。《索隐》曰："祠祭以解殃咎，求福祥也。"沈钦韩曰："'解祠'者祓除之祭也。"

⑧枭：猫头鹰。破镜：又名獍，传说中的恶兽名。《述异记》卷上："獍之为兽，状如虎豹而小，始生，还食其母。"孟康曰："枭，鸟名，食母；破镜，兽名，食父。黄帝欲绝其类，使百吏祠皆用之。"

⑨冥羊：《集解》引服虔曰："神名也。"

⑩马行：《正义》曰："神名也。"

⑪皋山山君、地长：二者皆神名。

⑫武夷君：《索隐》以为指武夷山的山神。

⑬阴阳使者：《集解》引《汉书音义》曰："阴阳之神也。"

【译文】

亳县人谬忌向武帝上奏祭祀泰一神的方法，说："天神中最尊贵的是泰一神，泰一神的辅佐者是五帝。古代的天子们在东南郊分春、秋两季来祭祀泰一神，献用牛、羊、猪三牲，一共要祭祀七天，再为祭坛设八面台阶作为神鬼们经过的通道。"于是天子命令太祝在长安东南郊建筑祭祀泰一神的祠坛，经常按照谬忌所说的做法供奉祭祀。这以后有人上书奏道："古代的天子们每三年一次使用牛、羊、猪三牲来祭祀三位神：即天一神、地一神、泰一神。"汉武帝答应了这项奏请，命令太祝在谬忌的泰一坛上管领这项祭祀，按照这人所奏请的做法举行。后来又有人上书，说："古代的天子经常在春秋两季举行消灾祈福的祭祀，祭祀黄帝使用枭鸟、獍兽各一只；祭祀冥羊神使用羊；祭祀马行神使用一匹青牡马；祭祀泰一神、皋山君、地长使用牛；祭祀武夷君使用干鱼；祭祀阴阳使者使用牛一头。"于是，汉武帝命令祠官按照这个人奏请的方式来举行祭祀，并在谬忌的泰一坛旁边进行。

其后，天子苑有白鹿，以其皮为币①，以发瑞应②，造白金焉③。其明年④，郊雍，获一角兽，若麃然⑤。有司曰："陛下肃祇郊祀⑥，上帝报享⑦，锡一角兽，盖麟云。"于是以荐五畤⑧，畤加一牛以燎。赐诸侯白金，以风符应合于天地⑨。

【注释】

①天子苑有白鹿，以其皮为币：《索隐》曰："《食货志》，皮币以白鹿皮方尺，缘以缋，以荐璧，得以黄金一斤代之。又汉律皮币率鹿皮方尺，直黄金一斤。"

②以发瑞应：瑞应，天降祥瑞。下文有"获一角兽，若麃然"，即对此而言。

③白金：一种银与锡的化合物。据《平准书》，当时皇家的仓库里有大量银锡，于是用银锡合金铸造了三种货币，一种龙纹，一种马纹，一种龟纹，面值都定得很高，以增加其价值，搜刮钱财。按，据《汉书·武帝纪》，武帝造白金、皮币在元狩四年（前119），此乃叙于元狩元年之"获麟"前，误。

④其明年：据《汉书·武帝纪》，下述事情发生在元狩元年，前122年。

⑤麃（páo）：同"麅"。鹿一类的动物。

⑥肃祇：恭敬。

⑦报享：上帝酬答祭享。

⑧以荐五畤：谓将此一角兽进献给上帝。荐，进献。

⑨以风符应合于天地：向诸侯示意，由于出现了"麒麟"的"符应"，表明朝廷铸造"白金"合乎天意，今后要用"白金"为货币。风，示意。李笠曰："'地'当作'也'。"

【译文】

后来，天子的上林苑中有白鹿，就用它的皮制造成皮币，来引发上帝显示瑞应，并铸造了银锡合金"白金"币。下一年，天子到雍县去祭祀天地，捕捉到了长着一只角的野兽，形状像狍子一样。主管官员说："陛下虔诚恭敬地祭祀天地，上帝为了报答歆享，降赐了这头长有一只角的野兽，这大概就是麒麟吧！"于是就在五畤把它进献给了上帝，并下令给每个畤的祭祀增加一头牛，用火焚烧。同时还把白金赐给诸侯，示意他们朝廷铸造白金是合乎天意的。

　　于是济北王以为天子且封禅①，乃上书献泰山及其旁邑②。天子受之，更以他县偿之。常山王有罪③，迁，天子封其弟于真定④，以续先王祀，而以常山为郡⑤。然后五岳皆在天子之郡。

【注释】

①济北王：当时的济北王为刘胡，淮南王刘长之孙。济北国的国都卢县，在今山东长清西南。

②献泰山及其旁邑：当时泰山在济北国境内，故刘胡将泰山与其周围之地奉还朝廷。

③常山王：刘勃，景帝之孙。常山国的国都为真定，在今河北石家庄东北。

④封其弟于真定：武帝划出原常山国真定附近一块地方立刘勃之弟刘平为王，命名为"真定国"，国都仍在真定。

⑤以常山为郡：将原来常山国的大片地区建立为常山郡，郡治元氏，在今河北元氏西北。按，以上诸事在元鼎四年，前113年。

【译文】

　　于是济北王想到天子将要举行封禅大典了，于是上书把泰山及旁边的县邑献给皇上。皇上接受了，用其他县邑补偿给他。常山王犯了罪，被贬谪到其他地方,天子就封他的弟弟为真定王,继续先王的祭祀,并把常山改设为郡。这样,五岳就都处在皇上直辖的郡里了。

其明年,齐人少翁以鬼神方见上①。上有所幸王夫人②,夫人卒,少翁以方术盖夜致王夫人及灶鬼之貌云③,天子自帷中望见焉。于是乃拜少翁为文成将军,赏赐甚多,以客礼礼之。文成言曰:"上即欲与神通,宫室被服不象神,神物不至。"乃作画云气车④,及各以胜日驾车辟恶鬼⑤。又作甘泉宫⑥,中为台室,画天、地、泰一诸神,而置祭具以致天神。居岁余,其方益衰,神不至。乃为帛书以饭牛,详弗知也,言此牛腹中有奇。杀而视之,得书,书言甚怪,天子疑之。有识其手书⑦,问之人,果为书。于是诛文成将军而隐之⑧。其后则又作柏梁、铜柱、承露仙人掌之属矣⑨。

【注释】

①其明年,齐人少翁以鬼神方见上:王先谦曰:"《通鉴》诛文成在元狩四年,下云'居岁余'云云,是'见上'或在元狩三年。"按,元狩三年为前120年。据王氏说,则本文此处书写失次。少翁,徐孚远曰:"少翁姓李,史不著其姓。"

②王夫人:《外戚世家》云:"及卫后色衰,赵之王夫人幸,有子,为齐王。王夫人早卒。"盖即齐王刘闳之母。

③以方术盖夜致王夫人及灶鬼之貌云:按,《汉书·外戚传》云少翁所致为李夫人。其文曰:"上思念李夫人不已,方士齐人少翁言能致其神。乃夜张灯烛,设帷帐,陈酒肉,而令上居他帐,遥望见好女如李夫人之貌,还幄坐而步。又不得就视,上愈益相思悲感,为作诗曰:'是邪,非邪?立而望之,偏何姗姗其来迟!'"夜致,夜间

招来。灶鬼，即上文所说"祠灶"之"灶神"。

④云气车：画有五色云气的神车。

⑤各以胜日驾车辟恶鬼：每天改乘不同颜色的车子以驱避恶鬼。古代以干支相配纪日，五行学说将十个天干分属于五行，如甲乙属东方、木，用青色；丙丁属南方、火，用红色；戊己属中央、土，用黄色；庚辛属西方、金，用白色；壬癸属北方、水，用黑色。五行相克相胜，如火胜金，金胜木，木胜土，在某日使用可以克胜此日干支的另一类车马，如甲日与乙日五行属木，在这样的日子就要乘坐属金的白色车子，就叫以胜日驾车。一说指选择一个驾车驱除恶鬼的日子，要取克胜之义，图个吉利。五行相克，鬼怕火，火能克胜金。因丙日与丁日配五行之火，故选择丙日或丁日。因庚日与辛日配五行之金，故不选择庚日或辛日。因此称为"胜日"。

⑥甘泉宫：秦汉时代的离宫名。在今陕西淳化西北的甘泉山上。也称云阳宫。

⑦手书：笔迹。

⑧诛文成将军而隐之：屠隆曰："'隐之'二字甚有着落，为下文'食马肝死耳'张本。"按，武帝诛少翁事，《通鉴》系于元狩四年，前119年。

⑨柏梁：台名。在今陕西西安西北汉长安城未央宫北门外桂宫内。高数十丈，相传是用"香柏"为之；也有说其台用梁百根。铜柱、承露仙人掌：颜师古引《三辅故事》云："建章宫承露盘高二十丈，大七围，以铜为之，上有仙人掌承露，和玉屑饮之。"按，据《汉书·武帝纪》，作柏梁台在元鼎二年，前115年。

【译文】

下一年，齐地人少翁用进献祭祀鬼神的方术晋见皇上。皇上有个宠妃王夫人，王夫人去世了，据说少翁用他的方术在夜间招来了王夫人和灶神的形貌，天子从帐幕中远远地看见了。于是就封少翁为文成将军，赏赐的财物很多,并用对待宾客的礼节来对待他。文成将军说:"皇上如果想要与神仙交往,倘若宫室、被服等物不像神仙用的,神仙就不会来。"于是就制造画有五色云气的神车,各选择五行相克的制胜日期,驾着各色神车来驱除恶鬼。同时,又修筑甘泉宫,里面设有台室,室内画有天、地、泰一等众鬼神,并设置了祭祀器具来招致天神。过了一年多,他的方术渐渐败落,天神并没有来。于是,他就用帛绸写了一些字给牛吃下,自己假装不知道,说这牛肚子里有神奇之物。杀了牛一看,拿到了写着字的帛绸,上面写的话很怪异,皇上有些怀疑。有人认识那绸书上的笔迹是文成将军的,就讯问那个人,果然帛绸是伪造的。于是就杀了文成将军,并将这件事隐瞒下来。在这以后,天子又让人建造了柏梁台、铜柱、承露仙人掌等一类东西。

　　文成死明年^①,天子病鼎湖甚^②,巫医无所不致,不愈。游水发根乃言曰^③:"上郡有巫,病而鬼下之^④。"上召置祠之甘泉。及病,使人问神君。神君言曰:"天子毋忧病。病少愈,强与我会甘泉。"于是病愈,遂幸甘泉,病良已。大赦天下,置寿宫神君^⑤。神君最贵者大夫^⑥,其佐曰大禁、司命之属,皆从之。非可得见,闻其音,与人言等。时去时来,来则风肃然也。居室帷中。时昼言,然常以夜。天子祓^⑦,然后入。因巫为主人,关饮食^⑧,所欲者言行下^⑨。又置寿宫、北宫,张羽旗,设供具^⑩,以礼神君。神君所言,上使人受书其言,命之曰"画法"^⑪。其所语,世俗之所知也,毋绝殊者^⑫,而天子独喜。其事秘,世莫知也。

　　其后三年^⑬,有司言元宜以天瑞命,不宜以一二数^⑭。一元曰建元,二元以长星曰元光,三元以郊得一角兽曰元

赏赐的财物很多,并用对待宾客的礼节来对待他。文成将军说:"皇上如果想要与神仙交往,倘若宫室、被服等物不像神仙用的,神仙就不会来。"于是就制造画有五色云气的神车,各选择五行相克的制胜日期,驾着各色神车来驱除恶鬼。同时,又修筑甘泉宫,里面设有台室,室内画有天、地、泰一等众鬼神,并设置了祭祀器具来招致天神。过了一年多,他的方术渐渐败落,天神并没有来。于是,他就用帛绸写了一些字给牛吃下,自己假装不知道,说这牛肚子里有神奇之物。杀了牛一看,拿到了写着字的帛绸,上面写的话很怪异,皇上有些怀疑。有人认识那绸书上的笔迹是文成将军的,就讯问那个人,果然帛绸是伪造的。于是就杀了文成将军,并将这件事隐瞒下来。在这以后,天子又让人建造了柏梁台、铜柱、承露仙人掌等一类东西。

　　文成死明年[①],天子病鼎湖甚[②],巫医无所不致,不愈。游水发根乃言曰[③]:"上郡有巫,病而鬼下之[④]。"上召置祠之甘泉。及病,使人问神君。神君言曰:"天子毋忧病。病少愈,强与我会甘泉。"于是病愈,遂幸甘泉,病良已。大赦天下,置寿宫神君[⑤]。神君最贵者大夫[⑥],其佐曰大禁、司命之属,皆从之。非可得见,闻其音,与人言等。时去时来,来则风肃然也。居室帷中。时昼言,然常以夜。天子祓[⑦],然后入。因巫为主人,关饮食[⑧],所欲者言行下[⑨]。又置寿宫、北宫,张羽旗,设供具[⑩],以礼神君。神君所言,上使人受书其言,命之曰"画法"[⑪]。其所语,世俗之所知也,毋绝殊者[⑫],而天子独喜。其事秘,世莫知也。

　　其后三年[⑬],有司言元宜以天瑞命,不宜以一二数[⑭]。一元曰建元,二元以长星曰元光,三元以郊得一角兽曰元

狩云⑮。

【注释】

①文成死明年：王先谦曰："《通鉴》在元狩五年。"前118年。

②鼎湖：宫名。即鼎湖延寿宫，和宜春宫相距不远，在今陕西蓝田西南。湖也作"胡"，两字通用。

③游水发根：《集解》引服虔曰："游水，县名。发根，人姓名。"颜师古曰："游水，姓也。发根，名也。"

④病而鬼下之：在他患病的时候有鬼附了他的体。

⑤置寿宫神君：张文虎曰："疑此文当作'置神君寿宫'。"

⑥神君最贵者大夫：底本作"太一"，黄善夫本作"大夫"，意即在巫祝这些神职人员中，地位最高的叫"大夫"，其下有"大禁""司命"等等。俞樾曰："'太一'乃天神之最贵者，汉祀'太一'有二：其一则天子三年亲郊祠，如雍郊之礼；其一则亳人薄诱忌所奏祠，以岁时致礼，谓之'薄忌太一'。是二者均与神君无涉也。'太一'之佐曰'五帝'，亦非'太禁''司命'之属也。"故此处依黄本。

⑦祓（fú）：洁，除灾祈福的仪式。

⑧关饮食：安排饮食。关，处置，安排。

⑨所欲者言行下：《封禅书》作"所以言，行下"；《汉书·郊祀志》作"所欲言，行下"，即晋灼所说"神君所言行，下于巫"。此谓神君通过巫传达自己的意愿。

⑩供具：指供神的饮食、器皿等物。这里实指有关生活起居的一切用品。

⑪画法：孟康曰："策画之法也。"王骏图以为应作"书法"，"谓神君之秘书妙法也"。

⑫毋绝殊者：没有什么特别不同的东西。锺惺曰："说'神君'一段鄙亵，正以笑人主之呆也。"

⑬其后三年：即元鼎三年，前114年。

⑭元宜以天瑞命，不宜以一二数：吴仁杰引王朗曰："古者有年数无年号，汉初犹然；其后乃有'中元''后元'。元改弥数，'中''后'之数不足，故更假取美名。盖文帝凡两改元，故以'前''后'别之；景帝凡三改元，故以'前''中''后'别之；武帝即位以来，大率六年一改元，二十七年之间改元者五，当时但以'一元''二元''三元''四元''五元'为别。'五元'之三年，有司言'元宜以天瑞命，不宜以一二数'，盖为是也。"天瑞，上天显示的吉祥征兆。

⑮三元以郊得一角兽曰元狩：钱大昕曰："'元光'之后尚有'元朔'，则'元狩'乃'四元'，非'三元'……言'建元''元光'而不言'元朔'者，'建'以'斗建'为名，'光'以'长星'为名，皆取天象。若'元朔'纪年，应劭解'朔'为'苏'，取品物苏息之义，不主天瑞，故不及之耳。"

【译文】

文成将军死后第二年，天子在鼎湖宫病得很厉害，巫医们使用了各种各样的办法，但病仍不见好。游水发根就说："上郡那里有一名巫师，在他生病期间鬼神附了体。"皇上就把巫师召来供奉在甘泉宫。等到皇上生病时，派人去问神君。神君说道："天子不要为病忧虑。待身体稍微好些，可勉强支撑着到甘泉宫同我相会。"于是皇上病稍好一点儿，就驾临甘泉宫，病体果然完全康复了。因此大赦天下，建造了寿宫安置神君。寿宫神君中最尊贵的是大夫，他的辅助者叫大禁、司命等等，都跟从太一神。众神是看不见的，只能听到他们的声音，同普通人的一样。他们有时来，有时去，来的时候有飒飒的风声。他们都住在室内的帷帐里。他们有时白天也说话，但经常是在夜里。天子举行了消灾求福的仪式，然后才进入寿宫。依靠巫师做这里的主人，领取饮食，众神所说的话，也要由巫师传达下来。又设置寿宫和北宫，竖起带有羽毛的旗帜，供设盛有祭品的器具，用这来礼祀神君。神君所说的话，皇上派人把它们记录下来，给它命名为"画法"。神君们所说的话，世上的凡夫俗子们也能明白，并没有什么特殊奇奥的地方，然而天子心里暗自欢喜。这些事情都保密，世人都不能知晓。

　　三年后，主管官员奏议说确定年号应该根据上天降赐的祥瑞来命名，不应当用一二记数。第一个年号叫建元，第二个年号是因为长星出现叫元光，第三个年号因为在祭祀天地时捕获一只独角兽，就叫元狩。

　　其明年冬[1]，天子郊雍，议曰："今上帝朕亲郊，而后土毋祀[2]，则礼不答也[3]。"有司与太史公、祠官宽舒等议[4]："天地牲角茧栗[5]。今陛下亲祀后土，后土宜于泽中圜丘为五坛，坛一黄犊太牢具，已祠尽瘗[6]，而从祠衣上黄。"于是天子遂东，始立后土祠汾阴脽上[7]，如宽舒等议。上亲望拜，如上帝礼。礼毕，天子遂至荥阳而还。过雒阳，下诏曰："三代邈绝[8]，远矣难存。其以三十里地封周后为周子南君[9]，以奉先王祀焉。"是岁，天子始巡郡县，侵寻于泰山矣[10]。

【注释】

①其明年：元鼎四年，前113年。

②后土：指土神或地神。

③礼不答：礼节不相称。答，杨树达曰："合也。"

④太史公：此指司马谈，司马迁之父，时正为太史令。

⑤角茧栗：刚开始长角的牛犊。颜师古曰："牛角之形或如茧，或如栗，言其小。"

⑥已祠尽瘗（yì）：祭祀过后将牺牲全都埋在土里。瘗，埋。

⑦汾阴脽（shuí）上：《封禅书》作"汾阴脽丘"。在今山西万荣西南。脽，大土丘。据《汉书》如淳注，黄河东岸有长四五里、广二

里余、高十余丈的大土丘,汾阴县的县城在这个土丘上,后土祠在县城之西。

⑧三代:本指夏、商、周,这里实际即指周朝。邈绝:久远。

⑨封周后为周子南君:《汉书·武帝纪》诏云:"巡省豫州,观于周室,邈而无祀。询问耆老,乃得孽子嘉。其封嘉为周子南君,以奉周祀。"周后,周王后裔,名嘉。

⑩始巡郡县,侵寻于泰山矣:先巡视其他郡县,逐渐靠近泰山。侵寻,渐进,逐渐蔓延、扩展。锺惺曰:"'浸寻'二字妙有情理。"吴见思曰:"将言'封禅',前以少君一引,再以济北王献郡一引,此又因幸汾阴再引,节节点次,马迹蛛丝。"

【译文】

第二年冬天,天子到雍县祭祀天地,同大家商议,说:"现在上帝由我亲自祭祀,但后土还没有祭祀,那么礼节就不相称。"主管官员和太史公、祠官宽舒等议论道:"祭祀天地要用角刚长到蚕茧粟仁那么大的小牛。现在陛下要亲自祭祀后土,就应当在水泽中的圜丘上设立五个祭坛,每个祭坛上供奉一头黄牛犊和一猪一羊作为祭品举行祭祀,祭祀完毕后要把它们全部埋入地下,陪从祭祀的人穿黄色衣服。"于是皇上就东行,开始在汾阴的脽丘上建筑后土祠,按照宽舒等人所议奏的实行。皇上亲自望祭跪拜,如同祭祀上帝时的礼仪。礼仪结束,天子就去了荥阳,然后返回京城。天子在经过洛阳时,下诏说:"夏、商、周三代已经灭亡很久了,它们的祭祀难以保存下来。以方圆三十里的地方赐封周朝的后代为周子南君,来供奉他们的祖先。"这一年,天子开始巡视郡县,渐渐接近泰山了。

其春,乐成侯上书言栾大①。栾大,胶东宫人②,故尝与文成将军同师,已而为胶东王尚方③。而乐成侯姊为康王后,毋子。康王死④,他姬子立为王。而康后有淫行,与王不相中⑤，相危以法。康后闻文成已死，而欲自媚于上，乃遣栾大因乐成侯求见言方⑥。天子既诛文成，后悔恨其早死，惜其方不尽，及见栾大，大悦。大为人长美，言多方略⑦，而敢为大言，处之不疑⑧。大言曰："臣尝往来海中，见安期、羡门之属。顾以为臣贱，不信臣。又以为康王诸侯耳，不足予方。臣数言康王，康王又不用臣。臣之师曰：'黄金可成，而河决可塞，不死之药可得，仙人可致也。'臣恐效文成，则方士皆掩口，恶敢言方哉！"上曰："文成食马肝死耳⑨。子诚能修其方，我何爱乎！"大曰："臣师非有求人，人者求之。陛下必欲致之，则贵其使者，令有亲属⑩，以客礼待之，勿卑，使各佩其信印，乃可使通言于神人。神人尚肯邪不邪。致尊其使，然后可致也⑪。"于是上使先验小方，斗旗，旗自相触击⑫。

【注释】

①乐成侯：此时的乐成侯为丁义。乐成侯国，在今河南邓州西南。

②胶东宫人：胶东王宫里负责国君日常生活事务的侍从杂役。胶东，诸侯国名。元鼎年间的胶东王为哀王刘贤，景帝之孙。事见《五宗世家》。

③尚方：主管方药。

④康王死：即刘贤之父刘寄，景帝之子，前148—前121年在位。

⑤不相中：不相能，不能共处。

⑥方：指长生不死之方。

⑦言多方略：说话时擅长揣摩对方心思，有谋略。

⑧而敢为大言，处之不疑：屠隆曰："不大言不足以欺人主，战国策士

之习皆然,如下文黄金可成、河决可塞、不死之药可得、仙人可致,
率空语无事实耳。"

⑨食马肝死:相传马肝有毒,人吃了会死。《索隐》曰:"《论衡》云:
'气热而毒盛,故食走马肝杀人。'《儒林传》云'食肉无食马肝'
是也。"

⑩令有亲属:让他有达官贵人为亲戚。意即娶贵族女子为妻。

⑪致尊其使,然后可致也:董份曰:"君讳言臣死,而托之'马肝';臣
欲要君,而妄希'亲属',武帝非不英明,而一为方溺,则暗愚如
此,其得不亡,幸也。"

⑫斗旗,旗自相触击:旗,《封禅书》作"棋"。《索隐》引《万毕术》
云:"取鸡血杂磨针铁杵,和磁石棋头,置局上,即自相抵击也。"
此处作"旗",梁玉绳引《汉武故事》:"栾大尝于殿前树旍数百
枚,令旍自相击,翻翻竟庭中,去地十余丈,观者皆骇。"实际皆利
用磁力作用设计的戏法。

【译文】

这年春天,乐成侯上书介绍栾大。栾大是胶东王的宫人,过去曾和
文成将军在同一位老师门下求学,以后就做了为胶东王掌管方药的尚
方。乐成侯的姐姐是胶东康王的王后,没有儿子。康王死后,别的姬妾
的儿子被立为王。康王后有淫秽行为,与新王合不来,他们彼此间罗织
罪名互相攻击、伤害。康王后听说文成将军已死,她自己想要讨好皇上,
就派栾大通过乐成侯求见皇上谈论方术。皇上杀死文成将军后,又后悔
过早杀了他,惋惜他的方术没有完全施展出来,等到他见到栾大,非常高
兴。栾大长得高大俊美,很会说话,而且敢说大话,神情自然,毫不迟疑。
栾大夸口说:"我常在海上来往,见到过安期生、羡门高他们。但他们认
为我身份低微,并不相信我。他们又认为康王只不过是诸侯罢了,不值
得传授方术给他。我多次对康王报告,康王又不信用我。我的老师说:
'黄金可以炼成,黄河决口可以堵住,长生不死的药可以求得,仙人可以

招致而来。'但我怕会成为文成将军那样，那么方士们就都要掩口不说话了，还怎么敢谈论方术呢！"皇上说："文成将军是误吃了马肝死去的。您果真能修治研习他的方术，我有什么好吝惜的呢！"栾大说："我的老师并不是有求于人，而是别人有求于他。陛下一定要召他来相见，那么就要尊重他的使者，让使者有尊贵的亲戚，要用宾客礼仪接待他，不可贱视他，让他佩带各种印信，这样才可以让他向神仙传话。这么一来神仙究竟是愿意相见还是不愿意呢？只有尊重神的使者，然后才能见到神仙。"当时皇上令他用一个小方术实验一下，栾大便摆弄棋子，让棋子在棋盘上自动互相撞击。

　　是时上方忧河决^①，而黄金不就，乃拜大为五利将军。居月余，得四金印，佩天士将军、地士将军、大通将军、五利将军印^②。制诏御史："昔禹疏九江^③，决四渎^④。间者河溢皋陆^⑤，堤繇不息^⑥。朕临天下二十有八年^⑦，天若遗朕士而大通焉^⑧。《乾》称'蜚龙'，'鸿渐于般'^⑨，意庶几与焉。其以二千户封地士将军大为乐通侯。"赐列侯甲第^⑩，僮千人。乘舆斥车马帷帐器物以充其家^⑪。又以卫长公主妻之^⑫，赍金万斤^⑬，更名其邑曰当利公主^⑭。天子亲如五利之第。使者存问，所给连属于道。自大主将相以下^⑮，皆置酒其家，献遗之。于是天子又刻玉印曰"天道将军"，使使衣羽衣^⑯，夜立白茅上^⑰，五利将军亦衣羽衣，立白茅上受印，以示弗臣也。而佩"天道"者，且为天子道天神也^⑱。于是五利常夜祠其家，欲以下神。神未至而百鬼集矣，然颇能使之。其后治装行，东入海，求其师云。大见数月，佩六印^⑲，贵振天下，而海上燕、齐之间，莫不扼掔而自言有禁方^⑳，能神仙矣。

【注释】

①方忧河决：自元光三年（前132）黄河在瓠子决口，至此时已二十年还没有堵上，汉武帝为此忧心，故栾大言亦及之。

②五利将军：底本作"天道将军"。校云："（天道将军）四字疑衍……四印者，'天士将军、地士将军、大通将军'，并上'五利将军'为四也……刻'天道将军'印在其后，且非金印。"泷川引中井曰："盖'天士''地士''大通'并上'五利'为四也。'天道'则下别有玉印。"今改"天道将军"为"五利将军"。

③九江：长江中下游的九条支流。

④决四渎："四渎"谓黄河、长江、淮水、济水。决，也是"疏通"的意思。

⑤河溢皋陆：此即指黄河决口。皋陆，水边平地。皋，岸，水旁地。

⑥堤繇不息：颜师古曰："筑作堤防，徭役众多，不暇休息。"繇，同"徭"。

⑦二十有八年：自建元元年（前140）至此元鼎四年（前113），共历二十八年。有，同"又"。

⑧天若遗（wèi）朕士而大通焉：《集解》引韦昭曰："言栾大能通天意，故封'乐通'。"遗，给。

⑨《乾》称"蜚龙"，"鸿渐于般"："飞龙在天"是《周易·乾卦》九五爻辞，"鸿渐于般"是《周易·渐卦》六二爻辞。方苞曰："'飞龙在天，利见大人'，言君之得臣也；'鸿渐于般，饮食衎衎'，言臣之得君也。武帝以栾大为'天所遗士'，故引此。"蜚，同"飞"。般，通"磐"。一说借为"泮"。

⑩甲第：第一等的府第。《文选·张衡〈西京赋〉》："北阙甲第，当道直启。"薛综注："第，馆也；甲，言第一也。"

⑪乘舆斥车马帷帐器物：此指皇帝自己不用的车马、帷帐以及各种器物。乘舆，指称皇帝。斥，不用。

⑫卫长（zhǎng）公主：皇后卫子夫生的大女儿。何焯曰："以卫主妻大者，令为亲属，如大所言也。"锺惺曰："方士尚公主，奇极，盖直以萧史待之矣。"

⑬赍（jī）金万斤：以金万斤为陪嫁。赍，携带。

⑭更名其邑曰当利公主：意谓将其汤沐邑改名为"当利县"，其称号也改为"当利公主"。《集解》引《地理志》曰："东莱有当利县。"

⑮大主：大长公主刘嫖，窦太后之女，武帝之姑。事迹见《外戚世家》。

⑯羽衣：颜师古曰："以鸟羽为衣，取其神仙飞翔之意。"

⑰立白茅上：《正义佚存》："喻有洁白之德。"

⑱且为天子道天神也：颜师古曰："道，读为'导'。"中井曰："当初立'天道将军'之号，未必'导天神'之意，后乃附会作此说耳。"

⑲佩六印：即"五利""天士""地士""大通""天道"五将军及"乐通侯"之印。

⑳扼捥：通"扼腕"，用一只手握住另一只手腕，表示激动、振奋等情绪。禁方：秘方。

【译文】

这时皇上正苦恼黄河决口，黄金还没有炼成，就封拜栾大为五利将军。在一个多月的时间里，栾大就得到四颗金印，佩戴上了天士将军、地士将军、大通将军、五利将军印。皇上下诏书给御史说："从前夏禹疏通九江，开通四渎。近年来河水泛滥，淹没了高地，为筑堤征发的徭役无休无止。我君临天下已有二十八年，上天好像是送来了栾大，让他为我沟通天意。《易经·乾卦》说'飞龙升天'，《易经·渐卦》说'大雁渐近涯岸'，我看与这差不多吧。应当以二千户赐封地士将军栾大为乐通侯。"赏赐给他列侯级的上等府第和一千个奴仆。而天子不用的车马、帷帐、器物等各种东西，把他家都装满了。皇上又把卫皇后所生的长公主嫁给他，赠送金一万斤为陪嫁，把她的封号改为当利公主。天子亲自驾临五利将军的府第。使者前去慰问供应事宜，赏赐的东西在路上连绵不断。

从大长公主到朝廷将相以下,都备置了酒席送到他家,赠给他贵重的礼物。这时天子又刻制了"天道将军"的玉印,派遣使臣们穿着羽衣,夜里站在白茅上授给他大印,五利将军也穿着羽衣,站在白茅上接受大印,用这种仪式来表示不把他当作臣子看待。他的佩印称作"天道",就是将要替天子引导天神降临的意思。从这时起,五利将军常常夜晚在家中祭祀,想要请求神仙下凡。但神仙没有来而众鬼却都聚来了,不过他很能驱使他们。这以后他就整装准备出行,说要往东去海上,求见他的仙师等等。栾大晋见皇上几个月,就佩戴上了六颗大印,贵宠一时,天下震动,因而沿海的燕、齐两地的方士们,没有不激动振奋的,都说自己有秘方,能够招来神仙了。

　　其夏六月中,汾阴巫锦为民祠魏脽后土营旁①,见地如钩状,掊视得鼎②。鼎大异于众鼎,文镂毋款识③,怪之,言吏。吏告河东太守胜,胜以闻。天子使使验问巫锦得鼎无奸诈,乃以礼祠,迎鼎至甘泉,从行,上荐之④。至中山⑤,晏温⑥,有黄云盖焉。有麃过,上自射之,因以祭云。至长安,公卿大夫皆议请尊宝鼎。天子曰:"间者河溢,岁数不登,故巡祭后土,祈为百姓育谷。今年丰庑未有报⑦,鼎曷为出哉?"有司皆曰:"闻昔大帝兴神鼎一⑧,一者一统,天地万物所系终也。黄帝作宝鼎三,象天、地、人也。禹收九牧之金,铸九鼎,皆尝鬺亨上帝鬼神⑨。遭圣则兴,迁于夏商。周德衰,宋之社亡,鼎乃沦伏而不见⑩。《颂》云:'自堂徂基,自羊徂牛;鼐鼎及鼒,不虞不骜,胡考之休⑪。'今鼎至甘泉,光润龙变⑫,承休无疆⑬。合兹中山,有黄白云降盖,若兽为符,路弓乘矢⑭,集获坛下,报祠大飨。惟受命而帝者心知其意而合德焉⑮。鼎宜见于祖祢⑯，藏于帝廷，以合明应。"制曰："可。"

入海求蓬莱者，言蓬莱不远，而不能至者，殆不见其气⑰。上乃遣望气佐候其气云⑱。

【注释】

①魏脽（shuí）后土：即前文武帝在汾阴所修的后土祠，因其地战国时属魏，故称"魏脽后土"。营旁：后土祠的区域旁。营，区域，边界。

②掊（póu）视：用手扒开来看。

③文镂：雕刻有花纹。款识：钟鼎彝器上铸刻的文字。

④从行，上荐之：《集解》引徐广曰："'从行，上荐之'，或者祭鼎也。"

⑤中山：在云阳县。汉云阳县在今陕西淳化西北。中山在云阳城东南，也在今之淳化东南。

⑥晏温：如淳曰："三辅谓日出清济为晏，晏而温，乃有黄云，故为异也。"中井以为"晏温"乃指鼎之"微暖发光彩"，与下文之"光润龙变"相应。

⑦丰庑（wú）未有报：意即今年的丰歉尚无定准。庑，通"芜"，草木茂盛。

⑧大帝：颜师古以为即太昊伏羲氏。

⑨鬺亨（shāng pēng）：烹煮，特指烹煮牲畜以祭祀。鬺，通"觞"。亨，通"烹"。

⑩宋之社亡，鼎乃沦伏而不见：《汉书·郊祀志》云："周显王之四十二年（前327），宋太丘社亡，而鼎沦没于泗水彭城下。"

⑪"自堂徂基"几句：语见《诗·周颂·丝衣》，这是一首写祭祀的诗。鼐鼎，鼎中之绝大的。鼒（zī），上端收敛、小口的鼎。虞，喧哗。鶩，通"傲"，傲慢。胡考，长寿。有司引之以赞美武帝祭祀

虔诚。

⑫光润龙变：指鼎光彩变化万千。即前文所谓鼎之"晏温"。

⑬承休无疆：谓武帝承上天无边之福。休，美，福祥。

⑭路：大。乘矢：四矢曰"乘"。

⑮受命而帝者：泷川引顾炎武曰："此即谓武帝，服虔以为高祖，非。"

⑯祖祢（nǐ）：祖庙。祢，亲庙，父庙。

⑰殆：大概，可能，推测之词。

⑱望气：望气者，观察云气以预测吉凶的方术之士。佐候：协助观测。候，观测。

【译文】

　　这年的夏季六月中，汾阴一个名叫锦的巫师在魏脽后土祠旁边替百姓祭祠神灵，看到地面隆起，形状像弯钩一样，扒开土一看，见到了一只鼎。这只鼎和其他的鼎大不相同，刻着花纹而并没有文字，巫师对这感到奇怪，就告诉了当地官吏。当地官吏又转告河东郡太守胜，胜就把这件事上奏了。天子派使者盘问巫师获得这只鼎的情况，知道并没有弄虚作假，就按礼节进行祭祀，迎接这只鼎到甘泉宫，皇上亲自跟随使者前去迎接，准备将此鼎进献于上帝。迎鼎队伍到中山时，天气晴朗，天空中有一片黄云覆盖。有一只麃子跑过，皇上自己射中它，因而用它来祭祀。到达长安，公卿大夫们都议论奏请尊奉宝鼎事宜。天子说："近年黄河泛滥，连年收成不好，所以我巡行祭祀了后土神，为百姓培育谷苗祈祷。今年丰歉还未可知，这只鼎为什么会出现呢？"主管官员都说："听说从前大帝制作了一只神鼎，表示天下一统的意思，是天地万物统一的象征。黄帝制作过三只宝鼎，'三'就象征着天、地、人。夏禹征收了九州的金属，铸造了九只鼎。这些鼎都曾烹煮牺牲，来祭祀上帝、鬼神。鼎遇到圣明君主，就会出现，就这样它传到夏朝、商朝。周朝的德政衰败，宋国的社树失踪，鼎就沉没潜伏起来不再出现了。《诗·周颂》中说：'从堂到门查祭器，从羊到牛查祭牲；大鼎、小鼎都干净，既不喧哗又不傲慢，极为肃穆，求得长寿和福祉。'现在宝鼎在来甘泉宫时，光彩焕发，如龙变化无穷，意味着大汉将承受无穷无尽的吉祥。这正符合在中山遇有黄白云覆盖的征兆，还有麃子是相应的符瑞，陛下用一只大弓、四支利箭射中了它，把它奉献在祭坛下面，酬谢天地众神歆享。只有承受天命称帝的人，才能心知天意，并按天意行事，符合天帝的美德。所以，宝鼎应该奉献在祖庙中，在天帝的殿堂中珍藏，来使神明的祥瑞合应一致。"天子下诏书说："可以！"

　　到海上寻求蓬莱仙山的人说，蓬莱仙境并不遥远，而不能到达的原因，大概是因为没见到那里上空的瑞气。皇上就派遣望云气的官吏去观察云气。

　　其秋，上幸雍，且郊。或曰："五帝，泰一之佐也，宜立泰一而上亲郊之①。"上疑未定。齐人公孙卿曰②："今年得宝鼎，其冬辛巳朔旦冬至③，与黄帝时等。"卿有札书曰④："黄帝得宝鼎宛侯⑤，问于鬼臾区⑥。区对曰：'黄帝得宝鼎神策⑦，是岁己酉朔旦冬至，得天之纪⑧，终而复始。'于是黄帝迎日推策⑨，后率二十岁得朔旦冬至⑩，凡二十推，三百八十年，黄帝仙登于天⑪。"卿因所忠欲奏之⑫。所忠视其书不经⑬，疑其妄书，谢曰："宝鼎事已决矣，尚何以为⑭！"

【注释】

①宜立泰一而上亲郊之：前文谬忌已经说青、红、黄、白、黑五帝为泰一之佐，所以有人认为武帝不应再像过去那样亲祭五帝，只应亲祭泰一。

②公孙卿：姓公孙，名卿，齐地的方士。

③辛巳朔旦冬至：十一月初一的早晨为冬至。古人治历，以夜半为

　　一日的开始,朔(初一)旦为一月的开始,冬至为一年的开始。

④札书:写在木简上的书。札,书写用的木简。

⑤宛(yuān)侯:《封禅书》作"宛朐(qú)",也作"冤句",汉县名。在今山东菏泽西南。

⑥鬼臾区:传说中黄帝的大臣。

⑦神策:神异的算筹。策,指推算历数用的算筹。

⑧得天之纪:得日、月、星辰的天象作为纪年起算的日子。纪,纪元,纪年的起算年代。

⑨迎日推策:用算策推算未来的日子。臣瓒曰:"日月朔望未来而推之,故曰'迎日'。"

⑩率二十岁得朔旦冬至:大概是二十年后,朔旦与冬至又在同一天。按,我国古代没有这样一种历法,此公孙卿所妄言。

⑪三百八十年,黄帝仙登于天:徐中行曰:"观公孙卿所言,则知汾阴鼎必其所为以欺武帝者。"

⑫所忠:武帝身边的侍臣,官至谏议大夫。

⑬不经:近乎荒诞,不合常理。

⑭宝鼎事已决矣,尚何以为:锺惺曰:"明明天子,不及一所忠,贪痴之为害如此。"按,可见所忠对栾大、公孙卿之流所言所行之不屑与厌恶。

【译文】

　　这年秋天,皇上临幸雍县,并举行郊祀。有人说:"五帝,是泰一神的辅佐之神,应当设立泰一神位,并且皇上亲自去祭祀它。"天子迟疑未定。齐人公孙卿说:"今年得到宝鼎,仲冬月辛巳朔日是冬至,正好与黄帝制造宝鼎的时令相同。"公孙卿有木简,上面写道:"黄帝在宛侯得到宝鼎,向鬼臾区问起这件事。鬼臾区回答说:'黄帝得到宝鼎和神策,今年是己酉朔日早晨交冬至,掌握了天道运行的规律,循环运动,周而复始。'于是黄帝按照日月朔望进行推算,以后都每隔二十年朔日早晨交冬至,共推算了二十次，共三百八十年，黄帝成仙登上了天。"公孙卿想要通过所忠上奏此事。所忠看到他的简书荒诞不经，怀疑那是胡言乱语，就推辞说："宝鼎的事已经决定了，还说它干什么！"

　　卿因嬖人奏之①。上大说，召问卿。对曰："受此书申功，申功已死。"上曰："申功何人也？"卿曰："申功，齐人也。与安期生通，受黄帝言，无书，独有此鼎书。曰：'汉兴复当黄帝之时。汉之圣者在高祖之孙且曾孙也②。宝鼎出而与神通，封禅。封禅七十二王，唯黄帝得上泰山封。'申功曰：'汉主亦当上封，上封则能仙登天矣。黄帝时万诸侯，而神灵之封居七千③。天下名山八④，而三在蛮夷，五在中国。中国华山、首山、太室、泰山、东莱⑤，此五山黄帝之所常游，与神会。黄帝且战且学仙，患百姓非其道，乃断斩非鬼神者⑥。百余岁然后得与神通⑦。黄帝郊雍上帝，宿三月。鬼臾区号大鸿，死葬雍，故鸿冢是也⑧。其后黄帝接万灵明廷⑨。明廷者，甘泉也。所谓寒门者，谷口也⑩。黄帝采首山铜，铸鼎于荆山下⑪。鼎既成，有龙垂胡髯下迎黄帝⑫。黄帝上骑，群臣后宫从上龙七十余人，龙乃上去。余小臣不得上，乃悉持龙髯，龙髯拔，堕黄帝之弓。百姓仰望黄帝既上天，乃抱其弓与龙胡髯号，故后世因名其处曰鼎湖，其弓曰乌号⑬。'"于是天子曰："嗟乎！吾诚得如黄帝，吾视去妻子如脱躧耳⑭。"乃拜卿为郎，东使候神于太室。

【注释】

①嬖（bì）人：武帝的男宠。嬖，亲昵，宠幸。

②在高祖之孙且曾孙也：且，或。意谓应该是高祖之孙，或者是曾孙。按，说得不确定，反而更让人感觉札书是真的，更具有迷惑性。

③神灵之封居七千：应劭曰："诸侯会封禅者七千人也。"李奇曰："说仙道得封者七千国也。"张晏曰："神灵之封，谓山川之守也。"颜师古曰："张说是也。山川之守谓尊山川之神令主祭祀也。"意即祭祀山川神灵的诸侯有七千个。

④天下名山八：按，《封禅书》叙及秦时名山曰："于是自殽以东，名山五……曰太室。太室，嵩高也。恒山，泰山，会稽，湘山……自华以西，名山七……曰华山，薄山。薄山者，襄山也。岳山，岐山，吴岳，鸿冢，渎山。渎山，蜀之汶山。"公孙卿所称的"名山八"，与之不同，大约方士随口所讲。

⑤华山、首山、太室、泰山、东莱：即所谓"五在中国"者。首山，一说指今山西永济西南的首阳山，又名雷首山；一说指今河南襄城的首山。太室，即今嵩山，在今河南登封北。东莱，也称"莱山"，在今山东龙口东南。

⑥断斩非鬼神者：断，断然，坚决。凌稚隆曰："卿见武帝好征伐、好神仙，则曰'黄帝且战且学仙'；惧人攻其邪妄，则曰'断斩非鬼神者'，此小人极意逢迎之态、专权固宠之术也。"

⑦百余岁然后得与神通：何焯曰："恐其言不验被诛，故远其期于百余岁，即后言'非少宽暇，神不来'之意。"钱锺书曰："夫学仙所以求长寿，今乃谓长寿然后得学仙。汉武若非妄想颠倒，必能'遁辞知其所穷'。"

⑧鸿冢：在今陕西宝鸡凤翔区东。吴见思曰："引其人，引其冢，说得活像，今小说家每祖其法。"

⑨接万灵明廷：在"明廷"迎接万方鬼神。

⑩寒门者，谷口也：以地当泾水出仲山（即前文中山）山谷处得名，在今陕西醴泉东北。仲山之北寒冷，故又名寒门。颜师古曰："谷

口,仲山之谷口也……以仲山之北寒凉,故谓此谷为'寒门'也。"

⑪荆山:也称"覆釜山",在今河南灵宝西南,与今山西永济西南的 "首山"隔黄河相望。

⑫胡髯(rán):颊旁及下巴上的胡须。

⑬其弓曰乌号:邓以瓒曰:"语大鄙俚,史公特以诞妄述之,不知乃遂 开青云不朽。"

⑭蹝(xǐ):通"屣",鞋。

【译文】

公孙卿又通过皇上宠爱的人上奏。皇上非常高兴,召来公孙卿询问。公孙卿回答说:"我从申功那里接受了这简书,申功已经死了。"皇上说:"申功是什么人?"公孙卿说:"申功是齐地人。他与安期生有交往,承受了黄帝的言教,并没有书,只有这鼎书。上面写道:'汉朝的兴盛应当与黄帝得鼎的周期时刻相同。汉朝的圣主应当在高祖的孙子或曾孙一代人。宝鼎出现是与神意相通的,应举行封禅大典。自古举行过封禅大典的有七十二个帝王,只有黄帝登上泰山祭天。'申功说:'汉朝君主也应当登泰山封禅,能上泰山封禅就能成仙升天了。黄帝时有上万的诸侯国,而举行过名山大川祭祀的封国占了七千。天下的名山有八座,三座在蛮夷地区,五座在中原地区。中原地区有华山、首山、太室山、泰山、东莱山,这五座山是黄帝经常游览和与神仙相会的地方。黄帝一面打仗一面学仙,他担心百姓诽谤他的仙道,就处决了那些诋毁鬼神的人。过了一百多年,他才与神仙相通。黄帝在雍郊祀上帝,居住了三个月。鬼臾区号大鸿,死后葬在雍地,就是原来的鸿冢。此后黄帝在明廷迎接了千万的神灵。明廷,就是甘泉。所谓寒门,就是谷口。黄帝开采首山的铜,在荆山下铸鼎。鼎铸成后,天上有一条龙垂着胡须下来迎接黄帝。黄帝骑了上去,群臣、姬妾跟着骑上去的有七十多人,龙才飞上天了。余下的小臣不能上去,就都抓住龙须,龙须被拔掉了,黄帝的弓掉了下来。百姓抬头望着黄帝飞上了天,就抱着他的弓和龙须号哭,所以后世的人就据这件事称那个地方为鼎湖，称那把弓为乌号。'"于是天子说："啊！我如果真能像黄帝那样飞上天，我将把离开妻子儿女们看得像脱掉鞋子一样容易！"于是，就任命公孙卿为郎官，派他向东去太室山等候神仙。

　　上遂郊雍，至陇西①，西登空桐②，幸甘泉。令祠官宽舒等具泰一祠坛，坛放薄忌泰一坛③，坛三垓④。五帝坛环居其下，各如其方，黄帝西南⑤，除八通鬼道。泰一所用，如雍一畤物，而加醴、枣、脯之属，杀一牦牛以为俎豆牢具。而五帝独有俎豆、醴进。其下四方地，为馈食群神从者及北斗云⑥。已祠，胙余皆燎之。其牛色白，鹿居其中，彘在鹿中，水而洎之⑦。祭日以牛，祭月以羊彘特⑧。泰一祝宰则衣紫及绣。五帝各如其色，日赤，月白。

【注释】

①陇西：汉郡名。郡治狄道，即今甘肃临洮。

②空桐：也写作"崆峒"，山名。在今甘肃平凉西北。按，武帝西幸　雍、过陇西、登崆峒诸事，在元鼎五年，前112年。

③放：仿效。薄忌：亳人谬忌。

④垓（gāi）：层，台阶的级次。

⑤黄帝西南：青、红、白、黑四帝分居东、南、西、北四方，黄帝理应居　中，但当中是泰一坛，故只好将黄帝坛置于西南侧。服虔曰："坤　位在未，黄帝从土位。"

⑥馈（zhuì）食：谓同时连缀祭诸神。《索隐》曰："谓联续而祭之。"　《正义》引刘伯庄曰："谓绕坛设诸神祭座相连缀也。"王肇钊曰：　"群神从者其位尚卑，不必设坛，且莫可主名，故但于四方之地酹　酒祭之，以申其诚敬耳。"

⑦"其牛色白"几句：晋灼曰："此言合牲物而燎之也。"洎（jì），徐广曰："一作'酒'。灌水于釜中曰洎。"颜师古曰："言以白鹿内牛中，以彘内鹿中，又以水及酒合内鹿中。"《正义》释"洎"为肉汁，谓"以水合肉汁内鹿中也"。

⑧特：只用一种牲。

【译文】

　　皇上于是到雍县举行祭祀，到达了陇西郡，又往西登上崆峒山，驾幸甘泉宫。皇上命令祠官宽舒等人筹建泰一神的祠坛，祠坛仿照亳人谬忌所奏过的泰一坛的形式，分为三层。五帝的祠坛环绕在它的下面，各自占有自己的方位，黄帝坛在西南方，修建了通向八个方向的鬼道。泰一神所用的祭礼像雍县每个畤的祭礼一样，另外增加甜酒、枣子、干肉等物品，还杀了一头牦牛作为祭牲供摆。祭五帝只献供甜酒和祭肉等一般祭品。在祭坛下面的四方场地，用酒沃地以祭祀各位神灵的随从和北斗星。祭祠完毕，将祭肉以及各种剩余的供品都焚烧掉。祭祀用的牛是白色的，鹿放在牛肚子里，猪又放进鹿肚子里，然后把水与酒一起灌进鹿肚子里。祭祀日神用牛，祭祀月神单用一只羊或一头猪。泰一神的主祭官员穿紫色绣衣。五帝的主祭官员所穿衣服的颜色和该帝代表的颜色一样，日神的主祭官员穿红衣，月神的主祭官员穿白衣。

　　十一月辛巳朔旦冬至①，昧爽②，天子始郊拜泰一。朝朝日，夕夕月，则揖③；而见泰一如雍礼。其赞飨曰④："天始以宝鼎神策授皇帝⑤，朔而又朔⑥，终而复始，皇帝敬拜见焉。"而衣上黄。其祠列火满坛，坛旁烹炊具。有司云"祠上有光焉"。公卿言："皇帝始郊见泰一云阳，有司奉瑄玉、嘉牲荐飨⑦。是夜有美光，及昼，黄气上属天⑧。"太史公、祠官宽舒等曰："神灵之休⑨，祐福兆祥，宜因此地光域立泰畤坛以明应^⑩。令太祝领，秋及腊间祠。三岁天子一郊见。"

【注释】

①十一月辛巳朔旦冬至：十一月初一早晨冬至。

②昧爽：拂晓，黎明。

③朝（zhāo）朝日，夕夕月，则揖：天子朝拜日神、月神，只用揖礼。《集解》引臣瓒曰："汉仪郊泰一時，皇帝平旦出竹宫，东向揖日，其夕西向揖月。"朝朝日，太阳始出的时候朝拜日神。夕夕月，晚上月出的时候朝拜月神。按，拜日神曰"朝"，拜月神曰"夕"。

④赞飨（xiǎng）：主管祭神祝颂的官名。《索隐》引《汉旧仪》云："'赞飨一人，秩六百石'也。"

⑤天始以宝鼎神策授皇帝：中井曰："'神策'是公孙卿所上，武帝乃以为'天授'，妄哉！"

⑥朔而又朔：意即月复一月。朔，初一。

⑦瑄玉、嘉牲：都指祭品。瑄玉，古代祭天用的大璧。孟康曰："璧大六寸谓之'瑄'。"嘉牲，祭祀用的牺牲。颜师古引《汉旧仪》云："祭天养牛五岁，至三千斤也。"荐飨：进献，供神享用。

⑧上属天：从地面一直上抵高空。属，连。李光缙曰："天子始郊拜泰一，而有司云'祠上有光'；又云'是夜有美光，及昼，黄气上属天'，于是诸方士争神奇怪，得其似以为真矣。以后凡曰'山下闻若有言万岁'，曰'其夜若有光'，曰'若有象景光'，曰'蓬莱诸神若将可得'，曰'神人若云欲见天子'，曰'若见有光云'，皆用'若'字描写。"

⑨神灵之休：指上述"美光""黄气"等现象。休，美。

⑩此地光域：意即在出现"美光"的地方。以明应：颜师古曰："明著美光及黄气之祥应。"

【译文】

十一月辛巳朔日早晨交冬至，天刚亮，天子就到郊外祭拜泰一神。太阳初升时祭拜日神，晚上月出时朝拜月神，只作揖；而朝见泰一神按照雍县郊祀的礼仪。赞飨祝辞说："上天当初把宝鼎和神策授予皇帝，过了一个朔日，又迎到一个朔日，周而复始，皇帝恭敬地拜见您。"祭服规定使用黄色。那祭坛上布满火炬，坛旁放着烹煮用的器具。主管官员说："祭坛上空有光彩呈现。"公卿大臣说："皇帝在云阳宫首次郊祀泰一神时，主管官员捧着美玉、嘉牲祭献。当天夜空出现了美光，一直到第二天早上，黄气与天顶相连。"太史公与祠官宽舒等人说："神灵显现出美好景象，是保佑福祉、预兆吉祥的象征，应在那出现光彩的地方建立泰畤坛以显示上天的瑞应。由太祝管理，在秋冬两季间祭祀。每三年天子亲自郊祀一次。"

其秋①，为伐南越②，告祷泰一，以牡荆画幡日、月、北斗、登龙③，以象天一三星④，为泰一锋⑤，名曰"灵旗"。为兵祷，则太史奉以指所伐国。而五利将军使不敢入海，之泰山祠。上使人微随验，实无所见。五利妄言见其师，其方尽，多不雠⑥，上乃诛五利⑦。

【注释】

①其秋：元鼎五年（前112）之秋。

②南越：楚汉战争期间赵佗建立的国家，都番禺（今广东广州）。辖境相当于今广东、广西两省及越南大部分地区。元鼎四年（前113）赵兴上书汉朝，请求内属，丞相吕嘉举兵反叛。元鼎六年（前111）汉武帝平定吕嘉反叛，废南越国王。

③牡荆：植物名。如淳曰："牡荆，荆之无子者，皆洁斋之道。"《集

解》引韦昭曰:"以牡荆为柄者也。"登龙:飞龙。

④天一三星:《集解》引徐广曰:"《天官书》曰天极星明者,泰一常居
也,斗口三星曰'天一'。"

⑤泰一锋:《集解》裴骃案:"晋灼曰:'画一星在后,三星在前为太一
锋也。'"

⑥不雠:事实与其所言不符。雠,相当,相对。

⑦上乃诛五利:《正义》引《汉武故事》云:"东方朔言栾大无状,上
发怒,乃斩之。"按,东方朔以滑稽著称,事迹见《滑稽列传》与
《汉书·东方朔传》。

【译文】

　　这年秋天,为讨伐南越,祷告泰一神。用牡荆做旗柄,在条形旗幡
上画着日、月、北斗和飞龙,用它来象征天一三星,作为泰一神前面的旗
子,称之为"灵旗"。为战争祈祷时,就由太史捧着灵旗指着所要攻伐的
国家的方向。而五利将军被派去求寻神仙,不敢入海,却到泰山去祭祀。
皇上派人暗中跟着验证,实在没看到什么神仙。他却胡说见到了自己的
仙师,他的方术用尽了,说的话也大多不能应验,皇上于是杀了五利将军。

　　其冬①,公孙卿候神河南②,见仙人迹缑氏城上③,有物
若雉,往来城上。天子亲幸缑氏城视迹。问卿:"得毋效文
成、五利乎?"卿曰:"仙者非有求人主,人主求之。其道非
少宽假④,神不来。言神事,事如迂诞⑤,积以岁乃可致⑥。"
于是郡国各除道⑦,缮治宫观名山神祠所,以望幸矣。

【注释】

①其冬:元鼎六年(前111)的冬天。王先谦曰:"当云'明年冬'。"
按,王说是,是时以十月为岁首。

②候神河南：接前"乃拜卿为郎，东使候神于太室"。河南，汉郡名。
郡治雒阳（今洛阳东北）。太室（即嵩山）在河南郡境内。

③缑（gōu）氏：汉县名。在今河南偃师东南，嵩山的西北。

④少宽假：稍加放宽。

⑤迂诞：不切实际。

⑥积以岁：积年累月。与前文说黄帝"百余岁，然后得与神通"语
相应。

⑦除道：开辟、修整道路。

【译文】

这年冬天，公孙卿在河南等候神仙到来，说在缑氏城上看见了仙人
的脚印，有个东西像雉一样，在城上往来。天子亲自到缑氏城上视察那
脚印。问公孙卿："你不会是在仿效文成将军和五利将军吧？"公孙卿说：
"仙人并不有求于人主，是人主有求于仙人。求仙的方法，如果不能稍微
给予宽裕的时间，神仙是不会来的。谈论神仙的事情，就如谈论遥远离
奇的事情一样，要经过长年累月才可能招致神仙。"于是，各郡国都修整
道路，修缮、整治宫室、楼观和名山上的神祠，希望天子能驾临。

其年①，既灭南越②，上有嬖臣李延年以好音见③。上善
之，下公卿议，曰："民间祠尚有鼓舞之乐，今郊祠而无乐，岂
称乎？"公卿曰："古者祀天地皆有乐，而神祇可得而礼④。"
或曰："泰帝使素女鼓五十弦瑟⑤，悲，帝禁不止⑥，故破其瑟
为二十五弦。"于是塞南越⑦，祷祠泰一、后土，始用乐舞，益
召歌儿⑧，作二十五弦瑟及箜篌自此起⑨。

【注释】

①其年：元鼎六年，前111年。

②既灭南越：汉与南越的战争自元鼎五年夏天开始，至此遂灭之，于其地设南海、桂林、苍梧、交趾、九真、日南和合浦、儋耳、珠崖九郡。

③李延年：武帝宠妃李夫人之兄，贰师将军李广利之弟。善歌，又善创造新声，武帝时在乐府中任协律中尉。事迹见《佞幸列传》。好（hào）音：精通音律。

④神：指天神。祇（qí）：指地神。

⑤泰帝：《正义》曰："谓太昊伏羲氏。"素女：传说中古代神女。与黄帝同时。或言其善于弦歌，或言其知天道阴阳之事，甚或言其善房中术或养生术。

⑥帝禁不止：泷川曰："谓鼓瑟不止也。"或曰即"泰帝都经受不住"，可参考。

⑦塞南越：祭神以感谢其在伐南越战争中对汉军的福佑。胡三省曰："为伐南越，告祷泰一，故今塞祠。"塞，同"赛"，酬报。旧时祭祀酬神之称。

⑧歌儿：歌童。

⑨作二十五弦瑟及箜篌：底本作"作二十五弦及箜篌瑟"。郭嵩焘引《礼记》云："'瑟'字疑当在'及'上，与'二十五弦'相属。"今据改。箜篌，古代拨弦乐器名。《索隐》引应劭云："武帝始令乐人侯调作，声均均然，命曰'箜篌'。侯，其姓也。"《正义佚存》引《释名》云："箜篌，师延所作，靡靡乐，后出于桑间濮上之地。"有竖式和卧式两种。《旧唐书·音乐志》："（卧箜篌）形似瑟而小，七弦，用拨弹之……竖箜篌，胡乐也，汉灵帝好之。体曲而长，二十有二弦，竖抱于怀，用两手齐奏，俗谓之擘箜篌。"

【译文】

这一年，在灭亡了南越后，皇上有宠臣李延年凭着擅长音乐来拜见皇上。皇上很欣赏他的音乐，并将此事让公卿们去讨论，说："民间祭祀还有鼓舞音乐，现在郊祀却没有音乐，怎么相称呢？"公卿们说："古代祭祀天地都有音乐,通过音乐神灵们可以得到礼敬。"有人说:"泰帝让素女弹奏五十弦的瑟,音调悲戚,泰帝禁止不了,所以就把她的瑟由五十弦改成二十五弦。"当时,为了庆祝、酬报攻打南越的胜利,就祭祀祈祷泰一神和后土神,开始采用乐舞,更多地招收歌手,制作二十五弦瑟和箜篌,琴瑟就是从这时开始兴起了。

　　其来年冬①,上议曰:"古者先振兵泽旅②,然后封禅。"乃遂北巡朔方③,勒兵十余万④,还祭黄帝冢桥山⑤,泽兵须如⑥。上曰:"吾闻黄帝不死,今有冢,何也?"或对曰⑦:"黄帝已仙上天,群臣葬其衣冠⑧。"既至甘泉,为且用事泰山⑨,先类祠泰一⑩。

【注释】

①其来年冬:元封元年(前110)岁首。

②振兵泽旅:指一场军事行动的完整过程。振兵,整顿部队,进行军事动员,做好战斗准备。泽旅,即"释旅",解除军事行动。泽,《集解》引徐广曰:"古'释'字作'泽'。"

③朔方:汉郡名。郡治在今内蒙古杭锦旗西北黄河南岸。

④勒兵十余万:《汉书·武帝纪》:"勒兵十八万骑,旌旗径千余里,威震匈奴。遣使者告单于曰:'南越王头已县于汉北阙矣。单于能战,天子自将待边;不能,亟来臣服。何但亡匿幕北寒苦之地为!'"

⑤桥山:在今陕西黄陵北,山上有黄帝陵,称桥陵,亦称黄陵。

⑥须如:《汉书·郊祀志》作"凉如",地名。方位不详。其地当与黄帝冢桥山相近。一说须如即番须口,在今陕西陇县西北,但距桥山太远,与上下文意不合。

⑦或对曰:《通鉴》谓此对者为公孙卿,盖依据《汉武故事》。

⑧黄帝已仙上天,群臣葬其衣冠:黄震曰:"方士之说,惟以黄帝乘龙上天为夸,武帝巡行,行至黄帝冢而祭之。方士尚何辞? 而从者复遁其说,为'葬衣冠'。主暗臣谀,一至此甚,悲夫。"

⑨且用事泰山:将去泰山封禅。且,将。

⑩类:祭祀名。以特别事故祭告天神。

【译文】

第二年冬,皇上议道:"古代先要整顿部队展示武力再解散军队,然后才举行封禅大典。"于是,皇上就北上巡视朔方,率领十多万的官兵,回来时在桥山祭祀黄帝陵,在须如把军队遣散了。皇上说:"我听说黄帝没有死,现在却有他的陵墓,这是为什么呢?"有人回答说:"黄帝已经成仙上天,群臣安葬了他的衣帽。"皇上到达甘泉后,为将要在泰山上举行封禅大典,首先特意祭祀了泰一神。

自得宝鼎,上与公卿诸生议封禅。封禅用希,旷绝莫知其仪礼①,而群儒采封禅《尚书》《周官》《王制》之望祀射牛事②。齐人丁公年九十余,曰:"封者,合不死之名也③。秦皇帝不得上封④。陛下必欲上,稍上,即无风雨,遂上封矣。"上于是乃令诸儒习射牛,草封禅仪。数年,至且行。天子既闻公孙卿及方士之言,黄帝以上封禅,皆致怪物与神通,欲放黄帝以尝接神仙人蓬莱士,高世比德于九皇⑤,而颇采儒术以文之⑥。群儒既以不能辩明封禅事,又牵拘于《诗》《书》古文而不敢骋⑦。上为封祠器示群儒,群儒或曰"不与古同",徐偃又曰"太常诸生行礼不如鲁善"⑧,周霸属图封事⑨,于是上绌偃、霸,尽罢诸儒弗用⑩。

【注释】

① 旷绝：空缺，断绝。

② 群儒采封禅《尚书》《周官》《王制》之望祀射牛事：《周官》，即今之《周礼》。《王制》，《礼记》中的篇名。望祀，古代祭名。遥祭山川地祇之礼。射牛，颜师古曰："天子有事宗庙，必自射牲，盖示亲杀也。"事见《国语·楚语》。又，封禅，疑为方士所编造的书名，如公孙卿之《札书》。

③ 合不死之名也：相当于"不死"的另一种说法。合，应该，相当。按，《汉书·郊祀志》作"古不死之名也"。

④ 秦皇帝不得上封：《封禅书》云："诸儒生既绌，不得与用于封事之礼，闻始皇遇风雨，则讥之。"徐孚远曰："始皇遇风雨不得上者，非是时所传语也，盖因武帝上封之后，方士夸大之词耳。"

⑤ 高世：高于世俗帝王。比德于九皇：与五帝以前的"九皇"相比美。九皇，诸说不一，盖方士妄言，无须考据。

⑥ 颇采儒术以文之：意谓用儒家学说文饰方士们关于黄帝封禅成仙之类的荒诞说法。颇，略微，稍微。

⑦ 不敢骋：不能发散思维大胆想象。

⑧ 徐偃：鲁大儒申培的弟子，曾袭爵松兹侯，武帝建元六年（前135）以罪废，国除。此时为博士。太常诸生：太常属下的儒生。太常，也称"奉常"，官名。为九卿之一。掌宗庙礼仪，兼掌选试博士。

⑨ 周霸：著名儒者。曾从申培学《诗》。治《易》《尚书》。在武帝时曾任议郎、博士、胶西国内史等职。属图封事：正在思考有关封禅的事情。属，值，正在。图，谋画。

⑩ 尽罢诸儒弗用：泷川引《汉书·兒宽传》云："上'议欲放古巡狩封禅之事，诸儒对者五十余人，未能有所定。先是司马相如病死，有遗书，颂功德言符瑞，足以封泰山。上奇其书以问兒宽，宽对曰'封泰山禅梁父，昭姓考瑞，帝王之盛节也。然享荐之义，不著于

经","唯圣主所由制定其当,非群臣之所能列"。上然之,乃自制仪,采儒术以文焉。'"盖即叙此。

【译文】

自从得到宝鼎后,皇上就与公卿大臣和儒生们商议有关举行封禅大典的事。封禅大典自古以来很少举行,没有人能知道它的礼仪是什么样的,儒生们建议采用《尚书》《周官》《王制》中记载的望祭以及天子亲自射牛的礼仪来举行封禅大典。齐地人丁公已有九十多岁了,他说:"封禅大典,是长生不死的别称。秦始皇没能够登上泰山祭天。陛下真想上泰山去祭天,稍微登一点儿山,如果没有风雨,就可以上去封禅了。"皇上于是就命令儒生们演习射牛,草拟封禅的礼仪。几年后,将要举行封禅大典了。皇上又听了公孙卿和方士们的议论,黄帝以前举行封禅,都招来了奇异的东西以与神仙交流,皇上想要仿效黄帝接待神仙的使者蓬莱方士,表明自己的德行已经高出世俗可与上古的九皇相比,并尽其可能采用儒家学说加以文饰。儒生们已不能阐明封禅事宜,又拘泥于《诗经》和《尚书》等古代文典而不能自由发挥。皇上把准备用来封禅的礼器给儒生们看,儒生们有的说"与古代的不同",徐偃又说"太常众儒生在行礼方面不如鲁国的完善",周霸又在策划封禅事宜,于是皇上把徐偃、周霸废黜赶走,并把这些儒生全部罢免不用。

三月,遂东幸缑氏,礼登中岳太室①。从官在山下,闻若有言"万岁"云②。问上,上不言;问下,下不言③。于是以三百户封太室奉祠,命曰崇高邑。东上泰山,山之草木叶未生,乃令人上石立之泰山颠④。

【注释】

①礼登中岳太室:谓先在太室山下行礼,而后登山。后文又有"登

礼"，谓登山而后祭。

②从官在山下，闻若有言"万岁"云：《汉书·武帝纪》载诏曰："翌日亲登嵩高，御史乘属、在庙旁吏卒咸闻呼'万岁'者三。"

③问上，上不言；问下，下不言：王先谦曰："山上下人皆未言，是以神之。"按，这是暗示从官所闻"万岁"是神的声音，是为投合武帝心意编造出来的阿谀奉承之辞。

④上石：从山下将刻石运上去。《风俗通义·正失》记其文云："事天以礼，立身以义，事父以孝，成民以仁，四守之内，莫不为郡县，四夷八蛮，咸来贡职，与天无极，人民蕃息，天禄永得。"

【译文】

三月，皇上向东驾临缑氏县，在山下祭祀后登上中岳太室山。跟从的官员们在山下听到了好像是呼喊"万岁"的声音。问山上，山上的人没有呼喊；问山下的人，他们也没呼喊。于是，皇上把三百户民户划作太室山的封邑，让他们供奉祭祀，称之为崇高邑。接着，皇上东行登上泰山，泰山上的草木还没长出新叶，皇上命人把石碑抬上山，竖在泰山顶上。

　　上遂东巡海上，行礼祠八神①。齐人之上疏言神怪奇方者以万数，然无验者。乃益发船，令言海中神山者数千人求蓬莱神人。公孙卿持节常先行候名山②，至东莱③，言夜见一人，长数丈，就之则不见，见其迹甚大，类禽兽云。群臣有言见一老父牵狗，言"吾欲见巨公"④，已忽不见。上既见大迹，未信，及群臣有言老父⑤，则大以为仙人也。宿留海上，与方士传车及间使求仙人以千数⑥。

【注释】

①行礼祠八神：《索隐》引韦昭曰："八神谓天、地、阴、阳、日、月、星

辰主、四时主之属。"又引《汉书·郊祀志》云:"一曰天主,祠天
齐;二曰地主,祠太山、梁父;三曰兵主,祠蚩尤;四曰阴主,祠三
山;五曰阳主,祠之罘;六曰月主,祠东莱山;七曰日主,祠盛山;
八曰四时主,祠琅邪也。"

②节:符节,古代使者所持作为凭证,且表明其身份特殊。候:伺望。

③东莱:指今山东龙口(城关)东南莱山。即前公孙卿所言黄帝常
游的华山、首山、太室、泰山、东莱之一。

④巨公:《汉书·郊祀志》作"钜公",隐指皇帝。张晏曰:"天子曰天
下父,故曰'钜公'也。"

⑤有言:又言。有,通"又"。

⑥间使:密使。颜师古曰:"间,微也,随间隙而行也。"

【译文】

　　皇上接着沿着海边向东巡游,一路上边走边祭祀八位神仙。齐地上
疏讲光怪神奇的方术的有几万人,但并没有应验的。皇上就增派船只,
命令几千个说海中神山的人去寻找蓬莱神仙。公孙卿拿着符节经常先
到名山之上等候神仙,到达东莱山,他说在夜里见到过一个巨人,有几丈
高,等接近他时,就看不见了,只是看到他的脚印很大,就像禽兽的一样。
群臣当中有人说见到一个老头牵着狗,他说"我想见巨公",说完忽然又
不见了。皇上刚见到大脚印时,并没相信,等到群臣当中有人谈到老头
的事时,就非常相信那是仙人。皇上于是在海边停下来居住,同时又让
方士们有的乘坐驿车,有的秘密出行,派出了几千人去寻访仙人。

　　四月,还至奉高①。上念诸儒及方士言封禅人人殊,不
经,难施行。天子至梁父②,礼祠地主③。乙卯④,令侍中儒
者皮弁荐绅⑤,射牛行事⑥。封泰山下东方,如郊祠泰一之
礼。封广丈二尺⑦,高九尺,其下则有玉牒书⑧,书秘⑨。礼

毕,天子独与侍中奉车子侯上泰山⑩,亦有封⑪。其事皆禁。明日,下阴道⑫。丙辰⑬,禅泰山下阯东北肃然山⑭,如祭后土礼。天子皆亲拜见,衣上黄而尽用乐焉。江淮间一茅三脊为神藉。五色土益杂封⑮。纵远方奇兽蜚禽及白雉诸物,颇以加祠。兕旄牛犀象之属弗用⑯。皆至泰山然后去。封禅祠,其夜若有光,昼有白云起封中。

【注释】

①奉高:汉县名。在今山东泰安东,当时为泰山郡郡治。

②梁父:泰山东南侧的小山。

③礼祠地主:恭敬地祭祀地神,即所谓“禅”。

④乙卯:元封元年(前110)的四月十九。

⑤侍中儒者:担任侍中的儒生。皮弁(biàn)荐绅:是参加朝会和典礼的礼服。皮弁,古冠名。用白鹿皮制成。荐绅,将笏板插在腰间绅带中。

⑥射牛行事:据前注,帝王应亲自“射牲”,这里是武帝让“侍中儒者”代替行事。

⑦封广丈二尺:祭台为一丈二尺见方。封,这里指祭台。

⑧玉牒书:用玉片连缀的书册,上刻皇帝的祈祷之辞。

⑨书秘:方苞曰:“太乙、明堂赞飨,具载其文,而此书独秘,盖以登仙祷也。”

⑩奉车子侯:奉车都尉霍子侯。奉车,奉车都尉的简称。子侯,霍去病之子。名嬗,字子侯。

⑪亦有封:意即也有祭台、玉牒书之类。

⑫下阴道:从泰山的北路下山。

⑬丙辰:即上述活动的第二天,四月二十。

⑭下阯：山脚下。阯，同"址"。颜师古曰："山之基足。"肃然山，泰
　　山东麓，在今山东莱芜西北。

⑮杂封：用各色土混杂筑成的祭坛。

⑯"纵远方奇兽蜚禽及白雉诸物"几句：王先谦曰："诸兽本以加祠，
　　今并纵之。"加祠，谓附加供品。

【译文】

　　四月，返回奉高。皇上认为儒生和方士们提出的封禅礼仪各不相
同，又荒诞不经，难以施行。天子来到梁父山，祭拜地神。乙卯日，命担
任侍中的儒生戴上皮弁，穿上插笏的官服，射牛祭祀地神。又在泰山下
的东方，设置祭坛祭祀天神，使用如郊祀泰一神的礼仪。封坛一丈二尺
见方，高九尺，坛下摆放着祭祀天神的玉饰文书，文书的内容是保密的。
祭祀完毕，天子单独和侍中奉车都尉霍子侯登上泰山，又设祭坛祭了天。
这些事情都禁止外传。第二天，从北山下山。丙辰日，又在泰山脚下东
北方向的肃然山祭祀地神，礼仪同祭祀后土的一样。天子都亲自朝拜，
身穿黄衣，全都配有音乐。采用江淮一带出产的灵茅作为祭祀神灵时用
的垫席。用五色泥土加盖在祭坛上。放出远方的奇兽飞鸟和白色野鸡
等异物，从而增加礼仪的隆重。不使用兕旄牛犀象一类的牲畜。它们都
是带到泰山之后才放走的。在皇帝举行封禅的这段时间，夜间似乎有光
彩闪耀，白天还有白云从祭天的高坛上升起。

　　天子从封禅还，坐明堂^①，群臣更上寿。于是制诏御
史："朕以眇眇之身承至尊，兢兢焉惧弗任。维德菲薄，不
明于礼乐。修祀泰一，若有象景光^②，屑如有望^③，依依震于
怪物^④，欲止不敢，遂登封泰山，至于梁父，而后禅肃然。自
新，嘉与士大夫更始^⑤。赐民百户牛一酒十石，加年八十孤
寡布帛二匹。复博、奉高、蛇丘、历城^⑥，毋出今年租税。其

赦天下,如乙卯赦令⑦。行所过毋有复作⑧。事在二年前,皆勿听治⑨。"又下诏曰:"古者天子五载一巡狩,用事泰山,诸侯有朝宿地。其令诸侯各治邸泰山下。"

【注释】

①坐明堂:此指泰山下东北侧的旧明堂。《集解》引《汉书音义》曰:"天子初封泰山,山东北址古时有明堂处,则此所坐者。"

②修祀泰一,若有象景光:指元鼎四年在甘泉祭祀泰一的情景。景光,祥光。

③屑如有望:《汉书·武帝纪》作"屑然如有闻"。臣瓒曰:"闻呼万岁者三是也。"屑,倏忽。

④依依:深深。

⑤自新,嘉与士大夫更始:修身自新,希望与士大夫们一起作为新的起点。意即更改年号。

⑥博:汉县名。在泰山南。蛇丘:汉县名。在泰山西南。历城:汉县名。即今济南,在泰山北。

⑦乙卯赦令:即元朔三年的赦令。据《汉书·武帝纪》,是年三月诏曰:"以百姓之未洽于教化,朕嘉与士大夫日新厥业,祗而不解。其赦天下。"

⑧毋有复作:毋有,《正义》曰:"毋,音无。复,音伏。毋有,弛刑徒也。"复作,汉刑律名。犯者不戴刑具,不穿罪犯衣服,在监外服徒役。服徒役的时间,一般要满其本罪。一说,犯有轻罪者,男子为罚作,守边一年;女子为复作,为官府服役一年。

⑨皆勿听治:一律不再追究。听,盘查。治,审理。

【译文】

　　天子从祭天、祭地的场所回来,坐在明堂之上,众臣轮流上前向皇帝祝贺。皇上于是下诏书给御史说:"我以渺小的身份承受最尊贵的称号,小心谨慎害怕不能胜任。我的德行浅薄，对礼乐制度并不明白。祭祀泰一神时，似乎有吉祥的光彩闪耀，仿佛看见了什么，因受到这些神奇景象的震动，不敢把祭祀活动中止，终于登上了泰山祭祀天神，又到达梁父山，然后到肃然山开辟祭场祭祀地神。我将修身自新，希望与士大夫们一起作为新的起点。赏赐百姓，每百户给一头牛、十石酒，对八十岁以上的老人和孤儿寡母再赏布帛二匹。并免除博县、奉高、蛇丘、历城四县的徭役，也不用缴纳今年的租税。大赦天下，如同乙卯年所颁布的赦令一样。我巡行所到之处所有苦役犯通通赦免。所犯罪行在两年前的，都不再追究处理。"又下诏书说："古代天子每五年进行一次视察，到泰山祭祀天地，诸侯都有朝见天子时的住所。特命令诸侯分别在泰山下建造府第。"

　　天子既已封禅泰山，无风雨灾，而方士更言蓬莱诸神山若将可得，于是上欣然庶几遇之①，乃复东至海上望，冀遇蓬莱焉。奉车子侯暴病，一日死②。上乃遂去，并海上③，北至碣石④，巡自辽西⑤，历北边至九原⑥。五月，返至甘泉⑦。有司言宝鼎出为元鼎，以今年为元封元年⑧。

【注释】

①庶几：也许，表希望。

②一日死：渲染出一种怪异的气氛。《卫将军骠骑列传》云："嬗少，字子侯，上爱之，幸其壮而将之。居六岁，元封元年，嬗卒，谥哀侯。"董份曰："武帝封泰山，求神仙，专从子侯上封处，而子侯则死矣，故特著之，见神仙不足恃也。"吴见思曰："秦封禅方讫遇风雨，汉封禅方讫死子侯，正高兴时即接此败兴语，史公妙处。"

③并（bàng）海上：沿海边北行。并，通"傍"，沿着。

④碣石：山名。在今河北昌黎西北。

⑤辽西：汉郡名。郡治阳乐（今辽宁义县西。一说汉时治且虑，在
　今河北滦州西南）。

⑥九原：县名。在今内蒙古包头西，当时为五原郡郡治。

⑦五月，返至甘泉：《正义》引姚察曰："三月幸缑氏，五月乃至甘泉，
　则八旬中周万八千里，其不然乎？"按，《汉书·武帝纪》未言月日。

⑧有司言宝鼎出为元鼎，以今年为元封元年：梁玉绳曰："此文当在
　前'群臣更上寿'句下，错简也。"按，梁说是。

【译文】

　　天子已在泰山举行了封禅，没有遇到风雨灾害，并且方士们又说蓬
莱神山看来可以寻访到，于是皇上非常高兴，希望能见到神山，就又向东
来到海上瞭望，希望能遇到蓬莱神山。奉车都尉霍子侯忽然患急病，当
天死了。皇上这才离去，沿海北上，到达碣石山，再从辽西开始巡视，沿
着北方边境到达九原。五月，皇上返回甘泉宫。主管官员说，宝鼎出现
的那年年号为元鼎，因今年举行了封禅大典，就应把今年改为元封元年。

　　其秋，有星茀于东井①。后十余日，有星茀于三能②。
望气王朔言："候独见其星出如瓠③，食顷复入焉。"有司言
曰："陛下建汉家封禅，天其报德星云④。"其来年冬⑤，郊雍
五帝，还，拜祝祠泰一⑥。赞飨曰："德星昭衍⑦，厥维休祥⑧。
寿星仍出⑨，渊耀光明⑩。信星昭见⑪，皇帝敬拜泰祝之飨。"

【注释】

①有星茀（bèi）于东井：彗星出现在井宿的位置。茀，也作"孛"，彗
　星，这里用作动词，谓彗星出现时光芒四射的现象。东井，星宿
　名。即井宿，二十八宿之一。

②三能（tái）：也作三台。古星名。在北斗星下，共六星，分上台、中台、下台，两两相对。属于现代天文学的大熊星座。古人认为彗星出现为不祥之兆，预示有兵灾悖乱发生。

③候：谓占测天文。

④德星：景星，岁星，其出现的地方有福，故称德星。王朔之言为含糊其词，主管官员就说是德星。梁玉绳曰："以彗孛为德星，犹以天旱为干封，阿谀无理，足供千古拊掌之资。"按，据《汉书·五行志》"元封元年五月，有星孛于东井，又孛于三台。其后江充作乱，京师纷然"的记载看，当时人也认为这是预示灾异的妖星。

⑤其来年冬：元封二年（前109）岁首。

⑥还，拜祝祠泰一：谓还至长安，拜祭长安东南郊之薄忌泰一神坛。李慈铭曰："武帝时泰一神祠凡四：一，谬忌所奏立于长安东南郊者，所谓'薄忌泰一坛'也；一，春解祠之泰一，用牛者也；一，神君所下之泰一祠，于甘泉之北宫寿宫者也；一，祠官宽舒等所立之泰一祠坛，在云阳甘泉宫之南，所谓'太畤，三年一郊见'者。以祀之时礼皆别，故各为祭。盖汉以祀泰一当祀天，而皆用方士之说，故杂出不经。"

⑦昭衍：光明广布。

⑧休祥：吉祥。休，美。

⑨寿星：《索隐》曰："南极老人星也，见则天下理安。"仍出：频频出现。仍，频繁。

⑩渊耀：即炫耀，光亮耀眼。

⑪信星：传达信息之星，即前文称之为"德星"的彗星。一说信星指土星。信星出现是国家得土的预兆。

【译文】

这年秋天，光芒四射的彗星出现在井宿。十多天后，彗星又出现在三台。观测云气的王朔说："我测视天象时，独自看到其星出现时大如瓠瓜，一顿饭的工夫又隐没了。"主管官员说："陛下创建了汉朝封禅的制度，上天就出现了德星来报答陛下的功绩。"第二年冬天，皇上到雍县郊祀五帝，回来时又拜祝祭祀泰一神。赞飨祝辞说："德星耀亮远照，是吉祥的象征。南极老人星频频出现，光明远射。传达符信之星应时明显出现，皇帝为此敬拜泰祝所祭的神灵。"

其春，公孙卿言见神人东莱山，若云"见天子"。天子于是幸缑氏城，拜卿为中大夫[1]。遂至东莱，宿留之数日，毋所见，见大人迹。复遣方士求神怪采芝药以千数。是岁旱。于是天子既出毋名，乃祷万里沙[2]，过祠泰山。还至瓠子[3]，自临塞决河，留二日，沉祠而去[4]。使二卿将卒塞决河[5]，河徙二渠[6]，复禹之故迹焉[7]。

【注释】

[1]中大夫：为光禄勋属官。掌议论。秩比二千石。

[2]万里沙：古地名。在今山东莱州东北。这里有神祠，也名万里沙，濒临渤海，海边有参山，祭祀"八神"之中第四神阴主。

[3]瓠子：亦称"瓠子口"，地名。在今河南濮阳城西南，处于当时黄河的南侧。

[4]沉祠：沉祭具于水中。按，《河渠书》云"天子已用事万里沙，则还自临决河，沉白马玉璧于河，令群臣从官自将军已下皆负薪填决河"，并自作《瓠子歌》二首，辞甚壮观，可参看。

[5]二卿：指汲仁、郭昌。

[6]河徙二渠：将黄河改为两条水道。一条为故黄河水道，自今河南滑县东北引河水北行，到今河北沧州东北入海，此为黄河之主干道；一条即漯水，自今滑县东北引河水东行，到今山东高青东北入海。

⑦复禹之故迹:春秋末期,黄河已改道从邺都故大河和漯川入海,武帝堵塞决口后,只是恢复了决口之前的黄河水道,并非恢复成大禹疏导的样子。梁玉绳曰:"史不书河徙已属疏略,而此与《封禅书》并称武帝'道二渠,复禹迹',岂史公明知非禹所穿,而以武帝自多其功,姑妄纪之乎?"关于"河徙二渠"与是否"复禹之故迹"的问题,详见《河渠书》。

【译文】

这年春天,公孙卿说在东莱山见到了神仙,好像听它说"想要见天子"。天子于是驾临缑氏城,任命公孙卿为中大夫。接着,天子来到东莱山,住留了几天,并没看到什么,只见到了巨人的脚印。又派遣数以千计的方士们去寻访神奇事物,采集灵芝仙药。这年天气干旱。这时,天子因这次出外巡视没有正当名义,就到万里沙去求雨,并顺路去祭祀泰山。回程时到了瓠子口,就亲自到现场部署堵塞黄河决口的大事,停留了两天,沉下白马、玉璧祭祀了河神以后才离开。天子派两名大臣统率兵卒堵塞黄河决口,使黄河改从两条河道入海,恢复了夏禹治水时的原来水道。

是时既灭南越,越人勇之乃言:"越人俗信鬼,而其祠皆见鬼,数有效。昔东瓯王敬鬼,寿至百六十岁①。后世谩怠②,故衰耗③。"乃令越巫立越祝祠,安台无坛,亦祠天神上帝百鬼,而以鸡卜④。上信之,越祠鸡卜始用焉。

【注释】

①昔东瓯王敬鬼,寿至百六十岁:按,《东越列传》未言此事。东瓯王,也称"东越王",名摇,句践的后裔。曾率众从诸侯灭秦,后又助汉灭项羽。汉惠帝三年(前192)受封为东海王,都东瓯(今浙

江温州），俗称东瓯王。辖境相当于今浙江南部瓯江、灵江流域。武帝建元三年（前138）因遭闽越攻击，其后人率众北迁于庐江郡（今安徽中部）。详见《东越列传》。

②谩怠：怠慢。谩，通"慢"。

③衰耗：同"衰耗"，衰弱亏损。

④以鸡卜：以鸡骨占卜吉凶。《集解》引《汉书音义》曰："持鸡骨卜，如鼠卜。"《正义》曰："鸡卜法用鸡一、狗一，生，祝愿讫，即杀鸡狗煮熟，又祭，独取鸡两眼，骨上自有孔裂，似人物形则吉，不足则凶。今岭南犹此法也。"胡三省引范成大《桂海虞衡志》曰："鸡卜，南人占法，以雄鸡雏执其两足，焚香祷所占，扑鸡杀之，拔两股骨，净洗，线束之，以竹筳插束处，使两骨相背于筳端，执竹再祝。左骨为侬，侬，我也。右骨为人，人，所占事也。视两骨之侧所有细窍，以细竹筳长寸余遍插之，斜直偏正，各随窍之自然，以定吉凶。法有十八变，大抵直而正、或近骨者多，吉；曲而斜、或远骨者多，凶。亦有用鸡卵卜者，握卵以卜，书墨于壳，记其四维；煮熟横截，视当墨处，辨壳中白之厚薄以定侬、人吉凶。"

【译文】

这时已经灭掉了南越，越地人勇之说："越地人的习俗是信鬼的，他们祭祀时都能见到鬼，时常能有效。从前东瓯王敬鬼，活到了一百六十岁。他的后代怠慢了鬼神，所以衰败了。"皇上就命令越地的巫师建立越式的祠庙，只有平台，而无高坛，也祭祀天神、上帝和百鬼，并采用鸡骨占卜。皇上相信这种方式，于是，越式的祠庙和用鸡骨占卜的方法就被朝廷采用了。

公孙卿曰："仙人可见，而上往常遽①，以故不见。今陛下可为观，如缑氏城，置脯枣，神人宜可致。且仙人好楼居。"于是上令长安则作蜚廉、桂观②，甘泉则作益延寿观③，使卿持节设具而候神人。乃作通天台④,置祠具其下,将招来神仙之属⑤。于是甘泉更置前殿,始广诸宫室。夏,有芝生殿防内中⑥。天子为塞河,兴通天台⑦,若有光云,乃下诏曰:"甘泉防生芝九茎,赦天下,毋有复作。"

【注释】

①遽:骤,突然。

②令长安则作蜚廉、桂观:《集解》引应劭曰:"飞廉神禽,能致风气。"又引晋灼曰:"身如鹿,头如雀,有角而蛇尾,文如豹文也。"西安出土的飞廉画瓦即为此形像。

③益延寿观:旧说益寿、延寿为二观,《汉武故事》云延寿观高三十丈。而近人发现有"益延寿宫"瓦及"益延寿"大方砖,则益延寿观也可能是一处宫观。

④通天台:《索隐》曰:"《汉书旧仪》台高三十丈,去长安二百里,望见长安城。"《正义》引《括地志》云:"汉云阳宫在雍州云阳县北八十一里。有通天台,即黄帝以来祭天圜丘之处。武帝以五月避暑,八月乃还。"

⑤招来:招致。来,同"徕"。

⑥殿防内中:据《汉书·礼乐志》,指甘泉斋房。

⑦为塞河,兴通天台:泷川引中井曰:"兴通天台,是塞河之报赛矣,故曰'为'也。"

【译文】

公孙卿说:"仙人是可以见到的,但皇上去时常常很突然,因此没有看到。现在陛下可建造高大的观台,就像缑氏城里的样式,里面供设上干肉、枣子,神仙就应当可以招致了。并且神仙喜欢住在高楼上面。"于是皇上下令在长安建造蜚廉观和桂观,在甘泉建造益延寿观,派公孙卿手持符节,摆设祭祀用品,等候神仙到来。另外还修建了通天台,在台下摆置供品,用这种办法把神仙之类招来。于是在甘泉宫又建造了前殿,还扩建了各宫室。夏天,有灵芝草在甘泉宫内的斋房中生出。天子为了能把黄河决口堵塞住,兴建了通天台,在天空中好像显现有光彩,天子就下诏书说:"甘泉宫内生长出了九茎灵芝,因此大赦天下,免除苦役犯的刑罚。"

其明年^①,伐朝鲜^②。夏,旱。公孙卿曰:"黄帝时封则天旱,干封三年^③。"上乃下诏曰:"天旱,意干封乎?其令天下尊祠灵星焉^④。"其明年^⑤,上郊雍,通回中道^⑥,巡之^⑦。春,至鸣泽^⑧,从西河归^⑨。其明年冬^⑩,上巡南郡^⑪,至江陵而东。登礼潜之天柱山^⑫,号曰南岳。浮江,自寻阳出枞阳^⑬,过彭蠡^⑭,祀其名山川。北至琅邪^⑮,并海上。四月中,至奉高修封焉。

【注释】

①其明年:元封三年,前108年。

②伐朝鲜:相传周封箕子于朝鲜,传四十余世,至战国时侯准始称王。汉初燕人卫满击破准而自王之,都王险城(今朝鲜平壤)。其孙右渠不朝汉,武帝于元封二年(前109)派涉何往谕之,不听。涉何回国途中杀死护送他的朝鲜裨王,归报武帝曰"杀朝鲜将",武帝"为其名美,即不诘",任他为辽东东部都尉,朝鲜愤而攻杀涉何,于是两国起衅,汉派兵攻入朝鲜。元封三年,汉灭朝鲜,设其地为四郡。详见《朝鲜列传》。

③干封三年:颜师古曰:"三岁不雨,暴所封之土令干。"意即大旱是上天为了晒干祭坛的封土。

④灵星：星名。又称天田星、龙星。主农事。《正义》引张晏云："龙星左角曰天田，则农祥也，见而祭之。"

⑤其明年：元封四年，前107年。

⑥回中道：南起汧水（今陕西西部千水）河谷，北出萧关（今宁夏固原东南），抵清水河谷，为古代关中平原与陇东高原间交通要道。因道经回中宫而得名。

⑦巡之：谓由回中道西出巡行西北沿边诸郡。

⑧鸣泽：沼泽名。方位不详，沈钦韩说此"鸣泽"近咸阳；钱穆《史记地名考》说当为今甘肃平凉西弹筝峡。

⑨西河：汉郡名。郡治平定，在今内蒙古东胜境内。辖境相当于今山西芦芽山、吕梁山以西，石楼以北，陕西宜川以北黄河沿岸地带及内蒙古鄂尔多斯东部地区。

⑩其明年冬：元封五年（前106）岁首。

⑪南郡：汉郡名。郡治江陵，今湖北江陵一带。

⑫潜之天柱山：潜，汉县名。在今安徽霍山县东北。天柱山在今霍山县西南。

⑬寻阳：汉县名。在今湖北黄梅西南。枞（zōng）阳：汉县名。即今安徽枞阳。

⑭彭蠡：古泽薮名。指今湖北黄梅、安徽宿州以南、望江西境长江北岸尤感湖、大官湖、泊湖一带。

⑮琅邪：此指琅邪台。在今山东胶南西南夏河城东南，现台已废圮，遗址状如小山丘，地临黄海。

【译文】

第二年，讨伐朝鲜。夏天，大旱。公孙卿说："黄帝封禅时就天旱，祭天的祠坛上的土在三年中就干燥了。"皇上就下诏书道："天气干旱，那将是为晒干封土吗？特命令天下人祭祀灵星。"第二年，皇上又到雍县举行郊祀，又通过回中谷道，巡视地方。春天，到达了鸣泽，并从西河返回京城。第二年冬天，皇上巡视南郡，到达江陵后，转向东行。登上潜县的天柱山举行祭祀，并给它以南岳的称号。又坐船沿长江而下，从寻阳前往枞阳，经过彭蠡湖，祭祀了沿路的名山大河。又向北巡行到达了琅邪，沿海路北上。四月中，到达了奉高，在那里举行了祭天仪式。

　　初，天子封泰山，泰山东北阯古时有明堂处，处险不敞。上欲治明堂奉高旁，未晓其制度。济南人公玉带上黄帝时明堂图①。明堂图中有一殿，四面无壁，以茅盖，通水，圜宫垣②，为复道，上有楼，从西南入，命曰昆仑，天子从之入，以拜祠上帝焉。于是上令奉高作明堂汶上③，如带图。及五年修封，则祠泰一、五帝于明堂上坐④，令高皇帝祠坐对之⑤。祠后土于下房⑥，以二十太牢。天子从昆仑道入，始拜明堂如郊礼。礼毕，燎堂下⑦。而上又上泰山，有秘祠其颠。而泰山下祠五帝，各如其方，黄帝并赤帝⑧，而有司侍祠焉⑨。泰山上举火，下悉应之。

【注释】

①公玉（sù）带：姓公玉，名带。

②圜（huán）宫垣：环绕宫墙。圜，环绕。

③作明堂汶上：汶，即今大汶河，在今山东莱芜至梁山一带。当时的汶水流经奉高县城的西北侧。以上乃追述元封二年（前109）事。

④明堂上坐：明堂里最尊贵的座位。

⑤令高皇帝祠坐对之：谓以高祖刘邦配享。高皇帝祠坐，刘邦灵位。

⑥下房：明堂下面的其他房舍。

⑦燎堂下：在堂下举行燎祭。燎，古祭名。烧柴祭天。

⑧黄帝并赤帝：黄帝理应居中，但中间是泰一神，就将黄帝和赤帝排

　　在一起。

⑨侍祠：意同"奉祠"，即祭祀。

【译文】

　　当初，天子在泰山举行封禅大典时，泰山的东北脚下就有古代建的明堂旧址，那里地势险恶而且不宽敞。皇上因此想要在奉高附近修建明堂，但不了解它的建造规格形制。济南郡人公玉带进献了黄帝时明堂的设计图样。图上画有一座殿堂，四面没有墙壁，顶上用茅草覆盖，四周通水，环绕着宫墙，上面还画有夹层通道，上有楼，从西南方向伸入殿堂的通道名叫昆仑道，天子可以从这条通道走进明堂内，来拜祭上帝。于是皇上命令奉高县的官员在汶水旁边修建明堂，就按照公玉带的图样进行施工。等到五年后再举行封禅时，就在明堂上座祭祀泰一神和五帝，将高皇帝的灵位设在他们的对面。在下房祭祀后土，使用二十太牢祭祀。天子从昆仑道进去，开始按照郊祀的礼仪在明堂祭拜。祭祀完，再在堂下举行燎祭。皇上又登上泰山，在山顶秘密地举行祭祀。而在泰山下按五帝各自的方位同时祭祀五帝，黄帝和赤帝的祭祀在一起，由主管官员进行祭奠。祭祀开始时，山上燃起火，山下也燃起火响应。

　　其后二岁①，十一月甲子朔旦冬至②，推历者以本统③。天子亲至泰山，以十一月甲子朔旦冬至日祠上帝明堂，毋修封禅④。其赞飨曰："天增授皇帝泰元神策⑤，周而复始。皇帝敬拜泰一。"东至海上，考入海及方士求神者，莫验，然益遣，冀遇之。

【注释】

①其后二岁：元封七年，后来改称"太初元年"，前104年。

②十一月甲子朔旦冬至：十一月的初一是"甲子"日，也是冬至。

③本统：即"元统"，以甲子那天恰好是朔旦冬至，作为新周期起算的开始。汉武帝这年夏要改元，并用"太初"为年号，也是由"本统"而来。

④毋修封禅：底本作"每修封禅"。《封禅书》作"毋修封禅"，意即这次只是为了纪念"本统"的开始而来明堂祭祀上帝，并不是来泰山封禅的。今据改。

⑤泰元神策：实际即指"太初历"，因前文公孙卿有所谓"黄帝得宝鼎神策"，"黄帝迎日推策"，以及"终而复始"云云，故此当时人们遂称"太初历"为"神策"。泰元，意同"太初"。

【译文】

这以后两年，十一月甲子朔日早晨交冬至，作为推算历法的起点。天子亲自到泰山，以十一月甲子朔日早晨交冬至这天在明堂祭祀上帝，不举行封禅大典。赞飨祝辞说："上天把神奇的泰元神策加授给皇帝，循环往复不停运行。皇帝特敬拜泰一神。"皇上接着向东来到大海，查问那些到海上去求神仙的方士，没有人能验证有神仙出现。然而皇上派了更多的人前去寻访，希望能遇到神仙。

　　十一月乙酉①，柏梁灾。十二月甲午朔②，上亲禅高里③，祠后土。临渤海，将以望祠蓬莱之属④，冀至殊庭焉⑤。上还，以柏梁灾故，朝受计甘泉⑥。公孙卿曰："黄帝就青灵台，十二日烧，黄帝乃治明庭。明庭，甘泉也⑦。"方士多言古帝王有都甘泉者。其后天子又朝诸侯甘泉，甘泉作诸侯邸。勇之乃曰："越俗有火灾，复起屋必以大，用胜服之⑧。"于是作建章宫⑨，度为千门万户，前殿度高未央⑩。其东则凤阙⑪，高二十余丈。其西则唐中⑫，数十里虎圈。其北治大池，渐台高二十余丈⑬，名曰泰液池⑭，中有蓬莱、方丈、瀛洲、壶梁⑮，象海中神山龟鱼之属⑯。其南有玉堂、璧门、大鸟之属⑰。乃立神明台、井干楼⑱，度五十余丈，辇道相属焉⑲。

夏，汉改历⑳，以正月为岁首㉑，而色上黄，官名更印章以五字㉒，因为太初元年。是岁，西伐大宛㉓。蝗大起。丁夫人、雒阳虞初等以方祠诅匈奴、大宛焉㉔。

【注释】

①十一月乙酉：阴历十一月二十二。

②十二月甲午朔：十二月初一，即"甲午"日。

③高里：泰山下的小山，又名"亭禅山"，在今泰安西南。

④望祠蓬莱之属：指望祀海中的三神山。

⑤殊庭：异域。此指神仙居住的地方。

⑥受计：皇帝接受郡国所上的计簿。汉制，岁终郡国守相派官吏到京城向中央呈交计簿，内容为一年中的租赋、刑狱、选举等情况，中央根据计簿对郡国守相的政绩进行考核。

⑦明庭，甘泉也：黄帝的"明庭"，就建造在甘泉这个地方。

⑧用胜服之：以此来压制火神。胜，也称"压胜"，古代一种巫术，能压服人或物。

⑨建章宫：位于当时的长安城西城墙外，城墙内即未央宫。考古勘探，宫城平面呈东西宽、南北窄的长方形，东西约2130米，南北约1240米。正式起用于太始四年（前93），至昭帝元凤二年（前79），一直作为皇宫使用。

⑩度高未央：格局比未央宫还要高大。度，格局，尺度。未央，未央宫，汉初萧何为刘邦建造的第一座宫殿，后为西汉历代皇帝之所居。

⑪凤阙：在东宫门外。《索隐》引《三辅故事》云："上有铜凤皇，故曰

凤阙也。"

⑫ 唐中：宫殿名。班固《西都赋》有"前唐中而后太液"；张衡《西京赋》有"前开唐中，弥望广象"之句。

⑬ 渐台：因台在池中，为水所浸，故曰渐台。

⑭ 名曰泰液池：《正义》引臣瓒曰："泰液言象阴阳津液以作池也。"泰液池作为大海的象征被安排在皇宫里，显示出宫城为国家的缩影。

⑮ 壶梁：与蓬莱、方丈等同为传说中的海中仙山名。

⑯ 龟鱼之属：《索隐》引《三辅故事》云："殿北海池北岸有石鱼，长二丈，广五尺，西岸有石龟二枚，各长六尺。"按，杜甫《秋兴八首》有所谓"织女机丝虚夜月，石鲸鳞甲动秋风"者盖谓此。

⑰ 玉堂：即建章宫前殿。为三层台，高三十丈，殿内有十二座门。璧门：建章宫南宫门，也称阊阖门。《正义佚文》引《汉武故事》称其"阶陛咸以玉为之。门三层，台高十余丈。椽首薄以璧为之，因名璧门"。大鸟：当指玉堂屋顶装饰的高大的鎏金铜凤。

⑱ 神明台：颜师古引《汉宫阁疏》云："神明台高五十丈，上有九室，恒置九天道士百人。"台上有铜铸仙人，手托直径二十七丈的大铜盘承露盘，盘内有巨型玉杯。井干楼：也叫凉风台，在璧门附近。颜师古曰："积木而高，为楼若井干之形也。井干者，井上木栏也，其形或四角，或八角。张衡《西京赋》云'井干叠而百层'，即谓此楼也。"

⑲ 辇道：可乘辇往来的宫中道路。

⑳ 汉改历：此年五月改用太初历。

㉑ 以正月为岁首：此前汉朝一直使用秦历，以十月为岁首，改为以"正月"为岁首后，太初元年从正月算起，原属此年的十月、十一月、十二月都算进前一年即元封六年，所以元封六年就有了十五个月。

㉒ 官名更印章以五字：《汉书·郊祀志》作"官更印章以五字"，"名"字似应削。《集解》引张晏曰："汉据土德，土数五，故用五为印

文也,若丞相曰'丞相之印章',诸卿及守相印文不足五字者,以'之'足也。"陈直曰:"以出土汉印考之,章为五字,多用于太守、都尉及将军。举例如河东太守章,虎牙将军章是也。二千石以下官印,如令长,则仍为四字,称为印,不用五字。"

㉓西伐大宛:大宛,古西域国名。王治贵山城(今乌兹别克斯坦卡散赛。一说在今塔吉克斯坦苦盏)。领地在今中亚费尔干纳盆地,以产汗血马著名。汉武帝为得汗血马使李广利西伐大宛事,详见《大宛列传》。

㉔丁夫人、虞初:皆方士、巫祝之流。丁夫人,姓丁,史失其名。虞初,以方士为侍郎,号黄车使者,《汉书·艺文志》载有其《虞初周说》九百四十三篇。以方祠诅:苏轼《仇池笔记》曰:"汉武帝讳巫蛊之事,疾之如仇雠。盖夫妇、君臣、父子之间嗷嗷然不聊生矣……己且为巫蛊之魁,何以责其下?此最可笑云。"

【译文】

十一月乙酉日,柏梁台发生火灾。十二月甲午朔日,皇上亲自到高里祭地,祭祠后土神。到渤海边,准备望祠蓬莱等海中三神山,期望到达那奇特的地方。皇上回京以后,因为柏梁台遭火灾的缘故,就在甘泉宫听取接受各郡国上计官员的朝见,并听取报告。公孙卿说:"黄帝建成青灵台,十二天后被火烧了,黄帝就修建明庭。明庭,即甘泉宫。"方士中好多人说古代帝王有建都甘泉的。这以后天子又在甘泉宫会见诸侯,并在甘泉山修建供诸侯使用的官邸。勇之就说:"越人的习俗,房屋遭火烧毁,再盖屋时一定要比原先的大,以此来压制邪气。"于是,又建造建章宫,千门万户,规模很大。前殿的规模比未央宫还高大。它的东面是凤阙,高二十多丈。它的西面为唐中宫,旁边是几十里的虎圈。它的北面建造了一个大池,池中的楼台,即渐台,高有二十多丈,名叫泰液池,池中建造了名叫蓬莱、方丈、瀛洲、壶梁的假山,建造得就像海中的神山,还有石海龟和石鱼等。它的南面建有玉堂、璧门和大鸟之类。宫内还建有神明台和井干楼,高有五十多丈,楼台之间供天子专车使用的御道互相连接。

夏天,汉朝更改历法,把正月作为一年的开始,车马和服饰的颜色都崇尚黄色,官印都改为五个字,年号改为太初元年。这一年,向西讨伐大宛。出现了严重的蝗灾。丁夫人和洛阳虞初等人用方术祈求鬼神向匈奴和大宛降祸。

其明年①,有司言雍五畤无牢熟具,芬芳不备。乃命祠官进畤犊牢具,五色食所胜②,而以木禺马代驹焉③。独五帝用驹,行亲郊用驹。及诸名山川用驹者,悉以木禺马代。行过,乃用驹④。他礼如故。

其明年⑤,东巡海上,考神仙之属,未有验者。方士有言:“黄帝时为五城十二楼,以候神人于执期⑥,命曰迎年⑦。”上许作之如方,名曰明年⑧。上亲礼祠上帝,衣上黄焉。

【注释】

①其明年:太初二年,前103年。

②五色食所胜:让该帝享用它所能“胜”之的颜色的牲牢,如祭赤帝则用白色牛犊,祭黑帝则用赤色牛犊等等。

③以木禺马代驹:泷川曰:“伐宛马少,故用木偶焉。”木禺,同“木偶”。

④“行亲郊用驹”几句:《汉书·郊祀志》并为几句:“及诸名山川用驹者,悉以木寓马代。独行过亲祠,乃用驹。”较此顺畅。

⑤其明年:太初三年,前102年。

⑥执期:方士所言地名。无可查证。

⑦迎年:意为祈求延长年寿。

⑧明年:颜师古曰:“言明其得延年也。”

【译文】

第二年,主管官员报告说祭祀雍县五畤时,没有使用熟的祭牲,祭品不够芳香。皇上便下令祠官用熟牛犊祭牲供献各畤,并按五行相克的原理选用各方天帝所能制胜毛色的牛犊,用木偶马代替马驹作为祭祀用的牺牲。只有祭祀五帝时使用马驹,天子亲自祭祀天地时也使用马驹。祭祀名山大川时要使用马驹的,也都用木偶马来代替。天子巡行经过的地方祭祀神灵使用马驹,其他的祭礼照旧。

第二年,皇上向东巡游海上,查问去海上寻访神仙的方士们,没有应验的。方士中有人说:“黄帝时修建五城十二楼,在执期迎候神人,给它命名为迎年。”皇上就同意按他的方案修建楼台,命名为明年。皇上亲自到那里祭祀上帝,衣服崇尚黄色。

公王带曰:“黄帝时虽封泰山,然风后、封钜、岐伯令黄帝封东泰山①,禅凡山②,合符,然后不死焉。”天子既令设祠具,至东泰山。东泰山卑小,不称其声,乃令祠官礼之,而不封禅焉。其后令带奉祠候神物。夏,遂还泰山,修五年之礼如前,而加禅祠石闾③。石闾者,在泰山下阯南方,方士多言此仙人之闾也④,故上亲禅焉。其后五年,复至泰山修封,还过祭常山⑤。

【注释】

①风后、封钜、岐伯:皆传说中黄帝的大臣。风后,姓风,名后,伏羲之后。做指南车以别四方,助黄帝大败蚩尤。为黄帝相,善推演阴阳之事,佐黄帝治理天下。封钜,姜姓,炎帝之后。为黄帝师。岐伯,又作“歧伯”,黄帝的太医。黄帝使他尝草木,典主医病。今所传《黄帝内经》,即战国秦汉时医家托名黄帝与岐伯论医之

作。被后世传为医药行业的祖师。东泰山：即今之沂山，在山东临朐南。其主峰高一千余米，而泰山主峰高一千五百多米，故下文武帝认为它"卑小，不称其声"。

②凡山：王先谦引钱大昕说以为应作"丸山"，在今山东临朐东北。

③石闾：山名。在今泰安南。

④闾：里巷的门。通常也用以指里巷。

⑤"其后五年"几句：其后五年，天汉三年，前98年。梁玉绳以为此三句乃"后人妄增"："《史》讫'太初'，安得叙至天汉已下乎？"

【译文】

公玉带说："黄帝时虽然在泰山祭天，但风后、封钜、岐伯要黄帝到东泰山祭天，到凡山祭地，与上帝显示的征兆相符，然后就可以长生不死了。"天子就下令准备好祭品，来到东泰山。东泰山矮小，与它的名称不相称，就让祠官祭祀它，不在这里举行封禅大典。之后命公玉带留下来供奉祭祀，迎候神仙到来。夏天，天子又回到泰山，按旧例举行五年一次的封禅，又在石闾山加祭地神。石闾山就在泰山南面山脚下，方士们中好多人说这里是仙人居住的地方，所以皇上亲自来祭祀地神。又过了五年，皇上又到泰山举行封禅，回京城时顺路祭祀了恒山。

今天子所兴祠，泰一、后土，三年亲郊祠，建汉家封禅，五年一修封。薄忌泰一及三一、冥羊、马行、赤星①，五②，宽舒之祠官以岁时致礼。凡六祠③，皆太祝领之。至如八神诸神，明年、凡山他名祠，行过则祀，去则已。方士所兴祠，各自主，其人终则已，祠官弗主。他祠皆如其故。今上封禅，其后十二岁而还，遍于五岳、四渎矣④。而方士之候祠神人，入海求蓬莱，终无有验。而公孙卿之候神者，犹以大人迹为解，无其效。天子益怠厌方士之怪迂语矣，然终羁縻弗绝⑤，冀遇其真。自此之后，方士言祠神者弥众，然其效可睹矣。

【注释】

①赤星：即灵星祠。《索隐》曰："即上灵星祠也。灵星，龙左角，其色赤，故曰赤星。"

②五：《索隐》曰："太一也、三一也、冥羊也、马行也、赤星也，凡五，并祠官宽舒领之。"而梁玉绳则根据《汉书·郊祀志》以为"五"下应有"床"字，并引《汉书·地理志》云："谷口县有五床山祠。"

③凡六祠：《索隐》以为除上述之泰一、三一、冥羊、马行、赤星外，再加上"正太一后土祠"。按，史文未说明加上哪一祠，终不知"凡六祠"究竟是哪六祠。

④"今上封禅"几句：其后十二岁而还，意即自开始封禅的近十二年来。郭嵩焘曰："《史记》迄于天汉三年（前98），自元封元年（前110）至是十二年，中间凡三修封。"遍于五岳四渎，郭嵩焘曰："《汉书》本纪元封元年诏曰：'朕用事华山，至于中岳。'……元封五年，登礼潜之天柱山，号曰南岳，是年过祭恒山：是此十二年中实遍五岳、四渎也。"梁玉绳则以为此十八字亦"后人妄增"，"《史》讫'太初'，安得叙至天汉已下乎？"

⑤羁縻：笼络。颜师古注："羁縻，系联之意。马络头曰羁也。牛靷曰縻。"

【译文】

当今天子所兴建的祠庙有：泰一祠、后土祠，每三年亲自郊祀一次，创建了汉朝的封禅制度，每五年举行一次。亳县人谬忌的泰一坛和三一祠、冥羊祠、马行祠、赤星祠共五座，由宽舒建议兴建的后土祠，祠官每年按时致以祭祀。这总共六座祠庙，都由太祝管理。至于像八神的各祠庙，明年、凡山等著名祠庙，天子在巡行经过时，就举行祭祀；巡行时远离这里，就作罢。方士们所兴建的祠庙，由他们自己分别主持，本人死了就作罢,祠官不负责这些。其他祠、庙都照旧。当今皇上从初次举行封禅大典时起,十二年来,对五岳、四渎之神都祭遍了。而方士们祭祀迎候神仙,到海上去寻找蓬莱仙境,终究没有应验。而公孙卿迎候神仙,尽管还拿巨人的脚印作为解说,也没有什么效验。天子渐渐地嫌弃方士们的奇谈怪论了,但对他们仍进行笼络,没有断绝来往,总希望能遇到神仙。从这以后,方士们中谈论神仙的更多,但那效果也就可以看到了。

　　太史公曰:余从巡祭天地诸神名山川而封禅焉。入寿宫侍祠神语,究观方士祠官之言①,于是退而论次自古以来用事于鬼神者②,具见其表里③。后有君子,得以览焉。至若俎豆珪币之详,献酬之礼④,则有司存焉⑤。

【注释】

①究观:深入观察。

②论次:论定编次。次,编次,编纂。

③具见其表里:方苞曰:"言推究其意,专为导谀,逢君之恶,而不主于鬼神之祀。"又曰:"自古帝王典祀,乃致敬于鬼神;其余淫祀,则妄意福祥。至汉武封禅,则以为招徕神仙人,致不死之术,而假儒术以文之,故曰'具见其表里'。"

④俎豆珪币之详,献酬之礼:指祭祀活动的具体祭品、仪式等细节。俎豆珪币,指祭祀。俎豆,俎和豆。古代祭祀时盛食物用的两种礼器。珪币,祭祀用的玉帛。献酬,献祭酬神。

⑤有司存:语出《论语·泰伯》:"笾豆之事,则有司存。"意谓由主管官员掌管负责。

【译文】

太史公说:我跟随着皇上巡行,祭祀天地众神和各名山大河,参加了封禅大典,进入寿宫旁听了祭神的祝辞,推究体察了方士、祠官的意图,然后退下来依次论述自古以来祭祀鬼神的史实,把它们的形式和内中情理全都披露在这里。后世的君子们,可以从这里观看到封禅的情景。至于祭品、玉帛的详细情况,以及供献祭祀、酬报神灵的礼仪,则由有关官员掌管负责。

【集评】

班固曰:"汉承百王之弊,高祖拨乱反正,文景务在养民,至于稽古礼文之事,犹多阙焉。孝武初立,卓然罢黜百家,表章六经。遂畴咨海内,举其俊茂,与之立功。兴太学,修郊祀,改正朔,定历数,协音律,作诗乐,建封禅,礼百神,绍周后,号令文章,焕焉可述。后嗣得遵洪业,而有三代之风。如武帝之雄材大略,不改文景之恭俭以济斯民,虽《诗》《书》所称何有加焉!"(《汉书·武帝纪赞》)

钱大昕曰:"张晏云:此纪褚先生补作。予谓少孙补史,皆取史公所阙,意虽浅近,词无雷同,未有移甲以当乙者也。或魏晋以后,少孙补篇亦亡,乡里妄人取此以足其数尔。"(《廿二史考异》)

【评论】

《孝武本纪》不是《史记》原作,司马迁的原文题作《今上本纪》,所写内容,《太史公自序》说:"汉兴五世,隆在建元,外攘夷狄,内修法度,封禅,改正朔,易服色,作《今上本纪》第十二。"应该包括:一、征伐匈奴、平西南夷、收朝鲜等对外战争("外攘夷狄");二、崇尚儒家学术定立新的制度("内修法度");三、封禅及改用太初历,改易服色,彻底摆脱"秦制",建成"汉制"。从这个设定来看,原文应该规模宏大,足以与汉武帝的文治武功相配。但是关于本文之所以会"佚失",有一种说法是汉武帝看过景帝和自己的"本纪"后大怒,于是将这两篇文章销毁了,至于怒而销毁的原因一定是其中有他们不喜欢的内容以及对他们的批评。从

《史记》其他篇章的情况看，司马迁确实对武帝的一些政策不满甚至极其反感，在写法上也有时会用指桑骂槐、明褒暗贬等方法进行批评，所谓"敷绚烂之辞，若吞若吐，运含讥冷，刺于有意无意之间"（李晚芳《读史管见》），也许《今上本纪》也是这样。但也有一种说法认为它只是自然亡佚，不存在被武帝刻意毁掉之事，如梁玉绳就说："《太史公自序》曰：'天下翕然，大安殷富，作《孝景本纪》'；'汉兴五世，隆在建元，作《今上本纪》'，可知纪中必不作毁谤语，只残缺失传耳，岂削之哉！"似乎也有道理。

那么现在这篇《孝武本纪》又是谁补的呢？晋代张晏说是褚少孙所为，而清代钱大昕说："褚先生补《史记》，皆取史公所缺，意虽浅近，词无雷同，未有移甲以当乙者也。或晋以后，少孙补篇亦亡，乡里妄人取此以足其数耳。"其说可信，应是更晚的妄人所为。

早在班固写《汉书》时就说《史记》的一百三十篇中"十篇有录无书"，晋朝张晏说这十篇是《孝景本纪》《今上本纪》《礼书》《乐书》《兵书》《汉兴以来将相年表》《日者列传》《三王世家》《龟策列传》《傅靳列传》。从今天流行的裴氏《史记集解》以下的各种本子看，班固当时所说的"有录无书"的十篇，除《今上本纪》仍无其本文，《日者列传》的确是后人补作外，其余八篇都有，而且《孝景本纪》和《傅靳蒯成列传》相当完整，也像是史公旧文，其他六篇则都是不同程度地有所残缺。

文中有一段文字讲到二十五弦瑟的来历，应该来自古代传说，但文字表述不甚明确。原文是："泰帝使素女鼓五十弦瑟，悲，帝禁不止，故破其瑟为二十五弦。于是塞南越，祷祠泰一、后土，始用乐舞。益召歌儿，作二十五弦及箜篌瑟自此起。"前一句"故破其瑟为二十五弦"很清楚，下一句"作二十五弦及箜篌瑟"是什么意思？郭嵩焘引《礼记》曰："'瑟'字疑当在'及'字上，与'二十五弦'相属。"按，郭说是。"二十五弦瑟"及"箜篌"是两种乐器的名称。今调整此句为"泰帝使素女鼓五十弦瑟，悲，帝禁不止，故破其瑟为二十五弦。于是塞南越，祷祠泰一、后土，始用乐舞，益召歌儿，作二十五弦瑟及箜篌，自此起。"

表

　　《史记》的"表"共有十篇。司马迁《太史公自序》说："并时异世，年差不明，作十表。"表明他意图通过表格的形式将几千年的历史事件和人物加以梳理整合，使人一目了然。

　　史表中最多的是"年表"，只有《三代世表》和《秦楚之际月表》例外。前者由于夏、商、西周的年代过于久远，可资参考的资料又很少，所以只能大体上排列一个历代帝王世系，做成"世表"形式。而后者则因为自秦末陈胜起义至刘邦建立汉朝，不过六年时间，但事情太多，变化太快，只有逐月记事才能说明问题，所以采用了"月表"形式。

　　表的形式来源，一般认为是"周谱"，类似于后代的族谱家谱。汉人的"谱"，是历法与谱牒相结合的"历谱"，历法关乎天文，谱牒记录人事。司马迁借鉴了这种形式，又进行了天才地创新，创造出了"史表"这一体例。《史记》的十篇"表"通过表格的形式依世系、年月、国别，高度浓缩地谱列了大量历史事实，也弥补了纪传体挂一漏万的不足。"表"与"本纪""世家""列传"各篇相互配合参照，厘清纷繁史实，展现天下大势，可视为全书之纲。郑樵甚至说"《史记》一书，功在十表"（《通志》）。

史记卷十三

三代世表第一

【释名】

《三代世表》以五帝和三代之王的世系传承及其国号为中心,并附有帝王的先世和周代十一诸侯的世系,时代久远,不能"论次其年月",只是把世系汇集编录在一起。始自黄帝,终于共和元年。

《三代世表》分为三个部分:表序、表格,以及张夫子与褚先生的问答。在表格部分,以周成王诵为界,又明显分为两部分,第一部分由横向8行、纵向53列(不算表头)组成,第一行是"帝王世国号",皆为帝王,体现的是五帝、三代之王的世代传续及其国号。其余七行都以"属"为名。它又可分为"五帝"和"三代"两个系列。第二至五行,分别为颛顼、喾(嚳)、尧、舜之属,与第一行第一列的黄帝组成五帝系列,其特点是"以祖宗为经,子孙为纬,则五帝三代皆出黄帝可知矣"(王应麟《玉海》);第六、七、八行为夏、商、周之属,是三代系列,特点是"有经无纬,止列世系,而大治乱附焉,则正嫡旁支之继统可知"(同上)。两个系列都归结到黄帝。第二部分从"成王诵"开始,共12行,10列(不算表头)。第一行是西周诸王世系,其余十一行所列为周朝分封的诸侯,依次为鲁、齐、晋、秦、楚、宋、卫、陈、蔡、曹、燕,特点是"以世为经,以国为纬,则亲疏之相辅可知"(同上)。

太史公曰：五帝、三代之记①，尚矣②。自殷以前诸侯不可得而谱③，周以来乃颇可著④。孔子因史文次《春秋》⑤，纪元年⑥，正时日月⑦，盖其详哉⑧。至于序《尚书》则略无年月⑨；或颇有，然多阙，不可录。故疑则传疑，盖其慎也⑩。

【注释】

①五帝：说法有很多种，司马迁指黄帝、颛顼、帝喾、尧、舜，与《国语·鲁语上》《大戴礼记·五帝德》相同。三代：夏、商、周。

②尚：久远。

③谱：按照事物的类别或系统编排记录。

④颇：略微。著：著录，记载。

⑤因史文：指依据鲁《春秋》等文献资料。次：依次序编排。《春秋》：本为史书的泛称，此专指孔子以鲁国的史书《鲁春秋》为基础，笔削修成的编年体史书《春秋》。记事上起鲁隐公元年（周平王四十九年，前722），下迄鲁哀公十四年（周敬王三十九年，前481），共二百四十二年历史。记事方法，在一年之中，标出春、夏、秋、冬四季，再加月份和日期。因增加"义法"，从西汉以来，被儒家奉为经典，后世遂称为《春秋经》。

⑥纪：通"记"，记载，记录。元年：帝王即位之首年。

⑦正：纠正。时：春、夏、秋、冬四季。《春秋》每年四季之起始月均要标出。

⑧盖：通"盍"，何。

⑨序：按次序区分、排列。《尚书》：儒家经典之一，中国最早的文书汇编。上古历史文献的汇编，分"虞书""夏书""商书""周书"，有典、谟、训、诰、誓、命六种文体，保存了商周特别是西周初期的一些重要史料。据说曾为孔子整理。略：简略。

⑩故疑则传疑，盖其慎也：孔子主张"多闻阙疑，慎言其余，则寡尤"（《论语·为政》），这里即用其意。传，存留，保留。盖，连接上句，表示原因。

【译文】

太史公说：关于黄帝、颛顼、帝喾、尧、舜五帝以及夏、商、周三代的记载，年代很久远了。殷商以前的诸侯世系已无法编排，周代以来的世系才稍微能够著录。孔子依据历史文献撰述《春秋》，按照年月日记录史事，订正了四时日月的错误，是多么详尽啊！至于他编排的《尚书》就很简略，一般不记年月；有的有记述，可是大多数没有，不能著录。所以有疑问的地方就保留疑问，孔子这样做大概是出于谨慎吧。

余读谍记①，黄帝以来皆有年数。稽其历谱谍、终始五德之传②，古文咸不同③，乖异。夫子之弗论次其年月④，岂虚哉！于是以《五帝系谍》《尚书》集世⑤，纪黄帝以来讫共和为《世表》⑥。

【注释】

①谍记：记载帝王世系及谥号的书。谍，通"牒"。《汉书·艺文志·数术略·历谱》载录的《黄帝五家历》《汉元殷周谍历》《帝王诸侯世谱》《古来帝王年谱》即此类著作。

②稽：考核。历谱谍：记述历法与氏族或宗族世系的书籍。与"谍记"大致相当。终始五德：古代哲学术语。又作"五德始终""五德转移"。五德，即金、木、水、火、土五行。始终，即周而复始，循环之意。古代阴阳家以历代王朝各代表一德，如秦为水德，周为火德、殷为金德，夏为木德等。认为水、火、木、金、土五种物质德性的相生相胜之变化，决定着历史上王朝的兴衰和替代。如夏、

商、周、秦朝代之更换，便认为是水（秦）克火（周）、火（周）克金（商）、金（商）克木（夏）的结果。传（zhuàn）：指历谱牒和终始五德的著作。《汉书·艺文志·阴阳家》载有《邹子终始》《公梼生终始》。

③古文：指秦以前的文献典籍。

④论次：论定编次。

⑤《五帝系谍》：应是《大戴礼记》中《五帝德》《帝系》一类的著作。《五帝德》和《帝系》记述古代帝王的谱系，言颛顼、帝喾、尧、舜、禹皆黄帝后裔。但《大戴礼记》成书在《史记》之后，司马迁所谓《五帝系谍》是否与《五帝德》《帝系》同一形态已不得而知。集世：编集世系。

⑥共和：周厉王暴虐，被国人驱逐，流放到彘（今山西临汾霍州东北）。从厉王失政，至宣王执政，中间十四年（前841—前828），号共和。共和元年，即公元前841年。共和的由来有两说：其一，因厉王出奔后召公、周公二相共同执政，如《周本纪》；其二，因由共伯和代理政事，王应麟《诗地理考·共和》："古史，共伯和者，厉王时之贤诸侯也，诸侯皆往宗焉，因以名其年，谓之共和，凡十四年。按《汲冢纪年》，共伯和干王位，故曰共和。"《世表》：因为年月阙略，只列世系，故称"世表"。梁玉绳《史记志疑》说："五帝、三王之世，多有纰漏，与《本纪》同，故其属长短不相当……此非尽史公之误也。考《梁书·刘杳传》《史通·表历篇》俱引桓谭《新论》云：'太史公《三代世表》旁行斜上，并效《周谱》。'今《表》有旁行而无斜上，久失其旧。"

【译文】

我阅读了一些谱牒类著作，从黄帝以来都有年代记录。考察历书、谱牒和讲述五德循环转换的书，发现它们和古代文献的记载很不相同，存有差异矛盾。孔夫子没有根据这些书籍排列其年月，难道是没有缘由的吗！因此，我依据《五帝系谍》《尚书》编排的从黄帝以来到共和的世系，写成《三代世表》。

帝王世国号① 帝王世系国号	黄帝号有熊。 黄帝的国号为有熊。	帝颛顼,黄帝孙。起黄帝,至颛顼三世,号高阳。 帝颛顼是黄帝的孙子。自黄帝到颛顼共三代,国号为高阳。
颛顼属 帝颛顼世系	黄帝生昌意⑤。 黄帝生的次子叫昌意。	昌意生颛顼。为高阳氏。 昌意生的儿子叫颛顼。以高阳为氏。
佶属 帝佶世系	黄帝生玄嚣⑥。 黄帝生的长子叫玄嚣。	玄嚣生蟜极⑦。 玄嚣生的儿子叫蟜极。
尧属 帝尧世系	黄帝生玄嚣。 黄帝生的长子叫玄嚣。	玄嚣生蟜极。 玄嚣生的儿子叫蟜极。
舜属 帝舜世系	黄帝生昌意。 黄帝生的次子叫昌意。	昌意生颛顼。颛顼生穷蝉⑧。 昌意生的儿子叫颛顼。颛顼生的儿子叫穷蝉。
夏属② 夏朝世系	黄帝生昌意。 黄帝生的次子叫昌意。	昌意生颛顼。 昌意生的儿子叫颛顼。
殷属③ 殷朝世系	黄帝生玄嚣。 黄帝生的长子叫玄嚣。	玄嚣生蟜极。蟜极生高辛。 玄嚣生的儿子叫蟜极。蟜极生的儿子叫高辛。
周属④ 周朝世系	黄帝生玄嚣。 黄帝生的长子叫玄嚣。	玄嚣生蟜极。蟜极生高辛。 玄嚣生的儿子叫蟜极。蟜极生的儿子叫高辛。

帝喾,黄帝曾孙。起黄帝,至帝喾四世。号高辛。 帝喾是黄帝的曾孙。自黄帝到帝喾共四代。国号为高辛。	帝尧。起黄帝,至喾子五世。号唐。 帝尧是帝喾的儿子。自黄帝到帝喾的儿子帝尧共五代。国号为唐。
蟜极生高辛,为帝喾。 蟜极生的儿子叫高辛,他就是帝喾。	
蟜极生高辛。高辛生放勋。 蟜极生的儿子叫高辛。高辛生的儿子叫放勋。	放勋为尧。 放勋就是帝尧。
穷蝉生敬康。敬康生句望⑨。 穷蝉生的儿子叫敬康。敬康生的儿子叫句望。	句望生蟜牛⑩。蟜牛生瞽叟⑪。 句望生的儿子叫蟜牛。蟜牛生的儿子叫瞽叟。
高辛生卨。 高辛生的儿子叫卨。	卨为殷祖。 卨是殷人的先祖。
高辛生后稷,为周祖。 高辛生的儿子叫后稷,他是周人的先祖。	后稷生不窋⑫。 后稷生的儿子叫不窋。

帝王世国号 帝王世系国号	帝舜,黄帝玄孙之玄孙,号虞。 帝舜是黄帝玄孙的玄孙,国号为虞。	帝禹⑯,黄帝耳孙⑰,号夏。 帝禹是黄帝的远孙,国号为夏。
颛顼属 帝颛顼世系		
偆属 帝偆世系		
尧属 帝尧世系		
舜属 帝舜世系	瞽叟生重华,是为帝舜。 瞽叟生的儿子叫重华,他就是帝舜。	
夏属 夏朝世系	颛顼生鲧⑬。鲧生文命。 颛顼生的儿子叫鲧。鲧生的儿子叫文命。	文命,是为禹。 文命,他就是帝禹。
殷属 殷朝世系	卨生昭明⑭。 卨生的儿子叫昭明。	昭明生相土⑱。 昭明生的儿子叫相土。
周属 周朝世系	不窋生鞠⑮。 不窋生的儿子叫鞠。	鞠生公刘⑲。 鞠生的儿子叫公刘。

帝启。伐有扈,作《甘誓》⑳。 帝启是帝禹的儿子。征伐有扈氏, 写下《甘誓》一文。	帝太康㉒ 帝太康是帝启的儿子。
相土生昌若㉑。 相土生的儿子叫昌若。	昌若生曹圉㉓。曹圉生冥㉔。 昌若生的儿子叫曹圉。曹圉生的 儿子叫冥。
公刘生庆节。 公刘生的儿子叫庆节。	庆节生皇仆。皇仆生差弗。 庆节生的儿子叫皇仆。皇仆生的 儿子叫差弗。

帝王世国号 帝王世系国号	帝仲康[25]，太康弟。 帝仲康是太康的弟弟。	帝相[29] 帝相是仲康的儿子。
颛顼属 帝颛顼世系		
俈属 帝俈世系		
尧属 帝尧世系		
舜属 帝舜世系		
夏属 夏朝世系		
殷属 殷朝世系	冥生振[26]。 冥生的儿子叫振。	振生微[30]。微生报乙[31]。 振生的儿子叫微。微生的儿子叫报乙。
周属 周朝世系	差弗生毁渝[27]。毁渝生公非[28]。 差弗生的儿子叫毁渝。毁渝生的儿子叫公非。	公非生高圉。高圉生亚圉[32]。 公非生的儿子叫高圉。高圉生的儿子叫亚圉。

帝少康㉝ 帝少康是相的儿子。	**帝予**㊱ 帝予是少康的儿子。
报乙生报丙。报丙生报丁㉞。 报乙生的儿子叫报丙。报丙生的 儿子叫报丁。	报丁生主壬㊲。主壬生主癸㊳。 报丁生的儿子叫主壬。主壬生的 儿子叫主癸。
亚圉生公祖类㉟。 亚圉生的儿子叫公祖类。	公祖类生太王亶父㊴。 公祖类生的儿子叫太王亶父。

帝王世国号 帝王世系国号	帝槐⑩ 帝槐是予的儿子。	帝芒㊸ 帝芒是槐的儿子
颛顼属 帝颛顼世系		
俈属 帝俈世系		
尧属 帝尧世系		
舜属 帝舜世系		
夏属 夏朝世系		
殷属 殷朝世系	主癸生天乙,是为殷汤⑪。 主癸生的儿子叫天乙,他就是商汤。	
周属 周朝世系	亶父生季历。季历生文王昌。益《易卦》⑫。 亶父生的儿子叫季历。季历生了文王昌。他推衍了《周易》。	文王昌生武王发。 文王昌生了武王发。

帝泄[44]	帝不降[45]	帝扃[46],不降弟。	帝廑[47]
帝泄是芒的儿子。	帝不降是泄的儿子。	帝扃是不降的弟弟。	帝廑是扃的儿子。

帝王世国号 帝王世系国号	帝孔甲⑱,不降子。好鬼神⑲,淫乱,不好德,二龙去⑳。 帝孔甲是不降的儿子。他爱好鬼神,荒淫无道,不爱修德,二龙离开。	帝皋㉑ 帝皋是孔甲的儿子。
颛顼属 帝颛顼世系		
俈属 帝俈世系		
尧属 帝尧世系		
舜属 帝舜世系		
夏属 夏朝世系		
殷属 殷朝世系		
周属 周朝世系		

帝发㉕ 帝发是皋的儿子。	帝履癸,是为桀㉝。从禹至桀十七世㉞。从黄帝至桀二十世㉟。 帝履癸,他就是桀。从禹到桀共十七代。从黄帝到桀共二十代。	殷汤代夏氏。从黄帝至汤十七世㊱。 商汤灭了夏朝,建立商朝。从黄帝到汤共十七代。

【注释】

①帝王世国号：帝王世系与国号。此表的第一行皆为帝王，包括黄帝、颛顼（zhuān xū）、帝喾（kù）、尧、舜五帝和夏、商、西周的各代帝王，记载了五帝、三代之王的世代传续及其国号。他们没有做过帝王的祖先则根据系属安排在相应格子内。

②夏属：此行记禹未做过帝王的祖先。

③殷属：此行记汤未做过帝王的祖先。

④周属：此行记周武王未做过帝王的祖先。

⑤昌意：黄帝元妃嫘（léi）祖所生，封地在若水（今四川西北部的雅砻江）一带。

⑥玄嚣：黄帝元妃嫘祖所生，居于江水。一说即青阳，亦即少昊。

⑦蟜极：《世本》作"侨极"。

⑧穷蝉：《世本》作"穷系"。

⑨句（gōu）望：一作"句芒"。

⑩蟜牛：一作"桥牛"。

⑪瞽叟：一作"瞽瞍"。目盲，一说因其有目而不能分善恶，故称之。按，据《左传》《国语》记载，颛顼之后、瞽叟之前有"虞幕"，有说虞幕即句望。

⑫后稷生不窋（zhú）：不窋继后稷立为农官。在其末年，夏后氏政衰，他失官，不复务农，奔于戎狄之间。今甘肃庆阳东有不窋城，相传即其在戎狄所居之城。据《山海经·大荒西经》"帝俊生后稷，稷降以百谷。稷之弟曰台玺，生叔均，叔均是代其父及稷播百谷，始作耕"，《海内经》又称"稷之孙曰叔均，是始作耕"，则后稷与不窋不应是父子关系，世代必有脱遗。

⑬颛顼生鲧：鲧，一说即梼杌。建国于崇（今河南洛阳嵩县北），称崇伯。尧时洪水泛滥，他由四岳推荐，奉命治水，因采用"障"（筑堤）的方法，九年无成，被舜处死于羽山（今山东临沂郯城东北）。

鲧死后有化为黄熊之说,见《楚辞·天问》和《国语·晋语》。按,《汉书·律历志》称"颛顼五代而生鲧",与此异。

⑭卨生昭明:昭明继立后,将商部落之活动地区,由蕃(今山东枣庄滕州)迁于砥石(今河北泜水流域)。

⑮鞠:《世本》作"鞠陶"。

⑯帝禹:三代不称"帝",故"帝"字应削。

⑰耳孙:各家解说不一,应劭以为是玄孙之子,李斐以为是曾孙,晋灼说是玄孙之曾孙,即八代孙。郭嵩焘曰:"案《本纪》则禹为黄帝元孙,颛顼之孙也,于舜为五世族祖,史公似亦知其义不可通,故《三代世表》但谓之'耳孙',亦疑以传疑之意。"

⑱相土:居于商丘(今河南商丘南)。《诗·商颂·长发》:"相土烈烈,海外有截。"曾向东开拓到海。传为马车的创制者。《世本》:"相土作乘马。"又作"乘杜"。《荀子·解蔽》:"奚仲作车,乘杜作乘马。"杨倞注:"杜与土同……以其作乘马之法,故谓之乘杜。"

⑲公刘:公刘率领周部族迁居于豳(今陕西咸阳旬邑西),复修后稷之业,开垦种植,使行者有资,居者有蓄积,人民赖其善政,百姓纷纷归附。周道之兴从此开始。

⑳伐有扈,作《甘誓》:启继禹位,有扈不服,启率军讨伐,战于甘之野。战前启作《甘誓》。一说《甘誓》为禹伐有扈氏所作。有扈,姒姓,禹之后,《淮南子》高诱注认为是启之庶兄。其地在今河南新乡原阳西。《甘誓》,甘之战前的誓师词。

㉑昌若:大约活动于夏帝太康时期。

㉒太康:启之子。司马贞《索隐》:"《汲冢古文》云太康居斟寻(今河南郑州巩义西南)。"在位时沉溺于游田,不恤民事,为后羿所逐。不得返国。失国后,与弟仲康等五人一起逃往东方,不久死去。史称"太康失国"。《书序》:"太康失邦,昆弟五人须于洛汭,作《五子之歌》。"

㉓曹圉：又作"遭圉"。昌若之子。

㉔曹圉生冥：梁玉绳曰："《汉书·人表》又作'根圉'。考《礼》疏
引《世本》曰'遭圉生根国，根国生冥'，是知史叙世次缺根国一
代，而《人表》误合二人为一也。"冥，曾任夏朝司空，勤于职守，
后淹死。商人以郊祭纪念他的贡献。

㉕仲康：亦作"中康"。太康之弟。曾命胤侯征羲和。

㉖振：即王亥，甲骨文称为"高祖亥""高祖王亥"。冥之子。冥治
水身死，他继立为商部落首领。传说"亥作服牛"，开始从事畜牧
业。相传他赶牛群到有易做交易，被其君绵臣所杀。

㉗毁渝：《本纪》作"毁隃"，《世本》作"毁揄"，或作"伪隃"。

㉘公非：《世本》作"公非辟方。"皇甫谧云："公非字辟方也。"《汉
书·古今人表》则说辟方是公非之子。

㉙相：仲康之子。迁于帝丘（今河南濮阳）。曾伐淮夷。后羿（有
穷氏）篡夺其位，寒浞杀羿自立，相被寒浞之子浇所杀。

㉚微：上甲微。"上甲"是庙号，"微"是名。振之子。振被杀后，他
借河伯之师杀绵臣，灭有易。

㉛微生报乙：底本作"微生报丁"。据甲骨卜辞，微生"报乙"，非
"报丁"，今改。

㉜高圉生亚圉：据《汉书·古今人表》，高圉后是其子夷竢（《世本》
作"侯侔"），夷竢后才是弟亚圉。

㉝少康：相之子。寒浞杀帝相，相妃后缗逃归有仍氏所生。曾为有
仍氏牧正，后又逃至有虞氏为庖正，有虞氏给他方圆十里的田地
和五百人。后与同姓部落攻灭寒浞，恢复夏朝统治。史称"少康
中兴"。

㉞报乙生报丙。报丙生报丁：底本原作"报丁生报乙。报乙生报
丙"。今据甲骨卜辞更正。报乙、报丙是庙号。

㉟亚圉生公祖类：《汉书·古今人表》，亚圉后是弟云都，云都后是亚

围之子公祖。公祖类，《周本纪》中作"公叔祖类"，《竹书纪年》作"组绀"，《世本》作"太公组绀诸盩"。

㊱帝予（zhù）：亦作"杼""纻""伫"。少康之子。在少康复国过程中，予在戈消灭了寒浞之子豷，曾征东夷至东海。《国语》云其能复兴禹政。《竹书纪年》载其初都原（今河南济源西北的庙街遗址），后都老丘（今河南开封东北陈留北）。《世本》云其始作甲。

㊲报丁：底本作"报丙"，据甲骨卜辞改。报丙之子。主壬：甲骨卜辞作"示壬"。报丁之子。

㊳主癸：甲骨卜辞作"示癸"。主壬之子。

㊴太王亶（dǎn）父：即古公亶父。公祖类之子。因遭戎、狄骚扰威胁，他遂率周族从豳（今陕西咸阳彬州东北）迁于岐下（今陕西宝鸡岐山县北），豳人举国扶老携幼随迁。他建城郭，设官吏刑法，革戎狄习俗，鼓励农耕，人民安居乐业，皆歌颂其德。附近诸国，闻其治国有方，亦大都归附。周自此开始强盛，故被其后代追尊他为"太王"。

㊵槐：《竹书纪年》《世本》作"芬"。《太平御览》引《帝王世纪》："帝芬，一名帝槐，或曰祖武。"予之子。槐在位期间，先后征服了居住于泗水、淮水之间的九夷，扩展了夏朝的势力。

㊶主癸生天乙，是为殷汤：卜辞作"唐"，子姓，名履、天乙、太乙，灭夏后又称"武汤""成汤""殷汤"。在伊尹辅佐下，以亳（今河南商丘北）为基地，乘夏桀统治腐败，民心离散之机，积极部署灭夏。先后灭葛、韦、顾、昆吾诸国，十一征无敌于天下。最后败桀于鸣条（今河南开封陈留西北）之野，放桀于南巢（今安徽合肥巢湖东南），灭夏立商。迁都于西亳（今河南洛阳偃师二里头之商城）。在位期间，社会相对安定，疆域东至海滨，西至今陕西西部，僻处西境的氐、羌部落都来入贡臣服。殷汤，汤时"商"不称"殷"，故"殷汤"应作"商汤"。

㊷ 益《易卦》：传说周文王姬昌被商纣王囚禁在羑里时，曾将八卦推演为六十四卦并作了卦辞。

㊸ 芒：一作"荒"。槐之子。曾东狩于海。

㊹ 泄：芒之子。据《竹书纪年》，泄二十一年，加畎夷、白夷、赤夷等爵命。

㊺ 不降：《世本》作"降"。泄之子。据《竹书纪年》，不降六年，伐九苑（古国名。今地不详）。五十九年，禅位于弟扃（jiōng）。

㊻ 扃：又作"局""禺"。不降之弟。据《竹书纪年》，不降于扃十年去世。

㊼ 廑（jǐn）：又称"胤甲"。扃之子。居西河。

㊽ 孔甲：不降之子。传说帝不降因其性情乖戾，不愿传位给他，而内禅于弟扃。孔甲在位期间，专事淫乱，又好鬼神，诸侯多叛，夏朝始衰。《国语·周语》云："孔甲乱夏，四世而殒。"

㊾ 好鬼神：《夏本纪》作"好方鬼神"，即自比于鬼神。

㊿ 二龙去：据《左传·昭公二十九年》，天帝赐给孔甲驾车的龙，黄河和汉水的各两条，各有一雌一雄。孔甲命刘累豢养。后一条雌龙死去，刘累偷偷地剁成肉酱给孔甲吃，孔甲吃后又向刘累要，刘累害怕就逃到鲁县去了。后孔甲渎神，龙也离去了。又，《封禅书》"二龙去之"，司马贞引如淳按："《国语》'二龙漦（chí）于夏庭'是也。"讲夏朝末年，有两条龙停在夏帝的朝廷前，自称是褒国的两个先王。夏帝占卜，得到龙的唾沫储藏起来吉利。于是龙留下唾沫离去，夏帝用匣子把唾沫装着收藏起来。后传至西周末厉王时，龙的唾沫流出，遂有褒姒乱周之事。梁玉绳认为刘累豢龙之事不可信，此处与孔甲得乘龙事差异较大。如此则"龙漦"更合理。

(51) 皋：《竹书纪年》作"昊"。孔甲之子。据《左传》，其墓在崤山南陵。

(52) 发：又作"敬""惠"或"发惠"。皋之子。据《竹书纪年》，诸夷来朝，进献乐舞。

(53)帝履癸，是为桀：发之子。《世本》说是皋之子。桀居斟鄩，暴虐无道，汤伐桀，败之鸣条，放逐南巢而死。履癸，一说为桀的"日名"，即他死后，通过一定的占卜程序，根据一定的规则而挑选出来的名字。

(54)从禹至桀十七世：按，夏代凡十四世，十七王。

(55)从黄帝至桀二十世：依此表，自黄帝至桀为十八世，二十一王。《竹书纪年》曰："自禹至桀十七世，有王与无王，用岁四百七十一年。"《夏商周断代工程阶段报告》估定夏亡约在公元前1600年。

(56)从黄帝至汤十七世：梁玉绳以为应是十八世。

帝王世国号 帝王世系国号	帝外丙①。汤太子太丁蚤卒,故立次弟外丙。 帝外丙是商汤的弟弟。商汤的太子太丁死得早,因此立次弟外丙为太子。	帝仲壬②,外丙弟。 帝仲壬是外丙的弟弟。
颛顼属 帝颛顼世系		
俈属 帝俈世系		
尧属 帝尧世系		
舜属 帝舜世系		
夏属 夏朝世系		
殷属 殷朝世系		
周属 周朝世系		

帝太甲③，故太子太丁子。淫，伊尹放之桐宫④。三年，悔过自责，伊尹乃迎之复位。

帝太甲是原太子太丁的儿子。他不守法度，被伊尹放逐到桐宫。三年后，他后悔犯下的过错，责备自己，伊尹于是就把他迎接回来，重登帝位。

帝王世国号 帝王世系国号	帝沃丁⑤。伊尹卒⑥。 帝沃丁是太甲的儿子。伊尹去世。	帝太庚⑦,沃丁弟。 帝太庚是沃丁的弟弟。
颛顼属 帝颛顼世系		
俈属 帝俈世系		
尧属 帝尧世系		
舜属 帝舜世系		
夏属 夏朝世系		
殷属 殷朝世系		
周属 周朝世系		

帝小甲,太庚弟⑧。殷道衰,诸侯或不至⑨。 帝小甲是太庚的弟弟。殷朝国运衰落,诸侯不来朝拜了。	帝雍己⑩,小甲弟。 帝雍己是小甲的弟弟。	帝太戊⑪,雍己弟。以桑穀生,称中宗⑫。 帝太戊是雍己的弟弟。因为桑树、楮树合抱生于朝堂之上而修德,于是尊称他为中宗。

帝王世国号 帝王世系国号	帝中丁⑬ 帝中丁是太戊的儿子。	帝外壬⑭,中丁弟。 帝外壬是中丁的弟弟。	帝河亶甲⑮,外壬弟。 帝河亶甲是外壬的弟弟。
颛顼属 帝颛顼世系			
俈属 帝俈世系			
尧属 帝尧世系			
舜属 帝舜世系			
夏属 夏朝世系			
殷属 殷朝世系			
周属 周朝世系			

帝祖乙⑯	帝祖辛⑰	帝沃甲⑱,祖辛弟。	帝祖丁,祖辛子。
帝祖乙是河亶甲的儿子。	帝祖辛是祖乙的儿子。	帝沃甲是祖辛的弟弟。	帝祖丁是祖辛的儿子。

帝王世国号 帝王世系国号	帝南庚[19]，沃甲子。 帝南庚是沃甲的儿子。	帝阳甲[20]，祖丁子。 帝阳甲是祖丁的儿子。	帝盘庚[21]，阳甲弟。徙河南[22]。 帝盘庚是阳甲的弟弟。他将国都迁到了黄河南岸。
颛顼属 帝颛顼世系			
俈属 帝俈世系			
尧属 帝尧世系			
舜属 帝舜世系			
夏属 夏朝世系			
殷属 殷朝世系			
周属 周朝世系			

帝小辛㉓，盘庚弟。 帝小辛是盘庚的弟弟。	帝小乙㉔，小辛弟。 帝小乙是小辛的弟弟。	帝武丁㉕。雉升鼎耳雊㉖。得傅说㉗。称高宗。 帝武丁是小乙的儿子。有野鸡飞到鼎耳上鸣叫。他得到了傅说，使商中兴。被尊称为高宗。

帝王世国号 帝王世系国号	帝祖庚㉘ 帝祖庚是武丁的儿子。	帝甲㉙，祖庚弟。淫㉚。 帝甲是祖庚的弟弟。做事没有节制。	帝廪辛㉛ 帝廪辛是甲的儿子。
颛顼属 帝颛顼世系			
偌属 帝偌世系			
尧属 帝尧世系			
舜属 帝舜世系			
夏属 夏朝世系			
殷属 殷朝世系			
周属 周朝世系			

帝康丁③②,廪辛弟。殷徙河北③③。 帝康丁是廪辛的弟弟。他将国都迁到了黄河北岸。	帝武乙③④。慢神震死③⑤。 帝武乙是康丁的儿子。他对天神傲慢,被雷震死。	帝文丁③⑥ 帝文丁是武乙的儿子。

帝王世国号 帝王世系国号	帝乙[37]。殷益衰。 帝乙是文丁的儿子。殷朝的国势愈加衰落。	帝辛,是为纣。弑。从汤至纣二十九世[38]。从黄帝至纣四十六世[39]。 帝辛,他就是商纣。他被周武王打败,自焚而死。从汤到纣共二十九代。从黄帝到纣共四十六代。
颛顼属 帝颛顼世系		
俈属 帝俈世系		
尧属 帝尧世系		
舜属 帝舜世系		
夏属 夏朝世系		
殷属 殷朝世系		
周属 周朝世系		

周武王代殷。从黄帝至武王十九世⑩。
周武王灭了商朝,建立周朝。从黄帝到武王共十九代。

【注释】

① 帝：商代君主生前称"王"，死后称"帝"。外丙：甲骨文作"卜丙"，名胜。商汤之弟，太丁之叔。汤卒，太子太丁未立而死，外丙继立。居亳。

② 仲壬：又作"中壬"，名庸。一说即卜辞中之"南壬"。外丙之弟。

③ 太甲：商汤之孙，太丁之子。继位后不遵汤法，纵欲乱德，于是被伊尹放逐于桐宫。居三年，悔过返善，伊尹迎归复位。因能继承并发展成汤事业，伊尹嘉之，乃作《太甲训》三篇，后世称殷太宗。

④ 伊尹：名挚，亦称"阿衡"。佐汤灭夏，建立商朝。后又辅佐外丙、中壬二朝。中壬卒，他立太甲。太甲暴虐而乱汤法，他遂放逐太甲，并摄国政。三年后，帝太甲悔过自责，乃复迎太甲复位。至帝沃丁时卒。《竹书纪年》说太甲被放逐后，七年返都，将他杀死。此说不可信，因为卜辞中对伊尹有隆重的祭祀。桐宫：商代桐地的宫室。相传为汤葬地。其地说法不一。一说在今河南商丘虞城，一说在今河南洛阳偃师西，一说在今河北邯郸临漳。

⑤ 沃丁：名绚。太甲之子。以咎单为卿士。

⑥ 伊尹卒：沃丁以王礼葬之于薄。薄，即亳邑，商朝国都之一。在今河南商丘的商丘古城东南。

⑦ 太庚：名辩，又称"小庚"。沃丁之弟。

⑧ 帝小甲，太庚弟：《竹书纪年》云名高，即位居亳。《殷本纪》《世本》云其为太庚之子。

⑨ 殷道衰，诸侯或不至：《殷本纪》记此种情况出现在雍己时。

⑩ 雍己：名佃（zhòu）。小甲之弟。

⑪ 太戊：名密。即位时殷已衰，乃以伊尹之子伊陟为相，又以巫咸"治王家"，己则严恭敬畏天命，不敢荒废自安。致九夷来宾，诸侯归之，殷室得以复兴。据《尚书·无逸》，中宗享国七十五年。按，卜辞中祀序为太戊、雍己，似乎太戊在位要先于雍己。

⑫以桑榖生，称中宗：据《殷本纪》，时桑树与榖树共生于朝廷，一暮大拱，伊陟劝太戊修德，太戊从之，妖树枯死，殷室复兴，故称中宗。按，卜辞中称"中宗祖乙"，未见称太戊为中宗。

⑬中丁：又作"仲丁"，名庄。太戊之子。自亳迁都于隞（áo），也作嚣（áo），在今河南郑州荥阳东北敖山南。近年来经考古发掘研究，许多学者认为即今郑州之商城遗址。

⑭外壬：甲骨卜辞作"卜壬"。中丁之弟。

⑮河亶甲：名整，亦称"整甲"，甲骨卜辞作"戋甲"。外壬之弟。将都城由隞迁至相（今河南安阳内黄东南），国势复衰。《太平御览》引《竹书纪年》云："河亶甲整即位，自嚣迁于相。征蓝夷，再征班方。"

⑯祖乙：据甲骨卜辞为中丁之子，继叔父河亶甲而立，与《殷本纪》说为河亶甲之子不同。商朝在河亶甲时，国势衰落，祖乙即位后，由相迁都于邢（一作"耿"，今河南焦作温县东），后又迁于庇（今山东菏泽郓城、济宁梁山县一带），并任名臣巫贤为相，平服东夷，国势复振。甲骨卜辞称之为"中宗"，与太乙、太甲并祭，合称"三示"。

⑰祖辛：祖乙之子。

⑱沃甲：名踰。《竹书纪年》《世本》作"开甲"，甲骨卜辞作"羌甲"。祖辛之弟。

⑲南庚：名"更"。沃甲之子。自庇迁都于奄（今山东济宁曲阜）。

⑳阳甲：名和。祖丁之子。在位期间国势衰弱，诸侯莫朝。

㉑盘庚：名旬。阳甲之弟。商朝自仲丁以后，王位纷争，王室多乱。又频遭自然灾害，国势日衰。他继阳甲即位后，为摆脱天灾人祸，从奄迁都于殷（今河南安阳小屯村）。定都后，继续施行汤时政教，加强王权，为商朝后期发展奠定了基础。《尚书·盘庚》篇即是他迁殷前后的讲话记录。

㉒徙河南：司马迁误以为盘庚是由邢迁于亳，所以说"徙河南"；实
　际是奄在河南，殷在河北。

㉓小辛：名颂。盘庚之弟。

㉔小乙：名敛。甲骨卜辞又作"小祖乙""后祖乙"。小辛之弟。

㉕武丁：名昭。小乙之子。传说武丁年少时，小乙曾使其久居民间，
　与百姓共同劳动，又曾派他率师出征。继位后先以甘盘为相。后
　又得傅说于傅岩（今山西运城平陆东），用以为相。修政行德，并
　对西北的鬼方、羌方用兵，又南击荆蛮，其妻妇好曾统兵攻羌方，
　扩大了商统治地区。在位五十九年（一说五十五年），是商朝鼎
　盛时期。死后祀为高宗。

㉖雊升鼎耳雊（gòu）：武丁祭祀成汤，有雊飞到祭鼎耳上鸣叫，武丁
　以为不祥，惧有大变，贤臣祖己劝其修政行德，武丁从之，殷道复
　兴。雊，野鸡叫声。

㉗傅说：武丁时贤相。相传他原是在傅岩地方从事土木建筑的奴
　隶，武丁即位后，渴望得贤人辅佐，被选拔为相，遂以傅岩为姓，号
　曰傅说。

㉘祖庚：名曜。武丁之子。

㉙甲：名载。又称"祖甲"。祖庚之弟。

㉚淫：司马迁在《殷本纪》与此表都记载祖甲"淫"，当本于《国
　语·鲁语》"帝甲乱之，七世而殒"。但《尚书·无逸》记载武
　丁初欲废长子祖庚而立次子祖甲，祖甲以为不义，遂逃亡于民
　间。后继祖庚而立。知"小人之依"，能"保惠于庶民"。梁玉绳
　曰："周公以祖甲与中宗、高宗、文王并称迪哲，安得以为'淫乱衰
　殷'？《殷纪》及《世表》同误。"

㉛廪辛：名先。祖甲之子。《汉书·古今人表》《帝王世纪》《竹书纪
　年》皆作"冯辛"。

㉜康丁：底本作"庚丁"，今据甲骨卜辞改。甲骨卜辞又作"康且

丁"。廪辛之弟。

㉝ 徙河北：《竹书纪年》"康丁居殷"，则康丁未迁都。

㉞ 武乙：一作"武且乙"，又称"帝武乙"。康丁之子（一说为康丁之弟）。迁都于黄河以北（一说在今河南汲县）。在位时，西方诸侯周已强盛，周君季历曾朝殷。《后汉书·东夷传》又云：是时"东夷寖盛，分迁淮岱，渐居中土"。

㉟ 慢神震死：据说他曾作偶人，谓之天神，与之赌博。又为革囊，盛血，仰射之，称为"射天"。后猎于河、渭之间，遭雷击而死。

㊱ 文丁：底本原作"太丁"，《世本》作"文丁"，甲骨卜辞作"文武丁"，今据正。武乙之子。文丁在位时，周部族日益强大，文丁封其王季历为商朝牧师，后为遏制周的势力，又杀了季历。

㊲ 帝乙：名羡。文丁之子。甲骨文、金文作"文武帝乙"。在位时，江、淮间夷人逐渐强盛，威胁着商朝后方，他曾连年出征夷方。至其末年，又将都城迁往朝歌（今河南鹤壁淇县。一说都城仍在安阳，而以朝歌为别都），国势益衰。

㊳ 从汤至纣二十九世：依本表当作"三十世"。按，不计未立而卒的太丁，商实有十七世、三十王。《竹书纪年》说："汤灭夏以至于受，二十九王，用岁四百九十六年。"《鬻子·汤政天下至纣》则说"汤之治天下也……积岁五百七十六岁至纣。"

㊴ 从黄帝至纣四十六世：依本表当作"四十七世"。

㊵ 从黄帝至武王十九世：依本表应作"二十世"。按，黄帝至武王世系并不可信。

周	成王诵① 成王诵是武王的儿子。
鲁	鲁周公旦初封，武王弟②。 鲁周公名旦，他是鲁国的始封君，是武王的弟弟。
齐	齐太公尚初封，文王、武王师③。 齐太公名吕尚，他是齐国的始封君，是文王、武王的老师。
晋	晋唐叔虞初封，武王子④。 晋唐叔名虞，他是晋国的始封君，是武王的儿子。
秦	秦恶来，助纣。父飞廉，有力⑤。 秦人恶来，事奉帮助殷纣。他的父亲飞廉，有大力气。
楚	楚熊绎初封。绎父鬻熊，事文王⑥。 楚熊绎是楚国的始封君。熊绎的父亲鬻熊，曾事奉文王。
宋	宋微子启初封，纣庶兄⑦。 宋微子名启，他是宋国的始封君，是殷纣的庶兄。
卫	卫康叔初封，武王弟⑧。 卫康叔是卫国的始封君，他是武王的弟弟。
陈	陈胡公满初封，舜之后⑨。 陈胡公名满，他是陈国的始封君，是舜的后代。
蔡	蔡叔度初封，武王弟⑩。 蔡叔名度，他是蔡国的始封君，是武王的弟弟。
曹	曹叔振铎初封，武王弟⑪。 曹叔名振铎，他是曹国的始封君，是武王的弟弟。
燕	燕召公奭初封，周同姓⑫。 燕召公名奭，他是燕国的始封君，与周人同为姬姓。

康王钊⑬。刑错四十余年⑭。
康王钊是成王的儿子。他统治期间有四十多年不用刑法。

鲁公伯禽⑮
鲁公伯禽是周公的儿子。

丁公吕伋⑯
丁公吕伋是齐太公的儿子。

晋侯燮⑰
晋侯燮是唐叔的儿子。

女防
女防是恶来的儿子。

熊乂⑱
熊乂是熊绎的儿子。

微仲⑲,启弟。
微仲是启的弟弟。

康伯⑳
康伯是康叔的儿子。

申公㉑
申公是胡公满的儿子。

蔡仲㉒
蔡仲是蔡叔的儿子。

九世至惠侯㉓。
第九代传到惠侯。

【注释】

①成王诵：姬姓，名诵。周武王之子。

②"鲁"格：周公辅佐文王、武王灭殷建周，封于曲阜（今山东济宁曲阜），为鲁公，是鲁国的始封君。据《鲁周公世家》，周公受封后留在朝廷辅政，儿子伯禽则去往鲁国为鲁公。

③"齐"格：齐太公姜尚辅佐文王、武王灭殷建周，封于齐营丘，后改名临淄（今山东淄博临淄区北）。

④"晋"格：叔虞是成王之弟，字子于。唐本为祁姓小国，传为尧后，在今山西临汾翼城西。成王立，唐有乱，周公灭之，成王将之封给叔虞，仍称唐。至其子燮时改称晋。

⑤"秦"格：西周时秦尚非诸侯。恶来与其父飞廉俱事商纣。恶来，亦称恶来革，与季胜分别为秦、赵之先祖。飞廉，亦作"蜚廉"。

⑥"楚"格：鬻熊，一作"粥熊"，又称鬻子、鬻熊子。祝融氏后裔。芈姓。熊绎，熊氏，周成王时封于楚蛮，居丹阳（今湖北秭归东南），为楚国始封君。据《楚世家》熊绎为鬻熊之曾孙，所记不同。

⑦"宋"格：宋国的始封君是微子启。周公平管蔡、武庚之乱后，乃命微子代殷后，奉其先祀，国于宋（今河南商丘）。启，又作"开"，帝乙长子，封于微（今山东济宁梁山县西北）而位列子爵，故称"微子"，为纣同母庶兄。

⑧"卫"格：卫国的始封君是康叔。康叔，名封。武王同母弟。初封于康，故名"康叔"。周公平定武庚叛乱，将原来商都周围地区及殷民七族分封给他，建立卫国，都朝歌（今河南鹤壁淇县）。

⑨"陈"格：陈国的始封君是胡公满。胡公满，一称"妫满"，又称"虞胡公"。相传为虞舜之后代、阏父（亦作"遏父"）之子。妫姓。周武王灭商后所封，建都宛丘（今河南周口淮阳）。

⑩"蔡"格：蔡国的始封君是叔度。蔡叔，名度，武王同母弟。克商后封于蔡（今河南驻马店上蔡西南）。成王即位之初，周公摄政，

他与管叔等不满,遂与武庚勾结,发兵叛乱。周公平乱,他被流放
而死。

⑪ "曹"格:曹国的始封君是振铎。曹叔,名振铎,武王同母弟(一
说是异母弟)。武王封他于曹,都陶丘(今山东菏泽定陶西南)。

⑫ "燕"格:燕国的始封君是召公奭。召公,姬姓,名奭。佐周武王
灭商,被封于燕,都蓟(今北京西南部)。由其子到燕地就封。

⑬ 康王钊:成王之子。即位后,多次对周边部落发动战争,曾出兵平
定东夷,又两次讨伐鬼方,以其地分封各级贵族。

⑭ 刑错四十余年:《竹书纪年》:"成、康之际,天下安宁,刑措四十余
年不用。"错,通"措",舍弃,置而不用。

⑮ 伯禽:亦称"禽父",周公旦长子。周公东征胜利,灭奄(今山东济
宁曲阜),成王将奄地和奄民分封给他,并分给殷民六族。

⑯ 丁公吕伋:姜姓,名伋,一作"及",因其祖始封于吕(今河南南阳
西),故又名"吕伋"。姜尚五世孙,约与周康王同时。谥"丁"。

⑰ 晋侯燮:亦称"燮父",唐叔之子。周成王十年,因居官晋水(今山
西涑水),将都城从唐(今山西临汾翼城西)徙居南部的曲沃(今
山西运城闻喜东北),改国号为晋。

⑱ 熊乂:《楚世家》作"熊艾",《三代世表》作"熊乂"。熊绎之子,
约与周康王同时。"乂""艾"通。

⑲ 微仲:名衍(一名泄),字仲思,史称"微仲"。微子启之弟,宋国
国君祖先。启卒,由他继位,传至其子稽,始称宋公。

⑳ 康伯:名髦,《左传》又称"王孙牟",卫康叔之子。谥"康"。

㉑ 申公:名犀侯。陈胡公之子。

㉒ 蔡仲:名胡,受封后称蔡仲。蔡叔度之子。其父因叛周被放逐,他
改过修德,周公以为卿士,复封于蔡。

㉓ 九世至惠侯:燕自召公以下八世没有记载,《索隐》认为是国史佚
失所致。惠侯,史失其名。当周厉王奔彘,共和之时。

周	昭王瑕①。南巡不返②。不赴③,讳之。
	昭王瑕是康王的儿子。南征荆楚,溺死于汉水。未向诸侯国通报此事,隐晦不说。
鲁	考公④
	考公是伯禽的儿子。
齐	乙公⑤
	乙公是吕伋的儿子。
晋	武侯⑥
	武侯是燮的儿子。
秦	旁皋
	旁皋是女防的儿子。
楚	熊黮⑦
	熊黮是熊乂的儿子。
宋	宋公⑧
	宋公是微仲的儿子。
卫	孝伯⑨
	孝伯是康伯的儿子。
陈	相公⑩
	相公是申公的弟弟。
蔡	蔡伯⑪
	蔡伯是蔡仲的儿子。
曹	太伯⑫
	太伯是振铎的儿子。
燕	

穆王满⑬。作《甫刑》⑭。荒服不至⑮。

穆王满是昭王的儿子。作有《甫刑》。周边少数民族地区的人不再来朝拜。

炀公⑯，考公弟。

炀公是考公的弟弟。

癸公⑰

癸公是乙公的儿子。

成侯⑱

成侯是武侯的儿子。

大几⑲

大几是旁皋的儿子。

熊胜

熊胜是熊囏的儿子。

丁公⑳

丁公是宋公的儿子。

嗣伯

嗣伯是孝伯的儿子。

孝公㉑

孝公是申公的儿子。

宫侯

宫侯是蔡伯的儿子。

仲君㉒

仲君是太伯的儿子。

【注释】

① 昭王瑕：康王之子。时王道微缺，王室渐衰。

② 南巡不返：周昭王南征楚国，丧六师，溺死于汉水。

③ 赴：同"讣"，讣告，报丧。

④ 考公：名酋，亦作"就""遒"。鲁公伯禽之子。谥"考"。

⑤ 乙公：名得。齐丁公之子。谥"乙"。

⑥ 武侯：名宁族。晋侯燮之子。《索隐》引《世本》作"曼期"，谯周作"曼旗"。

⑦ 熊黮（dǎn）：《楚世家》作"熊黵"。亦作"熊亶"。熊乂之子。

⑧ 宋公：名稽。微仲之子。至此乃称"宋公"。

⑨ 孝伯：《卫康叔世家》作"考伯"。康伯之子。

⑩ 相公：名皋羊。陈申公之弟。

⑪ 蔡伯：名荒。蔡仲之子。

⑫ 太伯：名脾。曹叔振铎之子。

⑬ 穆王满：昭王之子。曾两征犬戎，俘五王，迁戎于太原（今甘肃东部），开辟通向西北的大道。又举兵九师，攻楚伐越，东至九江。后徐偃王率九夷攻周，他又联楚攻灭徐国，在涂山大会诸侯。《竹书纪年》《穆天子传》称他曾周游天下，西至昆仑，见过西王母（或系西北某部族女首领）。在位五十五年。

⑭ 《甫刑》：又作《吕刑》。我国奴隶社会所制订的第一部刑书，有所谓五刑、五罚、五过等。主要内容类似于后世的刑事诉讼法规。书中还提出行刑必须审慎，防止滥刑。

⑮ 荒服不至：《国语·周语》记因为周穆王坚持征伐犬戎，致使荒服之人不再来朝。荒服，古"五服"之一。称离京师二千到二千五百里的边远地方。

⑯ 炀公：名熙，一作"怡"。鲁公伯禽之子，考公之弟。《索隐》引《世本》："炀公徙鲁。"梁玉绳认为当是周成王克奄后将其益封于鲁，

奄在鲁都曲阜东二三里处,炀公"廓开旧制",在奄建宫室,后两城遂合而为一。

⑰癸公:名慈母。齐乙公之子。谥"癸"。

⑱成侯:名服人。晋武侯之子。始由晋阳迁都曲沃(今山西临汾曲沃南)。

⑲大几:《秦本纪》作"太几"。"大""太"通。

⑳丁公:名申。宋公稽之子。

㉑孝公:名突。陈申公之子。

㉒仲君:名平。曹太伯之子。

周	恭王伊扈① 恭王伊扈是穆王的儿子。	懿王坚⑪。周道衰,诗人作刺⑫。 懿王坚是恭王的儿子。周朝国势衰落,诗人作诗讥刺。
鲁	幽公② 幽公是炀公的儿子。	魏公⑬ 魏公是幽公的弟弟。
齐	哀公③ 哀公是癸公的儿子。	胡公⑭ 胡公是哀公的弟弟。
晋	厉侯④ 厉侯是成侯的儿子。	靖侯⑮ 靖侯是厉侯的儿子。
秦	大骆⑤ 大骆是大几的儿子。	非子⑯ 非子是大骆的儿子。
楚	熊炀⑥ 熊炀是熊胜的弟弟。	熊渠⑰ 熊渠是熊炀的儿子。
宋	湣公,丁公弟⑦。 湣公是丁公的弟弟。	炀公⑱,湣公弟。 炀公是湣公的弟弟。
卫	疌伯⑧ 疌伯是嗣伯的儿子。	湣伯 湣伯是疌伯的儿子。
陈	慎公⑨ 慎公是孝公的儿子。	幽公⑲ 幽公是慎公的儿子。
蔡	厉侯 厉侯是宫侯的儿子。	武侯⑳ 武侯是厉侯的儿子。
曹	宫伯⑩ 宫伯是仲君的儿子。	孝伯㉑ 孝伯是宫伯的儿子。
燕		

孝王方,懿王弟㉒。 孝王方是懿王的弟弟。	夷王燮㉚,懿王子。 夷王燮是懿王的儿子。
厉公㉓ 厉公是魏公的儿子。	献公㉛,厉公弟。 献公是厉公的弟弟。
献公弑胡公㉔。 献公杀胡公自立。	武公㉜ 武公是献公的儿子。
秦侯 秦侯是非子的儿子。	公伯 公伯是秦侯的儿子。
熊无康㉕ 熊无康是熊渠的儿子。	熊挚红㉝ 熊挚红是熊渠的中子。
厉公㉖ 厉公是炀公的儿子。	釐公㉞ 釐公是厉公的儿子。
贞伯㉗ 贞伯是湣伯的儿子。	顷侯㉟ 顷侯是贞伯的儿子。
釐公㉘ (二字衍文。)	
夷伯㉙ 夷伯是孝伯的儿子。	

周	厉王胡㊱。以恶闻过乱,出奔,遂死于彘。 厉王胡是夷王的儿子。因为讨厌听到臣民批评自己的过失,引起暴乱,他出逃到彘地,于是就死在了彘地。	共和,二伯行政㊶。 "共和",指的是召公与周公联合执政。
鲁	真公㊲ 真公是献公的儿子。	武公,真公弟㊷。 武公是真公的弟弟。
齐		
晋		
秦	秦仲㊳ 秦仲是公伯的儿子。	
楚	熊延㊴,红弟。 熊延是熊鸷红的弟弟。	熊勇㊸ 熊勇是熊延的儿子。
宋		
卫	釐侯㊵ 釐侯是顷侯的儿子。	
陈		
蔡		
曹		
燕		

【注释】

①恭王伊扈:《周本纪》作"共王繄扈"。穆王之子。曾灭密（今甘肃平凉灵台西南），杀密康公。《国语·鲁语》"周恭王能庇昭、穆之阙而为'恭'"，意谓其谥曰"恭"是因为他能弥补周昭王、穆王的缺失。

②幽公:名宰。《世本》作"圉"。鲁炀公之子。被其弟溃弑杀。

③哀公:名不辰，《世本》作"不臣"。又名"昂"。齐癸公之子。周夷王时，为纪侯所谮，被周王烹杀，谥哀。

④厉侯:名福。《世本》作"辐"。晋成侯之子。

⑤大骆:大几之子。以申侯之女为妻，生子成。

⑥熊炀:《楚世家》作"熊杨"。熊胜之弟。按，依表例，应书"熊胜弟"。

⑦湣公，丁公弟:宋湣公，名共。《宋微子世家》言为丁公之子。

⑧疌(jié)伯:《卫康叔世家》作"𡪏伯"。《世本》作"挚伯"。卫嗣伯之子。

⑨慎公:名圉戎。陈孝公之子。

⑩宫伯:名侯。曹仲君之子。

⑪懿王坚:其名《周本纪》作"囏"。周共王之子。其时西周王朝已趋衰落，懿王迁都犬丘（今陕西咸阳兴平东南）。

⑫周道衰，诗人作刺:《汉书·匈奴传》以为指《诗·小雅·采薇》之所谓"靡室靡家，猃狁之故"云云。

⑬魏公:《世本》作"微公"。名溃，《世本》作"弗"。鲁幽公之弟，弑幽公自立。按，依表例，应书"幽公弟"。

⑭胡公:名静。齐哀公之弟。即位后迁都薄姑（今山东滨州博兴东北）。后被其弟山弑杀。按，依表例，应书"哀公弟"。

⑮靖侯:名宜臼。晋厉侯之子。前858—前841年在位。自此以后，晋国始有明确纪年。

⑯非子：大骆之子。居犬丘（今陕西咸阳兴平东南），善畜牧业。周孝王闻而召之，使主管养马于汧、渭二水间，成绩卓著。以功封于秦（今甘肃天水张家川东），为周的附庸，并受命续嬴氏祀，号曰"秦嬴"。按，此时秦始称"秦"，但仍非诸侯。

⑰熊渠：熊炀之子。周懿王时继位。至周夷王时，周王室衰微，遂积极扩展疆土，兴兵伐庸、杨粤，至于鄂。立其三子为王，疆域扩展到长江中游地区。至厉王时，惧王室讨伐，复去王号。

⑱炀公：宋炀公名熙。宋湣公之弟。后被湣公之子鲋祀弑杀。

⑲幽公：名宁。陈慎公之子。周厉王奔彘（前842），当幽公十二年。

⑳武侯：蔡厉侯之子。武侯时，周厉王奔彘。

㉑孝伯：名云。曹宫伯之子。

㉒孝王方，懿王弟：据《周本纪》，孝王方名辟方，是恭王之弟。自孝王开始，始有谥法。

㉓厉公：名擢，《世本》作"翟"。鲁魏公之子。

㉔献公弑胡公：齐献公，名山。齐哀公同母少弟。弑其兄齐胡公自立。将都城由薄姑迁回临淄。

㉕熊无康：《楚世家》作"毋康"。熊渠长子。周夷王时熊渠立其为句亶王，厉王时去王号。原立为继承人，因早卒，并未成为楚王。

㉖厉公：名鲋祀（一作"鲂祀"），宋湣公庶子。湣公卒，弟炀公立。他不服，遂杀炀公而欲立其兄湣公太子弗父何，弗父何不受，遂自立。

㉗贞伯：《世本》作"箕伯"。卫靖伯之子。

㉘釐公：陈釐公之立在共和元年后，不当列入此表。此二字应削。

㉙夷伯：名喜。曹孝伯之子。周厉王奔彘（前842），当夷伯二十三年。

㉚夷王燮：周懿王之子，孝王之侄。曾命虢公率军伐太原之戎，攻至俞泉（今山西太原），获马千四。据"虢季子白盘"铭文载，他曾命虢季子白率军大败猃狁。是时，王室力量下降，诸侯或有不朝，

他为立威,以齐哀公不敬而烹杀之于朝。

㉛献公:名具。鲁厉公之弟。

㉜武公:名寿,齐献公之子。周厉王奔彘(前842),当武公九年。

㉝熊鸷红:《楚世家》作"熊挚红",一作"熊红",熊渠中子。周夷王时熊渠立其为鄂王,厉王时去王号。熊渠卒,长子熊毋康已早死,由他继位为楚君。死后其弟熊延杀继位者自立。但据《左传》等记载,他(《左传》作"熊挚",当为同一人)身患恶疾,不得嗣位,别居于夔,故楚人立其弟,曰熊延。又,梁玉绳等认为,熊挚、熊红是两人,熊挚为熊渠嫡子,因有恶疾而别居于夔,熊红继位后被熊延弑杀。

㉞釐公:名举,宋厉公之子。周厉王奔彘(前842),当釐公十七年。

㉟顷侯:卫贞伯之子。《卫康叔世家》"顷侯厚赂周夷王,夷王命卫为侯",司马贞认为卫本为侯爵,称"伯"是指其为方伯,可监诸侯,至顷侯而德衰,不监诸侯,乃从本爵而称侯,并非顷侯赂夷王而称侯。又,梁玉绳以为顷侯之世晚于夷王。

㊱厉王胡:周夷王之子。前862年继位。宠信虢公和荣夷公,横征暴敛,对山林川泽实行专利;又钳制国人言论,有敢议论者即杀,致使民众侧目,诸侯不满。大臣屡谏不听。前842年,"国人"暴动,他狼狈出逃至彘(今山西临汾霍州)。共和十四年死于彘。因厉王无道,戎狄寇掠,致西戎深入犬丘,淮夷深入伊、洛。

㊲真公:又作"慎公"。名濞,《世本》等又作"鼻""嚊""挚"。鲁献公之子。周厉王奔彘(前842),当真公十四年。

㊳秦仲:公伯之子。秦仲三年,时周厉王无道,西戎叛周,灭西犬丘大骆嫡子成之族,及宣王即位,便以他为大夫,诛西戎。后为戎人所杀。平生好车马礼乐侍御,有子五人。

㊴熊延:《楚世家》作"执疵",《世本》《帝系》"延"字作"疵"。熊渠之子,熊红之弟。有人认为熊延即《楚世家》中熊渠少子执疵,

曾被封为越章王,周厉王时去王号。继熊红为楚王后,改名延。

㊿釐侯:卫顷侯之子。周厉王奔彘(前842),当釐侯十三年。

㊶共和,二伯行政:司马迁认为是周公与召公联合执政。另据《竹
书纪年》《左传》《吕氏春秋》等,共伯和好行仁义,诸侯奉之以行
政,其首年称"共和元年",即前841年。

㊷武公,真公弟:按,鲁武公继位已在共和元年之后,此五字当删。

㊸熊勇:熊延之子。周厉王奔彘(前842),当熊勇六年。

张夫子问褚先生曰①:"《诗》言契、后稷皆无父而
生②。今案诸传记咸言有父③,父皆黄帝子也④,得无与
《诗》谬乎⑤?"

【注释】

①张夫子:张长安,字幼君,山阳(今河南焦作东南)人。师事鲁
《诗》传人、昌邑王之师王式,鲁《诗》有张、唐、褚氏之学,他为
其中一家。宣帝时为博士,参加石渠阁会议,官至淮阳中尉。见
《汉书·儒林传》。褚先生:褚少孙,颍川(今河南许昌禹州)人,
寓居沛(今江苏徐州沛县)。与张长安同事王式,习《春秋》、鲁
《诗》,为博士,由是鲁《诗》有褚氏学。好《史记》,续补《史记》
十篇,今本《史记》中凡书"褚先生曰"者,皆为少孙所补。

②契、后稷皆无父而生:指契为其母吞燕卵而生,后稷为其母践大人
迹而生。

③案:考察。咸言有父:指高辛生契和后稷。按,言帝喾高辛氏有四
妃,元妃有邰氏之女姜原生后稷,次妃有娀氏之女简狄生契,次
妃陈酆氏之女庆都生帝尧,次妃訾陬氏之女常仪生帝挚,说见于
《世本》,《大戴礼记·帝系》同。

④子:这里指子孙后裔。传说帝喾高辛为黄帝曾孙。

⑤谬：冲突，乖违。

【译文】

　　张夫子问褚先生说："《诗经》说契、后稷两人都是没有父亲就出生了。现在查考有关记载却都说他们有父亲，还说他们的父亲均为黄帝的子孙，这不是与《诗经》的记载相抵触了吗？"

　　褚先生曰："不然。《诗》言契生于卵，后稷人迹者，欲见其有天命精诚之意耳①。鬼神不能自成，须人而生，奈何无父而生乎！一言有父，一言无父，信以传信，疑以传疑，故两言之。尧知契、稷皆贤人，天之所生，故封之契七十里②，后十余世至汤，王天下。尧知后稷子孙之后王也，故益封之百里③，其后世且千岁，至文王而有天下。《诗传》曰④：'汤之先为契，无父而生。契母与姊妹浴于玄丘水⑤，有燕衔卵堕之，契母得，故含之，误吞之，即生契。契生而贤，尧立为司徒⑥，姓之曰子氏⑦。子者兹⑧；兹，益大也。诗人美而颂之曰："殷社芒芒，天命玄鸟，降而生商⑨。"商者质⑩，殷号也。文王之先为后稷，后稷亦无父而生。后稷母为姜嫄，出，见大人迹而履践之，知于身，则生后稷。姜嫄以为无父，贱而弃之道中，牛羊避不践也。抱之山中⑪，山者养之⑫。又捐之大泽，鸟覆席食之⑬。姜嫄怪之，于是知其天子⑭，乃取长之⑮。尧知其贤才，立以为大农⑯，姓之曰姬氏。姬者，本也⑰。诗人美而颂之曰"厥初生民"⑱，深修益成⑲，而道后稷之始也⑳。'孔子曰:'昔者尧命契为子氏,为有汤也;命后稷为姬氏,为有文王也㉑。大王命季历㉒,明天瑞也㉓。太伯之吴㉔,遂生源也㉕。'天命难言,非圣人莫能见。舜、禹、契、后稷皆黄帝子孙也。黄帝策天命而治天下㉖,德泽深后世,故其子孙皆复立为天子,是天之报有德也。人不知,以为泛从布衣匹夫起耳㉗。夫布衣匹夫安能无故而起王天下乎? 其有天命然㉘。"

【注释】

①天命:上天的旨意。精诚:微妙真实。

②封之契七十里:指尧、舜时封契于商。《世本》则说"契居蕃(亳)"。其地众说纷纭,难以指实。

③益封之百里:指邰(今陕西咸阳武功西)。按,皇甫谧《帝王世纪》有尧"始封稷、契、咎繇",舜时"稷、契、皋繇皆益地"之说。

④《诗传》:解释《诗经》的著作。张长安与褚少孙都是鲁《诗》经师,以下所引是鲁《诗》的说法。

⑤玄丘:传说中的地名。

⑥尧立为司徒:据《殷本纪》,命契为司徒的是舜。司徒,官名。掌管国家土地与人民教化。

⑦姓之曰子氏:赐给他"子"姓。古代姓与氏不同,姓是标志家族系统的称号,氏是表明宗族的称号,为姓的分支。《左传·隐公八年》:"天子建德,因生以赐姓,胙之土而命之氏。"秦汉以后姓氏乃合而为一。

⑧兹:增益,增加,与"滋"为古今字。

⑨"殷社芒芒"几句:今《诗·商颂·玄鸟》作"天命玄鸟,降而生商,宅殷土芒芒"。殷社,即殷土,殷商的土地。社,土地神或祭

土地神之所。芒芒,广大辽阔的样子。玄鸟,燕子。玄,黑色。燕
子色黑,故称玄鸟。简狄食玄鸟卵生子,说明当时还处于母系社
会,人们只知其母不知其父。说契为帝喾之子,当出于后世附会。
一说,玄鸟为商人图腾。

⑩商者质:《春秋繁露·三代改制质文》:"天将授汤,主天法质而
王……质易纯仁。"质,质朴。

⑪抱:同"抛",抛弃。

⑫山者:住在山里的人。

⑬覆席:覆盖铺垫。《周本纪》:"飞鸟以其翼覆荐之。"食(sì)之:给
他食物吃。按,以上后稷出生后的记载与《诗·大雅·生民》大
致相同:"诞置之隘巷,牛羊腓字之。诞置之平林,会伐平林。诞
置之寒冰,鸟覆翼之。"

⑭天子:上天之子。

⑮长(zhǎng):抚养。

⑯大农:总管农业的官员。

⑰姬者,本也:姬是根基、根本的意思。《广雅·释言》:"姬,基也。"

⑱厥初生民:此为《诗·大雅·生民》的首句,本意为当初生下始祖
后稷的人,指姜嫄;这里意谓周族始祖后稷的出生。

⑲深修益成:加深自己的修养,成就不断增多。

⑳道:讲述,称道。后稷之始:指后稷作为周族始祖的功绩与贡献。

㉑"昔者尧命契为子氏"几句:按,《殷本纪》和《周本纪》载赐姓契
与后稷的是舜,与此不同。

㉒大王命季历:周太王古公亶父命幼子季历继承王位。

㉓天瑞:上天降下的祥瑞。《周本纪》"生昌,有圣瑞",张守节引《尚
书帝命验》:"赤爵(雀)衔丹书入于酆,止于昌户。其书云:'敬胜
怠者吉,怠胜敬者灭,义胜欲者从,欲胜义者凶。……以仁得之,
以仁守之,其量百世。……'此盖圣瑞。"

㉔太伯之吴:据《穆天子传》《左传·僖公五年》,因为太王要传位给
季历及其子昌,于是封长子太伯于虞(今山西运城平陆北),太伯
卒,仲雍即位(故又称虞仲)。吴,即虞。而《周本纪》说太伯、仲
雍为让贤而出走至吴(今江苏无锡东南),不可信。吴为仲雍支
族,在周康王时至吴。

㉕遂生源:《索隐》曰:"言太伯之让季历居吴不反者,欲使传文王、
武王拨乱反正,成周道,遂天下生生之源本也。"遂,成就。

㉖策:秉持。

㉗泛:笼统,随意,相当于今所说"平平常常地""随随便便地"。

㉘其有天命然:按,张长安之疑有理,褚少孙用"天命"之说进行调
和。对此,顾颉刚说:司马迁"信了《诗经》又信《帝系》,于是把
这两种不同的记载混合起来"了。

【译文】

　　褚先生说:"不是这样的。《诗经》说契由于其母简狄吞下鸟卵
而出生,后稷由于其母姜嫄踩上大脚印而出生,是要表现其中存有
天命的微妙真实之意罢了。鬼神不能靠自己出生,必须靠人才能产
生,怎能没有父亲就诞生呢! 一种说法认为有父亲,另一种说法认
为没有父亲,信者以传信,疑者以传疑,所以两种说法并存。帝尧
知道契、后稷都是贤人,是上天生下的,所以封给契七十里土地,其
后经过十多代传到了汤,称王天下。尧知道后稷的子孙以后也会称
王,所以将他的封地增加到一百里,他的后代经过近千年,到文王就
拥有了天下。《诗传》说:'汤的祖先是契,没有父亲就出生了。契的
母亲与她的姐妹在玄丘水洗澡,有一只燕子衔着的卵掉了下来,契
的母亲得到了,本来含在嘴里,却误吞了它,就生下契。契生下来就
很贤明,尧立他为司徒,赐他姓子。子,就是兹;兹,意思是日益强
大。诗人赞美歌颂他说:"殷的土地茫茫无边,上天命令玄鸟,降生
了商。"商,就是质朴,是殷的美号。文王的祖先是后稷,后稷也是

没有父亲就出生了。后稷的母亲是姜嫄，外出，看见巨人的脚印而踩在上面，知道有了身孕，就生了后稷。姜嫄认为后稷没有父亲，轻视他，就把他抛弃在道路上，可是牛羊却都躲开不去践踏他。把他抛弃到山里，山里人来喂养他。又把他遗弃到大泽里，飞鸟为他覆盖、铺垫、喂食。姜嫄感到奇怪，由此知道他是上天之子，便把他抱回来抚养。尧知道他贤明有才，就任命他为大农，赐他姓姬。姬，就是根基、根本的意思。诗人赞美歌颂他说"当初这个人的诞生"，精深修炼，多有成就，来称道后稷作为周族始祖的功绩与贡献。'孔子曾说：'以前尧赐契为子姓，是因为他的后代有汤。赐后稷为姬姓，是因为他的后代有文王。太王命令季历继承王位，是彰明上天的祥瑞。太伯出走吴地，成就了周人所行大道生生不息源源不断。'天意很难言说，不是圣人是不能知晓的。舜、禹、契、后稷都是黄帝的子孙。黄帝秉承天命治理天下，德泽深远地惠及后世，所以他的子孙都又立为天子，这是上天报答有大德的人。人们不了解这些，还以为帝王是平白无故地从平民百姓中兴起的呢。平民百姓怎能平白无故地兴起而称王天下呢？要有天命才能这样。"

"黄帝后世何王天下之久远邪？"

曰："传云天下之君王为万夫之黔首请赎民之命者帝[1]，有福万世。黄帝是也。五政明则修礼义[2]，因天时举兵征伐而利者王[3]，有福千世。蜀王，黄帝后世也[4]，至今在汉西南五千里，常来朝降[5]，输献于汉，非以其先之有德，泽流后世邪？行道德岂可以忽乎哉！人君王者举而观之[6]。汉大将军霍子孟名光者，亦黄帝后世也[7]。此可为博闻远见者言，固难为浅闻者说也。何以言之？古诸侯以国为姓。霍者，国名也。武王封

弟叔处于霍，后世晋献公灭霍[8]，公后世为庶民，往来
居平阳。平阳在河东[9]，河东晋地，分为魏国。以《诗》
言之，亦可为周世[10]。周起后稷，后稷无父而生。以三
代世传言之[11]，后稷有父名高辛；高辛，黄帝曾孙。《黄
帝终始传》曰[12]：'汉兴百有余年，有人不短不长[13]，出
白燕之乡[14]，持天下之政，时有婴儿主[15]，却行车[16]。'霍
将军者，本居平阳白燕。臣为郎时，与方士考功会旗亭
下[17]，为臣言。岂不伟哉[18]！"

【注释】

①传（zhuàn）：经书以外的著作，或解经的文字。黔首：泷川资言引
　　中井积德说当作"元首"。赎：通"续"，延续。

②五政：有多种说法。一指五行之政。古代以五行分主四时，即指
　　四时之政。《大戴礼记·盛德》："均五政，齐五法。"王聘珍解诂：
　　"五政者，明堂月令所施于四时者也。"《孝经纬钩命决》："春政
　　不失，五谷蕖；初夏政不失，甘雨时；季夏政不失，地无菑；秋政
　　不失，人民昌；冬政不失，少疾丧。五政不失，百谷稚熟，日月光
　　明。"又《管子·四时》说春、夏、秋、冬各有"五政"，如春之五政：
　　"一政曰论幼孤，赦有罪；二政曰赋爵列，授禄位；三政曰冻解修沟
　　渎，复亡人；四政曰端险阻，修封疆，正千佰；五政曰无杀麑夭，毋
　　塞华绝萼。"一指五项政治措施。荀悦《申鉴·政体》："兴农桑
　　以养其生，审好恶以正其俗，宣文教以章其化，立武备以秉其威，
　　明赏罚以统其法。"一指五常之政。即父义、母慈、兄友、弟恭、子
　　孝；或指仁、义、礼、智、信。

③因天时：利用有利的自然条件。

④蜀王，黄帝后世也：司马贞《索隐》据《蜀王本纪》，以为蜀王杜宇

出于唐杜氏,是黄帝之后。张守节《正义》据谱记记载,说黄帝曾孙帝喾的支庶后裔封于蜀地,周末蚕丛称王。

⑤常来朝降:中井积德疑"降"字为衍文。

⑥举而观之:都要以此作为借鉴。举,皆,全。观,借鉴。

⑦汉大将军霍子孟名光者,亦黄帝后世也:周文王之子霍叔封于霍(今山西临汾霍州西南),霍光为霍叔之后,因为传说周人为黄帝后裔,所以说霍光也是黄帝后代。霍光,字子孟,河东平阳(今山西临汾西南)人。受汉武帝遗诏辅昭帝;昭帝死,迎立昌邑王,旋以淫乱废之,迎立宣帝。执政二十年,权倾内外。

⑧晋献公灭霍:事在晋献公十六年(前661),献公灭霍、耿、魏三国。

⑨河东:河东郡,在今山西西南部,治安邑(今山西运城夏县西北)。

⑩以《诗》言之,亦可为周世:此指西周初年所封之魏国。《毛诗·魏风》释文引《诗谱》说"周以(魏地)封同姓焉",朱熹《诗集传》以为其地"在《禹贡》冀州雷首之北、析城之西、南枕河曲、北涉汾水"。《左传·襄公二十九年》也说魏为姬姓国。此魏国都城在今山西运城芮城北。至晋献公灭魏,以魏封毕万,即战国韩、赵、魏之魏。毕氏是周文王第十五子毕公高之后,亦为周之同姓。

⑪世传:世系。

⑫《黄帝终始传》:西汉纬书,实即用金、木、水、火、土五德相胜之说,记自黄帝以来帝王之更替。

⑬不短不长:不矮不高。据《汉书·霍光传》,霍光身高七尺三寸,约合今1.68米,在当时为中等身材。

⑭白燕之乡:当为汉平阳县(故治今山西临汾西南)乡名。在今山西临汾境。张守节说:"一作'白麂'。"认为霍光是平阳人,平阳在汉为麂县,但遍检记传,没有"白燕"之名,疑"白麂"是乡之名。

⑮婴儿主:指昭帝,即位时仅八岁。

⑯却行车:能使行进的车倒退,喻霍光擅权。

⑰考功：张守节认为是方士中年老且最有名望者。中井积德以为是方士的官衔。旗亭：市楼。古代观察、指挥集市的处所，上立有旗，故称。

⑱岂不伟哉：按，此段文字意在说明霍光执国政亦有天命，是至伟之事，当续补于"霍氏盛时"，在宣帝地节四年（前66）霍光之子霍禹谋反被族诛前。王鸣盛斥此文"妄且陋"，张文虎称此文为"续貂之尤鄙谬者"。

【译文】

"黄帝的后代为什么称王天下那么长久？"

褚先生说："有记载说，天下的君王是百姓的首领，能够延续百姓生命的可以称帝，有福惠及万代。黄帝就是这样的人。五政修明，讲求礼义，顺应天时，兴兵讨伐有罪，获得胜利就可称王，有福惠及千代。蜀王，是黄帝的后代，目前在汉朝西南五千里的地方建国，常常来朝，向汉朝进贡，这难道不是因为他的祖先有大德，恩泽才流被后世吗？践行道德怎么可以忽视啊！做君主称王天下的，都要以此为借鉴。汉朝大将军霍子孟，名光，他也是黄帝的后代。这些话只能向见识渊博的人讲，实在很难对孤陋寡闻的人说。为什么这样说？古代诸侯以国名为姓氏。霍，是国名。周武王把他的弟弟叔处封到霍，后来晋献公灭了霍，霍公的子孙变成平民，后来居住于平阳。平阳在河东，河东从前是晋地，后来三家分晋，成为魏国的土地。依据《诗经》的记载来说，魏也可以说是周族的子孙。周族兴起于后稷，后稷没有父亲而出生。可根据文献记载的三代世系来说，后稷有父亲，名为高辛；高辛，是黄帝的曾孙。《黄帝终始传》说：'汉兴起一百多年以后，有一个人长得不矮不高，出生于白燕乡，主持天下大政，当时做君主的是一个幼儿，他能使幼主前进的车子倒退。'霍光将军，原本居住在平阳白燕乡。我做郎官时，与方士考功在市楼聚会，他们对我说了这些。难道不是很伟大吗！"

【集评】

马端临曰:"昔太史公言:'儒者断其义,驰说者骋其辞,不务综其终始'。盖讥世之学者以空言著书,而历代统系无所考订也,于是作为《三代世表》,自黄帝以下谱之。然五帝之事远矣,而迁必欲详其世次,按图而索,往往牴牾,故欧阳公复讥其不能缺所不知,而务多闻以为胜。然自三代以后至于近世,史谍所载,昭然可考,始学者童而习之,屈伸指而得其大概,至其传世历年之延促,枝分流别之远近,猝然而问,虽华颠巨儒不能以遽对,则以无统系之书故也。"(《文献通考·自序》)

陈仁锡曰:"桓谭云:'太史公《三代世表》旁行斜上,并效周谱。'旁行者横书也,斜上者斜曲而上,以墨丝系属其世次也。今本《世表》有旁行而无斜上,盖失太史公之旧矣。"(《陈评史记》卷十三)

潘永季曰:"《世表》所重在帝王世次,前半截以不居帝王位者之世次为纬,后半截以自鲁至曹十国世次为纬。案此十一国为后篇十二诸侯张本也。不列郑、吴者,郑未封,吴之世次虽可考,而年不可考,于后篇无所厝手也。燕只总注九世至惠侯,而必列之者,历春秋至战国,不可略其本也。史公之斟酌如此。""《世表》以三代名,却从黄帝叙起,亦可以得史公慎重之心矣。所以他自己说,疑则传疑,只看表云从黄帝至桀二十世,黄帝至纣四十六世,黄帝至武王十九世,其疏略固不烦指摘也。"(《读史记札记》)

吴见思曰:"小小一篇,中间起伏转折,如有千万言存乎其中。古称画山水,在咫尺而有万里之势。吾于此亦有万里之思矣。诸表画而为图,纵横明晰,于列国楚汉,时事纷然之际,开卷无不了然。此法创自史公,是千古绝奇文字,惜其多而不能尽载也。"(《史记论文》)

【评论】

《三代世表》通过"谱系"的形式,将五帝三代系属在一起,归为黄帝的后代,这与《五帝本纪》里以黄帝为中华民族共同祖先的观点是一致的。《三代世表》主要依据《国语》《帝系》《大戴礼记·五帝德》写成，天下一统的观点正是形成于这些书成书的战国时期，而《帝系》早已把中国古代有天下的君主尽数归于黄帝系统之下了。司马迁采用了这一观点，自然会出现如欧阳修所言"尧之崩也，下传其四世孙舜，舜之崩也，复上传其四世祖禹，而舜、禹皆寿百岁"，稷、契同为高辛之子，"今以其世次而下之，汤与王季同世。汤下传十六世而为纣，王季下传一世而为文王，二世而为武王"，"而武王以十四世祖伐十四世孙而代之王"这样的谬误，但这种"四海一家""天下一统"的思想无疑有助于形成中华民族的民族认同感和凝聚力，在历史发展实践中具有积极的意义。

关于《三代世表》中出现的前述所谓"谬误"，司马迁是很清楚的，他在表序中说"自殷以前诸侯不可得而谱"，又说"稽其历谱谍、终始五德之传，古文咸不同，乖异"，但他还是选择了他认为可靠的文献如《五帝系谍》《尚书》，汇集编录了这份"世表"。因为他认为既然史料中本来就有这么多矛盾，那不如学习孔子修《尚书》的方法，"疑则传疑"，把它们原样记录、保存下来。

周成王以后的世系，本来可以像夏、商两代一样处理，而司马迁把这部分单拿出来，并加上了十一家诸侯谱系，这样就反映出周朝重要的"分封制"，还与下面的《十二诸侯年表》相贯通，应该说反映了历史发展的节点和脉络。

在这部分，秦的出现是很特殊的，因为秦被封为诸侯是在周平王时期，已经进入东周了，按理说不应该把它列在西周谱系里。它的出现，首先因为秦是春秋战国时期的重要诸侯国，更建立了统一的帝国，而且它的历史可以上溯到舜、禹时期，所以它的祖先谱系放在这个表里是最合适的。另外，先秦一直有"周故与秦合而别，别五百岁复合，合后七十七岁（一说十七岁，又说七十岁）而霸王出"的谶语，考虑到汉初的文化环境，这里录入秦先祖世系，也许与周、秦这种复杂关系有关。

《三代世表》的结构是十篇"史表"中最复杂的，看懂这个表的关键

是要明白"旁行邪上"这个制表方式。所谓"旁行",就是横向展开。"邪
上",就是"斜上",也就是说当这一"属"的某人成为帝王时,就会上提
到若干列后的第一行去,就形成了"斜上"。这在殷、周两代表现最为明
显,殷汤代夏,是第一代殷王,他就从第十三列第七行被上提到第二十三
列的第一行;周武王伐纣,成为第一代周王,他就从第十四列第八行被上
提到第五十三列第一行。其他颛顼、㖦(喾)、尧、舜、禹的为帝王则是本
列所在行和第一行同时列入。如颛顼同时见于第二列第二行和第二列
第一行,帝㖦同时见于第三列第三行和第三列第一行。这一形式首先是
出于实用考虑,同时又让家谱与国史两条不同的历史线索合于一表,可
见司马迁的创造性。

十二诸侯年表第二

【释名】

《十二诸侯年表》是第一个有了明确纪年的史表,时间上与《三代世表》相接,以年经国纬的形式列出了从共和元年(前841)至周敬王四十三年(前477)的史事,包括西周后期与春秋时期两个时段,其宗旨是"所以观天下之大势"(吕祖谦《大事记解题》)。表中所列诸侯国增加了郑、吴两国,实际上是十三个,叫"十二诸侯",一说是受董仲舒影响,以鲁当一王之法,所以不数鲁国;一说此表"以鲁为主",即以鲁史《春秋》为纲,取材又多取于鲁史与《左传》,鲁国有着特殊地位,所以不数鲁国。

太史公读春秋历谱谍①,至周厉王,未尝不废书而叹也。曰:呜呼,师挚见之矣②!纣为象箸而箕子唏③。周道缺,诗人本之衽席,《关雎》作④。仁义陵迟,《鹿鸣》刺焉⑤。及至厉王,以恶闻其过,公卿惧诛而祸作,厉王遂奔于彘⑥,乱自京师始,而共和行政焉。是后或力政⑦,强乘弱⑧,兴师不请天子。然挟王室之义,以讨伐为会盟主,政由五伯,诸侯恣行,淫侈不轨,贼臣篡子滋起矣⑨。齐、晋、秦、楚,其在成周微甚⑩,封或百里,或五十里。晋阻三河⑪,齐负东海⑫,

楚介江淮^⑬，秦因雍州之固^⑭，四海迭兴，更为伯主，文武所褒大封皆威而服焉^⑮。

【注释】

①历谱谍：记述历法与氏族或宗族世系的书籍。谍，通"牒"。

②师挚：名字为挚的乐官。此人的时代说法不一，一般认为是春秋时鲁国乐师，据说曾为《诗经》配乐。三桓专政，鲁国衰微，他逃奔齐国。而依此文意，司马迁似以为他是厉王时人。见之矣：预见到了周的衰败。

③纣为象箸而箕子唏：《韩非子·说林上》载："纣为象箸而箕子怖，以为象箸必不盛羹于土铏，则必犀玉之杯；玉杯象箸必不盛菽藿，则必旄、象、豹胎；旄、象、豹胎，必不衣短褐而舍茅茨之下，则必锦衣九重，高台广室也。称此以求，则天下不足矣。圣人见微以知萌，见端以知末。"象箸，象牙筷子。箕子，纣王之叔，任太师。封于箕（今山西太谷东北）。曾屡谏纣王而不被采纳。纣杀比干后，他惧祸佯狂为奴，遭纣王囚禁。周武王灭商后，被释，咨以国事，予以重用，封于朝鲜。唏，叹息。

④周道缺，诗人本之衽席，《关雎》作：《鲁诗》说《关雎》是刺周康王贪色晚起之作。《孔子世家》："至幽、厉之缺，始于衽席，故曰'《关雎》之乱以为风始'。"《儒林列传》"夫周室衰而《关雎》作"，皆用《鲁诗》之说，与此意同。本，依据。衽席，泛指卧席。借指房中男女情欲之事。《关雎》，《诗·周南》篇名。今人以为爱情诗。

⑤仁义陵迟，《鹿鸣》刺焉：王应麟《诗考》引《文选注》蔡邕《琴操》云："《鹿鸣》者，周大臣之所作也。王道衰，大臣知贤者幽隐，故弹弦风谏。"与此意同。陵迟，衰落，败坏。《鹿鸣》，《诗·小雅》篇名。刺，讽刺，刺讥。

⑥彘（zhì）：古地名。在今山西临汾霍州东北。

⑦力政：犹力征。谓以武力征伐。

⑧乘：凌驾，欺压。

⑨贼臣篡子：指篡权篡位的弑君弑父者。滋：愈加。

⑩成周：指周公辅成王的兴盛时代。

⑪晋阻三河：晋国倚仗黄河的阻隔。阻，阻隔，依恃。三河，指晋国西、南、东三面有黄河围绕。西指今山西、陕西之间的一段黄河，即"西河"；南即今山西、河南之间和豫北的黄河；春秋时黄河自今河北沧州黄骅和天津入海，即晋东之河。

⑫齐负东海：齐国倚仗背靠东海的便利。负，背靠，依仗。东海，此指齐国东方大海，今之渤海、黄海。

⑬楚介江淮：楚国倚靠长江、淮河的间隔。介，间隔，依靠。

⑭秦因雍州之固：秦国凭借雍州的险固。因，凭借。雍州，古九州之一，指今陕西和甘肃的一部分。《尚书·禹贡》："黑水、西河惟雍州。"秦国领土主要在古雍州之地。

⑮文武所褒大封：周文王、周武王所褒奖分封的大国，指鲁国、燕国、卫国等。

【译文】

太史公阅读春秋时期的历书谱牒资料，每当读到周厉王时，总是放下书来叹息。说：唉，周朝的衰败，师挚预见到了！殷纣王使用象牙筷子，箕子因而叹息。周朝政治有缺失，诗人依据夫妇之道，作了《关雎》。仁义道德衰落败坏，诗人作了《鹿鸣》给予讽刺。等到厉王时，因为不喜欢听到别人说其过失，公卿们害怕被诛罚，祸乱因此发生，厉王只得逃奔到彘地，祸乱从京城开始，因而就有了共和行政。此后有的诸侯靠武力征伐，以强凌弱，兴兵打仗不请示天子。可又以王室的名义，用武力征伐的方式争当会合诸侯的盟主，政令由五霸操纵，诸侯恣意横行，淫逸奢侈，不守法度，弑父弑君的乱臣贼子因此接连不断地出现。齐国、晋国、秦国、楚国，它们在西周时还很微弱，封地有的方圆百里，有的方圆五十里。晋国凭借三河的阻隔，齐国背靠着东海，楚国借助江淮的天险，秦国利用雍州的险固，从四方次第兴起，轮流充当霸主，文王、武王所褒奖分封的大国，都屈服于这种威势而归服他们了。

　　是以孔子明王道，干七十余君，莫能用^①，故西观周室，论史记旧闻，兴于鲁而次《春秋》^②，上记隐^③，下至哀之获麟^④，约其辞文，去其烦重，以制义法^⑤，王道备，人事浃^⑥。七十子之徒口受其传指^⑦，为有所刺讥褒讳挹损之文辞不可以书见也^⑧。鲁君子左丘明惧弟子人人异端^⑨，各安其意^⑩，失其真，故因孔子史记具论其语^⑪，成《左氏春秋》^⑫。铎椒为楚威王傅^⑬，为王不能尽观《春秋》^⑭，采取成败，卒四十章，为《铎氏微》^⑮。赵孝成王时^⑯，其相虞卿上采《春秋》^⑰，下观近世^⑱，亦著八篇，为《虞氏春秋》^⑲。吕不韦者^⑳，秦庄襄王相^㉑，亦上观尚古^㉒，删拾《春秋》，集六国时事，以为八览、六论、十二纪，为《吕氏春秋》^㉓。及如荀卿、孟子、公孙固、韩非之徒^㉔，各往往捃摭《春秋》之文以著书^㉕，不可胜纪。汉相张苍历谱五德^㉖，上大夫董仲舒推《春秋》义^㉗，颇著文焉。

【注释】

①干七十余君，莫能用：此说出于《庄子·天运》："（孔子）以奸（干）者七十二君，论先王之道，而明周、召之迹，一君无所钩用。"本为寓言，司马迁将其坐实，与史不合。干，求。

②"西观周室"几句：《左传序》孔颖达疏引沈氏："《严氏春秋》引

《观周篇》云："孔子将修《春秋》，与左丘明乘如周，观书于周史，归而修《春秋》之经，丘明为之传，共为表里。"论（lún），编集，汇集。兴于鲁，以鲁国的史书为基础。兴，起始。次，依次序编排。

③上记隐：《春秋》记事起于鲁隐公元年（前722）。隐，鲁隐公，名息姑。前722—前712年在位。

④下至哀之获麟：鲁哀公十四年（前481）春，哀公西狩获麟，孔子叹息道："吾道穷矣！""莫知我夫！"《春秋》记事遂终于此年。《公羊传·哀公十四年》疏引《孔丛子》，孔子于获麟时说："今宗周将灭，无主，孰为来哉？兹日麟出而死，吾道穷矣。"乃作歌曰："唐虞之世麟凤游，今非其时来何由？麟兮麟兮我心忧。"鲁哀公，名蒋。前494—前468年在位。麟，麒麟，古代传说中的一种动物。形状像鹿，头上有角，全身有鳞甲，尾像牛尾。古人以为仁兽、瑞兽。

⑤义法：义理法则。此指《春秋》褒贬的笔法。

⑥王道备，人事浃（jiā）：《春秋繁露·玉杯》："《春秋》论十二世之事，人道浃而王道备。"王道，指治国之道。人事，指处世之道。浃，周遍，周全。

⑦七十子之徒：指孔子门下才德出众的七十二个学生。此泛指孔子弟子。口受其传（chuán）指：通过孔子口述接受他传授的《春秋》意旨。指，旨意，意向。

⑧挹（yì）损：贬抑。挹，通"抑"。不可以书见：不便于写出来给人看。

⑨鲁君子左丘明：生平不详。孔子曾说："巧言、令色、足恭，左丘明耻之，丘亦耻之。匿怨而友其人，左丘明耻之，丘亦耻之。"（《论语·公冶长》）可证左丘明是孔子同时或稍前的人。这里说是"鲁君子"，班固则说是"鲁太史"。异端：各种说法，不同见解。

⑩安：认为稳妥。

⑪具论其语：详备地编辑了孔子的评语。《左传》中汇集了几十条孔子评史事、评人物的话。

⑫《左氏春秋》：即《左传》。《左传》参考了鲁《春秋》的记事大纲，也始于鲁隐公元年，而结束于鲁哀公二十七年（前468），较《春秋》多十三年，而记事则至悼公四年（前463），涉及韩、赵、魏灭知伯之事则已是前453年之事。《左传》对春秋一代大事演变做了比较全面的记载，内容丰富，文字生动，尤擅长描写战争，是我国第一部完整的编年体史书。战国晚期著作亦称《左传》为《春秋》，所以司马迁称它《左氏春秋》。西汉经学家刘歆又称之为《春秋左氏传》，简称《左传》，与《春秋公羊传》《春秋穀梁传》合称"春秋三传"。名称的更改，其目的在于说明此书与《公羊传》《穀梁传》一样，是为解释《春秋》经文而作。对此学术界仍在争论。司马迁是第一个说左丘明是《左传》作者的。实际情况可能是《左传》始传自左丘明，在其后一段时期内后人有所修订增益，在战国初成书。

⑬铎椒：战国时楚人。一说为齐姜尚后裔，姜姓，铎氏。刘向《别录》云："左丘明授曾申，申授吴起，起授其子期，期授楚人铎椒，椒作《抄撮》八卷。"楚威王：芈姓，熊氏，名商。前339—前329年在位。

⑭《春秋》：此兼指《春秋》和《左传》而言，《春秋》在当时不过一万八千字，而《左传》多达十八万字，所以说"不能尽观"。

⑮《铎氏微》：即《别录》所说铎椒所作《抄撮》八卷。微，精深，奥妙。阐释精微之旨，故以"微"命名。

⑯赵孝成王：名丹，前265—前245年在位。

⑰虞卿：名失传。游说于赵孝成王，被任为上卿，又以封邑在虞（今山西运城平陆），故号为"虞卿"。曾在秦赵长平之战中屡向赵王献计，促成赵魏联合抗秦。后因收留秦相范雎仇人魏齐，亡赵之魏，著《虞氏春秋》。详见《平原君虞卿列传》。

⑱近世：底本作"近势"。别本、《平原君虞卿列传》并作"近世"。

今据改。

⑲《虞氏春秋》：刘向《别录》说："铎椒作《抄撮》八卷，授虞卿。虞卿作《抄撮》九卷，授荀卿。"当即此书。只是本文和虞卿本传都说是"八篇"，而《抄撮》为"九卷"，《汉书·艺文志》著录《虞氏列传》十五篇、《虞氏微传》二篇，篇数都与此不同。《铎氏微》与虞氏二书已亡佚。按，铎椒与虞卿时代恐不相及。

⑳吕不韦：原为富商，因为拥立秦庄襄王有功，任相国，封文信侯。详见《吕不韦列传》。

㉑秦庄襄王：初名异人，后改子楚。前249—前247年在位。

㉒尚古：上古。

㉓《吕氏春秋》：亦称《吕览》。吕不韦为相期间召集宾客所著，二十六卷。成书于战国末期，秦统一六国前（约在前241年）。分十二纪（各五篇）、八览（各八篇）、六论（各六篇），共一百六十篇。思想庞杂，以儒为主，兼及道、墨、名、兵、农、阴阳各家学说，也有不少古史旧闻、古人遗语、古籍佚文及科技知识，很有价值。《汉书·艺文志》列于"杂家"。

㉔公孙固：战国时宋国学者。其摘录《春秋》所著之书已亡佚。一说即齐国人韩固，曾传释《诗经》。

㉕捃摭（jùn zhí）：采取，采集。

㉖汉相张苍历谱五德：张苍精通律历、算学，曾主持改定历法。他推演"五德终始"，认为汉当水德。《汉书·艺文志》著录《张苍》十六篇列于"阴阳家"，今已亡佚。张苍，又作"张仓"。汉初功臣，汉文帝时为丞相十五年。事迹详见《张丞相列传》。历谱，排列。五德，又称"五德终始"。古代阴阳家把金、木、水、火、土五行看成五德，认为历代王朝各代表一德，按照五行相克或相生的顺序，交互更替，周而复始。

㉗董仲舒推《春秋》义：《汉书·董仲舒传》云董仲舒"说《春秋》事

得失，《闻举》《玉杯》《蕃露》《清明》《竹林》之属，复数十篇，十余万言”。今存《春秋繁露》十七卷，八十二篇，可能经后人修订改编。董仲舒，“《春秋》公羊学”的今文经学大师。汉武帝举贤良文学之士，他对以“天人三策”，以宗法思想、“天人合一”、《春秋》“大一统”等先秦儒家思想、法家之集权思想及阴阳家之五德终始说重新解释儒家经典，提出一整套“天人感应”“君权神授”思想，主张罢黜百家，独尊儒术，为武帝采纳，影响深远。推《春秋》义，发挥《春秋》的义理。推，推演。

【译文】

　　因此孔子想要阐明王道，求见了七十多位君主，却没有一个任用他，于是西游周王室，汇集各国记述历史旧事的文献资料，以鲁史为中心而编排《春秋》，上从鲁隐公写起，下至哀公出猎获麟为止，简约文辞，删去烦复，以此制定修史的义理，目的是使王道齐备，人伦周全。弟子如七十子之流凭孔子的口述，转述他对《春秋》旨意的传授，因为其中蕴含了讽刺、褒奖、忌讳、贬抑的意思，是不能用文字明晰表达的。鲁国君子左丘明担心孔子弟子每个人的理解不同，转述时各自为是，失去了孔子的本意，所以依据孔子史记的思想，完整地叙述了历史经过，撰成了《左氏春秋》。铎椒做楚威王的太傅，因为楚王不能读完整部《春秋》，他就摘取其中有关成功失败的内容，编成四十章，题为《铎氏微》。赵孝成王时，相国虞卿上采《春秋》内容，下考近代形势，也著成八篇，题为《虞氏春秋》。吕不韦，是秦庄襄王的相国，也考察上古史迹，删拾《春秋》记述，汇集六国史事，编成八览、六论、十二纪，题为《吕氏春秋》。至于荀子、孟子、公孙固、韩非等人，都纷纷摘录《春秋》的文辞来著书立说，这些内容无法一一详述。汉丞相张苍精通历法，排列五德终始，上大夫董仲舒推演《春秋》大义，都创作了很有成就的作品。

　　太史公曰：儒者断其义^①，驰说者骋其辞^②，不务综其终始③；历人取其年月④，数家隆于神运⑤，谱谍独记世谥⑥，其辞略，欲一观诸要难。于是谱十二诸侯，自共和讫孔子⑦，表见《春秋》《国语》学者所讥盛衰大指著于篇⑧，为成学治古文者要删焉⑨。

【注释】

①断其义：对《春秋》断章取义。

②驰说（shuì）者：奔走游说的人。骋其辞：尽情地运用言语文辞。骋，放纵，施展。

③综其终始：全面考察历史盛衰兴亡演变的全过程。综，整理，整合。

④历人：指修治历法的人。

⑤数家：数术家。指从事天文、五行、筮占的人。数，数术。古代关于天文、历法、占卜的学问。隆：推重，重视。神运：王朝兴替的气运。

⑥谱谍：指历谱牒的作者。世谥：世系和谥号。

⑦讫孔子：按，孔子卒于周敬王四十一年（前479），此表终于敬王崩之年（前477）。此为概略说法，既可见司马迁对孔子的敬重，又照顾了周王世系的更替。讫，终止。

⑧《国语》：国别体史书，偏重记言，分别记录周和鲁、齐、晋、郑、楚、吴、越的史事，主要是春秋时期的史事。司马迁认为，《国语》的作者也是左丘明。讥：稽查，考察。

⑨成学：博学，饱学。古文：此指《春秋》经和以古文写就的《左传》及《国语》。要删：撮要删定。

【译文】

太史公说：儒家学者对《春秋》内容断章取义，纵横家对《春秋》文辞任意发挥，他们都不去全面考察历史发展的本末；历法家只是取用了其中的年月记载，阴阳数术家只是重视天意的运转，谱牒学者只是记录世系、谥号,他们的文字都很简略,想要从他们那里看到历史的变迁大势是很困难的。因此我编述了《十二诸侯年表》,从共和元年到孔子逝世,用表格显示《春秋》《国语》的内容,两书批评历史盛衰演变的主要思想旨趣,都体现在这篇年表中,这是为学问渊博、研习古史文献的人所做的钩玄提要。

前841

	庚申①
周	共和**元**年② 厉王子居召公宫,是为宣王③。王少,大臣共和行政。共和元年。厉王的太子静躲藏住在召公的家中,他就是周宣王。宣王年少,大臣召公、周公联合执政。
鲁	真公濞**十五**年④ 真公名濞,该年是他在位的第十五年(一说是十四年)。
齐	武公寿**十**年⑤ 武公名寿,该年是他在位的第十年。
晋	靖侯宜臼**十八**年⑥ 靖侯名宜臼,该年是他在位的第十八年。
秦	秦仲**四**年⑦ 该年是秦仲在位的第四年。
楚	熊勇**七**年⑧ 该年是熊勇在位的第七年。
宋	釐公**十八**年⑨ 该年是釐公在位的第十八年。
卫	釐侯**十四**年⑩ 该年是釐侯在位的第十四年。
陈	幽公宁**十四**年⑪ 幽公名宁,该年是他在位的第十四年。
蔡	武侯**二十三**年⑫ 该年是武侯在位的第二十三年。
曹	夷伯**二十四**年⑬ 该年是夷伯在位的第二十四年。
郑⑭	
燕	惠侯**二十四**年⑮ 该年是惠侯在位的第二十四年。
吴⑯	

前840	前839	前838
二　共和二年。	三　共和三年。	四　共和四年。
十六　真公十六年。	十七　真公十七年。	十八　真公十八年。
十一　武公十一年。	十二　武公十二年。	十三　武公十三年。
晋釐侯司徒元年⑰　晋釐侯名司徒,是晋靖侯的儿子,该年是其元年。	二　釐侯二年。	三　釐侯三年。
五　秦仲五年。	六　秦仲六年。	七　秦仲七年。
八　熊勇八年。	九　熊勇九年。	十　熊勇十年。
十九　釐公十九年。	二十　釐公二十年。	二十一　釐公二十一年。
十五　釐侯十五年。	十六　釐侯十六年。	十七　釐侯十七年。
十五　幽公十五年。	十六　幽公十六年。	十七　幽公十七年。
二十四　武侯二十四年。	二十五　武侯二十五年。	二十六　武侯二十六年。
二十五　夷伯二十五年。	二十六　夷伯二十六年。	二十七　夷伯二十七年。
二十五　惠侯二十五年。	二十六　惠侯二十六年。	二十七　惠侯二十七年。

	前837	前836	前835
	甲子		
周	**五** 共和五年。	**六** 共和六年。	**七** 共和七年。
鲁	**十九** 真公十九年。	**二十** 真公二十年。	**二十一** 真公二十一年。
齐	**十四** 武公十四年。	**十五** 武公十五年。	**十六** 武公十六年。
晋	**四** 釐侯四年。	**五** 釐侯五年。	**六** 釐侯六年。
秦	**八** 秦仲八年。	**九** 秦仲九年。	**十** 秦仲十年。
楚	**楚熊严元年**[18] 楚熊严是熊勇的弟弟,该年是其元年。	**二** 熊严二年。	**三** 熊严三年。
宋	**二十二** 釐公二十二年。	**二十三** 釐公二十三年。	**二十四** 釐公二十四年。
卫	**十八** 釐侯十八年。	**十九** 釐侯十九年。	**二十** 釐侯二十年。
陈	**十八** 幽公十八年。	**十九** 幽公十九年。	**二十** 幽公二十年。
蔡	**蔡夷侯元年** 蔡夷侯是蔡武侯的儿子,该年是其元年。	**二** 夷侯二年。	**三** 夷侯三年。
曹	**二十八** 夷伯二十八年。	**二十九** 夷伯二十九年。	**三十** 夷伯三十年。
郑			
燕	**二十八** 惠侯二十八年。	**二十九** 惠侯二十九年。	**三十** 惠侯三十年。
吴			

前834	前833	前832
八　共和八年。	九　共和九年。	十　共和十年。
二十二　真公二十二年。	二十三　真公二十三年。	二十四　真公二十四年。
十七　武公十七年。	十八　武公十八年。	十九　武公十九年。
七　釐侯七年。	八　釐侯八年。	九　釐侯九年。
十一　秦仲十一年。	十二　秦仲十二年。	十三　秦仲十三年。
四　熊严四年。	五　熊严五年。	六　熊严六年。
二十五　釐公二十五年。	二十六　釐公二十六年。	二十七　釐公二十七年。
二十一　釐侯二十一年。	二十二　釐侯二十二年。	二十三　釐侯二十三年。
二十一　幽公二十一年。	二十二　幽公二十二年。	二十三　幽公二十三年。
四　夷侯四年。	五　夷侯五年。	六　夷侯六年。
曹幽伯彊元年[19]　曹幽伯名彊，是夷伯的弟弟，该年是其元年。	二　幽伯二年。	三　幽伯三年。
三十一　惠侯三十一年。	三十二　惠侯三十二年。	三十三　惠侯三十三年。

	前831	前830
周	十一 共和十一年。	十二 共和十二年。
鲁	二十五 真公二十五年。	二十六 真公二十六年。
齐	二十 武公二十年。	二十一 武公二十一年。
晋	十 釐侯十年。	十一 釐侯十一年。
秦	十四 秦仲十四年。	十五 秦仲十五年。
楚	七 熊严七年。	八 熊严八年。
宋	二十八 釐公二十八年。	宋惠公覵元年 宋惠公名覵,是宋釐公的儿子,该年是其元年。
卫	二十四 釐侯二十四年。	二十五 釐侯二十五年。
陈	陈釐公孝元年 陈釐公名孝,是幽公的儿子,该年是其元年。	二 釐公二年。
蔡	七 夷侯七年。	八 夷侯八年。
曹	四 幽伯四年。	五 幽伯五年。
郑		
燕	三十四 惠侯三十四年。	三十五 惠侯三十五年。
吴		

前829	前828
十三　共和十三年。	十四　宣王即位[20]，共和罢。　共和十四年。该年周宣王即位后，周公、召公联合执政就结束了。
二十七　真公二十七年。	二十八　真公二十八年。
二十二　武公二十二年。	二十三　武公二十三年。
十二　釐侯十二年。	十三　釐侯十三年。
十六　秦仲十六年。	十七　秦仲十七年。
九　熊严九年。	十　熊严十年。
二　惠公二年。	三　惠公三年。
二十六　釐侯二十六年。	二十七　釐侯二十七年。
三　釐公三年。	四　釐公四年。
九　夷侯九年。	十　夷侯十年。
六　幽伯六年。	七　幽伯七年。
三十六　惠侯三十六年。	三十七　惠侯三十七年。

【注释】

前841—前828

① 庚申：按，据钱大昕说，《史记》诸年表皆不记干支，注干支出于徐广，考徐注之例，唯于每王之元年记干支，此表每十年辄书"甲子""甲戌"等字样，不仅非史公正文，亦非徐注之例，其为后人羼入无疑。

② 共和元年：前841年。司马迁认为"共和"是指周公与召公联合执政。另据《竹书纪年》《左传》《吕氏春秋》等，"共和"指共伯和。共伯和好行仁义，诸侯奉之以行政，其首年称"共和元年"。

③ 厉王子居召公宫，是为宣王：周厉王三十七年（前842）国人暴动时，厉王太子静藏在召公虎家，召公虎用己子代替太子交给国人，太子后即位为宣王。

④ 真公濞十五年：一云十四年。造成这一年之差的原因是共和元年是否即厉公奔彘之年。如是一年，则真公在位十四年，如《鲁周公世家》和《晋世家》所记；如依例次年改元，则真公在位十五年，如表与《周本纪》《秦本纪》及其余"世家"所记。司马迁或看到有当年改元之说，故记有两种说法。真公，又作"慎公"。鲁献公之子。都曲阜（今山东济宁曲阜）。

⑤ 武公寿：齐武公，名寿。齐献公之子。都临淄（今山东淄博临淄北）。

⑥ 靖侯宜臼：晋靖侯，名宜臼。晋厉侯之子。都曲沃（今山西运城闻喜东北）。

⑦ 秦仲：公伯之子。居西犬丘（今甘肃天水西南）。秦仲三年，时周厉王无道，西戎叛周，灭西犬丘大骆嫡子成之族，及宣王即位，便以他为大夫，诛西戎。后为戎人所杀。

⑧ 熊勇：熊延之子。居丹阳（今湖北秭归东南）。

⑨ 釐公：宋釐公，名举。宋厉公之子。都商丘（今河南商丘城南）。

⑩釐侯：卫釐侯，史失其名。卫顷侯之子。都沬（今河南鹤壁淇县）。

⑪幽公宁：陈幽公，名宁。陈慎公之子。都陈（今河南周口淮阳）。

⑫武侯：蔡武侯，史失其名。蔡厉侯之子。都蔡（今河南驻马店上蔡）。

⑬夷伯：曹夷伯，名喜。蔡孝伯之子。都陶丘（今山东菏泽定陶西南）。

⑭郑：周厉王时郑尚未为诸侯。其初封在周宣王二十二年（前806），始封君为宣王同母弟，名友，初都郑（今陕西渭南华州东）。

⑮惠侯：燕惠侯，史失其名。按，自燕召公奭以下九世为惠侯，其间世系都已佚失。

⑯吴：据《周本纪》《吴太伯世家》，周太王长子太伯、次子仲雍为实现周太王欲传位于季历之子姬昌的愿望，奔荆蛮，让位于季历。太伯自号句吴，荆蛮人立为吴太伯。传至四世孙周章，武王乃封周章于吴。这种说法最早见于《左传》《国语》，司马迁予以采用，而后人如蒙文通、陈桥驿、杨宽、王玉哲等均认为此说不可信。

⑰晋釐侯司徒：晋釐侯，名司徒。晋靖侯之子。司徒本为官名，为周六卿之一，晋釐侯以之为名，晋遂不设司徒之官。

⑱楚熊严：熊严，熊勇之弟。《汉书·古今人表》云为熊勇之子。

⑲曹幽伯彊：曹幽伯，名彊。曹夷伯之弟。《汉书·古今人表》云为夷伯之子。

⑳宣王即位：共和十四年（前828），周厉王死于彘地，大臣拥立太子静即位，是为周宣王。

	前827	前826
	甲戌	
周	宣王元年　周宣王是周厉王的儿子,该年是他在位的第一年。	二　宣王二年。
鲁	二十九　真公二十九年。	三十　真公三十年。
齐	二十四　武公二十四年。	二十五　武公二十五年。
晋	十四　釐侯十四年。	十五　釐侯十五年。
秦	十八　秦仲十八年。	十九　秦仲十九年。
楚	楚熊霜元年　楚熊霜是熊严的长子,该年是其元年。	二　熊霜二年。
宋	四　惠公四年。	五　惠公五年。
卫	二十八　釐侯二十八年。	二十九　釐侯二十九年。
陈	五　釐公五年。	六　釐公六年。
蔡	十一　夷侯十一年。	十二　夷侯十二年。
曹	八　幽伯八年。	九　幽伯九年。
郑		
燕	三十八　惠侯三十八年。	燕釐侯庄元年①　该年是燕釐侯元年("庄"字衍文)。
吴		

前825

三　宣王三年。
鲁武公敖元年②　鲁武公名敖,他是鲁真公的弟弟,该年是其元年。
二十六　武公二十六年。
十六　釐侯十六年。
二十　秦仲二十年。
三　熊霜三年。
六　惠公六年。
三十　釐侯三十年。
七　釐公七年。
十三　夷侯十三年。
曹戴伯鲜元年③　曹戴伯名鲜,他是曹幽伯的弟弟,该年是其元年。
二　釐侯二年。

前824

周	四	宣王四年。
鲁	二	武公二年。
齐	齐厉公无忌元年④	齐厉公名无忌,他是齐武公的儿子,该年是其元年。
晋	十七	釐侯十七年。
秦	二十一	秦仲二十一年。
楚	四	熊霜四年。
宋	七	惠公七年。
卫	三十一	釐侯三十一年。
陈	八	釐公八年。
蔡	十四	夷侯十四年。
曹	二	戴伯二年。
郑		
燕	三	釐侯三年。
吴		

前823	前822
五　宣王五年。	六　宣王六年。
三　武公三年。	四　武公四年。
二　厉公二年。	三　厉公三年。
十八　釐侯十八年。	晋献侯籍元年⑤　晋献侯名籍，是晋釐侯的儿子，该年是其元年。
二十二　秦仲二十二年。	二十三　秦仲二十三年。
五　熊霜五年。	六　熊霜六年。
八　惠公八年。	九　惠公九年。
三十二　釐侯三十二年。	三十三　釐侯三十三年。
九　釐公九年。	十　釐公十年。
十五　夷侯十五年。	十六　夷侯十六年。
三　戴伯三年。	四　戴伯四年。
四　釐侯四年。	五　釐侯五年。

前821

周	**七**	宣王七年。
鲁	**五**	武公五年。
齐	**四**	厉公四年。
晋	**二**	献侯二年。
秦	秦庄公其**元年**⑥	秦庄公名其,他是秦仲的儿子,该年是其元年。
楚	楚熊徇**元年**⑦	楚熊徇亦称季纣,他是熊严的小儿子,该年是其元年。
宋	**十**	惠公十年。
卫	**三十四**	釐侯三十四年。
陈	**十一**	釐公十一年。
蔡	**十七**	夷侯十七年。
曹	**五**	戴伯五年。
郑		
燕	**六**	釐侯六年。
吴		

前820	前819
八　宣王八年。	九　宣王九年。
六　武公六年。	七　武公七年。
五　厉公五年。	六　厉公六年。
三　献侯三年。	四　献侯四年。
二　庄公二年。	三　庄公三年。
二　熊徇二年。	三　熊徇三年。
十一　惠公十一年。	十二　惠公十二年。
三十五　釐侯三十五年。	三十六　釐侯三十六年。
十二　釐公十二年。	十三　釐公十三年。
十八　夷侯十八年。	十九　夷侯十九年。
六　戴伯六年。	七　戴伯七年。
七　釐侯七年。	八　釐侯八年。

	前818	前817
		甲申
周	十　宣王十年。	十一　宣王十一年。
鲁	八　武公八年。	九　武公九年。
齐	七　厉公七年。	八　厉公八年。
晋	五　献侯五年。	六　献侯六年。
秦	四　庄公四年。	五　庄公五年。
楚	四　熊徇四年。	五　熊徇五年。
宋	十三　惠公十三年。	十四　惠公十四年。
卫	三十七　釐侯三十七年。	三十八　釐侯三十八年。
陈	十四　釐公十四年。	十五　釐公十五年。
蔡	二十　夷侯二十年。	二十一　夷侯二十一年。
曹	八　戴伯八年。	九　戴伯九年。
郑		
燕	九　釐侯九年。	十　釐侯十年。
吴		

前816	前815
十二　宣王十二年。	十三　宣王十三年。
十　武公十年。	鲁懿公戏元年⑧　鲁懿公名戏，是鲁武公的儿子，该年是其元年。
九　厉公九年。	齐文公赤元年　齐文公名赤，是齐厉公的儿子，该年是其元年。
七　献侯七年。	八　献侯八年。
六　庄公六年。	七　庄公七年。
六　熊徇六年。	七　熊徇七年。
十五　惠公十五年。	十六　惠公十六年。
三十九　釐侯三十九年。	四十　釐侯四十年。
十六　釐公十六年。	十七　釐公十七年。
二十二　夷侯二十二年。	二十三　夷侯二十三年。
十　戴伯十年。	十一　戴伯十一年。
十一　釐侯十一年。	十二　釐侯十二年。

	前814	前813
周	**十四** 宣王十四年。	**十五** 宣王十五年。
鲁	**二** 懿公二年。	**三** 懿公三年。
齐	**二** 文公二年。	**三** 文公三年。
晋	**九** 献侯九年。	**十** 献侯十年。
秦	**八** 庄公八年。	**九** 庄公九年。
楚	**八** 熊徇八年。	**九** 熊徇九年。
宋	**十七** 惠公十七年。	**十八** 惠公十八年。
卫	**四十一** 釐侯四十一年。	**四十二** 釐侯四十二年。
陈	**十八** 釐公十八年。	**十九** 釐公十九年。
蔡	**二十四** 夷侯二十四年。	**二十五** 夷侯二十五年。
曹	**十二** 戴伯十二年。	**十三** 戴伯十三年。
郑		
燕	**十三** 釐侯十三年。	**十四** 釐侯十四年。
吴		

前812

十六　宣王十六年。
四　懿公四年。
四　文公四年。
十一　献侯十一年。
十　庄公十年。
十　熊徇十年。
十九　惠公十九年。
卫武公和元年⑨　卫武公名和，他是卫釐侯的儿子，该年是其元年。
二十　釐公二十年。
二十六　夷侯二十六年。
十四　戴伯十四年。
十五　釐侯十五年。

前811

周	十七	宣王十七年。
鲁	五	懿公五年。
齐	五	文公五年。
晋	穆侯弗生元年[10]	穆侯名弗生,是晋献侯的儿子,该年是其元年。
秦	十一	庄公十一年。
楚	十一	熊徇十一年。
宋	二十	惠公二十年。
卫	二	武公二年。
陈	二十一	釐公二十一年。
蔡	二十七	夷侯二十七年。
曹	十五	戴伯十五年。
郑		
燕	十六	釐侯十六年。
吴		

前810	前809
十八　宣王十八年。	十九　宣王十九年。
六　懿公六年。	七　懿公七年。
六　文公六年。	七　文公七年。
二　穆侯二年。	三　穆侯三年。
十二　庄公十二年。	十三　庄公十三年。
十二　熊徇十二年。	十三　熊徇十三年。
二十一　惠公二十一年。	二十二　惠公二十二年。
三　武公三年。	四　武公四年。
二十二　釐公二十二年。	二十三　釐公二十三年。
二十八　夷侯二十八年。	蔡釐侯所事元年　蔡釐侯名所事,他是蔡夷侯的儿子,该年是其元年。
十六　戴伯十六年。	十七　戴伯十七年。
十七　釐侯十七年。	十八　釐侯十八年。

	前808	前807
		甲午
周	二十　宣王二十年。	二十一　宣王二十一年。
鲁	八　懿公八年。	九　懿公九年。
齐	八　文公八年。	九　文公九年。
晋	四　取齐女为夫人。穆侯四年。晋穆侯娶齐女为夫人。	五　穆侯五年。
秦	十四　庄公十四年。	十五　庄公十五年。
楚	十四　熊徇十四年。	十五　熊徇十五年。
宋	二十三　惠公二十三年。	二十四　惠公二十四年。
卫	五　武公五年。	六　武公六年。
陈	二十四　釐公二十四年。	二十五　釐公二十五年。
蔡	二　釐侯二年。	三　釐侯三年。
曹	十八　戴伯十八年。	十九　戴伯十九年。
郑		
燕	十九　釐侯十九年。	二十　釐侯二十年。
吴		

前806

二十二　宣王二十二年。
鲁孝公称元年⑪［伯御元年］　伯御立为君，称为诸公子云⑫。伯御，武公孙。鲁孝公名称，该年是其元年（伯御元年）。伯御被立为鲁君，称为鲁国公子。伯御是鲁武公的孙子。
十　文公十年。
六　穆侯六年。
十六　庄公十六年。
十六　熊徇十六年。
二十五　惠公二十五年。
七　武公七年。
二十六　釐公二十六年。
四　釐侯四年。
二十　戴伯二十年。
郑桓公友元年⑬　始封。周宣王母弟⑭。郑桓公名友，是郑国的始封君，该年是其元年。他是周宣王的同母弟弟。
二十一　釐侯二十一年。

【注释】

前826—前806

① 燕釐侯庄：据《索隐》，"庄"字为衍文。《燕召公世家》谓釐侯为惠侯之子，然燕史佚失，其世系不明，古史亦无可参考者，故前人多认为惠侯至文公间凡言"子"者必后人妄增。

② 鲁武公敖：鲁武公，名敖。鲁真（慎）公之弟。曾与长子括、少子戏入朝宣王，宣王爱其少子戏，命立为鲁太子。

③ 曹戴伯鲜：曹戴伯，名鲜，《曹世家》作"苏"。曹幽伯之弟，《汉书·古今人表》云为幽伯之子。周宣王三年（前825）弑幽伯代立。

④ 齐厉公无忌：齐厉公，名无忌。齐武公之子。周宣王四年（前824）即位。为政暴虐，不得民心，在位九年，被国人与齐胡公之子（其族叔）攻杀。

⑤ 晋献侯籍：晋献侯，名籍，《世本》作"苏"。晋釐侯之子。

⑥ 秦庄公其：秦庄公，名其。秦仲长子。秦仲攻西戎，败死，他受宣王之召，率兵七千人，攻破西戎，得封为西垂大夫，居西犬丘（今甘肃天水西南）。后追谥庄公。

⑦ 楚熊徇：熊徇，亦称"季徇""季纲"。熊严少子，熊霜之弟。

⑧ 鲁懿公戏：鲁懿公，名戏。鲁武公少子。因周宣王喜爱他，指定其为继位人。由于废长立幼，引起公室内乱，在位九年，被其兄括之子伯御所杀。

⑨ 卫武公和：卫武公，名和。卫釐侯之子。能修政安民。卫武公四十二年（前771），犬戎杀周幽王，他与诸侯合兵助周王室平乱有功，被周平王命为公。

⑩ 穆侯弗生：晋穆侯，名弗生，《晋世家》作"费王"。晋献侯之子。王应麟《诗地理考》："《诸侯谱》云：晋穆侯迁都于绛。"即今山西临汾翼城东南。

⑪ 鲁孝公称元年：鲁孝公，名称。《鲁周公世家》云其为懿公之弟，此

表下文云为伯御之弟,《汉书·古今人表》则云为懿公之子。按,此年(前806)应为伯御元年,孝公元年在周宣王三十二年(前796)。说见下注。格内括注补"伯御元年"。伯御在位十一年,表内"鲁"格自此年至周宣王三十二年(前796)括注伯御纪年年数。

⑫伯御立为君,称为诸公子云:伯御为鲁武公之孙,其父括为武公长子,而周宣王喜爱武公少子戏,立戏为鲁太子。武公去世后戏继位为懿公。懿公九年(前807),伯御与鲁人攻杀懿公,伯御立为君。伯御十一年,即周宣王三十二年,宣王伐鲁,杀伯御,立懿公之弟称,是为孝公。

⑬郑桓公友元年:此年周宣王封弟友于郑(今陕西渭南华州东),为诸侯。

⑭周宣王母弟:《郑世家》云郑桓公友为周宣王庶弟,与此不同。又,《竹书纪年》云其为宣王之子,名多父,周幽王时居郑父之丘。

前805

周	二十三　宣王二十三年。
鲁	二［二］　孝公二年（伯御二年）。
齐	十一　文公十一年。
晋	七　以伐条生太子仇①。穆侯七年。穆侯在讨伐条戎失败这年生了太子，因此给他取名为"仇"。
秦	十七　庄公十七年。
楚	十七　熊徇十七年。
宋	二十六　惠公二十六年。
卫	八　武公八年。
陈	二十七　釐公二十七年。
蔡	五　釐侯五年。
曹	二十一　戴伯二十一年。
郑	二　桓公二年。
燕	二十二　釐侯二十二年。
吴	

前804　　　　　　　　　　　前803

二十四　宣王二十四年。	二十五　宣王二十五年。
三［三］　孝公三年（伯御三年）。	四［四］　孝公四年（伯御四年）。
十二　文公十二年。	齐成公说元年②　齐成公名说，是齐文公的儿子，该年是其元年。
八　穆侯八年。	九　穆侯九年。
十八　庄公十八年。	十九　庄公十九年。
十八　熊徇十八年。	十九　熊徇十九年。
二十七　惠公二十七年。	二十八　惠公二十八年。
九　武公九年。	十　武公十年。
二十八　釐公二十八年。	二十九　釐公二十九年。
六　釐侯六年。	七　釐侯七年。
二十二　戴伯二十二年。	二十三　戴伯二十三年。
三　桓公三年。	四　桓公四年。
二十三　釐侯二十三年。	二十四　釐侯二十四年。

前802

周	二十六	宣王二十六年。
鲁	五［五］	孝公五年（伯御五年）。
齐	二	成公二年。
晋	十乱⑤	以千亩战生仇弟成师③。二子名反，君子讥之④。后乱⑤。穆侯十年。穆侯在千亩一役生了太子仇的弟弟成师。两个儿子名字的含义正相反，君子对此有讥刺。后来晋国果真有乱。
秦	二十	庄公二十年。
楚	二十	熊徇二十年。
宋	二十九	惠公二十九年。
卫	十一	武公十一年。
陈	三十	釐公三十年。
蔡	八	釐侯八年。
曹	二十四	戴伯二十四年。
郑	五	桓公五年。
燕	二十五	釐侯二十五年。
吴		

前801	前800
二十七　宣王二十七年。	二十八　宣王二十八年。
六［六］　孝公六年（伯御六年）。	七［七］　孝公七年（伯御七年）。
三　成公三年。	四　成公四年。
十一　穆侯十一年。	十二　穆侯十二年。
二十一　庄公二十一年。	二十二　庄公二十二年。
二十一　熊徇二十一年。	二十二　熊徇二十二年。
三十［宋惠公薨］⑥　惠公三十年（宋惠公去世。）	三十一　宋惠公薨［宋哀公元年］。⑦惠公三十一年。宋惠公在该年去世（宋哀公元年）。
十二　武公十二年。	十三　武公十三年。
三十一　釐公三十一年。	三十二　釐公三十二年。
九　釐侯九年。	十　釐侯十年。
二十五　戴伯二十五年。	二十六　戴伯二十六年。
六　桓公六年。	七　桓公七年。
二十六　釐侯二十六年。	二十七　釐侯二十七年。

	前 799	前 798
周	二十九　宣王二十九年。	三十　宣王三十年。
鲁	八〔八〕　孝公八年（伯御八年）。	九〔九〕　孝公九年（伯御九年）。
齐	五　成公五年。	六　成公六年。
晋	十三　穆侯十三年。	十四　穆侯十四年。
秦	二十三　庄公二十三年。	二十四　庄公二十四年。
楚	楚熊鄂元年　楚熊鄂是熊徇的儿子，该年是其元年。	二　熊鄂二年。
宋	宋戴公立⑧。元年　宋戴公是宋哀公的儿子，被立为国君。该年是其元年。	二　戴公二年。
卫	十四　武公十四年。	十五　武公十五年。
陈	三十三　釐公三十三年。	三十四　釐公三十四年。
蔡	十一　釐侯十一年。	十二　釐侯十二年。
曹	二十七　戴伯二十七年。	二十八　戴伯二十八年。
郑	八　桓公八年。	九　桓公九年。
燕	二十八　釐侯二十八年。	二十九　釐侯二十九年。
吴		

前797　　　　　前796

甲辰	
三十一　宣王三十一年。	三十二　宣王三十二年。
十〔十〕　孝公十年（伯御十年）。	十一〔十一〕　周宣王诛伯御，立其弟称，是为孝公。孝公十年（伯御十一年）。周宣王诛杀伯御，立他的弟弟（应为懿公之弟）称为鲁君，他就是鲁孝公。
七　成公七年。	八　成公八年。
十五　穆侯十五年。	十六　穆侯十六年。
二十五　庄公二十五年。	二十六　庄公二十六年。
三　熊鄂三年。	四　熊鄂四年。
三　戴公三年。	四　戴公四年。
十六　武公十六年。	十七　武公十七年。
三十五　釐公三十五年。	三十六　釐公三十六年。
十三　釐侯十三年。	十四　釐侯十四年。
二十九　戴伯二十九年。	三十　戴伯三十年。
十　桓公十年。	十一　桓公十一年。
三十　釐侯三十年。	三十一　釐侯三十一年。

前795

周	三十三　宣王三十三年。
鲁	十二［鲁孝公称元年］⑨　孝公十二年（孝公元年）。
齐	九　成公九年。
晋	十七　穆侯十七年。
秦	二十七　庄公二十七年。
楚	五　熊鄂五年。
宋	五　戴公五年。
卫	十八　武公十八年。
陈	陈武公灵元年　陈武公名灵，是陈釐公的儿子，该年是其元年。
蔡	十五　釐侯十五年。
曹	曹惠公伯雉元年⑩　曹惠公名伯雉（《管蔡世家》作惠伯兕），他是曹戴伯的儿子，该年是其元年。
郑	十二　桓公十二年。
燕	三十二　釐侯三十二年。
吴	

前794

三十四　宣王三十四年。
十三〔二〕　孝公十三年（孝公二年）。
齐庄公赎元年⑪　齐庄公名赎（《世本》《齐太公世家》均名购），是齐成公的儿子，该年是其元年。
十八　穆侯十八年。
二十八　庄公二十八年。
六　熊鄂六年。
六　戴公六年。
十九　武公十九年。
二　武公二年。
十六　釐侯十六年。
二　惠公二年。
十三　桓公十三年。
三十三　釐侯三十三年。

	前793	前792
周	三十五 宣王三十五年。	三十六 宣王三十六年。
鲁	十四[三] 孝公十四年（孝公三年）。	十五[四] 孝公十五年（孝公四年）。
齐	二 庄公二年。	三 庄公三年。
晋	十九 穆侯十九年。	二十 穆侯二十年。
秦	二十九 庄公二十九年。	三十 庄公三十年。
楚	七 熊鄂七年。	八 熊鄂八年。
宋	七 戴公七年。	八 戴公八年。
卫	二十 武公二十年。	二十一 武公二十一年。
陈	三 武公三年。	四 武公四年。
蔡	十七 釐侯十七年。	十八 釐侯十八年。
曹	三 惠公三年。	四 惠公四年。
郑	十四 桓公十四年。	十五 桓公十五年。
燕	三十四 釐侯三十四年。	三十五 釐侯三十五年。
吴		

前791	前790
三十七　宣王三十七年。	三十八　宣王三十八年。
十六［五］　孝公十六年（孝公五年）。	十七［六］　孝公十七年（孝公六年）。
四　庄公四年。	五　庄公五年。
二十一　穆侯二十一年。	二十二　穆侯二十二年。
三十一　庄公三十一年。	三十二　庄公三十二年。
九　熊鄂九年。	楚若敖元年⑫　楚若敖即熊仪,他是熊鄂的儿子,该年是其元年。
九　戴公九年。	十　戴公十年。
二十二　武公二十二年。	二十三　武公二十三年。
五　武公五年。	六　武公六年。
十九　釐侯十九年。	二十　釐侯二十年。
五　惠公五年。	六　惠公六年。
十六　桓公十六年。	十七　桓公十七年。
三十六　釐侯三十六年。	燕顷侯元年　燕顷侯是燕釐侯的儿子,该年是其元年。

【注释】

前805—前790

① 以伐条生太子仇:晋穆侯伐条失败,于是为此年所生长子取名为仇。条,杜预说"晋地",沈钦韩《春秋左氏传地名补注》以为在今山西运城东北安邑城北,钱穆《史记地名考》说为条戎,在今山西南部中条山一带,当时晋国南部。

② 齐成公说:齐成公,名说,《齐太公世家》作"脱"。齐文公之子。

③ 以千亩战生仇弟成师:晋穆侯伐千亩胜利,于是为此年所生儿子取名成师。千亩,古邑名。在今山西临汾安泽东北。

④ 二子名反,君子讥之:《晋世家》与《左传》都记晋大夫师服对晋穆侯给儿子取名的评论,虽言辞不同,大意皆认为"仇"为怨恨,"成师"为成功,是弟替其兄、晋国内乱的征兆。

⑤ 后乱:此指晋国后来果然发生了成师的后代屡次攻伐仇的后代,最终取代仇的嫡长子宗而成为晋国之主的事情。

⑥ "宋"格:据《宋微子世家》"三十年,惠公卒",则惠公当薨于三十年,格内括注补"宋惠公薨"数字。

⑦ "宋"格:据《宋微子世家》"惠公卒,子哀公立。哀公元年卒,子戴公立",则惠公无三十一年,且少书哀公一世,此格括注补"宋哀公元年"数字。

⑧ 宋戴公立:宋戴公,史失其名。宋哀公之子。《汉书·古今人表》云其为宋惠公之子。按,依表例,正常情况下诸侯继位不书"立"。

⑨ "鲁"格:本年应是鲁孝公元年。格内括注补"鲁孝公称元年"数字。孝公在位二十七年,表内"鲁"格自此年至周平王二年(前769)括注孝公实际纪年。

⑩ 曹惠公伯雉:《管蔡世家》作"惠伯兕"。梁玉绳、张文虎皆谓"公"是衍文,而曹自惠伯之后皆称"公",作"惠公伯雉"或有所

据，未必为衍文。曹惠公，曹戴伯之子。

⑪齐庄公赎：齐庄公，名赎，《齐太公世家》与《世本》作"购"。齐
　成公之子。

⑫楚若敖：若敖，芈姓，熊氏，名仪，号若敖。熊鄂之子。若敖为春
　秋前期楚国重要贵族斗氏和成氏的先祖，对楚国发展有重要贡
　献。《左传·宣公十二年》："若敖、蚡冒筚路蓝缕，以启山林。"敖，
　春秋时楚国对未成君而死、无谥号者之称，前加葬地，合称为"某
　敖"。《左传·昭公十三年》："葬子干于訾，实訾敖。"杜预注："不
　成君、无号谥者，楚皆谓之敖。"

	前789	前788
周	三十九　宣王三十九年。	四十　宣王四十年。
鲁	十八〔七〕　孝公十八年（孝公七年）。	十九〔八〕　孝公十九年（孝公八年）。
齐	六　庄公六年。	七　庄公七年。
晋	二十三　穆侯二十三年。	二十四　穆侯二十四年。
秦	三十三　庄公三十三年。	三十四　庄公三十四年。
楚	二　若敖二年。	三　若敖三年。
宋	十一　戴公十一年。	十二　戴公十二年。
卫	二十四　武公二十四年。	二十五　武公二十五年。
陈	七　武公七年。	八　武公八年。
蔡	二十一　釐侯二十一年。	二十二　釐侯二十二年。
曹	七　惠公七年。	八　惠公八年。
郑	十八　桓公十八年。	十九　桓公十九年。
燕	二　顷侯二年。	三　顷侯三年。
吴		

前787　　　　　　　　　　　前786

甲寅	
四十一　宣王四十一年。	四十二　宣王四十二年。
二十〔九〕　孝公二十年（孝公九年）。	二十一〔十〕　孝公二十一年（孝公十年）。
八　庄公八年。	九　庄公九年。
二十五　穆侯二十五年。	二十六　穆侯二十六年。
三十五　庄公三十五年。	三十六　庄公三十六年。
四　若敖四年。	五　若敖五年。
十三　戴公十三年。	十四　戴公十四年。
二十六　武公二十六年。	二十七　武公二十七年。
九　武公九年。	十　武公十年。
二十三　釐侯二十三年。	二十四　釐侯二十四年。
九　惠公九年。	十　惠公十年。
二十　桓公二十年。	二十一　桓公二十一年。
四　顷侯四年。	五　顷侯五年。

前785

周	四十三　宣王四十三年。
鲁	二十二［十一］　孝公二十二年（孝公十一年）。
齐	十　庄公十年。
晋	二十七　穆侯卒，弟殇叔自立，太子仇出奔。穆侯二十七年。晋穆侯去世，他的弟弟殇叔自立为君，太子仇逃亡。
秦	三十七　庄公三十七年。
楚	六　若敖六年。
宋	十五　戴公十五年。
卫	二十八　武公二十八年。
陈	十一　武公十一年。
蔡	二十五　釐侯二十五年。
曹	十一　惠公十一年。
郑	二十二　桓公二十二年。
燕	六　顷侯六年。
吴	

前784	前783
四十四　宣王四十四年。	四十五　宣王四十五年。
二十三［十二］　孝公二十三年（孝公十二年）。	二十四［十三］　孝公二十四年（孝公十三年）。
十一　庄公十一年。	十二　庄公十二年。
晋殇叔元年　晋殇叔是晋穆侯的弟弟，该年是其元年。	二　殇叔二年。
三十八　庄公三十八年。	三十九　庄公三十九年。
七　若敖七年。	八　若敖八年。
十六　戴公十六年。	十七　戴公十七年。
二十九　武公二十九年。	三十　武公三十年。
十二　武公十二年。	十三　武公十三年。
二十六　釐侯二十六年。	二十七　釐侯二十七年。
十二　惠公十二年。	十三　惠公十三年。
二十三　桓公二十三年。	二十四　桓公二十四年。
七　顷侯七年。	八　顷侯八年。

	前782	前781
周	四十六　宣王四十六年。	幽王元年①　周幽王是周宣王的儿子，该年是其元年。
鲁	二十五［十四］　孝公二十五年（孝公十四年）。	二十六［十五］　孝公二十六年（孝公十五年）。
齐	十三　庄公十三年。	十四　庄公十四年。
晋	三　殇叔三年。	四　仇攻杀殇叔，立，为文侯。殇叔四年。太子仇攻杀殇叔，被立为国君，即晋文侯。
秦	四十　庄公四十年。	四十一　庄公四十一年。
楚	九　若敖九年。	十　若敖十年。
宋	十八　戴公十八年。	十九　戴公十九年。
卫	三十一　武公三十一年。	三十二　武公三十二年。
陈	十四　武公十四年。	十五　武公十五年。
蔡	二十八　釐侯二十八年。	二十九　釐侯二十九年。
曹	十四　惠公十四年。	十五　惠公十五年。
郑	二十五　桓公二十五年。	二十六　桓公二十六年。
燕	九　顷侯九年。	十　顷侯十年。
吴		

前780	前779
二　三川震^②。幽王二年。三川地震。	三　王取褒姒^③。幽王三年。周幽王得到褒姒。
二十七［十六］　孝公二十七年（孝公十六年）。	二十八［十七］　孝公二十八年（孝公十七年）。
十五　庄公十五年。	十六　庄公十六年。
晋文侯仇元年　晋文侯名仇，是晋穆侯的太子，该年是其元年。	二　文侯二年。
四十二　庄公四十二年。	四十三　庄公四十三年。
十一　若敖十一年。	十二　若敖十二年。
二十　戴公二十年。	二十一　戴公二十一年。
三十三　武公三十三年。	三十四　武公三十四年。
陈夷公说元年　陈夷公名说，他是陈武公的儿子，该年是其元年。	二　夷公二年。
三十　釐侯三十年。	三十一　釐侯三十一年。
十六　惠公十六年。	十七　惠公十七年。
二十七　桓公二十七年。	二十八　桓公二十八年。
十一　顷侯十一年。	十二　顷侯十二年。

	前778	前777 甲子
周	四 幽王四年。	五 幽王五年。
鲁	二十九［十八］ 孝公二十九年（孝公十八年）。	三十［十九］ 孝公三十年（孝公十九年）。
齐	十七 庄公十七年。	十八 庄公十八年。
晋	三 文侯三年。	四 文侯四年。
秦	四十四 庄公四十四年。	秦襄公元年 秦襄公是秦庄公的儿子，该年是其元年。
楚	十三 若敖十三年。	十四 若敖十四年。
宋	二十二 戴公二十二年。	二十三 戴公二十三年。
卫	三十五 武公三十五年。	三十六 武公三十六年。
陈	三 夷公三年。	陈平公燮元年④ 陈平公名燮，他是陈夷公的弟弟，该年是其元年。
蔡	三十二 釐侯三十二年。	三十三 釐侯三十三年。
曹	十八 惠公十八年。	十九 惠公十九年。
郑	二十九 桓公二十九年。	三十 桓公三十年。
燕	十三 顷侯十三年。	十四 顷侯十四年。
吴		

前776	前775
六 幽王六年。	七 幽王七年。
三十一〔二十〕 孝公三十一年（孝公二十年）。	三十二〔二十一〕 孝公三十二年（孝公二十一年）。
十九 庄公十九年。	二十 庄公二十年。
五 文侯五年。	六 文侯六年。
二 襄公二年。	三 襄公三年。
十五 若敖十五年。	十六 若敖十六年。
二十四 戴公二十四年。	二十五 戴公二十五年。
三十七 武公三十七年。	三十八 武公三十八年。
二 平公二年。	三 平公三年。
三十四 釐侯三十四年。	三十五 釐侯三十五年。
二十 惠公二十年。	二十一 惠公二十一年。
三十一 桓公三十一年。	三十二 桓公三十二年。
十五 顷侯十五年。	十六 顷侯十六年。

	前774	前773
周	八　幽王八年。	九　幽王九年。
鲁	三十三［二十二］　孝公三十三年（孝公二十二年）。	三十四［二十三］　孝公三十四年（孝公二十三年）。
齐	二十一　庄公二十一年。	二十二　庄公二十二年。
晋	七　文侯七年。	八　文侯八年。
秦	四　襄公四年。	五　襄公五年。
楚	十七　若敖十七年。	十八　若敖十八年。
宋	二十六　戴公二十六年。	二十七　戴公二十七年。
卫	三十九　武公三十九年。	四十　武公四十年。
陈	四　平公四年。	五　平公五年。
蔡	三十六　釐侯三十六年。	三十七　釐侯三十七年。
曹	二十二　惠公二十二年。	二十三　惠公二十三年。
郑	三十三　桓公三十三年。	三十四　桓公三十四年。
燕	十七　顷侯十七年。	十八　顷侯十八年。
吴		

前772	前771
十　幽王十年。	十一　幽王为犬戎所杀⑤。幽王十一年。周幽王被犬戎杀死。
三十五［二十四］　孝公三十五年（孝公二十四年）。	三十六［二十五］　孝公三十六年（孝公二十五年）。
二十三　庄公二十三年。	二十四　庄公二十四年。
九　文侯九年。	十　文侯十年。
六　襄公六年。	七　始列为诸侯⑥。襄公七年。开始被周天子封为诸侯。
十九　若敖十九年。	二十　若敖二十年。
二十八　戴公二十八年。	二十九　戴公二十九年。
四十一　武公四十一年。	四十二　武公四十二年。
六　平公六年。	七　平公七年。
三十八　釐侯三十八年。	三十九　釐侯三十九年。
二十四　惠公二十四年。	二十五　惠公二十五年。
三十五　桓公三十五年。	三十六　以幽王故，为犬戎所杀⑦。桓公三十六年。郑桓公因护驾周幽王，被犬戎杀死。
十九　顷侯十九年。	二十　顷侯二十年。

	前770	前769
周	平王**元**年　东徙雒邑⑧。周平王即位的第一年。将都城东迁到洛阳。	二　平王二年。
鲁	三十七［二十六］　孝公三十七年（孝公二十六年）。	三十八［二十七］　孝公三十八年（孝公二十七年）。
齐	二十五　庄公二十五年。	二十六　庄公二十六年。
晋	十一　文侯十一年。	十二　文侯十二年。
秦	八　初立西畤，祠白帝⑨。襄公八年。开始设立西畤，祭祀白帝。	九　襄公九年。
楚	二十一　若敖二十一年。	二十二　若敖二十二年。
宋	三十　戴公三十年。	三十一　戴公三十一年。
卫	四十三　武公四十三年。	四十四　武公四十四年。
陈	八　平公八年。	九　平公九年。
蔡	四十　釐侯四十年。	四十一　釐侯四十一年。
曹	二十六　惠公二十六年。	二十七　惠公二十七年。
郑	郑武公滑突**元**年⑩　郑武公名滑突，是郑桓公的儿子，该年是其元年。	二　武公二年。
燕	二十一　顷侯二十一年。	二十二　顷侯二十二年。
吴		

前768	前767
	甲戌
三　平王三年。	四　平王四年。
鲁惠公弗湟元年⑪　鲁惠公名弗湟，是鲁孝公的儿子，该年是其元年。	二　惠公二年。
二十七　庄公二十七年。	二十八　庄公二十八年。
十三　文侯十三年。	十四　文侯十四年。
十　襄公十年。	十一　襄公十一年。
二十三　若敖二十三年。	二十四　若敖二十四年。
三十二　戴公三十二年。	三十三　戴公三十三年。
四十五　武公四十五年。	四十六　武公四十六年。
十　平公十年。	十一　平公十一年。
四十二　釐侯四十二年。	四十三　釐侯四十三年。
二十八　惠公二十八年。	二十九　惠公二十九年。
三　武公三年。	四　武公四年。
二十三　顷侯二十三年。	二十四　顷侯二十四年。

前766

周	**五**　平王五年。
鲁	**三**　惠公三年。
齐	**二十九**　庄公二十九年。
晋	**十五**　文侯十五年。
秦	**十二**　伐戎至岐而死⑫。襄公十二年。征伐犬戎,到岐地,死于军中。
楚	**二十五**　若敖二十五年。
宋	**三十四**　戴公三十四年。
卫	**四十七**　武公四十七年。
陈	**十二**　平公十二年。
蔡	**四十四**　釐侯四十四年。
曹	**三十**　惠公三十年。
郑	**五**　武公五年。
燕	**燕哀侯元年**　燕哀侯是燕顷侯的儿子,该年是其元年。
吴	

前765

六　平王六年。
四　惠公四年。
三十　庄公三十年。
十六　文侯十六年。
秦文公元年　秦文公是秦襄公的儿子，该年是其元年。
二十六　若敖二十六年。
宋武公司空元年⑬　宋武公名司空，他是宋戴公的儿子，该年是其元年。
四十八　武公四十八年。
十三　平公十三年。
四十五　釐侯四十五年。
三十一　惠公三十一年。
六　武公六年。
二　哀侯二年。

前764

周	七　平王七年。
鲁	五　惠公五年。
齐	三十一　庄公三十一年。
晋	十七　文侯十七年。
秦	二　文公二年。
楚	二十七　若敖二十七年。
宋	二　武公二年。
卫	四十九　武公四十九年。
陈	十四　平公十四年。
蔡	四十六　釐侯四十六年。
曹	三十二　惠公三十二年。
郑	七　武公七年。
燕	燕郑侯元年　燕郑侯是燕哀侯的儿子，该年是其元年。
吴	

前763

八　平王八年。
六　惠公六年。
三十二　庄公三十二年。
十八　文侯十八年。
三　文公三年。
楚霄敖元年⑭　楚霄敖即熊坎,号霄敖,他是若敖的儿子,该年是其元年。
三　武公三年。
五十　武公五十年。
十五　平公十五年。
四十七　釐侯四十七年。
三十三　惠公三十三年。
八　武公八年。
二　郑侯二年。

	前762	前761
周	**九** 平王九年。	**十** 平王十年。
鲁	**七** 惠公七年。	**八** 惠公八年。
齐	**三十三** 庄公三十三年。	**三十四** 庄公三十四年。
晋	**十九** 文侯十九年。	**二十** 文侯二十年。
秦	**四** 文公四年。	**五** 文公五年。
楚	**二** 霄敖二年。	**三** 霄敖三年。
宋	**四** 武公四年。	**五** 武公五年。
卫	**五十一** 武公五十一年。	**五十二** 武公五十二年。
陈	**十六** 平公十六年。	**十七** 平公十七年。
蔡	**四十八** 釐侯四十八年。	**蔡共侯兴元年** 蔡共侯名兴,是蔡釐侯的儿子,该年是其元年。
曹	**三十四** 惠公三十四年。	**三十五** 惠公三十五年。
郑	**九** 武公九年。	**十 娶申侯女武姜**⑮。 武公十年。郑武公娶申侯的女儿为夫人,号武姜。
燕	**三** 郑侯三年。	**四** 郑侯四年。
吴		

前760	前759
十一　平王十一年。	十二　平王十二年。
九　惠公九年。	十　惠公十年。
三十五　庄公三十五年。	三十六　庄公三十六年。
二十一　文侯二十一年。	二十二　文侯二十二年。
六　文公六年。	七　文公七年。
四　宵敖四年。	五　宵敖五年。
六　武公六年。	七　武公七年。
五十三　武公五十三年。	五十四　武公五十四年。
十八　平公十八年。	十九　平公十九年。
二　共侯二年。	蔡戴侯元年　蔡戴侯是蔡共侯的儿子，该年是其元年。
三十六　惠公三十六年。	曹穆公元年⑯　曹穆公名武，是曹惠公的儿子，该年是其元年。
十一　武公十一年。	十二　武公十二年。
五　郑侯五年。	六　郑侯六年。

【注释】

前781—前759

① 幽王：周幽王，名宫湦（shēng），一说名"湼（niè）"，又作"涅"。周宣王之子。

② 三川：指今陕西境内渭河、泾河、洛河流域地区。

③ 王取褒姒：周幽王得到褒姒。取，得到。褒姒，褒国人，姒姓。褒人有罪，将其献入周幽王后宫。幽王见之甚为宠爱。

④ 陈平公燮：陈平公，名燮。陈夷公之弟。

⑤ 幽王为犬戎所杀：据《竹书纪年》，申侯联合曾、犬戎攻杀幽王及其太子，申侯、鲁侯、许男、郑子立宜臼于申，即周平王，虢公翰立王子余臣于携，称携王，出现了二王并立的局面。后晋文侯杀携王。此事《史记》未见记载。

⑥ 始列为诸侯：秦襄公因为率兵救周和送平王东迁有功，被封为诸侯，得赐岐西之地。按，张守节《正义》曰："秦襄公，周平王元年封也。"今人均系秦封诸侯于下年，即平王元年。

⑦ 以幽王故，为犬戎所杀：郑桓公是周幽王叔父，幽王时任司徒。后听从史伯建议，率族人东迁寄居郐（kuài，今河南郑州新密东南）、东虢（今河南郑州荥阳北）之间十个邑。幽王十一年（前771），奉诏勤王，被犬戎所杀。

⑧ 东徙雒邑：周平王东迁，东周开始。雒邑，又称"洛邑"。故城在今河南洛阳洛水北岸，瀍水东西两岸。周成王时筑。有王城、成周二城。王城在瀍水西，故址在今洛阳王城公园一带。平王东迁即都于此。

⑨ 初立西畤（zhì），祠白帝：据《封禅书》："秦襄公既侯，居西垂，自以为主少暤之神，作西畤，祠白帝。"白帝，古神话中五天帝之一，主西方之神，即少暤，亦作"少昊"。西畤，即祭祀少暤的处所。其地或说在西垂，即西犬丘（今甘肃天水西南）。

⑩郑武公滑突：郑武公，名滑突，《郑世家》作"掘突"。郑桓公之子。迁都新郑。

⑪鲁惠公弗湦：鲁惠公，名弗湦，《鲁周公世家》作"弗湟"，《世本》作"弗皇"。鲁孝公之子。

⑫伐戎至岐而死：周平王将岐西之地赐予秦襄公，让他自行从戎人手中夺取。襄公死于伐戎军中。岐，岐山，在今陕西宝鸡岐山县东北。

⑬宋武公司空：宋武公，名司空。司空本为官名，为周六卿之一。宋武公名司空，宋遂改司空为司城。

⑭楚霄敖：霄敖，芈姓，熊氏，名坎，号霄敖。若敖熊仪之子。

⑮娶申侯女武姜：郑武公娶申侯之女为夫人。称为武姜，武是郑公的谥号，姜是她的姓。

⑯曹穆公：名武。曹惠伯之子。惠伯卒，子石甫继位，其弟武杀之代立。

	前758	前757
		甲申
周	十三 平王十三年。	十四 平王十四年。
鲁	十一 惠公十一年。	十二 惠公十二年。
齐	三十七 庄公三十七年。	三十八 庄公三十八年。
晋	二十三 文侯二十三年。	二十四 文侯二十四年。
秦	八 文公八年。	九 文公九年。
楚	六 霄敖六年。	楚蚡冒元年① 楚蚡冒,即熊眴,号蚡冒,又称楚厉王,是霄敖的儿子,该年是其元年。
宋	八 武公八年。	九 武公九年。
卫	五十五 武公五十五年。	卫庄公杨元年 卫庄公名杨,是卫武公的儿子,该年是其元年。
陈	二十 平公二十年。	二十一 平公二十一年。
蔡	二 戴侯二年。	三 戴侯三年。
曹	二 穆公二年。	三 穆公三年。
郑	十三 武公十三年。	十四 生庄公寤生② 武公十四年。儿子寤生出生,他即日后的郑庄公。
燕	七 郑侯七年。	八 郑侯八年。
吴		

前756	前755
十五　平王十五年。	十六　平王十六年。
十三　惠公十三年。	十四　惠公十四年。
三十九　庄公三十九年。	四十　庄公四十年。
二十五　文侯二十五年。	二十六　文侯二十六年。
十　作鄜畤③。文公十年。秦国建鄜畤祭祀白帝。	十一　文公十一年。
二　蚡冒二年。	三　蚡冒三年。
十　武公十年。	十一　武公十一年。
二　庄公二年。	三　庄公三年。
二十二　平公二十二年。	二十三　平公二十三年。
四　戴侯四年。	五　戴侯五年。
曹桓公终生元年④　曹桓公名终生，是曹穆公的儿子，该年是其元年。	二　桓公二年。
十五　武公十五年。	十六　武公十六年。
九　郑侯九年。	十　郑侯十年。

前 754

周	**十七** 平王十七年。
鲁	**十五** 惠公十五年。
齐	**四十一** 庄公四十一年。
晋	**二十七** 文侯二十七年。
秦	**十二** 文公十二年。
楚	**四** 蚡冒四年。
宋	**十二** 武公十二年。
卫	**四** 庄公四年。
陈	**陈文公圉元年** 生桓公鲍、厉公他。他母蔡女⑤。陈文公名圉,是陈平公的儿子,该年是其元年。生了桓公鲍与厉公他。厉公他的母亲是蔡国女子(实是文公生桓公鲍与他。鲍娶蔡女生厉公跃。他亦作佗,又称五父,立未逾年,被蔡人所杀,无谥)。
蔡	**六** 戴侯六年。
曹	**三** 桓公三年。
郑	**十七** 生大叔段⑥。武公十七年。次子大叔段出生。
燕	**十一** 郑侯十一年。
吴	

前753	前752
十八　平王十八年。	十九　平王十九年。
十六　惠公十六年。	十七　惠公十七年。
四十二　庄公四十二年。	四十三　庄公四十三年。
二十八　文侯二十八年。	二十九　文侯二十九年。
十三　文公十三年。	十四　文公十四年。
五　蚡冒五年。	六　蚡冒六年。
十三　武公十三年。	十四　武公十四年。
五　庄公五年。	六　庄公六年。
二　文公二年。	三　文公三年。
七　戴侯七年。	八　戴侯八年。
四　桓公四年。	五　桓公五年。
十八　武公十八年。	十九　武公十九年。
十二　郑侯十二年。	十三　郑侯十三年。

	前751	前750
周	二十 平王二十年。	二十一 平王二十一年。
鲁	十八 惠公十八年。	十九 惠公十九年。
齐	四十四 庄公四十四年。	四十五 庄公四十五年。
晋	三十 文侯三十年。	三十一 文侯三十一年。
秦	十五 文公十五年。	十六 文公十六年。
楚	七 蚡冒七年。	八 蚡冒八年。
宋	十五 武公十五年。	十六 武公十六年。
卫	七 庄公七年。	八 庄公八年。
陈	四 文公四年。	五 文公五年。
蔡	九 戴侯九年。	十 戴侯十年。
曹	六 桓公六年。	七 桓公七年。
郑	二十 武公二十年。	二十一 武公二十一年。
燕	十四 郑侯十四年。	十五 郑侯十五年。
吴		

前749	前748
二十二　平王二十二年。	二十三　平王二十三年。
二十　惠公二十年。	二十一　惠公二十一年。
四十六　庄公四十六年。	四十七　庄公四十七年。
三十二　文侯三十二年。	三十三　文侯三十三年。
十七　文公十七年。	十八　文公十八年。
九　蚡冒九年。	十　蚡冒十年。
十七　武公十七年。	十八　生鲁桓公母[8]。武公十八年。鲁桓公的母亲该年出生。
九　庄公九年。	十　庄公十年。
六　文公六年。	七　文公七年。
蔡宣侯楷论元年[7]　蔡宣侯名楷论,是戴侯的儿子,该年是其元年。	二　宣侯二年。
八　桓公八年。	九　桓公九年。
二十二　武公二十二年。	二十三　武公二十三年。
十六　郑侯十六年。	十七　郑侯十七年。

前747　　　　　　　　　　　　前746

	甲午	
周	二十四　平王二十四年。	二十五　平王二十五年。
鲁	二十二　惠公二十二年。	二十三　惠公二十三年。
齐	四十八　庄公四十八年。	四十九　庄公四十九年。
晋	三十四　文侯三十四年。	三十五　文侯三十五年。
秦	十九　作祠陈宝⑨。文公十九年。建祠祭祀在陈仓获得的神奇宝贵的石鸡。	二十　文公二十年。
楚	十一　蚡冒十一年。	十二　蚡冒十二年。
宋	宋宣公力元年　宋宣公名力,是宋武公的儿子,该年是其元年。	二　宣公二年。
卫	十一　庄公十一年。	十二　庄公十二年。
陈	八　文公八年。	九　文公九年。
蔡	三　宣侯三年。	四　宣侯四年。
曹	十　桓公十年。	十一　桓公十一年。
郑	二十四　武公二十四年。	二十五　武公二十五年。
燕	十八　郑侯十八年。	十九　郑侯十九年。
吴		

前745

二十六　平王二十六年。
二十四　惠公二十四年。
五十　庄公五十年。
晋昭侯元年⑩　封季弟成师于曲沃⑪。曲沃大于国⑫,君子讥曰:"晋人乱自曲沃始矣⑬。"晋昭侯是晋文侯的儿子,该年是其元年。他把他的弟弟(应为叔父)成师封到曲沃。曲沃比国都大,君子非议道:"晋人的祸乱是从把成师封到曲沃开始的。"
二十一　文公二十一年。
十三　蚡冒十三年。
三　宣公三年。
十三　庄公十三年。
十　文公卒。　文公十年。陈文公去世。
五　宣侯五年。
十二　桓公十二年。
二十六　武公二十六年。
二十　郑侯二十年。

前744

周	二十七　平王二十七年。
鲁	二十五　惠公二十五年。
齐	五十一　庄公五十一年。
晋	二　昭侯二年。
秦	二十二　文公二十二年。
楚	十四　蚡冒十四年。
宋	四　宣公四年。
卫	十四　庄公十四年。
陈	陈桓公元年⑭　陈桓公名鲍,该年是其元年。
蔡	六　宣侯六年。
曹	十三　桓公十三年。
郑	二十七　武公二十七年。
燕	二十一　郑侯二十一年。
吴	

前743

二十八　平王二十八年。
二十六　惠公二十六年。
五十二　庄公五十二年。
三　昭侯三年。
二十三　文公二十三年。
十五　蚡冒十五年。
五　宣公五年。
十五　庄公十五年。
二　桓公二年。
七　宣侯七年。
十四　桓公十四年。
郑庄公寤生元年　祭仲相⑮。郑庄公名寤生,因出生时难产,故名寤生。该年是其元年。祭仲辅佐他。
二十二　郑侯二十二年。

	前742	前741
周	二十九 平王二十九年。	三十 平王三十年。
鲁	二十七 惠公二十七年。	二十八 惠公二十八年。
齐	五十三 庄公五十三年。	五十四 庄公五十四年。
晋	四 昭侯四年。	五 昭侯五年。
秦	二十四 文公二十四年。	二十五 文公二十五年。
楚	十六 蚡冒十六年。	十七 蚡冒十七年。
宋	六 宣公六年。	七 宣公七年。
卫	十六 庄公十六年。	十七 爱妾子州吁⑯,州吁好兵⑰。庄公十七年。他宠爱妾生的儿子州吁,州吁喜欢军事兵法。
陈	三 桓公三年。	四 桓公四年。
蔡	八 宣侯八年。	九 宣侯九年。
曹	十五 桓公十五年。	十六 桓公十六年。
郑	二 庄公二年。	三 庄公三年。
燕	二十三 郑侯二十三年。	二十四 郑侯二十四年。
吴		

前740

三十一　平王三十一年。
二十九　惠公二十九年。
五十五　庄公五十五年。
六　昭侯六年。
二十六　文公二十六年。
武王立⑱。楚武王是蚡冒的弟弟,该年是其元年。
八　宣公八年。
十八　庄公十八年。
五　桓公五年。
十　宣侯十年。
十七　桓公十七年。
四　庄公四年。
二十五　郑侯二十五年。

【注释】

前 757—前 740

① 楚蚡冒：蚡冒，芈姓，熊氏，名眴，号蚡冒，《韩非子》称其为楚厉王。霄敖熊坎之子。《国语·郑语》记史伯曰"楚蚡冒于是乎始启濮"，说他曾将楚国领地扩张到濮人居住的江汉之间。

② 生庄公寤生：武姜生长子寤生，即日后的郑庄公。取名寤生，是因为孩子难产。寤，通"忤"，逆。

③ 作鄜（fū）畤：据《封禅书》，秦文公梦黄蛇自天下属地，其口止于鄜衍。史敦告诉他这是上帝的象征，请他进行祭祀。秦文公于是建造鄜畤，祭祀白帝。鄜畤，在今陕西延安洛川县境。洛川县南有鄜畤山，当即其地。

④ 曹桓公终生：曹桓公，名终生，一作"终湦"。

⑤ 生桓公鲍、厉公他。他母蔡女：实是陈文公生桓公鲍与他。鲍娶蔡女生厉公跃。他，亦作"佗"，又称"五父"，立未逾年被蔡人所杀，无谥。

⑥ 大（tài）叔段：名段。又称"共叔段""京城太叔"。《竹书纪年》作"公子圣"。郑武公少子。

⑦ 蔡宣侯楷论：蔡宣侯，名楷论，《管蔡世家》作"措父"，《春秋》作"考父"。

⑧ 生鲁桓公母：宋武公生了女儿仲子，她是后来的鲁桓公的母亲。梁玉绳认为此年宋武公去世，仲子未必确定是生于此年。

⑨ 作祠陈宝：据《封禅书》，秦文公得到一块像雄鸡的神奇石头，在陈仓（今陕西宝鸡陈仓区）北阪城设立祭坛祭祀，命名为陈宝。据说此神"或岁不至，或岁数来，来也常以夜，光辉若流星，从东南来集于祠城"，发出雷鸣般的响声，引得野鸡一起鸣叫。其实为落于陈仓的陨石。宝鸡即由此而得名。

⑩ 晋昭侯：名伯。晋文侯之子。

⑪封季弟成师于曲沃：据《晋世家》："昭侯元年，封文侯弟成师于曲
沃。"成师为晋文侯弟，晋昭侯叔父，此称"季弟"误，上或脱"文
侯"二字，或当作"季父"。曲沃，在今山西运城闻喜东北。

⑫国：国都。此指晋国国都翼（今山西临汾翼城东南），又称"绛"。

⑬晋人乱自曲沃始矣：《晋世家》："成师封曲沃，号为桓叔。……桓
叔是时年五十八矣，好德，晋国之众皆附焉。君子曰：'晋之乱其
在曲沃矣。末大于本而得民心，不乱何待！'"

⑭陈桓公元年：陈桓公，名鲍，见前周平王十七年（前754）"陈"格。
按，依表例，"陈桓公"下应有鲍字。

⑮祭仲：姬姓，名仲，字仲足。一说名足，字仲。郑公族。封于祭（今
河南郑州中牟祭亭），故称。郑武公时任大夫，庄公立，任正卿。

⑯妾子州吁：州吁为卫庄公爱妾所生之子，卫庄公很宠爱他。

⑰好兵：喜欢军事兵法。

⑱武王：楚武王，芈姓，熊氏，名通。蚡冒之弟。杀蚡冒之子自立。
执政后，要求赐予王室封号，周平王不许，乃自称王。周庄王七年
（前690），率兵伐随，病死于军中，谥武。按，依表例，应书"楚武
王元年"。

前739

周	**三十二**　平王三十二年。
鲁	**三十**　惠公三十年。
齐	**五十六**　庄公五十六年。
晋	[七]潘父杀昭侯,纳成师,不克。昭侯子立,是为孝侯①。(昭侯七年)。晋大臣潘父杀死晋昭侯,接纳成师想立他为国君,没有成功。昭侯的儿子被立为国君,他就是晋孝侯。
秦	**二十七**　文公二十七年。
楚	**二**　武王二年。
宋	**九**　宣公九年。
卫	**十九**　庄公十九年。
陈	**六**　桓公六年。
蔡	**十一**　宣侯十一年。
曹	**十八**　桓公十八年。
郑	**五**　庄公五年。
燕	**二十六**　郑侯二十六年。
吴	

前738　　　　　　　　　前737

	甲辰
三十三　平王三十三年。	三十四　平王三十四年。
三十一　惠公三十一年。	三十二　惠公三十二年。
五十七　庄公五十七年。	五十八　庄公五十八年。
二〔孝侯元年〕　孝侯二年（孝侯元年）。	三〔二〕　孝侯三年（孝侯二年）。
二十八　文公二十八年。	二十九　文公二十九年。
三　武王三年。	四　武王四年。
十　宣公十年。	十一　宣公十一年。
二十　庄公二十年。	二十一　庄公二十一年。
七　桓公七年。	八　桓公八年。
十二　宣侯十二年。	十三　宣侯十三年。
十九　桓公十九年。	二十　桓公二十年。
六　庄公六年。	七　庄公七年。
二十七　郑侯二十七年。	二十八　郑侯二十八年。

	前736	前735
周	三十五 平王三十五年。	三十六 平王三十六年。
鲁	三十三 惠公三十三年。	三十四 惠公三十四年。
齐	五十九 庄公五十九年。	六十 庄公六十年。
晋	四〔三〕 孝侯四年（孝侯三年）。	五〔四〕 孝侯五年（孝侯四年）。
秦	三十 文公三十年。	三十一 文公三十一年。
楚	五 武王五年。	六 武王六年。
宋	十二 宣公十二年。	十三 宣公十三年。
卫	二十二 庄公二十二年。	二十三 夫人无子，桓公立②。庄公二十三年。夫人庄姜没有儿子，桓公被立为卫君。
陈	九 桓公九年。	十 桓公十年。
蔡	十四 宣侯十四年。	十五 宣侯十五年。
曹	二十一 桓公二十一年。	二十二 桓公二十二年。
郑	八 庄公八年。	九 庄公九年。
燕	二十九 郑侯二十九年。	三十 郑侯三十年。
吴		

前734

三十七　平王三十七年。
三十五　惠公三十五年。
六十一　庄公六十一年。
六〔五〕　孝侯六年（孝侯五年）。
三十二　文公三十二年。
七　武王七年。
十四　宣公十四年。
卫桓公完元年　卫桓公名完,是卫庄公的儿子,该年是其元年。
十一　桓公十一年。
十六　宣侯十六年。
二十三　桓公二十三年。
十　庄公十年。
三十一　郑侯三十一年。

前733

周	三十八　平王三十八年。
鲁	三十六　惠公三十六年。
齐	六十二　庄公六十二年。
晋	七〔六〕　孝侯七年（孝侯六年）。
秦	三十三　文公三十三年。
楚	八　武王八年。
宋	十五　宣公十五年。
卫	二　弟州吁骄，桓黜之，出奔。桓公二年。桓公的弟弟州吁横，桓公贬斥他，他便逃亡到国外去了。
陈	十二　桓公十二年。
蔡	十七　宣侯十七年。
曹	二十四　桓公二十四年。
郑	十一　庄公十一年。
燕	三十二　郑侯三十二年。
吴	

前732　　　　　　前731

三十九　平王三十九年。	四十　平王四十年。
三十七　惠公三十七年。	三十八　惠公三十八年。
六十三　庄公六十三年。	六十四　庄公六十四年。
八〔七〕　孝侯八年（孝侯七年）。	九〔八〕　曲沃桓叔成师卒，子代立，为庄伯③。孝侯九年（孝侯八年）。被封到曲沃、号为桓叔的成师去世，他的儿子即位，就是曲沃庄伯。
三十四　文公三十四年。	三十五　文公三十五年。
九　武王九年。	十　武王十年。
十六　宣公十六年。	十七　宣公十七年。
三　桓公三年。	四　桓公四年。
十三　桓公十三年。	十四　桓公十四年。
十八　宣侯十八年。	十九　宣侯十九年。
二十五　桓公二十五年。	二十六　桓公二十六年。
十二　庄公十二年。	十三　庄公十三年。
三十三　郑侯三十三年。	三十四　郑侯三十四年。

前730

周	**四十一**　平王四十一年。
鲁	**三十九**　惠公三十九年。
齐	**齐釐公禄父元年**　齐釐公名禄父,是齐庄公的儿子,该年是其元年。
晋	**十〔九〕**　孝侯十年(孝侯九年)。
秦	**三十六**　文公三十六年。
楚	**十一**　武王十一年。
宋	**十八**　宣公十八年。
卫	**五**　桓公五年。
陈	**十五**　桓公十五年。
蔡	**二十**　宣侯二十年。
曹	**二十七**　桓公二十七年。
郑	**十四**　庄公十四年。
燕	**三十五**　郑侯三十五年。
吴	

前729

四十二	平王四十二年。
四十	惠公四十年。
二	同母弟夷仲年生公孙毋知也④。螯公二年。螯公的同母弟夷仲年生了儿子公孙毋知。
十一〔十〕	孝侯十一年（孝侯十年）。
三十七	文公三十七年。
十二	武王十二年。
十九	公卒，命立弟和⑤，为穆公。宣公十九年。宋宣公去世，死前下令立他的弟弟和为国君，他就是宋穆公。
六	桓公六年。
十六	桓公十六年。
二十一	宣侯二十一年。
二十八	桓公二十八年。
十五	庄公十五年。
三十六	郑侯三十六年。

	前728	前727
		甲寅
周	**四十三** 平王四十三年。	**四十四** 平王四十四年。
鲁	**四十一** 惠公四十一年。	**四十二** 惠公四十二年。
齐	**三** 釐公三年。	**四** 釐公四年。
晋	**十二**［十一］ 孝侯十二年（孝侯十一年）。	**十三**［十二］ 孝侯十三年（孝侯十二年）。
秦	**三十八** 文公三十八年。	**三十九** 文公三十九年。
楚	**十三** 武王十三年。	**十四** 武王十四年。
宋	**宋穆公和元年** 宋穆公名和，该年是其元年。	**二** 穆公二年。
卫	**七** 桓公七年。	**八** 桓公八年。
陈	**十七** 桓公十七年。	**十八** 桓公十八年。
蔡	**二十二** 宣侯二十二年。	**二十三** 宣侯二十三年。
曹	**二十九** 桓公二十九年。	**三十** 桓公三十年。
郑	**十六** 庄公十六年。	**十七** 庄公十七年。
燕	**燕穆侯元年** 燕穆侯是燕郑侯的儿子，该年是其元年。	**二** 穆侯二年。
吴		

前726　　　　　　　　　　　前725

四十五　平王四十五年。	四十六　平王四十六年。
四十三　惠公四十三年。	四十四　惠公四十四年。
五　釐公五年。	六　釐公六年。
十四〔十三〕　孝侯十四年（孝侯十三年）。	十五〔十四〕　孝侯十五年（孝侯十四年）。
四十　文公四十年。	四十一　文公四十一年。
十五　武王十五年。	十六　武王十六年。
三　穆公三年。	四　穆公四年。
九　桓公九年。	十　桓公十年。
十九　桓公十九年。	二十　桓公二十年。
二十四　宣侯二十四年。	二十五　宣侯二十五年。
三十一　桓公三十一年。	三十二　桓公三十二年。
十八　庄公十八年。	十九　庄公十九年。
三　穆侯三年。	四　穆侯四年。

前724

周	**四十七**　平王四十七年。
鲁	**四十五**　惠公四十五年。
齐	**七**　釐公七年。
晋	**十六**［十五］　曲沃庄伯杀孝侯，晋人立孝侯子郤，为鄂侯⑥。孝侯十六年（孝侯十五年）。曲沃庄伯杀死晋孝侯，晋人立孝侯的儿子郤为国君，他就是晋鄂侯。
秦	**四十二**　文公四十二年。
楚	**十七**　武王十七年。
宋	**五**　穆公五年。
卫	**十一**　桓公十一年。
陈	**二十一**　桓公二十一年。
蔡	**二十六**　宣侯二十六年。
曹	**三十三**　桓公三十三年。
郑	**二十**　庄公二十年。
燕	**五**　穆侯五年。
吴	

前723

四十八　平王四十八年。
四十六　惠公四十六年。
八　釐公八年。
晋鄂侯郤元年　曲沃强于晋。该年是晋鄂侯元年。曲沃庄伯的势力比晋国还强大。
四十三　文公四十三年。
十八　武王十八年。
六　穆公六年。
十二　桓公十二年。
二十二　桓公二十二年。
二十七　宣侯二十七年。
三十四　桓公三十四年。
二十一　庄公二十一年。
六　穆侯六年。

前722

周	四十九　平王四十九年。
鲁	鲁隐公息姑元年⑦　母声子⑧。鲁隐公名息姑,是鲁惠公的庶长子,该年是其元年。他的生母是声子。
齐	九　釐公九年。
晋	二　鄂侯二年。
秦	四十四　文公四十四年。
楚	十九　武王十九年。
宋	七　穆公七年。
卫	十三　桓公十三年。
陈	二十三　桓公二十三年。
蔡	二十八　宣侯二十八年。
曹	三十五　桓公三十五年。
郑	二十二　段作乱,奔⑨。庄公二十二年。段发兵作乱,被庄公打败,他逃亡到国外。
燕	七　穆侯七年。
吴	

前721

五十　平王五十年。
二　隐公二年。
十　釐公十年。
三　鄂侯三年。
四十五　文公四十五年。
二十　武王二十年。
八　穆公八年。
十四　桓公十四年。
二十四　桓公二十四年。
二十九　宣侯二十九年。
三十六　桓公三十六年。
二十三　公悔,思母不见,穿地相见⑩。庄公二十三年。庄公怨恨母亲支持段,誓言"不及黄泉,无相见也",把她安置在外地,不久后悔,思念母亲,就掘地及泉,在隧道中与母亲相见。
八　穆侯八年。

【注释】

前739—前721

① "晋"格：《晋世家》："七年，晋大臣潘父弑其君昭侯而迎曲沃桓叔。桓叔欲入晋，晋人发兵攻桓叔。桓叔败，还归曲沃。晋人共立昭侯子平为君，是为孝侯。诛潘父。"杀，通"弑"。按，据《晋世家》，此年为昭侯七年，下年才为孝侯元年。因此格内括注昭侯纪年"七"。又，《晋世家》记载，孝侯八年曲沃桓叔卒，十五年曲沃庄伯弑晋孝侯，本表均较《晋世家》推后一年。《晋世家》更合改元之例，今"晋"格自下年至周平王四十七年（前724）据《晋世家》括注孝侯纪年年数。

② 夫人无子，桓公立：卫庄公夫人没有亲生儿子，以陈女之子公子完为己子。卫庄公死后，公子完继位，是为卫桓公。夫人，卫庄公夫人庄姜，齐庄公嫡女。卫人作诗赞美其美貌，即《诗·卫风·硕人》。

③ 庄伯：曲沃庄伯，名鳝（shàn）。曲沃桓叔之子。

④ 夷仲年：姜姓，名年。谥"夷"，"仲"为其排行，故称"夷仲年"。齐釐公同母弟。公孙毋知：《齐太公世家》作"公孙无知"。因是齐庄公之孙，故曰"公孙"。《左传》又称"仲孙"。釐公爱之，令其秩服皆如太子。

⑤ 公卒，命立弟和：宋宣公立其子与夷为太子，但在病重时，将君位让与其弟和，曰："父死子继，兄死弟及，天下通义也。我其立和。"和多次推让后接受了。

⑥ 曲沃庄伯杀孝侯，晋人立孝侯子郤，为鄂侯：曲沃庄伯攻入晋都翼城杀死孝侯，晋人又将曲沃庄伯打败赶回曲沃，立孝侯之子郤为君，是为鄂侯。鄂侯之名，《晋世家》作"郄"。又据《左传》，鄂侯是孝侯之弟，又称翼侯。鄂侯六年（前718），曲沃庄伯伐翼，他逃到随邑（今山西晋中介休），第二年又被迎回，因其时周桓王所立

晋哀侯居翼,他只能居于鄂(今山西宁乡南),故称鄂侯。

⑦鲁隐公息姑元年:鲁隐公,名息姑,《鲁周公世家》作"息"。鲁惠公长庶子。因惠公太子年幼,鲁人共令其摄政。

⑧声子:宋女,子是其姓。《鲁周公世家》云为鲁惠公妾,《左传》云为惠公继室。

⑨段作乱,奔:郑国的大叔段在其母武姜支持下,积聚力量,准备袭击国都夺权,被郑庄公击败,出奔到共(时为卫邑,在今河南新乡辉县)。

⑩公悔,思母不见,穿地相见:郑庄公怨其母助弟篡位,将其放逐到城颍,发誓不及黄泉不相见,不久后悔。颍考叔献计挖地至见水,即"见黄泉",再为隧道,母子在隧道中相见。郑庄公采纳了他的计策。穿地,此指挖掘隧道。

前720

周	**五十一**　平王五十一年。
鲁	**三**　二月,日蚀①。隐公三年。该年二月,出现日食。
齐	**十一**　釐公十一年。
晋	**四**　鄂侯四年。
秦	**四十六**　文公四十六年。
楚	**二十一**　武王二十一年。
宋	**九**　公属孔父立殇公②。冯奔郑③。穆公九年。穆公死前嘱咐大司马孔父立殇公。穆公的儿子冯逃亡到郑国。
卫	**十五**　桓公十五年。
陈	**二十五**　桓公二十五年。
蔡	**三十**　宣侯三十年。
曹	**三十七**　桓公三十七年。
郑	**二十四**　侵周,取禾④。庄公二十四年。庄公侵犯周室,夺取了周的麦禾。
燕	**九**　穆侯九年。
吴	

前719

桓王元年⑤　桓王是平王太子泄父的儿子,该年是其元年。
四　隐公四年。
十二　釐公十二年。
五　鄂侯五年。
四十七　文公四十七年。
二十二　武王二十二年。
宋殇公与夷元年　宋殇公名与夷,是宋宣公的儿子,该年是其元年。
十六　州吁弑公自立⑥。桓公十六年。州吁杀死卫桓公,自立为君。
二十六　卫石碏来告,故执州吁⑦。桓公二十六年。卫国上卿石碏诱使州吁朝陈,因此令陈人将州吁拘捕。
三十一　宣侯三十一年。
三十八　桓公三十八年。
二十五　庄公二十五年。
十　穆侯十年。

前718

周	**二　使虢公伐晋之曲沃**⑧。桓王二年。派虢公讨伐晋国的曲沃庄伯。
鲁	**五　公观鱼于棠**⑨，**君子讥之**⑩。隐公五年。隐公在棠地观看捕鱼，君子讥刺他。
齐	**十三**　釐公十三年。
晋	**六　鄂侯卒。曲沃庄伯复攻晋**⑪。**立鄂侯子光，为哀侯**⑫。鄂侯六年。鄂侯去世。曲沃庄伯再攻晋国。鄂侯的儿子光被立为晋君，他就是哀侯。
秦	**四十八**　文公四十八年。
楚	**二十三**　武王二十三年。
宋	**二　郑伐我。我伐郑**⑬。殇公二年。郑国讨伐我国。因我国去年和卫国讨伐郑国。
卫	**卫宣公晋元年**⑭　**共立之。讨州吁**⑮。卫宣公名晋，是卫桓公的弟弟，该年是其元年。卫人共同立他为卫君。讨伐州吁。
陈	**二十七**　桓公二十七年。
蔡	**三十二**　宣侯三十二年。
曹	**三十九**　桓公三十九年。
郑	**二十六**　庄公二十六年。
燕	**十一**　穆侯十一年。
吴	

前717

甲子
三　桓王三年。
六　郑人来渝平⑯。隐公六年。郑人来鲁,改为修好。
十四　鳌公十四年。
晋哀侯光元年　晋哀侯名光,该年是其元年。
四十九　文公四十九年。
二十四　武王二十四年。
三　殇公三年。
二　宣公二年。
二十八　桓公二十八年。
三十三　宣侯三十三年。
四十　桓公四十年。
二十七　始朝王,王不礼⑰。庄公二十七年。庄公朝拜周桓王,周桓王怒郑取其禾,对庄公不以礼相待。
十二　穆侯十二年。

【注释】

前720—前717

① 二月,日蚀:杨伯峻注:"以今法推算,此公元前七二〇年二月二十二日之日全食。"

② 公属孔父立殇公:因宋宣公传位给弟穆公而不传其子与夷,穆公去世前嘱咐大司马孔父一定要立与夷,而不要立自己的儿子公子冯,"我不可以负宣公"。孔父,名嘉,宋国公族,孔子的祖先。殇公,即与夷。

③ 冯奔郑:《宋世家》:"穆公使冯出居于郑。"冯,穆公之子公子冯,后即位为宋庄公。

④ 侵周,取禾:《左传·隐公三年》载,郑武公、庄公为周平王卿士,而平王想把一些政事交给虢公处理,郑庄公因此对平王不满。这年四月,郑祭仲帅师取温之麦,秋,又取周之禾。

⑤ 桓王:周桓王,名林。周平王之孙。其父为太子泄父,已先卒。

⑥ 州吁弑公自立:十五年前,州吁因骄横奢靡被卫桓公贬黜出奔,至此年收聚卫国流亡之人,杀桓公自立为卫君。

⑦ 卫石碏(què)来告,故执州吁:州吁杀桓公而自立为君,未能和其民。石碏之子石厚事州吁,向石碏请教安定君位之法,石碏假意建议石厚从州吁往陈,通过陈桓公以朝觐周天子。旋请陈拘留两人。石碏,卫国正卿。又称"石子"。曾进谏卫庄公不要宠爱纵容州吁,庄公不听。其子石厚与州吁结交,他加以劝诫无效。后设计杀州吁。又使其家宰獳羊肩杀石厚,史称他能"大义灭亲"。

⑧ 使虢公伐晋之曲沃:此年曲沃庄伯伐翼,周桓王派尹氏、武氏助之。事成后曲沃庄伯叛王,故伐之。虢公,虢国国君,名忌父,时为周桓王卿士。此虢国为武王分封,始封君为周文王异母弟虢仲,都夏阳(今陕西渭南韩城南)。

⑨ 观鱼:使捕鱼之人陈设捕鱼之具,观看捕鱼为乐。棠,地名。在今

山东济宁鱼台,在鲁、宋两国交界处,距鲁都城曲阜较远。

⑩君子讥之:据《左传·隐公五年》,鲁臣臧僖伯认为捕鱼是卑贱者所
　为,有专司官吏主管,不是君主所应涉及之事,鲁隐公此举为非礼。

⑪鄂侯卒。曲沃庄伯复攻晋:此年曲沃庄伯率郑人、邢人,并得到周
　桓王支持,攻入晋都翼城,晋鄂侯奔随。第二年,鄂侯被晋臣嘉父
　迎回,居于鄂。可见鄂侯并未去世。

⑫立鄂侯子光,为哀侯:曲沃庄伯入翼城后叛王,周桓王派虢公伐庄
　伯,庄伯退回曲沃,桓王立鄂侯之子光,居翼城,是为哀侯。

⑬郑伐我。我伐郑:去年宋国曾应卫州吁之请与卫伐郑,故今年郑
　国来讨伐宋国。

⑭卫宣公晋:卫宣公名晋。桓公之弟。

⑮讨州吁:据《左传》卫讨州吁之事在去年。石碏在卫桓公被弑后
　即设计让陈人拘捕并杀了州吁,并立卫宣公。

⑯郑人来渝平:鲁与郑结仇,郑与宋有世怨,而郑庄公见去年郑伐宋
　时鲁拒绝宋使的求援,于是派使者前来,约弃前嫌而修新好。渝
　平,改为修好。渝,更改。

⑰始朝王,王不礼:周桓王继位,周、郑交恶。故郑庄公至周桓王三
　年才来朝见,周桓王对其不以礼相待。

前716

周	四	桓王四年。
鲁	七	隐公七年。
齐	十五	釐公十五年。
晋	二	庄伯卒，子称立，为武公。哀侯二年。曲沃庄伯去世，他的儿子称继位，就是曲沃武公。
秦	五十	文公五十年。
楚	二十五	武王二十五年。
宋	四	殇公四年。
卫	三	宣公三年。
陈	二十九	桓公二十九年。
蔡	三十四	宣侯三十四年。
曹	四十一	桓公四十一年。
郑	二十八	庄公二十八年。
燕	十三	穆侯十三年。
吴		

前715

五　桓王五年。

八　易许田①,君子讥之②。隐公八年。鲁国以许田交换郑国的祊邑,君子讥刺这件事。

十六　鳌公十六年。

三　哀侯三年。

秦宪公元年③　该年是秦宪公元年。他是秦文公太子静公的儿子。

二十六　武王二十六年。

五　殇公五年。

四　宣公四年。

三十　桓公三十年。

三十五　宣侯三十五年。

四十二　桓公四十二年。

二十九　与鲁祊,易许田④。庄公二十九年。把祊邑与鲁国的许田互相交换。

十四　穆侯十四年。

前714

周	**六** 桓王六年。
鲁	**九** 三月,大雨雹,电。隐公九年。三月,下大冰雹,有雷电。
齐	**十七** 釐公十七年。
晋	**四** 哀侯四年。
秦	**二**⑤ 宪公二年。
楚	**二十七** 武王二十七年。
宋	**六** 殇公六年。
卫	**五** 宣公五年。
陈	**三十一** 桓公三十一年。
蔡	**蔡桓侯封人元年** 蔡桓侯名封人,他是蔡宣侯的儿子,该年是其元年。
曹	**四十三** 桓公四十三年。
郑	**三十** 庄公三十年。
燕	**十五** 穆侯十五年。
吴	

前713

七　桓王七年。
十　隐公十年。
十八　鳌公十八年。
五　哀侯五年。
三　宪公三年。
二十八　武王二十八年。
七　诸侯败我⑥。我师与卫人伐郑。殇公七年。诸侯联军打败我军。我军联合卫人讨伐郑国。
六　宣公六年。
三十二　桓公三十二年。
二　桓侯二年。
四十四　桓公四十四年。
三十一　庄公三十一年。
十六　穆侯十六年。

前712

周	八 桓王八年。
鲁	十一 大夫翚请杀桓公⑦,求为相⑧,公不听,即杀公。隐公十一年。大夫翚请求隐公杀死桓公,并请求让自己担任执政之卿,隐公没有听从,他就把隐公杀了。
齐	十九 釐公十九年。
晋	六 哀侯六年。
秦	四 宪公四年。
楚	二十九 武王二十九年。
宋	八 殇公八年。
卫	七 宣公七年。
陈	三十三 桓公三十三年。
蔡	三 桓侯三年。
曹	四十五 桓公四十五年。
郑	三十二 庄公三十二年。
燕	十七 穆侯十七年。
吴	

前711

九　桓王九年。

鲁桓公允元年　母宋武公女,生手文为鲁夫人⑨。鲁桓公名允,是鲁惠公的儿子,该年是其元年。他的母亲仲子是宋武公的女儿,生下来手心里就有"为鲁夫人"的字样。

二十　釐公二十年。

七　哀侯七年。

五　宪公五年。

三十　武王三十年。

九　殇公九年。

八　宣公八年。

三十四　桓公三十四年。

四　桓侯四年。

四十六　桓公四十六年。

三十三　以璧加鲁,易许田⑩。庄公三十三年。郑国又增加玉璧给鲁国,与之交换许田。

十八　穆侯十八年。

【注释】

前 715—前 711

① 易许田:鲁国用许田交换郑国的祊(bēng)邑。许田,古邑名。在今河南许昌东南。周成王营王城,有迁都之意,故赐周公以许田,以为鲁君朝见周王时朝宿之邑。此处有周公之别庙。按,鲁此时并未将许田给郑,至鲁桓公元年方换定。

② 君子讥之:杨伯峻曰:"盖用《穀梁》意。"《穀梁传》于此事书:"礼,天子在上,诸侯不得以地相与也。"认为天子在上,所赐之地,诸侯不可擅自交换。

③ 秦宪公:底本作"宁公",《秦始皇本纪》所附《秦纪》作"宪公",马非百曰:"陕西出土秦公钟、秦公镈,铭文皆作'文公''竫公''宪公',可证。"今新版《辞海》已改"宁公"为"宪公"。今据改。秦宪公,秦文公之孙。其父为文公太子,未即位而卒,赐谥为"竫公"(又作"静公")。

④ 与鲁祊,易许田:周宣王赐给母弟郑桓公祊邑,用于周王祭泰山时郑助祭的汤沐邑。郑庄公认为周王泰山之祀废弃已久,祊无所用,又距郑远,而许则近,故欲以祊易许田。祊,邑名。在今山东临沂费县东。

⑤ "秦"格:秦宪公二年,迁都平阳,在今陕西宝鸡东之杨家沟、阳平一带。

⑥ 诸侯败我:齐、郑、鲁三国败宋师于菅(今山东菏泽单县北)。

⑦ 大夫翚(huī):字羽父,鲁国宗室。桓公:鲁桓公,名允,《世本》作"轨"。鲁惠公太子,鲁隐公弟。鲁惠公去世时他尚年幼,鲁人推鲁隐公摄政。

⑧ 求为相:《左传·隐公十一年》作"求大宰"。相,与"大宰"意同,此指执政之卿。

⑨ 母宋武公女,生手文为鲁夫人:《左传·隐公元年》:"宋武公生仲

子。仲子生而有文在其手,曰:'为鲁夫人。'故仲子归于我。生桓公。"宋武公女,即仲子,鲁惠公继配夫人。

⑩以璧加鲁,易许田:郑国在衍邑之上又加以玉璧,交换到了鲁国的许田。郑庄公二十九年(前715)开始交换衍与许田,至最后完成,历时四年。

前710

周	**十**　桓王十年。
鲁	**二**　宋赂以鼎,入于太庙①,君子讥之②。桓公二年。宋国用郑国大鼎贿赂鲁国,鲁把它纳于周公庙,君子讥刺这件事。
齐	**二十一**　釐公二十一年。
晋	**八**　哀侯八年。
秦	**六**　宪公六年。
楚	**三十一**　武王三十一年。
宋	**华督见孔父妻好③,悦之。华督杀孔父,及杀殇公④。宋公冯元年⑤**　华督为相。华父督见孔父嘉的妻子长得很美,很喜欢她。华父督于是杀死了孔父嘉,连带还杀了殇公。宋庄公名冯,他是宋穆公的儿子,该年是其元年。华父督担任执政卿相。
卫	**九**　宣公九年。
陈	**三十五**　桓公三十五年。
蔡	**五**　桓侯五年。
曹	**四十七**　桓公四十七年。
郑	**三十四**　庄公三十四年。
燕	**燕宣侯元年**　燕宣侯是燕穆侯的儿子,该年是其元年。
吴	

前709

十一　桓王十一年。

三　翚迎女,齐侯送女,君子讥之⑥。桓公三年。桓公派公子翚到齐国迎娶齐釐公的女儿做夫人,齐釐公亲自送女儿,君子讥讽这件事。

二十二　釐公二十二年。

[九]晋小子元年⑦　(哀侯九年)。晋小子侯是晋哀侯的儿子,该年是其元年。

七　宪公七年。

三十二　武王三十二年。

二　庄公二年。

十　宣公十年。

三十六　桓公三十六年。

六　桓侯六年。

四十八　桓公四十八年。

三十五　庄公三十五年。

二　宣侯二年。

前708

周	十二　桓王十二年。
鲁	四　桓公四年。
齐	二十三　釐公二十三年。
晋	二〔晋小子侯元年〕　小子侯二年（小子侯元年）。
秦	八　宪公八年。
楚	三十三　武王三十三年。
宋	三　庄公三年。
卫	十一　宣公十一年。
陈	三十七　桓公三十七年。
蔡	七　桓侯七年。
曹	四十九　桓公四十九年。
郑	三十六　庄公三十六年。
燕	三　宣侯三年。
吴	

前707

甲戌
十三　伐郑。桓王十三年。周率诸侯讨伐郑国。
五　桓公五年。
二十四　釐公二十四年。
三〔二〕　小子侯三年（小子侯二年）。
九　宪公九年。
三十四　武王三十四年。
四　庄公四年。
十二　宣公十二年。
三十八　弟他杀太子免[8]。代立，国乱，再赴[9]。桓公三十八年。桓公的弟弟他杀死了太子免，代替太子免即位为陈君。国内大乱，桓公去世后两次向外报丧。
八　桓侯八年。
五十　桓公五十年。
三十七　伐周，伤王[10]。庄公三十七年。郑国伐周，射伤了周桓王。
四　宣侯四年。

【注释】

前710—前707

① 宋赂以鼎，入于太庙：宋太宰华父督杀孔父嘉，弑殇公、立庄公，向郑、鲁、齐、陈行贿，以郜国大鼎赂鲁，鲁纳之于周公庙。

② 君子讥之：臧哀伯进谏鲁桓公，认为把受贿之物纳于太庙，明示百官，做了很坏的榜样。

③ 华督：名督，字华父。戴公之孙。宋殇公时任太宰。《左传》又作"宋督""大宰督"。孔父：孔氏，名嘉。宋宗室。正考父之子，孔子六世祖。宋穆公时为大司马。

④ 华督杀孔父，及杀殇公：华督为夺孔父嘉之妻，以殇公在位十年而十一战归罪于孔父嘉，将其杀死。殇公怒，华督惧诛，遂弑殇公，并迎立公子冯，即庄公。

⑤ 宋公冯元年：殇公被弑后，当年即改元。宋公冯，宋穆公之子，名冯。谥"庄"。按，依表例，应书"宋庄公冯"。

⑥ 齐侯送女，君子讥之：齐釐公将女儿嫁给鲁桓公，亲自送至讙（鲁国地名。在今山东泰安肥城南）。依礼，国君之女出嫁，国君不亲送，故君子责其非礼。

⑦ 晋小子元年：《左传》《晋世家》均记哀侯有九年。以《晋世家》与《左传》对照，小子侯被杀、立晋缗侯，以及晋缗侯时期所发生之事，两者所记相同，此表晋小子侯、缗侯两世纪年（前709—前679）当依《晋世家》为准。此格括注补"哀侯九年"。表内"晋"格自此年至周釐王三年（前679）据《晋世家》括注纪年年数。小子，《晋世家》作"小子侯"。此年曲沃武公伐晋，虏哀侯，晋人立哀侯子，是为小子侯。幼弱无谥，故称"小子"。

⑧ 弟他：陈桓公之弟公子他。他，又作"佗"。

⑨ 再赴：两次报丧。《左传·桓公五年》："甲戌、己丑，陈侯鲍卒。……公疾病而乱作，国人分散，故再赴。"

⑩伐周,伤王:周桓王完全剥夺了郑庄公在周王朝的执政权,郑庄公
　不再朝见周王,周王率诸侯讨伐郑国。两军战于繻葛,郑国打败
　诸侯联军,其将祝聃射伤了周桓王的肩膀。

前706

周	**十四**　桓王十四年。
鲁	**六**　桓公六年。
齐	**二十五**　山戎伐我①。釐公二十五年。山戎攻伐齐国。
晋	**[三]**　曲沃武公杀小子②。周伐曲沃，立晋哀侯弟缗为晋侯③。晋侯缗**元**年（小子侯三年）。曲沃武公杀了小子侯。周桓王派兵讨伐曲沃，立晋哀侯的弟弟缗为晋侯。该年是晋侯缗元年（事在后二年）。
秦	**十**　宪公十年。
楚	**三十五**　侵随，随为善政，得止④。武王三十五年。楚侵伐随国。随国实行清明政治，楚国停止了侵伐。
宋	**五**　庄公五年。
卫	**十三**　宣公十三年。
陈	**陈厉公他元年**⑤　陈厉公名他（应为名跃），是陈桓公的儿子，该年是其元年。
蔡	**九**　桓侯九年。
曹	**五十一**　桓公五十一年。
郑	**三十八**　太子忽救齐，齐将妻之⑥。庄公三十八年。郑太子忽率军救援齐国，齐釐公想把女儿嫁给他。
燕	**五**　宣侯五年。
吴	

前705

十五　桓王十五年。
七　桓公七年。
二十六　釐公二十六年。
二［四］　侯潜二年（小子侯四年）。
十一　宪公十一年。
三十六　武王三十六年。
六　庄公六年。
十四　宣公十四年。
二　生敬仲完⑦。周史卜完后世王齐⑧。厉公二年。陈厉公的儿子完出生，卒谥"敬仲"。周史官占卜说陈完的后代将在齐国称王。
十　桓侯十年。
五十二　桓公五十二年。
三十九　庄公三十九年。
六　宣侯六年。

前704

周	十六　桓王十六年。
鲁	八　桓公八年。
齐	二十七　釐公二十七年。
晋	三［侯湣元年］　侯湣三年（侯湣元年）。
秦	十二　宪公十二年。
楚	三十七　伐随，弗拔，但盟，罢兵⑨。武王三十七年。楚人攻伐随国，没有攻下，只是与随订立了盟约，撤兵而去。
宋	七　庄公七年。
卫	十五　宣公十五年。
陈	三　厉公三年。
蔡	十一　桓侯十一年。
曹	五十三　桓公五十三年。
郑	四十　庄公四十年。
燕	七　宣侯七年。
吴	

前703　　　　　　　　　　　前702

十七　桓王十七年。	十八　桓王十八年。
九　桓公九年。	十　桓公十年。
二十八　釐公二十八年。	二十九　釐公二十九年。
四〔二〕　侯湣四年（侯湣二年）。	五〔三〕　侯湣五年（侯湣三年）。
秦出公元年⑩　秦出公是秦宪公的儿子,该年是其元年。	二　出公二年。
三十八　武王三十八年。	三十九　武王三十九年。
八　庄公八年。	九　庄公九年。
十六　宣公十六年。	十七　宣公十七年。
四　厉公四年。	五　厉公五年。
十二　桓侯十二年。	十三　桓侯十三年。
五十四　桓公五十四年。	五十五　桓公五十五年。
四十一　庄公四十一年。	四十二　庄公四十二年。
八　宣侯八年。	九　宣侯九年。

前701

周	**十九**　桓王十九年。
鲁	**十一**　桓公十一年。
齐	**三十**　釐公三十年。
晋	**六**［四］　侯湣六年（侯湣四年）。
秦	**三**　出公三年。
楚	**四十**　武王四十年。
宋	**十**　执祭仲⑪。庄公十年。宋人拘禁祭仲，命其立宋女所生的儿子突为郑国国君。
卫	**十八**　太子伋弟寿争死⑫。宣公十八年。太子伋的弟弟寿为了救他赴死。
陈	**六**　厉公六年。
蔡	**十四**　桓侯十四年。
曹	**曹庄公射姑元年**⑬　曹庄公名射姑，是曹桓公的儿子，该年是其元年。
郑	**四十三**　庄公四十三年。
燕	**十**　宣侯十年。
吴	

前700

二十　桓王二十年。
十二　桓公十二年。
三十一　釐公三十一年。
七［五］　侯湣七年（侯湣五年）。
四　出公四年。
四十一　武王四十一年。
十一　庄公十一年。
十九　宣公十九年。
七　公淫蔡，蔡杀公⑭。厉公七年。陈厉公在蔡国淫乱，蔡国人杀了陈厉公（厉公无淫于蔡之事，司马迁误以厉公为陈他，又据《公羊》《榖梁》有关陈他的事误书于此）。
十五　桓侯十五年。
二　庄公二年。
郑厉公突元年⑮　郑厉公名突，是郑庄公的儿子，该年是其元年。
十一　宣侯十一年。

【注释】

前706—前700

① 山戎伐我：据《匈奴列传》，山戎越过燕国伐齐，战于齐郊。山戎，古代北方民族名。又称北戎，匈奴的一支。活动地区在今河北北部。公元前七世纪势力颇强，屡侵扰郑、燕、齐等国。

② 曲沃武公杀小子：《左传》记此事于下一年，即鲁桓公七年（前705）。

③ 周伐曲沃，立晋哀侯弟潜为晋侯：周桓王派虢仲讨伐曲沃武公，武公退回曲沃。周桓王于是立潜为晋侯。此事《左传》记于鲁桓公八年（前704），《晋世家》与《左传》相同。潜，《左传》作"缗"。

④ "侵随"几句：楚武王侵随，随侯听贤臣季梁之言，修明政治，楚不敢伐。随，西周初分封的诸侯国，姬姓。在今湖北随州。

⑤ 陈厉公他：陈厉公名跃，为陈桓公之子。他，陈桓公之弟，去年自立为君，此年被蔡人所杀，陈人立厉公跃。

⑥ 太子忽救齐，齐将妻之：山戎伐齐，郑太子忽帅师救齐，大败戎师。齐釐公想把妹妹文姜嫁给他，太子忽认为齐大郑小，不可为偶，推辞了婚事。太子忽，郑庄公太子，名忽，后为郑昭公。

⑦ 敬仲完：即公子完，卒谥"敬仲"，陈厉公之子。

⑧ 周史卜完后世王齐：周史为陈完占卜，结果是他将会享有国家，但不是陈国，而将是姜姓之国，后代昌盛。其后果然公子完在陈乱时惧祸出奔，仕于齐。后其子孙代姜齐建田齐，为诸侯，战国时称王。史，史官，亦掌卜筮。

⑨ "伐随"几句：楚武王伐随，随侯不听季梁求和之议，听从了宠臣少师速战、正面对抗楚王的策略，大败而逃，少师被俘。楚国因随国少师已被除掉，国力尚存，遂同意其讲和要求，结盟退兵。

⑩ 秦出公：秦宪公之子。秦宪公去世，大庶长弗忌、威垒、三父废太子武公而立其弟为君，是为出公。出公，《秦本纪》里作"出子"。

⑪执祭（zhài）仲：郑庄公去世，宋国欲立宋女所生的公子突，于是诱骗拘禁了祭仲，逼其立公子突为君。执，拘禁。祭仲，郑庄公正卿。郑公族。封于祭（今河南郑州中牟祭亭），名仲，字仲足（一说名足，字仲）。故称祭仲。

⑫太子伋（jí）弟寿争死：太子伋为卫宣公太子，宣公为他娶齐女，见齐女美而自娶，从此对他存忌心。后齐女及其所生之子朔又相继进谗言，宣公便派他使齐，而令刺客半道击杀他。其弟寿闻之，劝他逃走，他不听。寿将他灌醉，乃先行，欲代他死，果被刺客杀害。太子伋后至，对刺客言"所当杀乃我"，遂亦被杀。伋，亦作"急"。

⑬曹庄公射姑：曹庄公，名射姑。《管蔡世家》中作"夕姑"。曹桓公之子。

⑭公淫蔡，蔡杀公：按，据《公羊传》《穀梁传》，在陈厉公跃元年，陈他因淫于蔡而被蔡人所杀；司马迁知陈厉公在位七年，但误将陈厉公当作陈他，故将陈他被杀之事加在陈厉公身上，致有此误。

⑮郑厉公突：郑厉公，名突。郑庄公之子，母为宋女。祭仲在宋人逼迫下应允立公子突，太子忽听说后出奔卫。突自宋至郑，立，是为厉公。

前 699

周	二十一　桓王二十一年。
鲁	十三　桓公十三年。
齐	三十二　釐公令毋知秩服如太子①。釐公三十二年。釐公让公孙毋知的品级、穿戴都与太子诸儿一样。
晋	八［六］　侯潜八年（侯潜六年）。
秦	五　出公五年。
楚	四十二　武王四十二年。
宋	十二　庄公十二年。
卫	卫惠公朔元年　卫惠公名朔，是卫宣公的儿子，该年是其元年。
陈	陈庄公林元年②　桓公子。陈庄公名林，该年是其元年。他是陈桓公的儿子。
蔡	十六　桓侯十六年。
曹	三　庄公三年。
郑	二　厉公二年。
燕	十二　宣侯十二年。
吴	

039

前698

二十二　桓王二十二年。

十四　桓公十四年。

三十三　釐公三十三年。

九〔七〕　侯湣九年（侯湣七年）。

六　三父杀出公③，立其兄武公④。出公六年。三父杀死秦出公，立出公的兄长为武公。

四十三　武王四十三年。

十三　庄公十三年。

二　惠公二年。

二　庄公二年。

十七　桓侯十七年。

四　庄公四年。

三　诸侯伐我，报宋故⑤。厉公三年。宋、齐、蔡、卫、陈伐郑，报复诸侯伐宋之事。

十三　宣侯十三年。

前697

	甲申
周	**二十三**　桓王二十三年。
鲁	**十五**　天王求车,非礼⑥。桓公十五年。周天子向我国索要车,这不合乎礼制。
齐	**齐襄公诸儿元年**　贬毋知秩服,毋知怨。齐襄公名诸儿,该年是其元年。他降低了公孙毋知的品级、穿戴,毋知怨恨他。
晋	**十[八]**　侯湣十年(侯湣八年)。
秦	**秦武公元年**　伐彭⑦,至华山。秦武公是秦宪公的儿子,该年是其元年。他领兵攻伐彭氏,到达华山。
楚	**四十四**　武王四十四年。
宋	**十四**　庄公十四年。
卫	**三**　朔奔齐,立黔牟⑧。惠公三年。卫惠公朔被迫逃亡到齐国,黔牟被立为卫国国君(《左传》《卫康叔世家》记此事于下一年)。
陈	**三**　庄公三年。
蔡	**十八**　桓侯十八年。
曹	**五**　庄公五年。
郑	**四**　祭仲立忽,公出居栎⑨。厉公四年。厉公谋杀专权的祭仲未果,出逃住在栎邑。祭仲立公子忽为国君,他就是郑昭公。
燕	**燕桓侯元年**⑩　燕桓侯是燕宣侯的儿子,该年是其元年。
吴	

前696

庄王**元年**　生子颓⑪。周庄王名佗，是周桓王的儿子，该年是其元年。该年他的儿子颓出生。
十六　公会曹，谋伐郑⑫。桓公十六年。桓公与宋公、蔡侯、卫侯在曹地会盟，谋划攻伐郑国。
二　襄公二年。
十一［九］　侯湣十一年（侯湣九年）。
二　武公二年。
四十五　武王四十五年。
十五　庄公十五年。
［四］**卫黔牟元年**⑬　（惠公四年）。黔牟是卫宣公太子伋的弟弟，该年是其元年。
四　庄公四年。
十九　桓侯十九年。
六　庄公六年。
郑昭公忽元年　忽母邓女，祭仲取之⑭。郑昭公名忽，该年是其元年。他的母亲是邓国国君的女儿，是祭仲为郑庄公娶回来的。
二　桓侯二年。

前695

周	二　有弟克⑮。庄王二年。周庄王有一个弟弟王子克,字子仪。
鲁	十七　日食⑯,不书日,官失之。桓公十七年。出现日食,没有记载具体日期,这是史官的失职。
齐	三　襄公三年。
晋	十二［十］　侯湣十二年(侯湣十年)。
秦	三　武公三年。
楚	四十六　武王四十六年。
宋	十六　庄公十六年。
卫	二［卫黔牟元年］⑰　黔牟二年(黔牟元年)。
陈	五　庄公五年。
蔡	二十　桓侯二十年。
曹	七　庄公七年。
郑	二　渠弥杀昭公⑱。昭公二年。渠弥杀死了郑昭公。
燕	三　桓侯三年。
吴	

前694

三　庄王三年。
十八　公与夫人如齐[19]，齐侯通焉，使彭生杀公于车上[20]。桓公十八年。桓公与夫人到齐国去，齐襄公与桓公夫人私通，桓公谴责夫人，齐襄公派公子彭生把桓公杀死在车上。
四　杀鲁桓公，诛彭生。襄公四年。因鲁桓公被杀，鲁责齐，齐杀彭生。
十三〔十一〕　侯湣十三年（侯湣十一年）。
四　武公四年。
四十七　武王四十七年。
十七　庄公十七年。
三〔二〕　黔牟三年（黔牟二年）。
六　庄公六年。
蔡哀侯献舞元年[21]　蔡哀侯名献舞，他是蔡桓侯的弟弟，该年是其元年。
八　庄公八年。
郑子亹元年[22]　齐杀子亹[23]，昭公弟。郑子亹在该年即位。齐人杀死郑子亹，他是昭公的弟弟。
四　桓侯四年。

【注释】

前699—前694

① 毋知：公孙毋知，又作"公孙无知"。《左传》又称"仲孙"。齐釐公同母弟夷仲年之子，深受釐公宠爱。秩服：爵禄与服饰的等级。太子：齐釐公太子，名诸儿。继位后为齐襄公。

② 陈庄公林：陈庄公，名林。陈厉公之弟。

③ 三父：一作"参父"。秦大庶长。后被秦武公诛杀。

④ 武公：秦武公，秦宪公太子。

⑤ 诸侯伐我，报宋故：宋、齐、蔡、卫、陈伐郑，报复前年鲁、郑伐宋。

⑥ 天王求车，非礼：周桓王派人向鲁国索要车辆，依礼，诸侯不进贡车辆和戎服，所以说"非礼"。

⑦ 彭：《秦本纪》作"彭戏氏"，戎部族名。

⑧ 朔奔齐，立黔牟：卫惠公与其母进谗害死太子伋、公子寿，继位为卫惠公。太子伋、公子寿的师傅左公子洩、右公子职怨恨惠公，立黔牟，卫惠公出奔齐国。黔牟，太子伋之弟。按，《左传》记此事于下一年。

⑨ 祭仲立忽，公出居栎：郑厉公憎厌祭仲专权欲除之未成，被迫逃到栎邑，祭仲迎回郑庄公太子忽，立为国君，是为郑昭公。栎，郑国边邑，在今河南许昌禹州。

⑩ 燕桓侯：史失其名。《世本》称桓侯迁都临易（今河北保定雄县西北）。

⑪ 子穨：周庄王嬖姬王姚所生，深受庄王宠爱，后与惠王争位，故此先记其生。

⑫ 公会曹，谋伐郑：去年，鲁桓公与宋、卫、陈三国国君为纳郑厉公而攻打郑国，未能取胜，此年鲁桓公又与宋、蔡、卫国国君在曹国相会，策划再次讨伐郑国。曹，此指曹国都城，在今山东菏泽定陶区西北。

⑬卫黔牟元年：按，据《左传》黔牟元年在下一年。此格括注补卫惠公纪年"四"。

⑭忽母邓女，祭仲取之：祭仲为郑庄公娶邓国女子邓曼为妻，生昭公忽。邓，国名。曼姓。在今湖北襄阳西北。

⑮弟克：王子克，周桓王之子，周庄王之弟。《左传》一作"子仪"。有宠于桓王，桓王嘱请执政周公黑肩辅佐他。

⑯日食：即此年十月十日之日环食。

⑰"卫"格：此年是黔牟元年。格内括注补"卫黔牟元年"数字。此表"卫"格自此年至周庄王八年（前689）括注黔牟正确纪年年数。

⑱渠弥杀昭公：郑昭公素厌渠弥，渠弥惧昭公杀己，乘出猎之机，射杀昭公，立公子亹为君。渠弥，高渠弥，一作"高渠眯"。郑国正卿。郑庄公时任大夫，累有战功。后迁正卿，与祭仲共执国政。

⑲夫人：鲁桓公夫人文姜，齐釐公之女，襄公之妹，出嫁前就与齐襄公通奸。

⑳使彭生杀公于车上：鲁桓公责备文姜，文姜向齐襄公告状，齐襄公派彭生抱桓公上车时，故意拉折他的肋骨，桓公死在车上。彭生，齐国贵族，有勇力。

㉑蔡哀侯献舞：蔡哀侯，名献舞，一作"献武"。蔡桓侯之弟。

㉒郑子亹：昭公之弟。高渠弥杀郑昭公后，祭仲、高渠弥拥立他为国君。

㉓齐杀子亹：此年秋，子亹与齐襄公相会，二人素有旧仇，齐襄公埋伏甲士杀了子亹。《左传》云高渠弥同时被杀，而《郑世家》云高渠弥逃归。

前693

周	四　周公欲杀王而立子克[1]，王诛周公，克奔燕[2]。庄王四年。 周公黑肩想杀掉周庄王而立他的弟弟王子克，周庄王诛杀周公，王子克逃亡到燕国。
鲁	鲁庄公同元年　鲁庄公名同，是鲁桓公的儿子，该年是其元年。
齐	五　襄公五年。
晋	十四〔十二〕　侯湣十四年（侯湣十二年）。
秦	五　武公五年。
楚	四十八　武王四十八年。
宋	十八　庄公十八年。
卫	四〔三〕　黔牟四年（黔牟三年）。
陈	七　庄公七年。
蔡	二　哀侯二年。
曹	九　庄公九年。
郑	郑子婴元年[3]　子亹之弟。该年是郑子婴元年。子婴是郑子亹的弟弟。
燕	五　桓侯五年。
吴	

前692

五　庄王五年。
二　庄公二年。
六　襄公六年。
十五〔十三〕　侯湣十五年（侯湣十三年）。
六　武公六年。
四十九　武王四十九年。
十九　庄公十九年。
五〔四〕　黔牟五年（黔牟四年）。
陈宣公杵臼元年　杵臼，庄公弟。陈宣公名杵臼，该年是其元年。杵臼是陈庄公的弟弟。
三　哀侯三年。
十　庄公十年。
二　郑子婴二年。
六　桓侯六年。

前691

周	六　庄王六年。
鲁	三　庄公三年。
齐	七　襄公七年。
晋	十六［十四］　侯湣十六年（侯湣十四年）。
秦	七　武公七年。
楚	五十　武王五十年。
宋	宋湣公捷元年　宋湣公名捷,是宋庄公的儿子,该年是其元年。
卫	六［五］　黔牟六年（黔牟五年）。
陈	二　宣公二年。
蔡	四　哀侯四年。
曹	十一　庄公十一年。
郑	三　郑子婴三年。
燕	七　桓侯七年。
吴	

前690

七　庄王七年。
四　庄公四年。
八　伐纪，去其都邑④。襄公八年。齐人攻伐纪国，纪人迁都避难。
十七〔十五〕　侯湣十七年（侯湣十五年）。
八　武公八年。
五十一　王伐随，告夫人心动，王卒军中⑤。武王五十一年。楚武王攻伐随国，出征前告诉夫人邓曼自己心神不定，后病死于军中。
二　湣公二年。
七〔六〕　黔年七年（黔年六年）。
三　宣公三年。
五　哀侯五年。
十二　庄公十二年。
四　郑子婴四年。
燕庄公元年　燕庄公是燕桓侯的儿子，该年是其元年。

前 689

周	八　庄王八年。
鲁	五　与齐伐卫⑥,纳惠公。庄公五年。鲁与齐、宋等国攻伐卫国,为了使卫惠公返国重掌君权。
齐	九　襄公九年。
晋	十八〔十六〕　侯湣十八年(侯湣十六年)。
秦	九　武公九年。
楚	楚文王赀元年　始都郢⑦。楚文王名赀,是楚武王的儿子,该年是其元年。楚国以郢为都城始于该年。
宋	三　湣公三年。
卫	八〔七〕　黔牟八年(黔牟七年)。
陈	四　宣公四年。
蔡	六　哀侯六年。
曹	十三　庄公十三年。
郑	五　郑子婴五年。
燕	二　庄公二年。
吴	

前688

九　庄王九年。
六　庄公六年。
十　襄公十年。
十九［十七］　侯湣十九年（侯湣十七年）。
十　武公十年。
二　伐申⑧,过邓⑨,邓甥曰楚可取⑩,邓侯不许⑪。文王二年。楚文王攻伐申国,途经邓国,雅甥、聃甥、养甥三大夫建议杀掉楚文王,邓侯没有答应。
四　湣公四年。
九［卫惠公朔复入。十二年］⑫　黔牟九年（卫惠公朔回到卫国。为君从即位算起一共为十二年）。
五　宣公五年。
七　哀侯七年。
十四　庄公十四年。
六　郑子婴六年。
三　庄公三年。

前687

	甲午
周	**十**　庄王十年。
鲁	**七**　星陨如雨⑬,与雨偕。庄公七年。流星像下雨一样,与雨水一起降落。
齐	**十一**　襄公十一年。
晋	**二十**[十八]　侯湣二十年(侯湣十八年)。
秦	**十一**　武公十一年。
楚	**三**　文王三年。
宋	**五**　湣公五年。
卫	**十**[十三]　齐立惠公,黔牟奔周⑭。黔牟十年(惠公十三年)。齐人接惠公回国为君,黔牟逃亡到成周。
陈	**六**　宣公六年。
蔡	**八**　哀侯八年。
曹	**十五**　庄公十五年。
郑	**七**　郑子婴七年。
燕	**四**　庄公四年。
吴	

前686

十一　庄王十一年。

八　子纠来奔⑮，与管仲俱避毋知乱。庄公八年。齐襄公的弟弟公子纠逃亡来到我国，与管仲都因毋知杀襄公一事而来鲁国避乱。

十二　毋知杀君自立⑯。襄公十二年。毋知杀齐襄公而自立为君。

二十一［十九］　侯湣二十一年（侯湣十九年）。

十二　武公十二年。

四　文王四年。

六　湣公六年。

卫惠公朔复入⑰。十四年　该年（应为前年）卫惠公朔重返卫国。该年是他即位后的第十四年。

七　宣公七年。

九　哀侯九年。

十六　庄公十六年。

八　郑子婴八年。

五　庄公五年。

【注释】

前693—前686

①周公欲杀王而立子克：王子克有宠于周桓王，周庄王继位后，周公黑肩想立王子克为王而杀掉庄王。《左传》记此事于前一年，即周庄王三年。

②燕：此指南燕。西周封置。相传其国君为黄帝后裔，姞姓。治今河南新乡延津东北。

③郑子婴：郑庄公之子，子亹之弟。《左传》作"子仪"，《汉书·古今人表》作"婴齐"。郑子亹被杀后，祭仲立公子婴为君。一说高渠弥逃归后与祭仲共立。

④伐纪，去其都邑：齐襄公伐纪，纪侯不能屈从于齐，将国家政权交给弟季纪，永远离开了自己的国家。据《左传》，去年季纪曾以地降齐，纪分为二。据《公羊传》与《齐太公世家》，周夷王时齐哀公因纪侯谗言而被杀，齐襄公为报仇而伐纪。纪，古国名。在今山东潍坊寿光南纪台村。西周金文作"己"，姜姓。

⑤告夫人心动，王卒军中：楚武王伐随前告诉夫人心中不安，夫人预言武王将要去世，后果亡于军中。夫人，楚武王夫人邓曼。邓国之女。心动，心中不安。

⑥与齐伐卫：此次伐卫的有鲁、齐、宋、陈、蔡等国。

⑦始都郢：楚始都丹阳（今湖北秭归东），至此迁都于郢（今湖北荆州纪南城），后长期作为楚的都城。

⑧申：姜姓诸侯国，其地在今河南南阳。

⑨邓：曼姓诸侯国，其地在今河南祁县。

⑩邓甥：指邓国大夫骓甥、聃甥、养甥，皆为邓侯外甥。

⑪邓侯：邓国国君邓祁侯。

⑫"卫"格：按，据《左传》，此年齐襄公与鲁、宋、陈、蔡等诸侯送卫惠公回到卫国。卫惠公为君通前为十二年。此格括注补"卫惠

公朔复入。十二年"。表内"卫"格自此年至周庄王十二年（前685）括注卫惠公纪年年数。

⑬星陨如雨：这是流星雨现象。据推算，这次流星雨发生在3月16日，是世界上最早的天琴座流星雨记录。

⑭齐立惠公，黔牟奔周：惠公入，放黔牟于周。据《左传》此事在上一年。

⑮子纠：齐襄公的弟弟公子纠。其母为鲁女，故奔鲁。

⑯毋知杀君自立：毋知因齐襄公贬其秩服深怨。此年与大夫连称、管至父合谋，杀襄公自立为齐君。

⑰卫惠公朔复入：按，卫惠公回国复位是在两年前。此误。

前685

周	**十二** 庄王十二年。
鲁	**九** 鲁欲与纠入①,后小白,齐距鲁②,使生致管仲③。庄公九年。鲁国想让公子纠回齐国做国君,却晚于公子小白,齐与鲁相抗,派人到鲁国要求把管仲活着送回去。
齐	齐桓公小白**元**年 春,齐杀毋知。齐桓公名小白,是齐襄公的弟弟,该年是其元年。春天,齐人杀死了毋知。
晋	**二十二**［二十］ 侯湣二十二年（侯湣二十年）。
秦	**十三** 武公十三年。
楚	**五** 文王五年。
宋	**七** 湣公七年。
卫	**十五** 惠公十五年。
陈	**八** 宣公八年。
蔡	**十** 哀侯十年。
曹	**十七** 庄公十七年。
郑	**九** 郑子婴九年。
燕	**六** 庄公六年。
吴	

前684

十三　庄王十三年。

十　齐伐我,为纠故④。庄公十年。齐国攻打鲁国,是因为公子纠的缘故。

二　桓公二年。

二十三［二十一］　侯湣二十三年（侯湣二十一年）。

十四　武公十四年。

六　息夫人⑤,陈女,过蔡,蔡不礼,恶之⑥。楚伐蔡,获哀侯以归⑦。文王六年。息夫人是陈国女子,出嫁时路过蔡国,蔡哀侯对她不礼貌,息夫人很讨厌他。息侯请楚国讨伐蔡国,楚人俘获蔡哀侯回国。

八　湣公八年。

十六　惠公十六年。

九　宣公九年。

十一　楚虏我侯。哀侯十一年。楚人俘虏了蔡侯。

十八　庄公十八年。

十　郑子婴十年。

七　庄公七年。

前683

周	**十四**　庄王十四年。
鲁	**十一**　臧文仲吊宋水⑧。庄公十一年。臧文仲慰问宋国的水灾受害者（臧文仲年辈晚，此时不可能有此活动）。
齐	**三**　桓公三年。
晋	**二十四**［二十二］　侯湣二十四年（侯湣二十二年）。
秦	**十五**　武公十五年。
楚	**七**　文王七年。
宋	**九**　宋大水，公自罪⑨。鲁使臧文仲来吊。湣公九年。宋国发生大水，宋湣公为此深深自责。鲁君派臧文仲来慰问。
卫	**十七**　惠公十七年。
陈	**十**　宣公十年。
蔡	**十二**　哀侯十二年。
曹	**十九**　庄公十九年。
郑	**十一**　郑子婴十一年。
燕	**八**　庄公八年。
吴	

前 682

十五　庄王十五年。
十二　庄公十二年。
四　桓公四年。
二十五 [二十三]　侯湣二十五年（侯湣二十三年）。
十六　武公十六年。
八　文王八年。
十　万杀君⑩，仇牧有义⑪。湣公十年。南宫万杀死宋湣公，仇牧前往护主被杀，是有义之人。
十八　惠公十八年。
十一　宣公十一年。
十三　哀侯十三年。
二十　庄公二十年。
十二　郑子婴十二年。
九　庄公九年。

	前681	前680
周	**釐王元年** 周釐王名胡齐,是周庄王的儿子,该年是其元年。	二 釐王二年。
鲁	**十三** 曹沫劫桓公⑫。反所亡地。庄公十三年。曹沫劫持齐桓公与鲁盟誓。迫使他归还侵占鲁国的土地。	**十四** 庄公十四年。
齐	**五** 与鲁人会柯。桓公五年。与鲁人在柯邑盟会。	**六** 桓公六年。
晋	**二十六**[二十四] 侯湣二十六年(侯湣二十四年)。	**二十七**[二十五] 侯湣二十七年(侯湣二十五年)。
秦	**十七** 武公十七年。	**十八** 武公十八年。
楚	**九** 文王九年。	**十** 文王十年。
宋	**宋桓公御说元年**⑬ 庄公子。宋桓公名御说,该年是其元年。他是宋庄公的儿子。	**二** 桓公二年。
卫	**十九** 惠公十九年。	**二十** 惠公二十年。
陈	**十二** 宣公十二年。	**十三** 宣公十三年。
蔡	**十四** 哀侯十四年。	**十五** 哀侯十五年。
曹	**二十一** 庄公二十一年。	**二十二** 庄公二十二年。
郑	**十三** 郑子婴十三年。	**十四** 郑子婴十四年。
燕	**十** 庄公十年。	**十一** 庄公十一年。
吴		

前679

三　釐王三年。
十五　庄公十五年。
七　始霸,会诸侯于鄄⑭。桓公七年。齐桓公开始称霸。与宋公、陈侯、卫侯、郑伯在鄄邑会盟。
二十八［二十六］　曲沃武公灭晋侯湣,以宝献周,周命武公为晋君⑮,并其地。侯湣二十八年（侯湣二十六年）。曲沃武公灭了晋侯湣,把宝物献给周釐王,周釐王任命武公为晋国国君,武公全部占有了晋国。
十九　武公十九年。
十一　文王十一年。
三　桓公三年。
二十一　惠公二十一年。
十四　宣公十四年。
十六　哀侯十六年。
二十三　庄公二十三年。
郑厉公后元年⑯　厉公亡后十七岁复入⑰。该年是郑厉公回国复位的第一年。厉公在外流亡十七年后回国重做国君。
十二　庄公十二年。

前678

周	四　釐王四年。
鲁	十六　庄公十六年。
齐	八　桓公八年。
晋	晋武公称并晋,已立三十八年,不更元,因其元年。晋武公吞并晋地,他即位已有三十八年,不再改元,他当初即位之年被沿用为元年。
秦	二十　葬雍[18],初以人从死[19]。武公二十年。秦武公死后葬在雍邑,初次用活人陪葬。
楚	十二　伐邓,灭之。文王十二年。楚文王攻伐邓国,灭了它。
宋	四　桓公四年。
卫	二十二　惠公二十二年。
陈	十五　宣公十五年。
蔡	十七　哀侯十七年。
曹	二十四　庄公二十四年。
郑	二　诸侯伐我[20]。厉公后元二年。诸侯攻伐我国。
燕	十三　庄公十三年。
吴	

前677

甲辰

五　釐王五年。

十七　庄公十七年。

九　桓公九年。

三十九　武公卒,子诡诸立,为献公。武公三十九年。晋武公去世,他的儿子诡诸被立为晋君,他就是晋献公。

秦德公元年　武公弟。该年是秦德公元年。他是秦武公的弟弟。

十三　文王十三年。

五　桓公五年。

二十三　惠公二十三年。

十六　宣公十六年。

十八　哀侯十八年。

二十五　庄公二十五年。

三　厉公后元三年。

十四　庄公十四年。

【注释】

前685—前678

① 鲁欲与纠入：齐人杀毋知，鲁准备助公子纠回国争位。

② 齐距鲁：因公子小白先入齐，被立为君，鲁国发兵攻打齐国，齐国打败了鲁军。

③ 生致管仲：齐军获胜后要求把管仲活着送到齐国。

④ 齐伐我，为纠故：因去年鲁欲送公子纠入齐即位，齐国讨伐鲁国，被鲁打败。按，此即长勺之战。

⑤ 息夫人：息侯夫人，妫（guī）姓，陈国人。《左传》称"息妫"。楚文王应息侯之请伐蔡，闻其美，遂乘机灭息，夺为夫人。

⑥ 过蔡，蔡不礼，恶之：息夫人归省路过蔡国，蔡哀侯对她无礼，息侯怨恨蔡侯。

⑦ 楚伐蔡，获哀侯以归：息侯派人请楚文王假装进攻息国，息国向蔡国求援，楚国则可以攻打蔡国。楚文王同意，遂打败蔡国。俘虏了蔡哀侯。

⑧ 臧文仲吊宋水：宋国发大水，鲁国派使者去慰问。按，臧文仲即臧孙辰，是鲁釐公、文公时人，要晚于此时。《左传》未言此使者名号，司马迁因《左传》在此事后记有臧文仲的评论，误以为使者为臧文仲。

⑨ 公自罪：宋湣公在回答鲁使者的慰问时把发大水的原因归罪于自己。

⑩ 万杀君：因宋湣公嘲笑南宫万曾被鲁人俘虏，南宫万杀死了宋湣公。万，宋万，氏南宫，字长，又称南宫万、南宫长万。宋大夫。力士。

⑪ 仇牧有义：南宫万弑杀宋湣公，仇牧来救，与南宫万搏斗而死。

⑫ 曹沫劫桓公：据《刺客列传》，曹沫多次被齐打败，丧师失地，在柯（今山东聊城阳谷东北阿城）之会上劫持齐桓公，逼其交还了鲁国的土地。此事《左传》没有记载，学者多以为是战国人编造。

⑬宋桓公御说元年：南宫万弑宋湣公立公子游，诸公子杀南宫万与子游，立湣公之弟御说为君。

⑭始霸，会诸侯于鄄（juàn）：齐桓公、宋桓公、陈宣公、卫惠公、郑厉公在鄄地相会，齐桓公开始称霸诸侯。鄄，古邑名。在今山东菏泽鄄城北旧城集。

⑮周命武公为晋君：按，周釐王命武公为晋君是在下一年。

⑯郑厉公后元年：上年郑厉公侵郑，并在傅瑕的接应下回到郑都复位，此年改元。按，底本无"后"字，依文例加。

⑰厉公亡十七岁复入：郑厉公在周桓王二十三年（前697）出亡，至去年（周釐王二年，前680）复位，前后十七年。

⑱雍：秦邑名。在今陕西宝鸡凤翔西南。

⑲初以人从死：指用活人殉葬。此次殉葬者达六十六人。

⑳诸侯伐我：宋、齐、卫三国讨伐郑国。

前676

周	惠王**元年**　取陈后①。周惠王名阆,是周釐王的儿子,该年是其元年。他娶了陈国女子为王后。
鲁	**十八**　庄公十八年。
齐	**十**　桓公十年。
晋	晋献公诡诸**元年**　晋献公名诡诸,是曲沃武公的儿子,该年是其元年。
秦	**二**　初作伏②,祠社,磔狗邑四门③。德公二年。开始设立伏日,祭祀土神,将狗胸腹剖开悬挂在城邑四门,以去除热毒。
楚	[十四]楚堵敖囏**元年**④　(文王十四年)。楚堵敖名囏,他是楚文王的儿子,该年是其元年。
宋	**六**　桓公六年。
卫	**二十四**　惠公二十四年。
陈	**十七**　宣公十七年。
蔡	**十九**　哀侯十九年。
曹	**二十六**　庄公二十六年。
郑	**四**　厉公后元四年。
燕	**十五**　庄公十五年。
吴	

前675

二　燕、卫伐王，王奔温，立子颓⑤。惠王二年。南燕人、卫人攻伐周惠王，周惠王逃亡到温邑，子颓被立为周王。
十九　庄公十九年。
十一　桓公十一年。
二　献公二年。
秦宣公元年　秦宣公是秦德公的儿子，该年是其元年。
二［十五］　堵敖二年（文王十五年）。
七　取卫女。文公弟。桓公七年。宋桓公娶了卫国女子。她是卫文公的妹妹。
二十五　惠公二十五年。
十八　宣公十八年。
二十　哀侯二十年。
二十七　庄公二十七年。
五　厉公后元五年。
十六　伐王，王奔温，立子颓⑥。庄公十五年。庄公（应为南燕君）攻伐周惠王，周惠王逃亡到温邑，子颓被立为周王。

前674

周	三	惠王三年。
鲁	二十	庄公二十年。
齐	十二	桓公十二年。
晋	三	献公三年。
秦	二	宣公二年。
楚	三 [楚堵敖囏元年]⑦	堵敖三年（堵敖元年）。
宋	八	桓公八年。
卫	二十六	惠公二十六年。
陈	十九	宣公十九年。
蔡	蔡穆侯肸元年	蔡穆侯名肸,他是蔡哀侯的儿子,该年是其元年。
曹	二十八	庄公二十八年。
郑	六	厉公后元六年。
燕	十七 郑执我仲父⑧	庄公十七年。郑人拘捕了我国的仲父（应为南燕君）。
吴		

前673

四　诛颓，入惠王。惠王四年。子颓被诛杀，周惠王返回成周。
二十一　庄公二十一年。
十三　桓公十三年。
四　献公四年。
三　宣公三年。
四［二］　堵敖四年（堵敖二年）。
九　桓公九年。
二十七　惠公二十七年。
二十　宣公二十年。
二　穆侯二年。
二十九　庄公二十九年。
七　救周乱，入王⑨。厉公后元七年。援救周惠王，平定叛乱，送周惠王返回成周。
十八　庄公十八年。

前672

周	**五** 太子母早死。惠后生叔带⑩。惠王五年。太子的母亲死得早,周惠王的王后生下叔带(实为太子母即惠后,未死,宠爱叔带)。
鲁	**二十二** 庄公二十二年。
齐	**十四** 陈完自陈来奔⑪,田常始此也⑫。桓公十四年。陈完从陈国逃亡来到我国,田常家族的世系始于此。
晋	**五** 伐骊戎,得姬⑬。献公五年。讨伐骊戎,得到了骊姬姐妹。
秦	**四** 作密畤⑭。宣公四年。在雍郊渭水南岸建造祭祀青帝的神坛。
楚	**五**〔三〕 弟恽杀堵敖自立⑮。堵敖五年(堵敖三年)。堵敖的弟弟熊恽杀死堵敖,自立为君,他就是楚成王。
宋	**十** 桓公十年。
卫	**二十八** 惠公二十八年。
陈	**二十一** 厉公子完奔齐。宣公二十一年。陈厉公的儿子陈完逃亡到齐国。
蔡	**三** 穆侯三年。
曹	**三十** 庄公三十年。
郑	**郑文公捷元年** 郑文公名捷,是郑厉公的儿子,该年是其元年。
燕	**十九** 庄公十九年。
吴	

前671

六　惠王六年。
二十三　公如齐观社⑯。庄公二十三年。庄公到齐地游观当地祭祀社神的民间活动。
十五　桓公十五年。
六　献公六年。
五　宣公五年。
楚成王恽元年　楚成王名恽,该年是其元年。
十一　桓公十一年。
二十九　惠公二十九年。
二十二　宣公二十二年。
四　穆侯四年。
三十一　庄公三十一年。
二　文公二年。
二十　庄公二十年。

【注释】

前676—前671

① 陈后:陈国之女。

② 初作伏:首次设立伏日。从夏至后第三庚日为初伏,立秋后第一个庚日为后伏。时为夏日盛暑。伏即隐伏避暑之意。

③ 磔(zhé)狗邑四门:将狗胸腹剖开悬挂在城邑四门,以去除热毒。磔,剖牲胸腹而使之张开,悬挂使之干枯。邑,用作动词,悬挂于城邑的四门。

④ 楚堵敖囏(jiān)元年:楚堵敖,名囏。楚文王之子。据《左传》,此年是楚文王十四年,此年巴伐楚,下一年文王御巴大败,还,鬻拳不纳,遂伐黄,取胜,因病卒,再下一年方是堵敖元年。此格括注补楚文王纪年"十四",下年"楚"格括注补楚文王纪年"十五"。

⑤ "燕、卫伐王"几句:此即"王子颓之乱"。据《左传》,王子颓之师芳国等五大夫与周惠王有矛盾,他们联合苏氏奉王子颓伐王,失败后出奔至温;苏氏奉王子颓奔卫。卫与南燕伐周,立王子颓为君。燕,此次伐周者是姞姓南燕。温,周畿内温邑,在今河南焦作温县。

⑥ "伐王"几句:按,与卫伐周惠王者是南燕,与此燕国无涉。不应书于此格。

⑦ "楚"格:据上注,此年为楚堵敖囏元年,格内括注补"楚堵敖囏元年"数字。堵敖在位三年。表内"楚"格自此年至周惠王五年(前672)括注堵敖正确纪年。

⑧ 郑执我仲父:郑厉公调解周惠王与王子颓之间的纠纷,没有结果,拘捕了燕仲父。按,郑所拘捕的仲父是南燕国君,非此燕国国君。不应书于此格。

⑨ 救周乱,入王:郑厉公听说王子颓宴享五大夫,观赏歌舞不知疲

倦,于是与虢叔商议联手攻击王子穨,让周惠王进入王城复位。虢叔诛杀了王子穨与五大夫。

⑩太子母早死。惠后生叔带:太子,即日后的周襄王。按,太子母即惠后,即前陈女,并未早死,因宠爱叔带,欲立之,引发了"王子带之乱"。叔带,又称"王子带"。封于甘,《左传》又称"甘昭公"。

⑪陈完自陈来奔:陈宣公杀死太子御寇,陈完与御寇亲善,惧而奔齐。

⑫田常:陈完的后代。田(陈)氏,名恒,避汉文帝刘恒讳,作"田常"。谥成子。他杀齐简公,立齐平公,自为相。在位期间基本控制齐国政权,是田氏篡夺姜氏齐国的关键人物之一。

⑬伐骊戎,得姬:晋献公讨伐骊戎,得到骊姬姐妹。骊戎,古戎族的一支。在今陕西西安临潼一带,因居地有骊山而得名。其国君姬姓。

⑭密畤:祭青帝的祭坛。在秦都雍(今陕西宝鸡凤翔南)之渭水南岸。

⑮弟恽杀堵敖自立:熊恽,《左传》作"熊頵"。据《楚世家》,堵敖欲杀熊恽,恽奔随,与随袭弑堵敖代立。

⑯公如齐观社:据《左传》,曹刿认为鲁庄公去齐国观社不符合国君出行的礼法并加以谏止。观社,观看民间祭社活动。《墨子·明鬼下》云:"燕之有祖,当齐之社稷、宋之有桑林、楚之有云梦也,此男女之所属而观也。"则齐祭祀社神时男女相聚游观。

前670

周	七　惠王七年。
鲁	二十四　庄公二十四年。
齐	十六　桓公十六年。
晋	七　献公七年。
秦	六　宣公六年。
楚	二　成王二年。
宋	十二　桓公十二年。
卫	三十　惠公三十年。
陈	二十三　宣公二十三年。
蔡	五　穆侯五年。
曹	曹釐公夷元年[①]　曹釐公名夷，该年是其元年。
郑	三　文公三年。
燕	二十一　庄公二十一年。
吴	

前669

八　惠王八年。
二十五　庄公二十五年。
十七　桓公十七年。
八　尽杀故晋侯群公子②。献公八年。献公将原曲沃桓叔、曲沃庄伯的族人全部杀死。
七　宣公七年。
三　成王三年。
十三　桓公十三年。
三十一　惠公三十一年。
二十四　宣公二十四年。
六　穆侯六年。
二　釐公二年。
四　文公四年。
二十二　庄公二十二年。

前668

周	九　惠王九年。
鲁	二十六　庄公二十六年。
齐	十八　桓公十八年。
晋	九　始城绛都③。献公九年。开始在绛建造都城（此为增建，非始建）。
秦	八　宣公八年。
楚	四　成王四年。
宋	十四　桓公十四年。
卫	卫懿公赤元年　卫懿公名赤，是卫惠公的儿子，该年是其元年。
陈	二十五　宣公二十五年。
蔡	七　穆侯七年。
曹	三　釐公三年。
郑	五　文公五年。
燕	二十三　庄公二十三年。
吴	

前667	前666
甲寅	
十　赐齐侯命④。惠王十年。命齐桓公为诸侯之长。	十一　惠王十一年。
二十七　庄公二十七年。	二十八　庄公二十八年。
十九　桓公十九年。	二十　桓公二十年。
十　献公十年。	十一　献公十一年。
九　宣公九年。	十　宣公十年。
五　成王五年。	六　成王六年。
十五　桓公十五年。	十六　桓公十六年。
二　懿公二年。	三　懿公三年。
二十六　宣公二十六年。	二十七　宣公二十七年。
八　穆侯八年。	九　穆侯九年。
四　釐公四年。	五　釐公五年。
六　文公六年。	七　文公七年。
二十四　庄公二十四年。	二十五　庄公二十五年。

前665

周	**十二**　惠王十二年。
鲁	**二十九**　庄公二十九年。
齐	**二十一**　桓公二十一年。
晋	**十二**　太子申生居曲沃，重耳居蒲城，夷吾居屈。骊姬故⑤。 献公十二年。让太子申生居住在曲沃，公子重耳居住在蒲城，公子夷吾居住在屈。这种安排是因为骊姬排斥太子与其他公子的缘故。
秦	**十一**　宣公十一年。
楚	**七**　成王七年。
宋	**十七**　桓公十七年。
卫	**四**　懿公四年。
陈	**二十八**　宣公二十八年。
蔡	**十**　穆侯十年。
曹	**六**　釐公六年。
郑	**八**　文公八年。
燕	**二十六**　庄公二十六年。
吴	

前664

前663

十三　惠王十三年。	十四　惠王十四年。
三十　庄公三十年。	三十一　庄公三十一年。
二十二　桓公二十二年。	二十三　伐山戎,为燕也⑥。桓公二十三年。讨伐山戎,是为了救燕。
十三　献公十三年。	十四　献公十四年。
十二　宣公十二年。	秦成公元年　该年是秦成公元年。
八　成王八年。	九　成王九年。
十八　桓公十八年。	十九　桓公十九年。
五　懿公五年。	六　懿公六年。
二十九　宣公二十九年。	三十　宣公三十年。
十一　穆侯十一年。	十二　穆侯十二年。
七　釐公七年。	八　釐公八年。
九　文公九年。	十　文公十年。
二十七　庄公二十七年。	二十八　庄公二十八年。

前662

周	**十五** 惠王十五年。
鲁	**三十二** 庄公弟叔牙鸩死⑦。庆父弑子般⑧。季友奔陈。立湣公。庄公三十二年。庄公的弟弟叔牙被毒死。庆父杀死了将要即位的太子般。季友逃亡到陈国。湣公被立为国君。
齐	**二十四** 桓公二十四年。
晋	**十五** 献公十五年。
秦	**二** 成公二年。
楚	**十** 成王十年。
宋	**二十** 桓公二十年。
卫	**七** 懿公七年。
陈	**三十一** 宣公三十一年。
蔡	**十三** 穆侯十三年。
曹	**九** 釐公九年。
郑	**十一** 文公十一年。
燕	**二十九** 庄公二十九年。
吴	

前661

十六　惠王十六年。

鲁湣公开元年　鲁湣公名开,是鲁庄公的儿子,该年是其元年。

二十五　桓公二十五年。

十六　灭魏、耿、霍⑨。始封赵夙耿⑩,毕万魏⑪,始此。献公十六年。灭了魏、耿、霍三个小国。大夫赵夙始封于耿,毕万始封于魏,他们受封始于此年。

三　成公三年。

十一　成王十一年。

二十一　桓公二十一年。

八　懿公八年。

三十二　宣公三十二年。

十四　穆侯十四年。

曹昭公元年　曹昭公名班,是曹釐公的儿子,该年是其元年。

十二　文公十二年。

三十　庄公三十年。

前660

周	**十七** 惠王十七年。
鲁	**二** 庆父杀湣公[12]。季友自陈立申,为釐公[13]。杀庆父[14]。湣公二年。庆父杀死湣公。季友从陈回国立申为国君,他就是鲁釐公。杀死庆父(庆父自杀)。
齐	**二十六** 桓公二十六年。
晋	**十七** 申生将军,君子知其废[15]。献公十七年。献公命太子申生率军伐翟,君子因此知道他将被废黜。
秦	**四** 成公四年。
楚	**十二** 成王十二年。
宋	**二十二** 桓公二十二年。
卫	[九] 翟伐我[16]。公好鹤,士不战,灭我国[17]。国怨惠公乱,灭其后[18],更立黔牟弟[19]。卫戴公元年[20](懿公九年)。赤狄征伐我国。卫懿公喜欢鹤,士卒不愿作战,赤狄灭了卫国。国人怨恨惠公祸乱国家,就灭了他的后嗣,改立黔牟的弟弟(应是黔牟之侄)为君。该年是卫戴公元年。
陈	**三十三** 宣公三十三年。
蔡	**十五** 穆侯十五年。
曹	**二** 昭公二年。
郑	**十三** 文公十三年。
燕	**三十一** 庄公三十一年。
吴	

前659

十八　惠王十八年。

鲁釐公申元年㉑　申哀姜丧自齐至㉒。鲁釐公名申，他是鲁湣公的弟弟，该年是其元年。哀姜的灵柩从齐国送归鲁国。

二十七　杀女弟鲁庄公夫人，淫故㉓。桓公二十七年。齐桓公杀死了妹妹鲁庄公夫人，这是因为她与庆父私通并杀死鲁湣公的缘故。

十八　献公十八年。

秦穆公任好元年　秦穆公名任好，是秦德公的儿子，该年是其元年。

十三　成王十三年。

二十三　桓公二十三年。

卫文公燬元年㉔　戴公弟也。卫文公名燬，该年是其元年。他是卫戴公的弟弟。

三十四　宣公三十四年。

十六　穆侯十六年。

三　昭公三年。

十四　文公十四年。

三十二　庄公三十二年。

前658

周	**十九**　惠王十九年。
鲁	**二**　釐公二年。
齐	**二十八**　为卫筑楚丘㉕。救戎狄伐。桓公二十八年。齐桓公率诸侯帮助卫人在楚丘筑城作为国都。戎狄伐卫，卫得到救助。
晋	**十九**　荀息以币假道于虞以伐虢，灭下阳㉖。献公十九年。荀息用良马、玉璧贿赂虞君借道伐虢，攻下虢的下阳。
秦	**二**　穆公二年。
楚	**十四**　成王十四年。
宋	**二十四**　桓公二十四年。
卫	**二**　齐桓公率诸侯为我城楚丘。文公二年。齐桓公率领诸侯为我国在楚丘筑城。
陈	**三十五**　宣公三十五年。
蔡	**十七**　穆侯十七年。
曹	**四**　昭公四年。
郑	**十五**　文公十五年。
燕	**三十三**　庄公三十三年。
吴	

前657

甲子
二十　惠王二十年。
三　鳌公三年。
二十九　与蔡姬共舟㉗,荡公㉘,公怒,归蔡姬㉙。桓公二十九年。齐桓公与夫人蔡姬共同乘船游玩,蔡姬摇晃船,把桓公弄得晃来晃去,桓公一气之下把蔡姬送回了蔡国。
二十　献公二十年。
三　穆公三年。
十五　成王十五年。
二十五　桓公二十五年。
三　文公三年。
三十六　宣公三十六年。
十八　以女故,齐伐我㉚。穆侯十八年。因为将蔡姬改嫁的缘故,齐国攻打我国。
五　昭公五年。
十六　文公十六年。
燕襄公元年　燕襄公是燕庄公的儿子,该年是其元年。

前656

周	**二十一**　惠王二十一年。
鲁	**四**　釐公四年。
齐	**三十**　率诸侯伐蔡，蔡溃，遂伐楚，责包茅贡③。桓公三十年。率诸侯讨伐蔡国，蔡国溃败，于是讨伐楚国，责备楚不向周天子进贡包茅。
晋	**二十一**　申生以骊姬谗自杀②。重耳奔蒲，夷吾奔屈③。献公二十一年。申生因为骊姬的谗言而被迫自杀。重耳逃亡到蒲邑，夷吾逃亡到屈邑。
秦	**四**　迎妇于晋④。穆公四年。到晋国迎娶献公的女儿为夫人。
楚	**十六**　齐伐我，至陉⑤，使屈完盟⑥。成王十六年。齐国攻打我国，进军到陉，我国派屈完与齐人订立盟约。
宋	**二十六**　桓公二十六年。
卫	**四**　文公四年。
陈	**三十七**　宣公三十七年。
蔡	**十九**　穆侯十九年。
曹	**六**　昭公六年。
郑	**十七**　文公十七年。
燕	**二**　襄公二年。
吴	

前655

二十二　惠王二十二年。
五　鳌公五年。
三十一　桓公三十一年。
二十二　灭虞、虢㊲。重耳奔狄㊳。献公二十二年。灭了虞、虢二国。重耳逃亡到了狄国。
五　穆公五年。
十七　成王十七年。
二十七　桓公二十七年。
五　文公五年。
三十八　宣公三十八年。
二十　穆侯二十年。
七　昭公七年。
十八　文公十八年。
三　襄公三年。

【注释】

前670—前655

① 曹釐公夷：曹釐公，名夷，《春秋》作"赤"。贾逵认为赤是戎之外孙，故去年曹庄公去世后，戎于今年侵曹，驱逐曹庄公世子羁而立赤。

② 尽杀故晋侯群公子：曲沃桓叔、庄伯的家族势力强盛而威胁公族，晋献公在士𫇭的谋划下，杀掉桓叔、庄伯的族人，解除了桓叔、庄伯家族的威胁。故晋侯群公子，指曲沃桓叔、曲沃庄伯的族人。

③ 始城绛都：按，晋自穆侯时已都绛，这里是增筑绛城，而非始建。

④ 赐齐侯命：周惠王命齐桓公为伯，即诸侯之长。并为卫国拥立子䅍为天子而请求他进攻卫国。

⑤ "太子申生居曲沃"四句：骊姬为使其子立为继承人，故设法将太子与其他诸公子排挤出绛都。曲沃是晋国的宗庙所在地，在今山西运城闻喜东北；蒲城在今山西临汾蒲县；屈在今山西临汾吉县东北。

⑥ 伐山戎，为燕也：去年，山戎伐燕，燕向齐求救。今年齐桓公伐山戎，一直打到孤竹。山戎，即北戎，今河北北部迁安、滦州一带。

⑦ 庄公弟叔牙鸩死：鲁庄公有三个弟弟，即庆父、叔牙、季友。叔牙欲立庆父为君，季友则坚决立庄公之子子般。于是季友派人以后代可以在鲁国享有禄位为条件毒死了叔牙。

⑧ 庆父弑子般：庄公死后，子般即位。庆父派人杀了子般，立庄公庶子开，是为湣公。

⑨ 魏：姬姓诸侯国，地在今山西运城芮城。耿：姬姓诸侯国，地在今山西运城河津东南。霍：姬姓诸侯国，地在今山西临汾霍州西南。《国语·晋语》："（献公）十六年，公作二军。公将上军，太子申生将下军，以伐霍。太子遂行，克霍而反。"则灭霍者是太子之下军。

⑩ 赵夙：晋大夫。赵氏始封者。

⑪毕万：晋大夫。毕公高后裔，姬姓。魏氏在晋之始封者。

⑫庆父杀湣公：《左传》云湣公不禁其傅夺大夫卜齮之田，庆父使齮弑湣公。《鲁世家》谓庄公夫人哀姜与庆父私通，谋杀湣公而立庆父。

⑬季友自陈立申，为釐公：季友听说庆父弑湣公，自陈与湣公之弟子申到邾，请鲁送子申回国。庆父出逃。季友奉子申回到鲁国继位，是为釐公。

⑭杀庆父：鲁人欲诛庆父。庆父恐，奔莒。鲁人赂莒求庆父，庆父返鲁途中自缢。

⑮申生将军，君子知其废：献公命申生率军伐翟，让他穿上左右异色、一半颜色与国君之服相同的衣服，佩戴金玦，晋之诸大臣狐突、先友等皆知太子将废。

⑯翟（dí）伐我：据《竹书纪年》，此为赤狄。翟，同"狄"。按，此前应补"九"字，此年为卫懿公九年。

⑰公好鹤，士不战，灭我国：卫懿公喜欢鹤，有的鹤享受大夫待遇。将要作战时，将士们都说派鹤去吧，不为公战。懿公虽誓死作战，卫军仍大败，翟灭卫。

⑱国怨惠公乱，灭其后：卫懿公是卫惠公之子。因惠公害死太子伋、公子寿而继位，卫人怨恨他，懿公死后不立他的后代为君。

⑲更立黔牟弟：此误，《卫康叔世家》谓"更立黔牟之弟昭伯顽之子申为君，是为戴公"。梁玉绳曰："'弟'下当补'子申'二字。"

⑳卫戴公元年：戴公实以此年十二月立，立而旋卒。

㉑鲁釐公申：鲁釐公，名申。鲁庄公少子，成风所生。成风结好季友，将儿子申托付给他，故季友立他为君。

㉒哀姜丧自齐至：哀姜因"庆父之乱"被齐桓公召回诛杀，将其灵柩送回鲁国。

㉓杀女弟鲁庄夫人，淫故：齐桓公之妹哀姜是鲁庄公夫人。与庄公

弟庆父私通，杀鲁湣公而欲立庆父，是"庆父之乱"主谋之一，故齐桓公将其召回齐国诛杀。

㉔卫文公燬（huǐ）：卫文公，名燬。戴公之弟。由于卫国祸患太多，在与狄人交战前就去了齐国。戴公去世，卫人立燬。

㉕为卫筑楚丘：卫国被翟所灭，齐率诸侯为卫国在楚丘筑城，让其以此为都城。楚丘，在今河南安阳滑县东。

㉖荀息以币假道于虞以伐虢，灭下阳：荀息以良马、玉璧贿赂虞君，借道伐虢。宫之奇谏虞君，不听，晋攻下虢之下阳。荀息，晋国公族。晋献公时为大夫。字叔。食邑于荀（今山西运城绛县），因以荀为氏。币，泛指车马皮帛玉器等礼物。据《左传》，荀息所献的礼物有晋地屈产的良马与垂棘的玉璧。虞，在今山西运城平陆北。姬姓诸侯国。开国之君为古公亶父子虞仲之后。虢，即北虢，在虞之南。占有今河南三门峡和山西运城平陆一带。下阳，也作"夏阳"，虢邑，在平陆东北。

㉗蔡姬：蔡穆侯之妹，齐桓公姬妾。

㉘荡公：故意摇晃船，戏弄齐桓公。

㉙归蔡姬：齐桓公将蔡姬送回蔡国，意味着将其休弃。

㉚以女故，齐伐我：齐桓公遣返蔡姬，但并未明说休弃她，蔡穆侯却将其改嫁，齐桓公怒而率诸侯伐蔡。

㉛遂伐楚，责包茅贡：齐桓公以不向周天子进贡包茅讨伐楚国。责，责问。包茅，祭祀时用以滤酒的菁茅。因以裹束菁茅置匣中，故称。包，包裹，束扎。茅，菁茅，有刺，三脊，是楚给周王的贡物。

㉜申生以骊姬谗自杀：骊姬诬陷申生欲毒杀其父晋献公，申生不愿因辩自己冤让父亲伤心而自杀。

㉝重耳奔蒲，夷吾奔屈：骊姬又诬陷重耳与夷吾知道申生的阴谋，二人惧，遂逃离绛城回到自己的封邑。

㉞迎妇于晋：秦穆公迎娶晋献公之女、申生之姐为夫人。

㉟陉：陉山。在今河南漯河郾城东南。

㊱使屈完盟：此即召陵之盟。屈完，楚大夫。

㊲灭虞、虢：晋献公假虞灭虢，回师时驻扎在虞，遂灭之。

㊳重耳奔狄：重耳是大戎狐姬之子。晋献公受骊姬挑唆派人到蒲城追杀重耳，重耳逃奔其母家。狄，在今山西吕梁离石一带。

	前654	前653
周	二十三　惠王二十三年。	二十四　惠王二十四年。
鲁	六　釐公六年。	七　釐公七年。
齐	三十二　率诸侯伐郑①。桓公三十二年。率诸侯讨伐郑国。	三十三　桓公三十三年。
晋	二十三　夷吾奔梁②。献公二十三年。夷吾逃亡到梁国。	二十四　献公二十四年。
秦	六　穆公六年。	七　穆公七年。
楚	十八　伐许③,许君肉袒谢④,楚从之⑤。成王十八年。楚伐许,许君裸露上身谢罪降服,成王答应了他。	十九　成王十九年。
宋	二十八　桓公二十八年。	二十九　桓公二十九年。
卫	六　文公六年。	七　文公七年。
陈	三十九　宣公三十九年。	四十　宣公四十年。
蔡	二十一　穆侯二十一年。	二十二　穆侯二十二年。
曹	八　昭公八年。	九　昭公九年。
郑	十九　文公十九年。	二十　文公二十年。
燕	四　襄公四年。	五　襄公五年。
吴		

前652

二十五［襄王元年］　襄王立,畏太叔⑥。惠王二十五年（襄王元年）。周襄王即位,畏惧叔叔王子带。

八　鳌公八年。

三十四　桓公三十四年。

二十五　伐翟,以重耳故⑦。献公二十五年。晋国讨伐狄国,因为重耳的缘故（事在去年）。

八　穆公八年。

二十　成王二十年。

三十　公疾,太子兹父让兄目夷贤⑧,公不听。桓公三十年。宋桓公病重,太子兹父想让位给庶兄目夷,认为他更贤能,桓公没有答应。

八　文公八年。

四十一　宣公四十一年。

二十三　穆侯二十三年。

曹共公元年　曹共公名襄,是曹昭公的儿子。该年是其元年。

二十一　文公二十一年。

六　襄公六年。

前651

周	**襄王元年**［二］　诸侯立王⑨。该年是襄王元年（襄王二年）。诸侯立他为周王。
鲁	**九**　齐率我伐晋乱，至高梁还⑩。釐公九年。齐人率领我军平定晋乱，打到高梁邑返回（实际鲁未参与此事）。
齐	**三十五**　夏，会诸侯于葵丘⑪。天子使宰孔赐胙⑫，命无拜⑬。桓公三十五年。夏天，与诸侯在葵丘会盟。周襄王派太宰孔赐给桓公祭肉，并下令无须下拜。
晋	**二十六**　公卒，立奚齐⑭，里克杀之⑮，及卓子⑯。立夷吾。献公二十六年。献公去世，立骊姬之子奚齐为君，里克杀了他，又杀了继立的卓子。立夷吾为君。
秦	**九**　夷吾使郤芮赂⑰，求入。穆公九年。晋公子夷吾派郤芮贿赂秦国，请求助其回国即位。
楚	**二十一**　成王二十一年。
宋	**三十一**　公薨，未葬，齐桓会葵丘⑱。桓公三十一年。宋桓公去世，没有下葬，宋与齐桓公盟于葵丘。
卫	**九**　文公九年。
陈	**四十二**　宣公四十二年。
蔡	**二十四**　穆侯二十四年。
曹	**二**　共公二年。
郑	**二十二**　文公二十二年。
燕	**七**　襄公七年。
吴	

前650

二［三］　襄王二年（襄王三年）。

十　鳌公十年。

三十六　使隰朋立晋惠公[19]。桓公三十六年。派大夫隰朋助晋惠公即位。

晋惠公夷吾元年　诛里克[20]，倍秦约[21]。晋惠公名夷吾，是晋献公的儿子，该年是其元年。惠公杀死了里克，背弃了与秦国的盟约。

十　丕郑子豹亡来[22]。穆公十年。晋大夫丕郑的儿子丕豹逃亡来秦。

二十二　成王二十二年。

宋襄公兹父元年　目夷相。宋襄公名兹父，是宋桓公的儿子，该年是其元年。目夷任卿相辅佐襄公。

十　文公十年。

四十三　宣公四十三年。

二十五　穆侯二十五年。

三　共公三年。

二十三　文公二十三年。

八　襄公八年。

【注释】

前654—前650

① 率诸侯伐郑：去年齐桓公召诸侯盟于首止，郑伯中途逃归，故今年伐之。

② 梁：嬴姓诸侯国。在今陕西渭南韩城南。

③ 伐许：郑为楚盟国，诸侯伐郑，楚伐许以救郑。

④ 许君肉袒谢：据《左传》，许僖公"面缚，衔璧，大夫衰绖，士舆榇"，向楚王谢罪。

⑤ 楚从之：《左传》记载，楚大夫逢伯请楚王学习周武王对待微子启的方式，释放许君，复其位。楚王听从了他的意见。按，此处未叙及逢伯建议，"从之"作"释之"更恰当。

⑥ "周"格：襄王，名郑，惠王之子。太叔，即王子带。此年即周襄王元年。周惠王去年去世，襄王惧王子带争位，不发丧而告难于齐，齐桓公为洮之盟，与诸侯共立襄王。《春秋》经此年记有"冬十有二月丁未，天王崩"，实为此时通报周惠王死讯，司马迁误读经文，以为惠王今年才去世，故有此误。杨伯峻考之《国语》，核以《春秋》经、传，"无一不可以证明惠王之死在去年，襄王之元年在僖之八年"，即今年。此格括注补书"襄王元年"。襄王在位三十四年，表内"周"格自此年至前619年括注襄王正确纪年。

⑦ 伐翟，以重耳故：据《左传》，去年晋败翟，今年翟伐晋。此事应记于去年。

⑧ 太子兹父：即宋襄公。目夷：兹父庶兄，字子鱼。

⑨ 诸侯立王：事在去年。

⑩ 齐率我伐晋乱，至高梁还：晋献公死后，晋国因立国君而大乱，齐桓公率诸侯之师伐晋，至高梁。使隰朋立公子夷吾，是为晋惠公。据《左传》"令不及鲁"，《春秋》不书，故鲁是否参加不得而知。高梁，晋邑，在今山西临汾东北。

⑪会诸侯于葵丘：此即葵丘之盟。周王正式承认齐桓公为诸侯盟主。葵丘，宋邑，在今河南开封兰考东南。

⑫宰孔：周王室太宰，名孔。赐胙：谓天子将祭祀宗庙、社郊的肉赐给诸侯，表示对其的敬重。

⑬命无拜：周王以齐桓公年老功高，命其不必拜赐，齐桓公认为必须遵守君臣之礼，"下，拜；登，受"。

⑭奚齐：骊姬之子。

⑮里克：晋国正卿。本欲立重耳，齐、秦支持夷吾抢先回国，乃立夷吾。

⑯卓子：骊姬之妹所生。

⑰夷吾使郤芮赂：郤芮以晋河外之地贿赂秦穆公，请秦送夷吾回国为君。郤芮，晋大夫。字子公，因食邑于冀（今山西运城河津东北），又称为"冀芮"。

⑱公薨，未葬，齐桓会葵丘：宋桓公去世未下葬，在葵丘参加会盟的是宋襄公。

⑲隰（xí）朋：齐大夫。由管仲荐举，任大行，与管仲等共助桓公称霸中原。管仲病重时，曾向桓公推荐他为相位继承人。与管仲同年病卒，谥成子。

⑳诛里克：晋惠公夷吾即位后，以里克曾杀奚齐、卓子和荀息为理由将其杀死，实则怕其招重耳回国威胁自己。

㉑倍秦约：违背割地给秦国的约定。倍，通"背"，违背，背弃。

㉒㔻郑子豹亡来：晋惠公背约，派㔻郑至秦致歉。㔻郑乃密请秦穆公逐惠公，送公子重耳回国为君，他为内应。返晋后事泄被杀，其子㔻豹逃奔秦国。㔻郑，晋大夫，里克一党。

前649

周	三［四］　戎伐我，太叔带召之①。欲诛叔带，叔带奔齐②。襄王三年（襄王四年）。戎狄攻打周王，太叔带召戎狄攻王城。要诛杀叔带，叔带逃亡到了齐国（叔带召戎入王城、失败奔齐事在明年）。
鲁	十一　釐公十一年。
齐	三十七　桓公三十七年。
晋	二　惠公二年。
秦	十一　救王伐戎③，戎去。穆公十一年。援救周王攻打戎狄，戎狄失败撤离。
楚	二十三　伐黄④。成王二十三年。征伐黄国。
宋	二　襄公二年。
卫	十一　文公十一年。
陈	四十四　宣公四十四年。
蔡	二十六　穆侯二十六年。
曹	四　共公四年。
郑	二十四　有妾梦天与之兰⑤，生穆公兰。文公二十四年。一个侍妾梦见天帝送给她一枝兰花，她生下穆公，取名叫兰。
燕	九　襄公九年。
吴	

前648

四［五］　襄王四年（襄王五年）。
十二　鳌公十二年。
三十八　使管仲平戎于周，欲以上卿礼，让，受下卿⑥。桓公三十八年。派管仲率兵到周朝平定了戎狄之乱，周襄王打算用上卿的礼节来接待他，他辞谢了，接受了下卿的礼节去见了周襄王。
三　惠公三年。
十二　穆公十二年。
二十四　成王二十四年。
三　襄公三年。
十二　文公十二年。
四十五　宣公四十五年。
二十七　穆侯二十七年。
五　共公五年。
二十五　文公二十五年。
十　襄公十年。

前647

	甲戌
周	**五**［六］ 襄王五年（襄王六年）。
鲁	**十三** 釐公十三年。
齐	**三十九** 使仲孙请王，言叔带⑦，王怒⑧。桓公三十九年。派大夫仲孙向周襄王求情，说叔带的事，替他谢罪，周襄王十分气愤。
晋	**四** 饥，请粟，秦与我。惠公四年。晋国发生饥荒，向秦国借粮，秦国给了我们。
秦	**十三** 丕豹欲无与，公不听⑨，输晋粟，起雍至绛⑩。穆公十三年。丕豹不想借给晋国粮食，穆公没有听从，给晋国输送粮食，从秦都雍一直运送到晋都绛。
楚	**二十五** 成王二十五年。
宋	**四** 襄公四年。
卫	**十三** 文公十三年。
陈	**陈穆公款元年** 陈穆公名款，是陈宣公的儿子，该年是其元年。
蔡	**二十八** 穆侯二十八年。
曹	**六** 共公六年。
郑	**二十六** 文公二十六年。
燕	**十一** 襄公十一年。
吴	

前646

六〔七〕　襄王六年（襄王七年）。
十四　鳌公十四年。
四十　桓公四十年。
五　秦饥，请粟，晋倍之⑪。惠公五年。秦国发生饥荒，向我国借粮，我们背恩没给秦国。
十四　穆公十四年。
二十六　灭六、英⑫。成王二十六年。灭亡了六国、英国。
五　襄公五年。
十四　文公十四年。
二　穆公二年。
二十九　穆侯二十九年。
七　共公七年。
二十七　文公二十七年。
十二　襄公十二年。

【注释】

前649—前646

① 戎伐我，太叔带召之：此年夏，太叔带招来扬、拒、泉、皋、伊、雒等
地的戎人一同攻打京城，进入王城，烧了东门。

② 欲诛叔带，叔带奔齐：晋惠公调和戎人与周襄王。而周襄王讨伐
太叔带，太叔带逃到齐国事在明年，误书于此。

③ 救王伐戎：秦国与晋国一齐伐戎救周。

④ 伐黄：黄本是楚国盟国，后又亲齐，恃齐而不给楚国进贡，故楚伐
黄。黄，嬴姓诸侯国。在今河南信阳潢川西。

⑤ 妾：郑文公侍妾燕姞（jí），南燕之女。梦天与之兰：燕姞梦见祖先
伯鯈（chóu）给自己一束兰花以为其子，告文公，得幸而有子，取
名为兰，后继位为郑穆公。

⑥ "使管仲平戎于周"四句：去年晋侯曾"平戎于周"未成功，所以
齐桓公又派管仲去调解。欲以上卿礼，让，受下卿：杨伯峻曰：
"《礼记·王制》云：'次国三卿，二卿命于天子，一卿命于君。'齐
侯爵为次国，二卿为天子所命，则国氏、高氏也，为上卿；管仲为桓
公所命，为下卿。"

⑦ 使仲孙请王，言叔带：去年太叔带逃到齐国，故此时齐桓公想让仲
孙替他求情，请周襄王召他回去。仲孙，仲孙湫，齐大夫。

⑧ 王怒：仲孙见周襄王对叔带的怨怒未消，并未提叔带之事。

⑨ 丕豹欲无与，公不听：丕豹请求乘晋国饥荒攻打晋国，秦穆公认为
晋君有罪，其民无辜，没有听从他的意见。

⑩ 输晋粟，起雍至绛：此即《左传》所谓"泛舟之役"。雍，秦国都城，
在今陕西宝鸡凤翔南。绛，晋国都城，在今山西临汾翼城东南。

⑪ 请粟，晋倍之：秦国饥荒，晋国背弃秦国救济之恩，不卖给秦国粮
食。晋大夫庆郑认为"背施幸灾"，晋国必然遭受失败。

⑫ 灭六（lù）、英：据《春秋》，鲁釐公十七年（前643）"齐人、徐人伐

英氏",鲁文公五年(前622)"楚人灭六",则六、英此时均未灭。梁玉绳认为此乃"灭黄"之误,本为前年(前648)之事,错书于此年。六,偃姓诸侯国。传说禹封皋陶之子于六,在今安徽六安北。郭沫若以为即金文之录国。英,亦称英氏,偃姓诸侯国。传说亦为皋陶之后,在今安徽六安金寨东南。

前645

周	**七**〔八〕　襄王七年（襄王八年）。
鲁	**十五**　五月，日有食之。不书，史官失之。釐公十五年。五月，发生日食。《春秋》没有记载，这是由于史官漏记。
齐	**四十一**　桓公四十一年。
晋	**六**　秦虏惠公，复立之①。惠公六年。秦国在韩之战中俘虏了惠公，后来又放他回国重登君位。
秦	**十五**　以盗食善马士得破晋②。穆公十五年。因为穆公曾施恩于偷食好马肉的壮士而在韩之战中打败了晋国。
楚	**二十七**　成王二十七年。
宋	**六**　襄公六年。
卫	**十五**　文公十五年。
陈	**三**　穆公三年。
蔡	**蔡庄侯甲午元年**　蔡庄侯名甲午，是蔡穆侯的儿子，该年是其元年。
曹	**八**　共公八年。
郑	**二十八**　文公二十八年。
燕	**十三**　襄公十三年。
吴	

前644

八〔九〕　襄王八年（襄王九年）。

十六　鳌公十六年。

四十二　王以戎寇告齐③,齐征诸侯戍周④。桓公四十二年。周王把戎狄进犯的情况告诉了齐桓公,齐桓公征调诸侯军队驻守成周。

七　重耳闻管仲死⑤,去翟之齐。惠公七年。重耳听说管仲死了,离开狄前往齐国。

十六　为河东置官司⑥。穆公十六年。秦国在河东设置政府主管官员和机构。

二十八　成王二十八年。

七　陨五石。六鹢退飞⑦,过我都。襄公七年。宋国上空坠落五块石头。六只鹢鸟后退着飞,经过了我国都城。

十六　文公十六年。

四　穆公四年。

二　庄侯二年。

九　共公九年。

二十九　文公二十九年。

十四　襄公十四年。

	前643	前642
周	九[十] 襄王九年（襄王十年）。	十[十一] 襄王十年（襄王十一年）。
鲁	十七 釐公十七年。	十八 釐公十八年。
齐	四十三 桓公四十三年。	齐孝公昭元年[8] 齐孝公名昭，是齐桓公的儿子，该年是其元年。
晋	八 惠公八年。	九 惠公九年。
秦	十七 穆公十七年。	十八 穆公十八年。
楚	二十九 成王二十九年。	三十 成王三十年。
宋	八 襄公八年。	九 襄公九年。
卫	十七 文公十七年。	十八 文公十八年。
陈	五 穆公五年。	六 穆公六年。
蔡	三 庄侯三年。	四 庄侯四年。
曹	十 共公十年。	十一 共公十一年。
郑	三十 文公三十年。	三十一 文公三十一年。
燕	十五 襄公十五年。	十六 襄公十六年。
吴		

前641

十一［十二］　襄王十一年（襄王十二年）。
十九　鰲公十九年。
二　孝公二年。
十　惠公十年。
十九　灭梁。梁好城，不居，民罢，相惊⑨，故亡。穆公十九年。秦灭了梁国。梁伯喜欢筑城，筑好后却不住，百姓疲惫，互相惊吓说秦兵到了，秦因此灭梁。
三十一　成王三十一年。
十　襄公十年。
十九　文公十九年。
七　穆公七年。
五　庄侯五年。
十二　共公十二年。
三十二　文公三十二年。
十七　襄公十七年。

	前640	前639
周	十二［十三］ 襄王十二年（襄王十三年）。	十三［十四］ 襄王十三年（襄王十四年）。
鲁	二十 釐公二十年。	二十一 釐公二十一年。
齐	三 孝公三年。	四 孝公四年。
晋	十一 惠公十一年。	十二 惠公十二年。
秦	二十 穆公二十年。	二十一 穆公二十一年。
楚	三十二 成王三十二年。	三十三 执宋襄公，复归之⑩。成王三十三年。楚人抓住了宋襄公，不久又把他放回宋国。
宋	十一 襄公十一年。	十二 召楚盟⑪。襄公十二年。襄公欲为盟主，召楚王会盟。
卫	二十 文公二十年。	二十一 文公二十一年。
陈	八 穆公八年。	九 穆公九年。
蔡	六 庄侯六年。	七 庄侯七年。
曹	十三 共公十三年。	十四 共公十四年。
郑	三十三 文公三十三年。	三十四 文公三十四年。
燕	十八 襄公十八年。	十九 襄公十九年。
吴		

前638

十四［十五］　叔带复归于周⑫。襄王十四年（襄王十五年）。叔带
从齐国回到成周。这是周襄王把他召回的。

二十二　鳌公二十二年。

五　归王弟带。孝公五年。把周王的弟弟叔带送回去。

十三　太子圉质秦亡归⑬。惠公十三年。太子圉在秦国做人质，听
说父亲病重逃回了晋国。

二十二　穆公二十二年。

三十四　成王三十四年。

十三　泓之战，楚败公⑭。襄公十三年。在泓之战中，楚人打败了襄
公。

二十二　文公二十二年。

十　穆公十年。

八　庄侯八年。

十五　共公十五年。

三十五　君如楚，宋伐我⑮。文公三十五年。文公到楚国去，宋人攻
打我国。

二十　襄公二十年。

【注释】

前645—前638

①秦虏惠公,复立之:此即"韩之战"。秦国同仇敌忾,大败晋军,俘虏了晋惠公。因其姐秦穆夫人以死相逼,晋大夫们共同拥护惠公,秦穆公只好同晋人讲和,送惠公回国复位。

②以盗食善马士得破晋:《秦本纪》《吕氏春秋·爱士》载,穆公没有惩罚偷盗并吃掉他的良马的人们,反因"食善马肉不饮酒,伤人",赐酒而赦之。韩之战中,穆公被围受伤,盗食善马的三百人冒死冲击,解救穆公,大败晋军。然此事不见于《左传》《国语》。

③王以戎寇告齐:自叔带召诸戎攻打京师,此后戎人常来骚扰。

④齐征诸侯戍周:齐国征调诸侯军队戍守京城。征,征调。

⑤管仲死:按,管仲死于去年。

⑥为河东置官司:按,《左传》记此事于去年秦败晋之后。河东,即当年许诺给秦国的土地,《左传》所谓"东尽虢略,南及华山,内及解梁城"者,解梁即今山西运城永济东北之解城,在河东。地当在今山西、河南两省境内。置官司,设置官吏、机构,负责管理。

⑦鹢(yì):水鸟名。形如鹭而大。羽色苍白,善高飞。退飞:后退着飞。鹢飞行时遇到强劲逆风造成这一现象。

⑧齐孝公昭元年:去年冬十月,齐桓公去世,其五子争立,易牙与竖刁立公子无诡(《左传》作"无亏"),太子昭奔宋。此年春,宋襄公率曹、卫、邾等国军队护送太子昭回国,齐人杀无诡,太子昭继位,是为齐孝公。

⑨民罢,相惊:梁国百姓因梁君多次建城而疲惫不堪,互相惊吓说秦将来偷袭,惧而逃散,秦遂占领了梁国。

⑩执宋襄公,复归之:此年秋,宋襄公召集楚、陈、蔡、郑、许、曹等国诸侯在盂地会盟,楚成王拘捕了宋襄公并伐宋,十二月,诸侯在薄地会盟,楚人释放了他。

⑪召楚盟：宋襄公欲为诸侯盟主，在盂之会上召楚，楚王怒，遂执辱宋公。按，此补充说明"执宋襄公"的原因。

⑫叔带复归于周：周大夫富辰说服周襄王召回了太叔带。当初齐仲孙湫使周时曾预言十年后周襄王才会召回叔带，至此正好十年。

⑬太子圉质秦亡归：韩之战后，晋惠公让其太子圉在秦国为人质，此时他听说献公病重逃回了晋国。

⑭泓之战，楚败公：这是楚、宋为争夺霸权而发生的一场大战。宋襄公因固守"不鼓不成列""君子不重伤，不禽二毛"等古兵法教条而大败，自己大腿也受了伤。

⑮君如楚，宋伐我：郑文公去楚国，宋襄公认为郑国背叛自己倒向楚国，遂伐郑，是与楚争霸意。楚为救郑伐宋，遂有泓之战。

前637

	甲申
周	**十五**［十六］　襄王十五年（襄王十六年）。
鲁	**二十三**　釐公二十三年。
齐	**六**　伐宋，以其不同盟①。孝公六年。讨伐宋国，因为它不到齐国参加会盟。
晋	**十四**　圉立，为怀公。惠公十四年。太子圉被立为晋君，他就是晋怀公。
秦	**二十三**　迎重耳于楚②，厚礼之，妻之女③。重耳愿归。穆公二十三年。派人到楚国迎接重耳，以隆重的礼节对待他，把女儿怀嬴嫁给他。重耳希望回国。
楚	**三十五**　重耳过，厚礼之④。成王三十五年。重耳经过楚国，以隆重的礼节对待他。
宋	**十四**　公疾死泓战⑤。襄公十四年。襄公在泓之战受重伤去世。
卫	**二十三**　重耳从齐过⑥，无礼。文公二十三年。重耳从齐国来，经过卫国，卫文公不以礼相待。
陈	**十一**　穆公十一年。
蔡	**九**　庄侯九年。
曹	**十六**　重耳过，无礼⑦，僖负羁私善⑧。共公十六年。重耳经过曹国，曹共公不以礼相待，僖负羁私下对他很友好。
郑	**三十六**　重耳过，无礼，叔詹谏⑨。文公三十六年。重耳经过郑国，郑文公不以礼相待，叔詹劝谏文公。
燕	**二十一**　襄公二十一年。
吴	

前636

十六［十七］　王奔氾⑩。氾,郑地也。襄王十六年（襄王十七年）。襄王逃亡到氾。氾,是郑国的属地。

二十四　釐公二十四年。

七　孝公七年。

晋文公元年　诛子圉⑪。魏武子为魏大夫⑫,赵衰为原大夫⑬。咎犯曰⑭:“求霸莫如内王。”晋文公名重耳,是晋献公的儿子,该年是其元年。诛杀了子圉。任命魏武子为魏大夫,赵衰为原大夫。咎犯说:“追求霸业没有什么比将蒙难在外的周王送回成周复位更好的了。”

二十四　以兵送重耳。穆公二十四年。派兵送重耳回国。

三十六　成王三十六年。

宋成公王臣元年　宋成公名王臣,是宋襄公的儿子,该年是其元年。

二十四　文公二十四年。

十二　穆公十二年。

十　庄侯十年。

十七　共公十七年。

三十七　文公三十七年。

二十二　襄公二十二年。

【注释】

前637—前636

①伐宋，以其不同盟：齐孝公二年（前641）鲁、陈、蔡、楚、郑等在齐
国结盟，宋未参加，故此年（前637）齐伐宋。

②迎重耳于楚：按，据《左传》，重耳为楚成王送至秦，非秦迎于楚。

③妻之女：秦穆公送给重耳五名女子，其中有自己的女儿怀嬴。此
处特指怀嬴。她曾嫁给晋惠公的太子圉，是重耳侄媳。太子圉逃
回晋国，她留在了秦国。

④重耳过，厚礼之：重耳自骊姬之难出亡，在狄国十二年，后周游列
国寻求回国争位。到楚国后受到楚成王礼待，并将他送到秦国，
想让秦送他回晋国。

⑤公疾死泓战：宋襄公在去年泓之战中伤股，今因伤而死。

⑥重耳从齐过：重耳从齐国来，经过卫国。按，据《左传》，重耳先到
卫，后至齐。

⑦重耳过，无礼：重耳到曹国，曹共公听说重耳"骈胁"，乘其沐浴时
去看，非常无礼。

⑧僖负羁私善：僖负羁之妻认为重耳必将返国称霸，劝他交好重耳。
于是僖负羁私下送给重耳晚餐，并把一块玉璧放在食物里。僖负
羁，曹大夫。按，重耳过曹在去年。《左传》叙于此年，表遂书于此年。

⑨叔詹谏：郑文公认为重耳不过是一个普通的流亡公子，叔詹则认
为重耳是上天选定的晋君，前途无量，劝郑文公善待他。叔詹，郑
大夫。郑文公弟。管仲称他为郑国的"三良"之一。

⑩王奔氾：王子带率狄师大败周师，周襄王逃到郑国的氾地。氾，在
今河南许昌襄城南。

⑪诛子圉：重耳在秦的帮助下继位，是为晋文公。晋怀公圉逃到高
梁，文公派人将他杀死。

⑫魏武子：名犫（chōu），《世本》作"武仲州"。大夫毕万之子（或

谓毕万之孙），有贤名。初为重耳门客，从亡十九年。以功封魏大夫。卒谥武。魏大夫：魏邑的行政长官。魏，晋邑名。在今山西运城芮城东北。

⑬赵衰：嬴姓，赵氏，字子余。赵夙之弟（或谓赵夙之子，而《赵世家》则谓赵夙之孙），赵盾之父。事重耳，从亡十九年。以功封原大夫。谥成季，亦作"成子"。原：晋邑名。在今河南济源西北。

⑭咎犯：狐氏，名偃，字子犯，又称"咎季""舅犯""臼季""司空季子"。大夫狐突之子，公子重耳舅父。狄人。曾从重耳出亡十九年，出谋划策，多有建树。后佐重耳返国即位，进行军政改革，制订对外争霸策略。

前635

周	十七[十八]　晋纳王①。襄王十七年（襄王十八年）。晋文公派兵送襄王回京城。
鲁	二十五　釐公二十五年。
齐	八　孝公八年。
晋	二　文公二年。
秦	二十五　欲内王，军河上②。穆公二十五年。秦穆公准备送周襄王回京城，把军队驻扎在黄河边。
楚	三十七　成王三十七年。
宋	二　成公二年。
卫	二十五　文公二十五年。
陈	十三　穆公十三年。
蔡	十一　庄侯十一年。
曹	十八　共公十八年。
郑	三十八　文公三十八年。
燕	二十三　襄公二十三年。
吴	

前634

十八［十九］　襄王十八年（襄王十九年）。
二十六　鳌公二十六年。
九　孝公九年。
三　宋服。文公三年。宋国因襄公曾善待文公，遂叛楚服晋。
二十六　穆公二十六年。
三十八　成王三十八年。
三　倍楚亲晋③。成公三年。宋背叛楚国而亲善晋国。
卫成公郑元年　卫成公名郑，是卫文公的儿子，该年是其元年。
十四　穆公十四年。
十二　庄侯十二年。
十九　共公十九年。
三十九　文公三十九年。
二十四　襄公二十四年。

前633

周	**十九**［二十］　襄王十九年（襄王二十年）。
鲁	**二十七**　釐公二十七年。
齐	**十**　孝公薨，弟潘因卫公子开方杀孝公子④，立潘。孝公十年。齐孝公去世，他的弟弟潘依靠卫公子开方的帮助杀了孝公的儿子，潘自立为齐君。
晋	**四**　救宋⑤，报曹、卫耻⑥。文公四年。晋国援救宋国，侵伐曹国、卫国，以报复当年他们对文公无礼。
秦	**二十七**　穆公二十七年。
楚	**三十九**　使子玉伐宋⑦。成王三十九年。派令尹子玉讨伐宋国。
宋	**四**　楚伐我，我告急于晋。成公四年。楚国攻打我国，我国向晋国求救。
卫	**二**　成公二年。
陈	**十五**　穆公十五年。
蔡	**十三**　庄侯十三年。
曹	**二十**　共公二十年。
郑	**四十**　文公四十年。
燕	**二十五**　襄公二十五年。
吴	

前632

二十［二十一］　王狩河阳⑧。襄王二十年（襄王二十一年）。周襄王到河阳巡察。

二十八　公如践土会朝⑨。釐公二十八年。釐公到践土参加会盟朝见周天子。

齐昭公潘元年　会晋败楚，朝周王⑩。齐昭公名潘，是齐孝公的弟弟，该年是其元年。正值晋国打败了楚国，齐昭公朝见了周天子。

五　侵曹伐卫，取五鹿⑪，执曹伯。诸侯败楚而朝河阳⑫，周命赐公土地⑬。文公五年。晋国入侵曹国征伐卫国，攻取五鹿，拘捕了曹伯。诸侯联军打败了楚军，在河阳朝见周王，周王下令赐给晋文公土地。

二十八　会晋伐楚，朝周。穆公二十八年。正值晋国打败楚国，穆公朝见了周王。

四十　晋败子玉于城濮⑭。成王四十年。晋国在城濮打败了令尹子玉。

五　晋救我，楚兵去。成公五年。晋国出兵援救我国，楚国军队撤离。

三　晋伐我，取五鹿。公出奔，立公子瑕。会晋朝，复归卫⑮。成公三年。晋国攻打我国，夺取五鹿。成公逃亡，卫人立公子瑕为君（实为成公使元咺辅叔武守国）。正值晋朝见周王，成公又回到了卫国。

十六　会晋伐楚，朝周王。穆公十六年。正值晋国打败楚国，穆公朝见周王。

十四　会晋伐楚，朝周王。庄侯十四年。正值晋国打败楚国，庄侯朝见周王。

二十一　晋伐我，执公，复归之⑯。共公二十一年。晋国攻打我国，拘捕了曹共公，后来又让他回归君位。

四十一　文公四十一年。

二十六　襄公二十六年。

【注释】

前 635—前 632

① 晋纳王：去年周襄王逃到汜地后，秦穆公准备用武力送襄王回朝，狐偃劝晋文公，送襄王回朝是求霸诸侯的好机会，晋遂辞退秦军，独自送襄王进入王城，杀掉了叔带。

② 河上：黄河边。

③ 倍楚亲晋：重耳过宋，宋襄公善待之。重耳回国继位，宋遂叛楚附晋。

④ 弟潘因卫公子开方杀孝公子：梁玉绳曰："此事三传不载，史公盖别有所本也。"潘，其母为齐桓公宠姬葛嬴。卫公子开方，卫国之公子，名开方，仕于齐，受齐桓公宠爱。《集解》曰："管仲曰：'卫公子开方去其千乘之太子而臣事君也。'"则其或为卫国的太子。

⑤ 救宋：宋叛楚附晋，楚伐宋，晋救之。

⑥ 报曹、卫耻：因当年曹、卫对文公无礼，故兴兵讨伐。

⑦ 子玉：成得臣，字子玉。此前在楚成王三十五年（前637），因伐陈有功，任楚令尹。

⑧ 王狩河阳：晋文公在城濮之战后召周襄王参加诸侯会盟，因于礼不合，《春秋》讳之，书曰"天王狩于河阳"，此表承袭其说。河阳，晋邑名。在今河南焦作孟州西北。

⑨ 公如践土会朝：城濮之战后，晋文公在践土为周天子修建了行宫，五月，鲁釐公参加诸侯会盟后，又去行宫朝见周襄王。

⑩ 会晋败楚，朝周王：齐昭公发兵参加了城濮之战，战后在践土朝见周襄王。

⑪ 五鹿：卫邑名。在今河南濮阳清丰西北。重耳过卫时，"过五鹿，饥而从野人乞食，野人盛土器中进之"，重耳怒，狐偃认为是日后得到土地的征兆，劝其拜谢。

⑫ 诸侯败楚而朝河阳：城濮之战诸侯打败楚国，冬，诸侯在温地会

盟,晋文公召周襄王前来,率领诸侯在河阳朝见。

⑬ 周命赐公土地:按,赐晋文公土地是在几年前纳王之时,此时周王所赐为车服、弓矢、秬鬯、虎贲等。土地,指阳樊、温、原、攒茅之田。

⑭ 晋败子玉于城濮:此战即城濮之战。又,据1994年台北故宫博物院收藏子犯编钟十二件,钟上铭文共132字。践土之盟时,楚未来朝天子,子犯与晋侯便又帅六师大举伐楚,巩固了周王位。此可补史传之缺,见顾德隆等著《春秋史》。城濮,卫邑名。今山东菏泽鄄城西南临濮集。一说在今河南开封陈留附近。

⑮ "公出奔"四句:城濮之战前,卫成公想与楚国结盟,国人不欲,将他赶出国都,卫成公逃到襄牛。闻楚败于城濮,他出奔楚,又奔陈,由元咺奉其弟叔武摄政、受盟。后晋人让卫成公回国,至则杀叔武,元咺讼卫成公于晋,晋执卫成公置京师,元咺回国立公子瑕为卫君。两年后,周王释放卫成公,卫杀元咺、公子瑕,卫成公归于卫。

⑯ 晋伐我,执公,复归之:晋伐曹,拘捕了曹共公。曹共公的小臣借晋文公生病占卜之机,劝其恢复了曹共公的君位。

前631

周	二十一［二十二］ 襄王二十一年（襄王二十二年）。
鲁	二十九 釐公二十九年。
齐	二 昭公二年。
晋	六 文公六年。
秦	二十九 穆公二十九年。
楚	四十一 成王四十一年。
宋	六 成公六年。
卫	四 晋以卫与宋①。成公四年。晋国分卫国的田地给宋国（事应在上一年）。
陈	陈共公朔元年 陈共公名朔，是陈穆公的儿子，该年是其元年。
蔡	十五 庄侯十五年。
曹	二十二 共公二十二年。
郑	四十二 文公四十二年。
燕	二十七 襄公二十七年。
吴	

前630

二十二［二十三］　襄王二十二年（襄王二十三年）。
三十　鳌公三十年。
三　昭公三年。
七　听周归卫成公②。与秦围郑③。文公七年。晋文公听从了周王的请求让卫成公回国。与秦军联合包围了郑国都城。
三十　围郑，有言即去④。穆公三十年。包围郑国都城，与郑人达成协议就单独撤兵了。
四十二　成王四十二年。
七　成公七年。
五　周入成公，复卫。成公五年。成公三年回国后，杀叔武，晋人执之，拘于成周。至此，周王帮助卫成公回国，恢复君位。
二　共公二年。
十六　庄侯十六年。
二十三　共公二十三年。
四十三　秦、晋围我，以晋故。文公四十三年。秦、晋两国军队包围了我国都城，因为晋国想控制我国的缘故。
二十八　襄公二十八年。

	前629	前628
周	二十三[二十四] 襄王二十三年（襄王二十四年）。	二十四[二十五] 襄王二十四年（襄王二十五年）。
鲁	三十一 釐公三十一年。	三十二 釐公三十二年。
齐	四 昭公四年。	五 昭公五年。
晋	八 文公八年。	九 文公薨。文公九年。晋文公去世。
秦	三十一 穆公三十一年。	三十二 将袭郑，蹇叔曰不可⑥。穆公三十二年。准备偷袭郑国，蹇叔说不可以出兵。
楚	四十三 成王四十三年。	四十四 成王四十四年。
宋	八 成公八年。	九 成公九年。
卫	六⑤ 成公六年。	七 成公七年。
陈	三 共公三年。	四 共公四年。
蔡	十七 庄侯十七年。	十八 庄侯十八年。
曹	二十四 共公二十四年。	二十五 共公二十五年。
郑	四十四 文公四十四年。	四十五 文公薨。文公四十五年。郑文公去世。
燕	二十九 襄公二十九年。	三十 襄公三十年。
吴		

前627

甲午

二十五[二十六]　襄王二十五年(襄王二十六年)。

三十三　僖公薨。釐公三十三年。鲁釐公去世。

六　狄侵我。昭公六年。戎狄入侵我国。

晋襄公骦元年　破秦于殽。晋襄公名骦,是晋文公的儿子,该年是其元年。晋军在殽打败了秦军。

三十三　袭郑,晋败我殽[7]。穆公三十三年。偷袭郑国,晋军在殽设伏打败了我军。

四十五　成王四十五年。

十　成公十年。

八　成公八年。

五　共公五年。

十九　庄侯十九年。

二十六　共公二十六年。

郑穆公兰元年　秦袭我,弦高诈之[8]。郑穆公名兰,是郑文公的儿子,该年是其元年。秦军偷袭我国,商人弦高途遇秦军,假装奉使劳军。

三十一　襄公三十一年。

前626

周	二十六［二十七］　襄王二十六年（襄王二十七年）。
鲁	鲁文公兴元年　鲁文公名兴，是鲁釐公的儿子，该年是其元年。
齐	七　昭公七年。
晋	二　伐卫，卫伐我。襄公二年。攻伐卫国，后来卫军又攻伐我国。
秦	三十四　败殽将亡归，公复其官⑨。穆公三十四年。在殽打了败仗的秦将从晋国逃回，穆公恢复了他们的官职。
楚	四十六　王欲杀太子立职⑩，太子恐，与傅潘崇杀王。王欲食熊蹯死⑪，不听。自立为王。成王四十六年。成王想要杀死太子商臣立公子职，商臣恐惧，与师傅潘崇一起杀死了成王。成王想吃了熊掌再死，商臣不答应。商臣自立为王。
宋	十一　成公十一年。
卫	九　晋伐我，我伐晋。成公九年。晋军讨伐我国，后来我国又讨伐晋国。
陈	六　共公六年。
蔡	二十　庄侯二十年。
曹	二十七　共公二十七年。
郑	二　穆公二年。
燕	三十二　襄公三十二年。
吴	

前625

二十七〔二十八〕　襄王二十七年（襄王二十八年）。
二　文公二年。
八　昭公八年。
三　秦报我殽,败于汪⑫。襄公三年。秦国因殽之战的失败出兵报复我国,在汪地被我军打败。
三十五　伐晋报殽,败我于汪⑬。穆公三十五年。因殽之战而讨伐报复晋国,晋军在汪地打败我军。
楚穆王商臣元年　以其太子宅赐崇⑭,为相⑮。楚穆王名商臣,是楚成王的儿子,该年是其元年。穆王把他做太子时的房屋给了潘崇,让他做了卿相。
十二　成公十二年。
十　成公十年。
七　共公七年。
二十一　庄侯二十一年。
二十八　共公二十八年。
三　穆公三年。
三十三　襄公三十三年。

【注释】

前631—前625

① 晋以卫与宋：晋分曹、卫之田与宋，乃去年城濮战前事。

② 听周归卫成公：鲁釐公为卫成公向周王求情，并向周王、晋侯各纳玉十双，周王应允，晋听从周王之命，卫成公获释。

③ 与秦围郑：晋文公因郑曾对自己无礼，又曾亲附楚国，故联合秦国包围了郑国都城。

④ 有言即去：郑派烛之武对秦穆公陈说利害，秦遂单独与郑媾和退兵。

⑤ "卫"格：卫成公六年冬，狄围卫，卫迁都帝丘（今河南濮阳西南）。

⑥ 将袭郑，蹇叔曰不可：秦穆公想偷袭郑国，蹇叔认为劳师袭远，必不能成功，又预言秦师必在崤山被晋军打败。秦穆公不听。蹇叔，秦国老臣。善谋，原居宋，与百里奚友善，百里奚推荐于穆公，任为上大夫。

⑦ 袭郑，晋败我殽：此即殽之战。秦军偷袭郑国不成，灭滑，回师途中在崤山被晋军伏击，全军覆没。殽，山名。今作"崤"。在今河南洛阳洛宁北。

⑧ 秦袭我，弦高诈之：郑国商人弦高在滑国遇到准备偷袭郑国的秦军，一面假称是郑伯派来的使者犒劳秦军，一面向国内报告。秦军见偷袭不成只好撤走。

⑨ 败殽将亡归，公复其官：秦败于崤，其三帅孟明视、西乞术、白乙丙被俘。经秦穆公之女、晋襄公嫡母文嬴请求，晋襄公将三人释放。秦穆公自己承担了战败责任，仍让三帅官居原职。按，此事《左传》记于去年。

⑩ 欲杀太子立职：《左传》云楚成王"欲废"太子而立王子职。太子，楚成王之子商臣。职，楚成王庶子，商臣的异母弟。

⑪王欲食熊蹯死：熊蹯即熊掌，据说甚难熟。楚成王欲食熊蹯是想
　拖延时间以待救援。

⑫秦报我殽，败于汪：按，据《左传》秦为报崤之战失败之仇伐晋之
　战是此年春彭衙之战，秦军战败，晋人谓之"拜赐之师"。汪之战
　在此年冬，是晋与宋、郑等诸侯为报彭衙之战而伐秦，夺取了秦邑
　汪与彭衙。彭衙，在今陕西渭南白水县东北。汪，与彭衙相近，在
　今澄城西。

⑬败我于汪：按，此处作"败我于彭衙"更准确。

⑭太子宅：《左传》作"大子之室"，指楚穆王商臣做太子时的宫室及
　宫室内的财物、男女奴仆。

⑮为相：按，潘崇并未拜相，时楚别有令尹。《左传》作"为大师，且
　掌环列之尹"，即做太师，并担任王宫禁卫军的长官。

前624

周	二十八［二十九］　襄王二十八年（襄王二十九年）。
鲁	三　公如晋[①]。文公三年。鲁文公出访晋国。
齐	九　昭公九年。
晋	四　秦伐我，取王官[②]，我不出。襄公四年。秦军讨伐我国，夺取王官，我军没有出战。
秦	三十六　以孟明等伐晋，晋不敢出[③]。穆公三十六年。派孟明等率军讨伐晋国，晋人不敢出战。
楚	二　晋伐我。穆王二年。晋军进攻我国。
宋	十三　成公十三年。
卫	十一　成公十一年。
陈	八　共公八年。
蔡	二十二　庄侯二十二年。
曹	二十九　共公二十九年。
郑	四　穆公四年。
燕	三十四　襄公三十四年。
吴	

前623

二十九 ［三十］ 襄王二十九年（襄王三十年）。
四　文公四年。
十　昭公十年。
五　伐秦，围邧、新城④。襄公五年。晋军讨伐秦国，包围了邧、新城。
三十七　晋伐我，围邧、新城。穆公三十七年。晋军进攻我国，包围了邧、新城。
三　灭江⑤。穆王三年。灭亡江国。
十四　成公十四年。
十二　公如晋。成公十二年。卫成公出访晋国。
九　共公九年。
二十三　庄侯二十三年。
三十　共公三十年。
五　穆公五年。
三十五　襄公三十五年。

前622

周	三十［三十一］　襄王三十年（襄王三十一年）。
鲁	五　文公五年。
齐	十一　昭公十一年。
晋	六　赵成子、栾贞子、霍伯、臼季皆卒⑥。襄公六年。赵成子、栾贞子、霍伯、臼季都在该年去世。
秦	三十八　穆公三十八年。
楚	四　灭六、蓼⑦。穆王四年。灭了六国、蓼国。
宋	十五　成公十五年。
卫	十三　成公十三年。
陈	十　共公十年。
蔡	二十四　庄侯二十四年。
曹	三十一　共公三十一年。
郑	六　穆公六年。
燕	三十六　襄公三十六年。
吴	

前621

三十一［三十二］　襄王三十一年（襄王三十二年）。
六　文公六年。
十二　昭公十二年。
七　公卒。赵盾为太子少⑧，欲更立君⑨，恐诛，遂立太子⑩，为灵公。襄公七年。晋襄公去世。赵盾因为太子年纪小，打算改立国君，后来害怕被杀，就立了太子为君，他就是晋灵公。
三十九　缪公薨。葬殉以人，从死者百七十人⑪，君子讥之⑫，故不言卒⑬。穆公三十九年。秦穆公去世。用活人殉葬，陪葬而死的有一百七十人，君子非议这件事，所以《春秋》没记载他去世。
五　穆王五年。
十六　成公十六年。
十四　成公十四年。
十一　共公十一年。
二十五　庄侯二十五年。
三十二　共公三十二年。
七　穆公七年。
三十七　襄公三十七年。

前 620

周	三十二［三十三］　襄王三十二年（襄王三十三年）。
鲁	七　文公七年。
齐	十三　昭公十三年。
晋	晋灵公夷皋元年　赵盾专政。晋灵公名夷皋，是晋襄公的儿子，该年是其元年。赵盾独断晋国朝纲。
秦	秦康公䓨玳元年　秦康公名䓨，是秦穆公的儿子，该年是其元年。
楚	六　穆王六年。
宋	十七　公孙固杀成公⑭。成公十七年。宋国大司马公孙固杀死了宋成公。
卫	十五　成公十五年。
陈	十二　共公十二年。
蔡	二十六　庄侯二十六年。
曹	三十三　共公三十三年。
郑	八　穆公八年。
燕	三十八　襄公三十八年。
吴	

前619

三十三［三十四］　襄王崩⑮。襄王三十三年（襄王三十四年）。周襄王去世。

八　王使卫来求金以葬⑯，非礼。文公八年。周王派毛伯卫来求取办丧事的财物以安葬周襄王，这不合于礼。

十四　昭公十四年。

二　秦伐我，取武城⑰，报令狐之战⑱。灵公二年。秦军攻打我国，夺取武城，以报复令狐之战。

二　康公二年。

七　穆王七年。

宋昭公杵臼元年　襄公之子⑲。宋昭公名杵臼，该年是其元年。他是宋襄公（应为宋成公）的儿子。

十六　成公十六年。

十三　共公十三年。

二十七　庄侯二十七年。

三十四　共公三十四年。

九　穆公九年。

三十九　襄公三十九年。

【注释】

前624—前619

① 公如晋：去年晋阳处父与鲁文公结盟，有意羞辱文公，晋国感到自己无礼，请求改订盟约，鲁文公去往晋国。

② 王官：晋邑名。在今山西运城闻喜西。

③ 以孟明等伐晋，晋不敢出：此即王官之役。秦穆公亲率孟明等伐晋，攻取了王官。晋人因敬重秦穆公用人专一的贤明与孟明的能从失败中吸取教训，选择了主动躲让，避免作战。秦穆公遂霸西戎。

④ 邧（yuán）、新城：皆秦邑名。邧在今陕西渭南澄城南，新城在澄城东北。

⑤ 江：嬴姓诸侯国。在今河南驻马店正阳西南。

⑥ 赵成子：赵衰。栾贞子：栾枝。晋公族。晋献公时为大夫，与公子重耳交善。后又事惠公。怀公立，秦送重耳回晋，他作内应，杀怀公，迎立重耳，是为晋文公。后为赵衰推荐，任下军将。参加城濮之战，又从伐郑，辅助文公成就霸业。襄公立，秦袭郑，先轸主张在崤邀击秦师，他认为秦有恩于文公，不可。卒谥贞子。霍伯：先且居。先轸之子。晋国大夫。封于霍（今山西临汾霍州西南），故称。先轸去世，他代其父任中军帅。臼季：胥臣。字季子，因食邑于臼，故又称"臼季"。为司空之官，又称"司空季子"。晋文公时任下军佐。

⑦ 蓼：一作"缪"。姬姓诸侯国，相传为皋陶之后。在今河南信阳固始东北。

⑧ 赵盾：赵衰之子。赵衰死后将中军，执掌国政，为晋国正卿。卒于晋景公时，谥宣孟，称赵宣子。

⑨ 欲更立君：赵盾欲立晋文公之子、襄公庶弟公子雍。

⑩ 恐诛，遂立太子：晋襄公太子的母亲穆嬴责备赵盾，赵盾与诸大夫

都惧怕穆嬴势力，于是仍立太子为君，即晋灵公。

⑪从死者百七十人：秦穆公以一百七十人殉葬，其中包括贤人子车氏三兄弟，秦人为此赋《黄鸟》一诗，今见《诗·秦风》。

⑫君子讥之：《左传》记君子讥"秦穆之不为盟主也宜哉"，又曰"君子是以知秦之不复东征"。

⑬不言卒：指《春秋》没有记载秦穆公之死。

⑭公孙固杀成公：按，《宋微子世家》与《左传》皆记宋成公死后，其子宋昭公欲杀众公子，引发众公子进攻昭公的动乱，公孙固被杀，未见公孙固杀宋成公的记载。公孙固，宋庄公之孙，故称公孙。时为宋国司马。《宋世家》云其被宋成公之弟御所杀。

⑮襄王崩：周襄王在位共三十四年。

⑯王使卫来求金以葬：按，此事《左传》记于下一年，即周顷王元年（前618）。卫，毛伯卫，周王卿士。求金，索取助葬财物。

⑰武城：一作"武成"。晋邑，在今陕西渭南华州东。

⑱令狐之战：赵盾欲立公子雍时曾派人去秦国迎接他，秦派军队送他回国。去年赵盾等立晋灵公，在令狐打败了秦国护送公子雍的军队，此即令狐之战。

⑲襄公之子：宋昭公名杵臼。《宋微子世家》说他是宋成公幼子，而非本表所谓"襄公之子"。

前618

周	**顷王元年**　顷王名壬臣,是周襄王的儿子,该年是其元年。
鲁	**九**　文公九年。
齐	**十五**　昭公十五年。
晋	**三**　率诸侯救郑①。灵公三年。晋率诸侯救援郑国。
秦	**三**　康公三年。
楚	**八**　伐郑,以其服晋。穆王八年。楚军攻打郑国,因为郑国背叛楚国服从晋国。
宋	**二**　昭公二年。
卫	**十七**　成公十七年。
陈	**十四**　共公十四年。
蔡	**二十八**　庄侯二十八年。
曹	**三十五**　共公三十五年。
郑	**十**　楚伐我。穆公十年。楚军攻打我国。
燕	**四十**　襄公四十年。
吴	

前617

甲辰
二　项王二年。
十　文公十年。
十六　昭公十六年。
四　伐秦，拔少梁[②]。秦取我北徵[③]。灵公四年。晋军攻打秦国，攻下了少梁。秦国出兵攻取了我国的北徵。
四　晋伐我，取少梁。我伐晋，取北徵。康公四年。晋国攻打我国，攻取了少梁。我国攻伐晋国，攻取了晋国的北徵。
九　穆王九年。
三　昭公三年。
十八　成公十八年。
十五　共公十五年。
二十九　庄侯二十九年。
曹文公寿元年　曹文公名寿，是曹共公的儿子，该年是其元年。
十一　穆公十一年。
燕桓公元年　该年是燕桓公元年。

前616

周	三	项王三年。
鲁	十一	败长翟于咸而归④,得长翟⑤。文公十一年。鲁军在咸邑打败了长狄返回,俘获了长狄侨如。
齐	十七	昭公十七年。
晋	五	灵公五年。
秦	五	康公五年。
楚	十	穆王十年。
宋	四	败长翟长丘⑥。昭公四年。宋军在长丘打败长狄。
卫	十九	成公十九年。
陈	十六	共公十六年。
蔡	三十	庄侯三十年。
曹	二	文公二年。
郑	十二	穆公十二年。
燕	二	桓公二年。
吴		

前615

四　项王四年。
十二　文公十二年。
十八　昭公十八年。
六　秦取我羁马⑦。与秦战河曲⑧,秦师遁。灵公六年。秦军夺取了我国的羁马。我军与秦军在河曲开战,秦军趁夜逃走了。
六　伐晋,取羁马。怒,与我大战河曲。康公六年。我军攻打晋国,夺取了羁马。晋人恼怒,与我军大战于河曲。
十一　穆王十一年。
五　昭公五年。
二十　成公二十年。
十七　共公十七年。
三十一　庄侯三十一年。
三　文公三年。
十三　穆公十三年。
三　桓公三年。

前 614

周	五	顷王五年。
鲁	十三	文公十三年。
齐	十九	昭公十九年。
晋	七	得随会⑨。灵公七年。随会回到了晋国。
秦	七	晋诈得随会。康公七年。晋人使诡计招回了随会。
楚	十二	穆王十二年。
宋	六	昭公六年。
卫	二十一	成公二十一年。
陈	十八	共公十八年。
蔡	三十二	庄侯三十二年。
曹	四	文公四年。
郑	十四	穆公十四年。
燕	四	桓公四年。
吴		

前613

六　顷王崩。公卿争政⑩,故不赴。顷王六年。周顷王去世。朝中公卿争权,所以没有报丧。

十四　彗星入北斗⑪,周史曰⑫:"七年,宋、齐、晋君死⑬。"文公十四年。有彗星进入北斗,周内史叔服说:"不过七年,宋国、齐国、晋国的国君都将死于叛乱。"

二十　昭公卒。弟商人杀太子自立⑭,是为懿公。昭公二十年。齐昭公去世。他的弟弟商人杀死太子自立为君,他就是齐懿公。

八　赵盾以车八百乘纳捷菑⑮,平王室⑯。灵公八年。赵盾率领诸侯联军的八百辆战车把捷菑送回邾国,平复了王室的纠纷。

八　康公八年。

楚庄王侣元年　楚庄王名侣,是楚穆王的儿子,该年是其元年。

七　昭公七年。

二十二　成公二十二年。

陈灵公平国元年　陈灵公名平国,是陈共公的儿子,该年是其元年。

三十三　庄侯三十三年。

五　文公五年。

十五　穆公十五年。

五　桓公五年。

【注释】

前618—前613

①率诸侯救郑：楚欺晋灵公年幼，攻打晋国的盟国郑国。晋赵盾会
　　和鲁、宋、卫、许等国大夫一起率军救郑。

②少梁：秦邑名。在今陕西渭南韩城南。

③北徵：晋邑名。在今陕西渭南澄城西南。

④败长翟于咸而归：长翟即长狄，传说其人身材高大，故称"长狄"。
　　其部落称鄋（sōu）瞒。鄋瞒侵齐而及于鲁，鲁叔孙得臣败之于
　　咸。咸，鲁邑，又称咸丘，在今山东菏泽巨野东南，一说在今菏泽
　　曹县。

⑤得长翟：此战叔孙得臣俘虏了长狄首领侨如，富父终甥将其杀死。

⑥败长翟长丘：事在宋武公时期，本在春秋之前。《左传》因此年鲁
　　败长翟而追叙之，司马迁误以为此年之事，遂误书于此。长丘，宋
　　地，在今河南新乡封丘南。

⑦羁马：晋邑名。在今山西运城永济南。

⑧河曲：今山西、陕西、河南三省交界的黄河转弯处。

⑨得随会：去年河曲之战时，随会为秦国出主意，晋人担心秦人任用
　　随会，于是用计骗过秦人，把随会接回晋国。随会，即士会，因食
　　邑于随、范，故称"随会""范会"。字季，谥武子。士蒍之孙。晋
　　襄公去世时，他奉赵盾之命赴秦迎公子雍返国，欲使继承晋君之
　　位。未及返国，晋又改立太子夷皋（即灵公），发兵拒雍入境，他
　　遂留在秦国。

⑩公卿争政：周公阅与王孙苏争夺执政权。

⑪彗星入北斗：此实为哈雷彗星。这是世界上关于哈雷彗星的最早
　　记录。

⑫周史：据《左传》，此人为周内史叔服。

⑬七年，宋、齐、晋君死：《左传》作："不出七年，宋、齐、晋之君皆将

死乱。"杜预注:"后三年宋弑昭公,五年齐弑懿公,七年晋弑灵
公。"

⑭弟商人杀太子自立:太子名舍,《齐太公世家》云其孤弱,商人与
党羽在昭公墓上将他杀死。

⑮赵盾以车八百乘纳捷菑:捷菑为邾文公次妃晋姬所生,文公卒,邾
人立元妃之子,捷菑逃奔晋国。赵盾率诸侯军送捷菑回邾国,邾
国人说明情况,赵盾认为邾人所为合乎情理,遂撤兵。

⑯平王室:赵盾调和了周公阅和公孙苏的矛盾并恢复了各人的职
位。平,调解。

前612

周	匡王**元年**① 匡王名班,是周顷王的儿子,该年是其元年。
鲁	**十五** 六月辛丑,日蚀。齐伐我。文公十五年。六月辛丑日,发生日食。齐军攻打我国。
齐	齐懿公商人**元年** 齐懿公名商人,是齐昭公的弟弟,该年是其元年。
晋	**九** 我入蔡②。灵公九年。我军攻入蔡国。
秦	**九** 康公九年。
楚	**二** 庄王二年。
宋	**八** 昭公八年。
卫	**二十三** 成公二十三年。
陈	**二** 灵公二年。
蔡	**三十四** 晋伐我。庄侯麋。庄侯三十四年。晋军攻打我国。蔡庄侯去世。
曹	**六** 齐入我郛③。文公六年。齐军攻入我国都城的外城。
郑	**十六** 穆公十六年。
燕	**六** 桓公六年。
吴	

前611

二　匡王二年。
十六　文公十六年。
二　不得民心。懿公二年。齐懿公没有得到民众的拥护。
十　灵公十年。
十　康公十年。
三　灭庸④。庄王三年。楚国灭了庸国。
九　襄夫人使卫伯杀昭公⑤。弟鲍立⑥。昭公九年。宋襄公的夫人派卫伯杀死宋昭公。宋昭公的弟弟鲍被立为宋君。
二十四　成公二十四年。
三　灵公三年。
蔡文侯申元年　蔡文侯名申,是蔡庄侯的儿子,该年是其元年。
七　文公七年。
十七　穆公十七年。
七　桓公七年。

前610

周	三 匡王三年。
鲁	十七 齐伐我。文公十七年。齐国攻打我国。
齐	三 伐鲁。懿公三年。攻打鲁国。
晋	十一 率诸侯平宋⑦。灵公十一年。晋人率诸侯联军安定了宋国。
秦	十一 康公十一年。
楚	四 庄王四年。
宋	宋文公鲍元年 昭公弟。晋率诸侯平我。宋文公名鲍，该年是其元年。他是宋昭公的弟弟。晋人率诸侯联军安定了我国。
卫	二十五 成公二十五年。
陈	四 灵公四年。
蔡	二 文侯二年。
曹	八 文公八年。
郑	十八 穆公十八年。
燕	八 桓公八年。
吴	

前609

四　匡王四年。
十八　襄仲杀嫡，立庶子，为宣公⑧。文公十八年。襄仲杀死了文公的嫡子，立庶子为鲁君，他就是鲁宣公。
四　公刖邴歜父而夺阎职妻⑨，二人共杀公，立桓公子惠公⑩。懿公四年。齐懿公砍去邴歜父亲尸体的脚，夺了阎职的妻子，两人联手杀了齐懿公，立桓公的儿子为君，他就是齐惠公。
十二　灵公十二年。
十二　康公十二年。
五　庄王五年。
二　文公二年。
二十六　成公二十六年。
五　灵公五年。
三　文侯三年。
九　文公九年。
十九　穆公十九年。
九　桓公九年。

前608

周	五	匡王五年。
鲁	鲁宣公俀元年	鲁立宣公，不正，公室卑⑪。鲁宣公名俀，是鲁文公的庶子，该年是其元年。鲁人立宣公为君，是不正当的，公室从此卑微。
齐	齐惠公元元年	取鲁济西之田⑫。齐惠公名元，是齐桓公的儿子，该年是其元年。齐国占领了鲁国济水以西的土地。
晋	十三	赵盾救陈、宋，伐郑。灵公十三年。赵盾出兵援救陈国、宋国，攻打郑国。
秦	秦共公和元年⑬	秦共公名和，是秦康公的儿子，该年是其元年。
楚	六	伐宋、陈，以倍我服晋故。庄王六年。楚国攻打宋、陈两国，因为两国背叛了我国而服从晋国的缘故。
宋	三	楚、郑伐我，以我倍楚故也。文公三年。楚、郑两国攻打我国，因为我国背离楚国的缘故。
卫	二十七	成公二十七年。
陈	六	灵公六年。
蔡	四	文侯四年。
曹	十	文公十年。
郑	二十	与楚侵陈，遂侵宋。晋使赵盾伐我，以倍晋故⑭。穆公二十年。与楚国一起侵入陈国，接着侵入宋国。晋派赵盾率兵攻打我国，因为我国背离晋国的缘故。
燕	十	桓公十年。
吴		

前607

甲寅
六 匡王崩。匡王六年。周匡王去世。
二 宣公二年。
二 王子成父败长翟⑮。惠公二年。齐大夫王子成父打败长狄。
十四 赵穿杀灵公⑯，赵盾使穿迎公子黑臀于周⑰，立之。赵氏赐公族⑱。灵公十四年。赵穿杀死晋灵公后，赵盾派赵穿从成周接回了黑臀，立他为晋君。赵氏被赐予公族大夫之职。
二 共公二年。
七 庄王七年。
四 华元以羊羹故陷于郑⑲。文公四年。华元因战前犒赏士卒时没给他的车夫羊羹喝，开战后车夫故意直接把车驶进敌军使其被俘。
二十八 成公二十八年。
七 灵公七年。
五 文侯五年。
十一 文公十一年。
二十一 与宋师战，获华元。穆公二十一年。与宋军作战，俘虏了华元。
十一 桓公十一年。

【注释】

前 612—前 607

① 匡王：周匡王，名瑜。周顷王之子。

② 我入蔡：去年，晋召集诸侯盟于新城，原本追随楚国的陈、郑、宋等国都来参加，而蔡国未来，故今年晋攻入蔡国，为城下之盟而还。

③ 齐入我郓（fú）：齐国先入侵鲁国西部边境，又因曹伯曾在夏天朝见鲁文公而伐曹，攻入了曹的外城。

④ 灭庸：楚国饥荒，庸人背叛并准备进攻楚国。楚军故意连战皆败使庸人轻敌，大败庸军，遂灭庸。庸，古国名。在今湖北十堰竹山县西南。《周本纪》载其曾助周武王伐纣灭商。

⑤ 襄夫人使卫伯杀昭公：宋昭公不尊敬宋襄公夫人，且不得民心，襄夫人让宋昭公去孟诸打猎，并让卫伯杀了他。襄夫人，宋襄公夫人，宋昭公祖母，周襄王之姐。卫伯，《左传》作"帅甸"，即公邑大夫。

⑥ 弟鲍：昭公庶弟公子鲍，名革鲍。《左传》说他形象俊美，礼待国人，受人拥戴，并得到襄夫人的支持。

⑦ 率诸侯平宋：晋率诸侯以去年宋杀昭公伐宋，因宋文公君位已定，乃确定文公之位退兵。

⑧ "襄仲杀嫡"几句：鲁文公去世后，襄仲在齐国支持下杀死太子恶与其弟视，立庶子俀，是为鲁宣公。襄仲，鲁庄公之子，名遂，字仲，又称"公子遂"。因任军将时治营居国都东门，故称"东门遂""东门襄仲"。时为鲁国正卿。

⑨ 刖邴歜（bǐng chù）父：齐懿公为公子时，与邴歜之父争田，不胜；即位后掘其尸而刖之，并使邴歜为自己驾车。刖，砍断小腿的刑罚。夺阎职妻：阎职之妻美，齐懿公纳之入宫，而使阎职陪乘。阎职，《齐世家》作"庸职"，阎、庸为一声之转。

⑩ 桓公子惠公：齐惠公是齐桓公之子，名元。

⑪公室卑：鲁宣公是庶子，得位不正。从此鲁公室失政，三桓始强。

⑫取鲁济西之田：宣公之立曾得到齐国支持，因此送齐国济西之田。济西，古地区名。在济水以西，约当今山东济宁梁山、菏泽郓城一带。

⑬秦共公和：秦共公，名和，《世本》作"稻"。秦康公之子。

⑭倍晋：郑穆公见晋讨宋、伐齐均受赂而还，遂背离晋国而与楚国结盟。倍，通"背"。

⑮王子成父败长翟：长翟鄋瞒攻齐，王子成父将其击败，得鄋瞒之弟荣如，鄋瞒旋亡。王子成父，王子氏，又作"王子城父""王子成甫"。齐大夫。

⑯赵穿：晋卿，赵夙庶孙，与赵盾为从父兄弟，晋襄公女婿。谥武。

⑰公子黑臀：即晋成公，晋文公少子，其母为周女。

⑱赵氏赐公族：公族，即公族大夫，向由国君同姓者担任，教训同族子弟，今委任赵氏故曰"赐"。亦因委任异姓，则公族大夫兼掌公族及卿大夫子弟之教导。

⑲华元以羊羹故陷于郑：郑伐宋，战前华元做了羊羹犒劳将士，其车夫羊斟没有分到。开战后羊斟驾车故意直驰入郑军，致使华元被俘，宋军大败。华元，华督曾孙。宋昭公时任大夫，因助公子鲍（即文公）立为君任右师，始执国政。

前606

周	定王**元年**①　周定王名瑜,是周匡王的弟弟,该年是其元年。
鲁	三　宣公三年。
齐	三　惠公三年。
晋	晋成公黑臀**元年**　伐郑。晋成公名黑臀,是晋文公的儿子,该年是其元年。晋军攻打郑国。
秦	三　共公三年。
楚	八　伐陆浑②,至雒③,问鼎轻重④。庄王八年。发兵攻打陆浑的戎人,到达洛水,向王孙满询问周鼎的大小轻重。
宋	五　赎华元,亡归⑤。围曹⑥。文公五年。从郑国赎取华元,华元自己逃了回来。因宋国叛乱分子在曹国,宋军包围了曹国都城。
卫	二十九　成公二十九年。
陈	八　灵公八年。
蔡	六　文侯六年。
曹	十二　宋围我。文公十二年。宋军包围了我国都城。
郑	二十二　华元亡归。穆公二十二年。华元从我国逃回宋国。
燕	十二　桓公十二年。
吴	

前605

二　定王二年。
四　宣公四年。
四　惠公四年。
二　成公二年。
四　共公四年。
九　若敖氏为乱,灭之⑦。伐郑。庄王九年。若敖氏之族作乱,将其族灭。攻打郑国。
六　文公六年。
三十　成公三十年。
九　灵公九年。
七　文侯七年。
十三　文公十三年。
郑灵公夷元年　公子归生以鼋故杀灵公⑧。郑灵公名夷,是郑穆公的儿子,该年是其元年。因为灵公不让公子宋喝甲鱼汤,公子宋派公子归生杀了郑灵公。
十三　桓公十三年。

前604

周	三	定王三年。
鲁	五	宣公五年。
齐	五	惠公五年。
晋	三	中行桓子荀林父救郑⑨,伐陈。成公三年。中行桓子荀林父救援郑国,进攻陈国。
秦	五⑩	共公五年。
楚	十	庄王十年。
宋	七	文公七年。
卫	三十一	成公三十一年。
陈	十	楚伐郑,与我平⑪。晋中行桓子距楚,救郑,伐我。灵公十年。楚国攻打郑国,与我国讲和。晋国中行桓子抵御楚国,援救郑国,攻打我国。
蔡	八	文侯八年。
曹	十四	文公十四年。
郑	郑襄公坚元年⑫	灵公庶弟。楚伐我,晋来救。郑襄公名坚,该年是其元年。他是郑灵公的庶弟。楚国进攻我国,晋国前来援救。
燕	十四	桓公十四年。
吴		

前603	前602
四　定王四年。	五　定王五年。
六　宣公六年。	七　宣公七年。
六　惠公六年。	七　惠公七年。
四　与卫侵陈⑬。成公四年,晋、卫共同侵入陈国。	五　成公五年。
秦桓公元年　秦桓公名荣,是秦共公的儿子,该年是其元年。	二　桓公二年。
十一　庄王十一年。	十二　庄王十二年。
八　文公八年。	九　文公九年。
三十二　与晋侵陈。成公三十二年。晋军、卫军侵入陈国。	三十三　成公三十三年。
十一　晋、卫侵我。灵公十一年。晋军与卫军侵入我国。	十二　灵公十二年。
九　文侯九年。	十　文侯十年。
十五　文公十五年。	十六　文公十六年。
二　襄公二年。	三　襄公三年。
十五　桓公十五年。	十六　桓公十六年。

【注释】

前606—前603

① 定王：周定王，名瑜。周匡王之弟。

② 伐陆浑：楚庄王讨伐陆浑之戎。陆浑，戎族的一支，允姓。当时居住于今河南西部伊、洛一带。

③ 雒：雒水，今作洛水，发源于陕西商洛洛南县，流经今河南三门峡卢氏、洛阳入黄河。楚军到伊川后稍北行，即可到达洛阳南之洛水旁。

④ 问鼎轻重：楚庄王在周都城郊陈兵示威，周派王孙满慰劳。楚庄王问九鼎的大小轻重。九鼎传说为夏禹所铸，夏、商、周三代相传，为国宝，是天下的象征。楚庄王问其轻重，有取而代周之意。

⑤ 赎华元，亡归：宋人以兵车百乘、文马四百匹向郑赎取华元，刚送去一半，华元自己逃回。此事《左传》记在上年华元被俘后。

⑥ 围曹：宋文公即位后，宋戴公、桓公的族人攻打宋武公、穆公的族人，将他们全部驱逐。此年武公、穆公的族人带领曹军攻打宋国，宋军围攻曹国，以为报复。

⑦ 若敖氏为乱，灭之：楚国蒍氏与斗氏争权，斗椒以若敖氏之族囚禁并杀死蒍贾，攻楚庄王，与王战于皋浒，败，若敖氏遂被灭。若敖氏，楚王若敖之族。此指斗椒。若敖之子为斗伯比，故亦称斗氏。斗椒为斗伯比之孙，字伯棼（又作"伯贲"），又字子越。

⑧ 公子归生以鼋故杀灵公：楚人献给郑灵公一只大鼋，郑灵公故意不给公子宋吃，公子宋欲杀灵公，与公子归生商量，公子归生不同意。公子宋反过来在灵公面前诬陷归生，归生害怕，遂与公子宋一起杀了郑灵公。公子归生，字子家。郑穆公之子，灵公之弟。郑穆公即位后，任正卿，执政。

⑨ 中行桓子荀林父：荀林父，荀氏，名林父，字伯。曾任文公御戎，参加晋楚城濮之战。战后，晋作三行（新三军）御狄，任他为中行之

将，故又以中行为氏，称"中行伯"。成公时，为中军将，晋正卿。

⑩秦格：《秦本纪》《秦始皇本纪》共公皆在位五年，《春秋》则只四年。

⑪楚伐郑，与我平：郑国不服楚国，楚伐之，与陈国讲和。

⑫郑襄公坚：郑襄公，名坚。郑灵公庶弟。郑灵公被弑杀后，郑人欲立穆公另一庶子公子去疾，去疾辞以坚年长，遂立坚。

⑬与卫侵陈：因陈亲楚，晋与卫侵陈。

前601

周	**六**　定王六年。
鲁	**八**　七月，日蚀①。　宣公八年。七月（应为十月），发生日食。
齐	**八**　惠公八年。
晋	**六**　与鲁伐秦②，获秦谍，杀之绛市，六日而苏。成公六年。晋军会合鲁军进攻秦国，俘虏秦国间谍，把他杀死在绛城的街市上，过了六天，他又复活了。
秦	**三**　晋伐我，获谍。桓公三年。晋军攻打我国，俘虏了一个间谍。
楚	**十三**　伐陈。灭舒蓼③。庄王十三年。楚国进攻陈国。灭了舒蓼国。
宋	**十**　文公十年。
卫	**三十四**　成公三十四年。
陈	**十三**　楚伐我。灵公十三年。楚国进攻我国。
蔡	**十一**　文侯十一年。
曹	**十七**　文公十七年。
郑	**四**　襄公四年。
燕	**燕宣公元年**　该年是燕宣公元年。
吴	

前600

七　定王七年。
九　宣公九年。
九　惠公九年。
七　使桓子伐楚④。以诸侯师伐陈救郑⑤。成公薨⑥。成公七年。派中行桓子荀林父进攻楚国。带领诸侯联军进攻陈国救援郑国。晋成公去世。
四　桓公四年。
十四　伐郑,晋郤缺救郑,败我⑦。庄王十四年。楚军进攻郑国,晋人郤缺援救郑国,打败了我军。
十一　文公十一年。
三十五　成公三十五年。
十四　灵公十四年。
十二　文侯十二年。
十八　文公十八年。
五　楚伐我,晋来救,败楚师。襄公五年。楚军进攻我国,晋军前来救援,打败了楚军。
二　宣公二年。

前599

周	八	定王八年。
鲁	十	四月,日蚀。　宣公十年。四月,发生日食。
齐	十	公卒。崔杼有宠⑧,高、国逐之⑨,奔卫。惠公十年。齐惠公去世。崔杼受到齐惠公的宠信,高、国两族在惠公死后赶走了他,他逃亡到卫国。
晋	晋景公据元年	与宋伐郑。晋景公名据,是晋成公的儿子,该年是其元年。晋军会合宋军进攻郑国。
秦	五	桓公五年。
楚	十五	庄王十五年。
宋	十二	文公十二年。
卫	卫穆公遬元年	齐崔杼来奔。卫穆公名遬,是卫成公的儿子,该年是其元年。齐人崔杼逃亡来到我国。
陈	十五	夏徵舒以其母辱,杀灵公⑩。灵公十五年。夏徵舒因为他的母亲受辱,杀死了陈灵公。
蔡	十三	文侯十三年。
曹	十九	文公十九年。
郑	六	晋、宋、楚伐我。襄公六年。晋军会合宋军、楚军进攻我国。
燕	三	宣公三年。
吴		

前598

九	定王九年。
十一	宣公十一年。
齐顷公无野元年	齐顷公名无野,是齐惠公的儿子,该年是其元年。
二	景公二年。
六	桓公六年。
十六	率诸侯诛陈夏徵舒⑪,立陈灵公子午。庄王十六年。率诸侯联军杀死陈国夏徵舒,立陈灵公的儿子午为陈君。
十三	文公十三年。
二	穆公二年。
陈成公午元年	灵公太子。陈成公名午,该年是其元年。他是陈灵公的太子。
十四	文侯十四年。
二十	文公二十年。
七	襄公七年。
四	宣公四年。

前597

	甲子	
周	十	定王十年。
鲁	十二	宣公十二年。
齐	二	顷公二年。
晋	三	救郑,为楚所败河上⑫。景公三年。晋军援救郑军,在黄河南岸被楚军打败。
秦	七	桓公七年。
楚	十七	围郑,郑伯肉袒谢,释之。庄王十七年。庄王率兵包围了郑国,郑襄公脱去上衣向楚庄王谢罪,楚庄王赦免了他。
宋	十四	伐陈。 文公十四年。宋军进攻陈国。
卫	三	穆公三年。
陈	二	成公二年。
蔡	十五	文侯十五年。
曹	二十一	文公二十一年。
郑	八	楚围我,我卑辞以解。襄公八年。楚军包围了我国都城,襄公用谦卑的言辞向楚求和,楚庄王解除了包围。
燕	五	宣公五年。
吴		

前596	前595
十一　定王十一年。	十二　定王十二年。
十三　宣公十三年。	十四　宣公十四年。
三　顷公三年。	四　顷公四年。
四　景公四年。	五　伐郑。景公五年。晋军进攻郑国。
八　桓公八年。	九　桓公九年。
十八　庄王十八年。	十九　围宋，为杀使者⑬。庄王十九年。楚军包围宋国，这是因为宋人杀死了楚国聘问齐国的使者申舟。
十五　文公十五年	十六　杀楚使者⑭，楚围我。文公十六年。杀死了楚国的使者申舟，楚国包围了我国都城。
四　穆公四年。	五　穆公五年。
三　成公三年。	四　成公四年。
十六　文侯十六年。	十七　文侯十七年。
二十二　文公二十二年。	二十三　文公薨。　文公二十三年。曹文公去世。
九　襄公九年。	十　晋伐我。襄公十年。晋军进攻我国。
六　宣公六年。	七　宣公七年。

【注释】

前601—前595

①七月,日蚀:七月无日食,十月甲子朔有全食,七为十之误。

②与鲁伐秦:据《左传》,与晋伐秦的是白狄,不是鲁国。

③舒蓼:古国名。春秋群舒之一,在今安徽六安舒城西南。

④使桓子伐楚:《春秋》《左传》皆未记此事,只记其因陈不参加扈之会而率师伐陈之事。桓子,荀林父。

⑤以诸侯师伐陈救郑:据《左传》,楚伐郑,晋郤缺救郑,并未率诸侯军,也未伐陈。司马迁大盖是把荀林父伐陈与郤缺救郑混为一事了。

⑥成公薨:晋成公与诸侯在扈地相会,准备攻打不服从晋的国家,成公死于扈地。

⑦晋郤缺救郑,败我:据《左传》,打败楚国的是郑伯,而非郤缺。郤缺,晋大夫。随其父郤芮食邑于冀(今山西运城河津东北),故亦称“冀缺”。谥成,又称“郤成子”。初因父获罪被诛,全家降为庶人,由臼季推荐,被晋文公任为下军大夫。襄公时被擢升为卿,重得冀封。成公六年(前601)代赵盾执国政。

⑧崔杼:姜姓,齐丁公伋嫡子季子食采于崔,遂为崔氏。杼为季子之后,有宠于惠公,惠公死后,被驱逐奔卫。后归齐为卿。

⑨高、国:高氏、国氏,世为齐上卿,此时为高固、国佐。

⑩夏徵舒以其母辱,杀灵公:陈灵公与大夫孔宁、仪行父与夏徵舒之母夏姬淫乱,并羞辱夏徵舒。夏徵舒遂趁陈灵公来家中取乐时杀了他。夏徵舒,陈公族。夏氏,名徵舒。因其祖父名少西,故又以少西为氏。《诗经》作“夏南”,《左传》称“陈夏氏”“少西氏”。

⑪率诸侯诛夏徵舒:夏徵舒杀陈灵公后自立为陈侯。孔宁、仪行父奔楚求援,楚庄王率军入陈,诛杀夏徵舒。

⑫救郑,为楚所败河上:此即邲之战。楚伐郑,晋荀林父率军救郑。

晋军将帅意见分歧,缺乏统一指挥,各自为战,被楚军打败。河上,黄河边。此指郑之郊邑,在今河南郑州荥阳东北黄河南岸。

⑬围宋,为杀使者:楚庄王派申舟出使齐国,宋杀申舟,楚庄王围攻宋国。使者,楚使申舟。

⑭杀楚使者:楚庄王派申舟出使齐国时让他不要向宋国借道,申舟本人又得罪过宋人,宋执政华元认为楚国此举是侮辱宋国,遂杀了申舟。

前 594

周	十三 定王十三年。
鲁	十五 初税亩①。宣公十五年。鲁国开始按田亩收税。
齐	五 顷公五年。
晋	六 救宋,执解扬②,有使节③。秦伐我。景公六年。晋救援宋军,使者解扬被郑人抓住献给楚人,他有出使不辱君命的节操。秦军进攻我军。
秦	十 伐晋。 桓公十年。我军进攻晋国。
楚	二十 围宋。五月,华元告子反以诚,楚罢④。庄王二十年。楚军包围宋国。五月,华元把宋国的实情告诉子反,楚军因此撤退。
宋	十七 华元告楚,楚去。文公十七年。华元把国内实情告诉楚人,楚军撤离。
卫	六 穆公六年。
陈	五 成公五年。
蔡	十八 文侯十八年。
曹	曹宣公庐元年 曹宣公名庐,是曹文公的儿子,该年是其元年。
郑	十一 佐楚伐宋,执解扬。襄公十一年。郑军帮助楚军进攻宋国,抓住了晋国使者解扬。
燕	八 宣公八年。
吴	

前593

十四　定王十四年。
十六　宣公十六年。
六　顷公六年。
七　随会灭赤翟⑤。景公七年。随会灭赤翟之甲氏、留吁、铎辰。
十一　桓公十一年。
二十一　庄王二十一年。
十八　文公十八年。
七　穆公七年。
六　成公六年。
十九　文侯十九年。
二　宣公二年。
十二　襄公十二年。
九　宣公九年。

前592

周	**十五** 定王十五年。
鲁	**十七** 日蚀。宣公十七年。发生日食。
齐	**七** 晋使郤克来齐⑥。妇人笑之⑦,克怒,归去。顷公七年。晋景公派郤克出使来到齐国。顷公母亲嘲笑他,郤克大怒,离开齐国回国。
晋	**八** 使郤克使齐,妇人笑之,克怒归。景公八年。派郤克出使齐国,齐顷公的母亲嘲笑他,郤克大怒回国。
秦	**十二** 桓公十二年。
楚	**二十二** 庄王二十二年。
宋	**十九** 文公十九年。
卫	**八** 穆公八年。
陈	**七** 成公七年。
蔡	**二十** 文侯薨。文侯二十年。蔡文侯去世。
曹	**三** 宣公三年。
郑	**十三** 襄公十三年。
燕	**十** 宣公十年。
吴	

前591

十六　定王十六年。
十八　宣公薨。宣公十八年。鲁宣公去世。
八　晋伐败我⑧。顷公八年。晋国进攻打败我军。
九　伐齐,质子彊⑨,兵罢。景公九年。出兵攻打齐国,齐国让子彊作为人质,我军退兵。
十三　桓公十三年。
二十三　庄王薨。庄王二十三年。楚庄王去世。
二十　文公二十年。
九　穆公九年。
八　成公八年。
蔡景侯固元年　蔡景侯名固,是蔡文侯的儿子,该年是其元年。
四　宣公四年。
十四　襄公十四年。
十一　宣公十一年。

前590

周	**十七**　定王十七年。
鲁	**鲁成公黑肱元年**　春,齐取我隆⑩。鲁成公名黑肱,是鲁宣公的儿子,该年是其元年。春天,齐军夺取了我国的隆。
齐	**九**　顷公九年。
晋	**十**　景公十年。
秦	**十四**　桓公十四年。
楚	**楚共王审元年**　楚共王名审,是楚庄王的儿子,该年是其元年。
宋	**二十一**　文公二十一年。
卫	**十**　穆公十年。
陈	**九**　成公九年。
蔡	**二**　景侯二年。
曹	**五**　宣公五年。
郑	**十五**　襄公十五年。
燕	**十二**　宣公十二年。
吴	

前589

十八　定王十八年。
二　与晋伐齐,齐归我汶阳⑪,窃与楚盟⑫。成公二年。鲁军会合晋军进攻齐国,齐国归还我国的汶阳,偷偷与楚国结盟。
十　晋郤克败公于鞌⑬,虏逢丑父⑭。顷公十年。晋人郤克在鞌打败顷公,俘虏了顷公的车右逢丑父。
十一　与鲁、曹败齐⑮。景公十一年。会合鲁军、曹军打败了齐军。
十五　桓公十五年。
二　秋,申公巫臣窃徵舒母奔晋⑯,以为邢大夫⑰。冬,伐卫、鲁,救齐。共王二年。秋天,楚大夫申公巫臣偷偷带着夏徵舒的母亲夏姬逃亡到晋国,被任命为邢大夫。冬天,楚军进攻卫国、鲁国,援救齐军。
二十二　文公二十二年。
十一　穆公薨。与诸侯败齐,反侵地。楚伐我。穆公十一年。卫穆公去世。卫军会合诸侯联军打败齐军,齐国归还了侵占我国的土地。楚军进攻我国。
十　成公十年。
三　景侯三年。
六　宣公六年。
十六　襄公十六年。
十三　宣公十三年。

【注释】

前594—前589

①初税亩：废除井田制，开始按田亩征税。

②解扬：晋大夫。字子虎。霍（今山西临汾霍州西南）人。奉晋景公之命赴宋，途中被郑国所执，押送楚。楚庄王予以厚赏，命他在战阵前劝宋降楚。及战，他违楚王之命，令宋勿降。楚王怒，欲杀之，经大臣谏阻，乃赦归。景公嘉之，拜为上卿。

③有使节：有出使不辱君命的节操。此指解扬诳楚而完成使命。

④华元告子反以诚，楚罢：华元趁夜潜入楚司马子反营帐，将宋国城内易子而食但绝不为城下之盟的实情告诉他，楚庄王下令退军三十里，楚、宋讲和结盟。子反，名侧，字子反，楚公族，故又称"公子侧"。

⑤随会灭赤翟：据《左传》，随会所灭是赤狄的甲氏和留吁、铎辰几支。

⑥郤克：又称"郤伯""驹伯"。谥献子，又称"郤献子"。郤缺之子。晋国大夫。

⑦妇人笑之：齐顷公之母在帷中见郤克跛足而嘲笑他。妇人，齐顷公之母萧同叔子。

⑧晋伐败我：按，《左传》此年晋伐齐，未言齐败。

⑨质子彊：齐、晋在缯地结盟，齐公子彊到晋国做人质。子彊，齐顷公庶子。

⑩齐取我隆：按，此事《左传》记于下一年。隆，一作"龙"。鲁邑名。在今山东泰安东南。

⑪汶阳：鲁地名。在今山东泰安西南一带。因地处汶水之北而得名。

⑫窃与楚盟：楚侵卫，遂侵鲁。鲁畏晋而偷偷与楚结盟，以鲁成公之子公衡为人质。

⑬晋郤克败公于鞌：此即鞌之战。晋、鲁、卫联军在鞌打败齐军。鞌，齐邑名。在今山东济南西北。

⑭虏逢丑父：逢丑父在齐顷公将被俘之际与其换装，让其逃走，自己代替齐顷公被俘。后被释放。一说被郤克所杀。逢丑父，齐大夫，时为齐顷公车右。

⑮与鲁、曹败齐：按，鞌之战与晋共同败齐的除鲁国外只有卫国，没有曹国。

⑯申公巫臣窃徵舒母奔晋：周定王九年（前598）楚庄王讨陈杀夏徵舒，申公巫臣劝止楚庄王和子反纳夏姬，楚庄王将夏姬给了楚连尹襄老，襄老死于邲之战，尸体被郑国得到。巫臣派人示意夏姬，让她先设法回其娘家郑国，然后巫臣聘她为妻。巫臣又让郑国召夏姬回国，对她说回国后会把襄老尸体还给她，自己则说服楚庄王放夏姬回郑，自己在郑国聘她为妻。此年巫臣借出使齐国之机到郑国接上夏姬出奔晋国。申公巫臣，屈氏，名巫或巫臣，字子灵。《左传》又称"屈臣"。楚公族。楚国申县县尹，"公"为楚对县尹的尊称。

⑰邢大夫：邢邑大夫。邢，晋邑名。在今河南焦作温县东北。

前588

周	**十九** 定王十九年。
鲁	**三** 会晋、宋、卫、曹伐郑。成公三年。鲁军会合晋军、宋军、卫军、曹军进攻郑国。
齐	**十一** 顷公如晋,欲王晋,晋不敢受①。顷公十一年。顷公出访晋国,想让晋景公称王,晋景公不敢接受。
晋	**十二** 始置六卿②。率诸侯伐郑。景公十二年。晋国开始设置六卿(应为作六军)。晋率领诸侯联军进攻郑国。
秦	**十六** 桓公十六年。
楚	**三** 共王三年。
宋	宋共公瑕**元年**③ 宋共公名瑕,是宋文公的儿子,该年是其元年。
卫	卫定公臧**元年** 卫定公名臧,是卫穆公的儿子,该年是其元年。
陈	**十一** 成公十一年。
蔡	**四** 景侯四年。
曹	**七** 伐郑。 宣公七年。曹军进攻郑国。
郑	**十七** 晋率诸侯伐我。襄公十七年。晋率诸侯联军进攻我国。
燕	**十四** 宣公十四年。
吴	

前587

甲戌
二十　定王二十年。
四　公如晋，晋不敬，公欲倍晋合于楚。成公四年。成公出访晋国，晋景公对他不恭敬，成公想背叛晋国而与楚国联合。
十二　顷公十二年。
十三　鲁公来，不敬。景公十三年。鲁成公来访，晋景公对他不恭敬。
十七　桓公十七年。
四　子反救郑④。共王四年。子反率兵援救郑国。
二　共公二年。
二　定公二年。
十二　成公十二年。
五　景侯五年。
八　宣公八年。
十八　晋栾书取我汜⑤。襄公薨。襄公十八年。晋卿栾书率兵占领我国的汜（应作氾）。郑襄公去世。
十五　宣公十五年。

前586

周	**二十一**　定王崩。定王二十一年。周定王去世。
鲁	**五**　成公五年。
齐	**十三**　顷公十三年。
晋	**十四**　梁山崩⑥。伯宗隐其人而用其言⑦。景公十四年。梁山崩塌。伯宗向景公报告时用了绛邑车夫的话却没有说是车夫所告。
秦	**十八**　桓公十八年。
楚	**五**　伐郑，倍我故也。郑悼公来讼⑧。共王五年。楚军进攻郑国，是因为郑国背叛了我国的缘故。郑悼公到楚国争讼，因为此前许灵公在楚国控告了他。
宋	**三**　共公三年。
卫	**三**　定公三年。
陈	**十三**　成公十三年。
蔡	**六**　景侯六年。
曹	**九**　宣公九年。
郑	**郑悼公费元年**⑨　公如楚讼。郑悼公名费，是郑襄公的儿子，该年是其元年。悼公去楚国争讼。
燕	**燕昭公元年**　该年是燕昭公元年。
吴	

前585

简王**元年**　周简王名夷,是周定王的儿子,该年是其元年。

六　成公六年。

十四　顷公十四年。

十五　使栾书救郑,遂侵蔡⑩。景公十五年。景公派栾书援救郑国,于是入侵蔡国。

十九　桓公十九年。

六　共王六年。

四　共公四年。

四　定公四年。

十四　成公十四年。

七　晋侵我。景侯七年。晋国入侵我国。

十　宣公十年。

二　悼公費。楚伐我,晋使栾书来救。悼公二年。郑悼公去世。楚军进攻我国,晋派栾书来援救我国。

二　昭公二年。

吴寿梦**元年**⑪　吴寿梦名乘,是仲庸的十九世孙,该年是其元年。

前 584

周	二　简王二年。
鲁	七　成公七年。
齐	十五　顷公十五年。
晋	十六　以巫臣始通于吴而谋楚⑫。景公十六年。通过巫臣开始使晋国与吴国通好而谋划伐楚。
秦	二十　桓公二十年。
楚	七　伐郑。共王七年。楚军进攻郑国。
宋	五　共公五年。
卫	五　定公五年。
陈	十五　成公十五年。
蔡	八　景侯八年。
曹	十一　宣公十一年。
郑	郑成公睔元年　悼公弟也。楚伐我。郑成公名睔,该年是其元年。他是郑悼公的弟弟。楚军进攻我国。
燕	三　昭公三年。
吴	二　巫臣来,谋伐楚。寿梦二年。巫臣来到我国,谋划晋、吴联合伐楚。

前583

三　简王三年。
八　成公八年。
十六　顷公十六年。
十七　复赵武田邑⑬。侵蔡。景公十七年。晋国重立赵武为赵氏继承人，归还了赵氏的土田。晋军侵袭蔡国。
二十一　桓公二十一年。
八　共王八年。
六　共公六年。
六　定公六年。
十六　成公十六年。
九　晋伐我。景侯九年。晋军进攻我国。
十二　宣公十二年。
二　成公二年。
四　昭公四年。
三　寿梦三年。

【注释】

前 588—前 583

① 顷公如晋，欲王晋，晋不敢受：齐、晋两世家亦有此语，而不见于《左传》。《左传》只记有晋侯未接受齐侯授玉。司马迁或误以"授玉"为"授王"。

② 始置六卿：此说误。晋文公四年（前633），即城濮之战前，晋作三军，各军将、佐即为六卿。本年晋实因赏鞌之战功作六军，原三军、新三军凡十二卿。齐、晋两世家与此表之"六卿"皆为"六军"之误。

③ 宋共公瑕：宋共公，名瑕，《春秋》作"固"。宋文公之子。

④ 子反救郑：郑伐许，晋救许伐郑，楚救郑。

⑤ 晋栾书取我汜（fán）：汜，应作汜（sì），郑地名。在今河南郑州荥阳西北。晋救许伐郑，栾书为中军将，取郑汜邑。

⑥ 梁山崩：据《左传》，梁山崩塌，黄河因之壅塞。梁山，在今陕西渭南韩城，离黄河不远，当时属晋。

⑦ 伯宗隐其人而用其言：晋景公因梁山崩塌召见伯宗询问对策。伯宗路中遇到押送货车的人，此人教他如何处理这种情况，伯宗用他的话回答晋景公的询问却没有说此言出自押送货车的人。故《穀梁传》责备伯宗"攘善"。

⑧ 郑悼公来讼：许灵公就去年郑伐许事向楚国控告郑悼公。此年郑悼公来楚应讼，不胜，郑伯回国后与晋国结盟。楚国因此攻打郑国。讼，诉讼。

⑨ 郑悼公费：郑悼公，名费，一作"溃""沸""弗"。郑襄公之子。

⑩ "晋"格：按，此年晋迁都新田，在今山西临汾侯马西。

⑪ 吴寿梦元年：此表自此始记吴事。寿梦，又作"孰姑"，又名"乘"。吴君去齐之子。即位后始称王，国力也日益强大。迁都吴（今江苏苏州）。

⑫以巫臣始通于吴而谋楚：楚杀巫臣之族，已在晋国为官的巫臣于是向晋景公请求出使吴国，教吴人使用兵车，与楚为敌。晋、吴开始联合伐楚。

⑬复赵武田邑：赵武是赵盾之孙，赵朔之子。据《左传》，其母庄姬是景公之妹，勾结其他大族诬赵同、赵括等为乱，于是晋灭赵氏。韩厥向景公分说赵氏功勋，言赵氏不应无后。景公复立赵武，归其田邑。

前 582

周	四	简王四年。
鲁	九	成公九年。
齐	十七	顷公薨。顷公十七年。齐顷公去世。
晋	十八	执郑成公①，伐郑。秦伐我②。景公十八年。晋人为了惩罚郑成公倾向楚国拘捕了他，进攻郑国。秦军进攻我国。
秦	二十二	伐晋。桓公二十二年。秦军进攻晋国。
楚	九	救郑。冬，与晋成③。共王九年。楚国出兵援救郑国。冬天，与晋讲和。
宋	七	共公七年。
卫	七	定公七年。
陈	十七	成公十七年。
蔡	十	景侯十年。
曹	十三	宣公十三年。
郑	三	与楚盟。公如晋，执公伐我。成公三年。郑国与楚国结盟。成公出访晋国，晋人抓住成公并出兵进攻我国。
燕	五	昭公五年。
吴	四	寿梦四年。

前581

五　简王五年。
十　公如晋送葬,讳之④。成公十年。成公到晋国为晋景公送葬,《春秋》不加记载,这是隐讳国耻。
齐灵公环元年　齐灵公名环,是齐顷公的儿子,该年是其元年。
十九　景公十九年。
二十三　桓公二十三年。
十　共王十年。
八　共公八年。
八　定公八年。
十八　成公十八年。
十一　景侯十一年。
十四　宣公十四年。
四　晋率诸侯伐我。成公四年。晋人率领诸侯联军进攻我国。
六　昭公六年。
五　寿梦五年。

前580

周	六　简王六年。
鲁	十一　成公十一年。
齐	二　灵公二年。
晋	晋厉公寿曼元年⑤　晋厉公名寿曼，是晋景公的儿子，该年是其元年。
秦	二十四　与晋侯夹河盟⑥，归，倍盟。桓公二十四年。桓公与晋厉公各派大臣过河与二君会晤，订立盟约，桓公一回国，就背弃了和晋国的友好盟约。
楚	十一　共王十一年。
宋	九　共公九年。
卫	九　定公九年。
陈	十九　成公十九年。
蔡	十二　景侯十二年。
曹	十五　宣公十五年。
郑	五　成公五年。
燕	七　昭公七年。
吴	六　寿梦六年。

前579　　　前578

七　简王七年。	八　简王八年。
十二　成公十二年。	十三　会晋伐秦。成公十三年。会合晋国进攻秦国。
三　灵公三年。	四　伐秦。灵公四年。齐国进攻秦国。
二　厉公二年。	三　伐秦至泾，败之⑦，获其将成差。厉公三年。晋军进攻秦国，到达泾水，打败了秦军，俘获秦将成差。
二十五　桓公二十五年。	二十六　晋率诸侯伐我。桓公二十六年。晋人率诸侯联军进攻我国。
十二　共王十二年。	十三　共王十三年。
十　共公十年。	十一　晋率我伐秦。共公十一年。晋人率领我军进攻秦国。
十　定公十年。	十一　定公十一年。
二十　成公二十年。	二十一　成公二十一年。
十三　景侯十三年。	十四　景侯十四年。
十六　宣公十六年。	十七　晋率我伐秦。宣公十七年。晋人率领我军进攻秦国。
六　成公六年。	七　晋率我伐秦。成公七年。晋人率领我军进攻秦国。
八　昭公八年。	九　昭公九年。
七　寿梦七年。	八　寿梦八年。

前577

	甲申
周	九　简王九年。
鲁	十四　成公十四年。
齐	五　灵公五年。
晋	四　厉公四年。
秦	二十七　桓公二十七年。
楚	十四　共王十四年。
宋	十二　共公十二年。
卫	十二　定公薨。定公十二年。卫定公去世。
陈	二十二　成公二十二年。
蔡	十五　景侯十五年。
曹	曹成公负刍元年⑧　曹成公名负刍，是曹宣公的弟弟，该年是其元年。
郑	八　成公八年。
燕	十　昭公十年。
吴	九　寿梦九年。

前576

十　简王十年。
十五　始与吴通,会锺离⑨。成公十五年。鲁国开始与吴国通好,双方在锺离会盟。
六　灵公六年。
五　三郤谗伯宗⑩,杀之,伯宗好直谏。厉公五年。郤锜、郤犫、郤至谗害伯宗,杀死了他,伯宗喜欢直言不讳地进谏。
秦景公元年　秦景公名伯车,是秦桓公的儿子,该年是其元年。
十五　许畏郑,请徙叶⑪。共王十五年。许灵公害怕郑国逼迫,请求迁都到叶地。
十三　华元奔晋,复还⑫。共公十三年。华元逃亡到晋国,后又回国。
卫献公衎元年　卫献公名衎,是卫定公的儿子,该年是其元年。
二十三　成公二十三年。
十六　景侯十六年。
二　晋执我公以归⑬。成公二年。晋人抓住成公,把他带回晋国。
九　成公九年。
十一　昭公十一年。
十　与鲁会锺离⑭。寿梦十年。与鲁国在锺离会盟。

【注释】

前582—前576

①执郑成公：此年春，郑接受楚重赂与楚结盟；秋，郑伯去晋国，晋人因他不专一服从晋国而拘捕了他。

②秦伐我：晋失盟主之德，使诸侯对晋国产生二心，于是秦国与白狄伐晋。

③与晋成：晋释放了羁押的楚国俘虏锺仪，对他重加礼遇，让他回楚替晋求和；楚共王派使者去晋回报，与晋和好缔约。

④公如晋送葬，讳之：鲁成公去晋国，晋人把他留下为晋景公送葬，而其他诸侯都没有到场。鲁国人以此为耻，所以讳言此事。

⑤晋厉公寿曼：晋厉公，名寿曼，《春秋》经传作“州满”。晋景公之子。

⑥与晋侯夹河盟：秦、晋两国本欲在黄河以东的令狐相会结盟，但秦桓公不愿过河，驻于河西王城，两国只好分别派大臣过河与对方君主订立盟约。

⑦伐秦至泾，败之：因秦背盟，晋率鲁、齐、宋、卫、郑、曹、邾、滕等国攻打秦国，在泾水北岸的麻遂打败秦国，渡过了泾水，直至泾水南岸的侯丽而还。泾，泾水。源于宁夏，经甘肃入陕西，入渭水。

⑧曹成公负刍：曹成公，名负刍，曹宣公庶子。去年，曹宣公死于伐秦军中，曹国人派负刍守国，负刍杀太子自立为君。

⑨始与吴通，会锺离：锺离，吴邑名。在今安徽滁州凤阳东。按，据《春秋》，与吴会锺离的有晋、鲁、齐、宋、卫、郑、邾等国，非仅鲁国。

⑩三郤：郤锜、郤犫、郤至。皆晋大夫。郤锜，又称“驹伯”。郤克之子。后为晋上军帅。郤犫，郤克从兄弟。食邑于苦成，又称苦成叔。后为晋新军帅。郤至，亦称“郤昭子”“季子”，晋景公时以温为采邑，故又称为“温季”或“温大夫”。后为晋新军佐。

⑪许畏郑，请徙叶：叶，楚邑名。在今河南平顶山叶县西南。按，

许迁叶之后，其本土被郑占有，郑人称之为"旧许"。此后许成
为楚的附庸。

⑫华元奔晋，复还：宋司马荡泽攻杀公子肥，右师华元认为自己失职
而出奔晋。左师鱼师说服众卿，亲至黄河边劝回华元。

⑬晋执我公以归：晋会诸侯于戚，以曹成公杀宣公太子自立而拘捕
了他，送往京师。归，此指送往京师。

⑭与鲁会锺离：吴与中原诸侯在锺离相会，非仅会鲁。

前575

周	**十一**　简王十一年。
鲁	**十六**　宣伯告晋,欲杀季文子①,文子得以义脱②。成公十六年。鲁卿宣伯叔孙侨如向晋人说季文子的坏话,想杀季文子,季文子凭借他的忠义品质而被晋人释放。
齐	**七**　灵公七年。
晋	**六**　败楚鄢陵③。厉公六年。晋军在鄢陵打败楚军。
秦	**二**　景公二年。
楚	**十六**　救郑,不利。子反醉,军败④,杀子反归⑤。共王十六年。楚军救援郑国,失利。子反喝醉,楚军战败,楚共王杀死子反回国。
宋	**宋平公成元年**　宋平公名成,是宋共公少子,该年是其元年。
卫	**二**　献公二年。
陈	**二十四**　成公二十四年。
蔡	**十七**　景侯十七年。
曹	**三**　成公三年。
郑	**十**　倍晋盟楚,晋伐我,楚来救。成公十年。郑国背叛晋国与楚结盟,晋军进攻我国,楚军前来救援。
燕	**十二**　昭公十二年。
吴	**十一**　寿梦十一年。

前574

十二	简王十二年。
十七	成公十七年。
八	灵公八年。
七	厉公七年。
三	景公三年。
十七	共王十七年。
二	平公二年。
三	献公三年。
二十五	成公二十五年。
十八	景侯十八年。
四	成公四年。
十一	成公十一年。
十三	昭公薨。昭公十三年。燕昭公去世。
十二	寿梦十二年。

前573

周	**十三** 简王十三年。
鲁	**十八** 成公薨。成公十八年。鲁成公去世。
齐	**九** 灵公九年。
晋	**八**［悼公元年］⑥ 栾书、中行偃杀厉公,立襄公孙,为悼公。厉公八年（悼公元年）。栾书、中行偃杀死晋厉公,立晋襄公的孙子（应为曾孙）为晋君,他就是晋悼公。
秦	**四** 景公四年。
楚	**十八** 为鱼石伐宋彭城⑦。共王十八年。为了鱼石,楚军进攻宋国彭城。
宋	**三** 楚伐彭城,封鱼石⑧。平公三年。楚军进攻彭城,将彭城封给鱼石。
卫	**四** 献公四年。
陈	**二十六** 成公二十六年。
蔡	**十九** 景侯十九年。
曹	**五** 成公五年。
郑	**十二** 与楚伐宋。成公十二年。郑军与楚国进攻宋国。
燕	**燕武公元年** 该年是燕武公元年。
吴	**十三** 寿梦十三年。

前572

十四　简王崩。简王十四年。周简王去世。
鲁襄公午元年　围宋彭城。鲁襄公名午，是鲁成公的儿子，该年是其元年。包围宋国彭城，为宋讨伐彭城之鱼石。
十　晋伐我⑨，使太子光质于晋。灵公十年。晋军进攻我国，让太子光到晋国当人质。
晋悼公元年［二］　围宋彭城⑩。晋悼公名周，是晋襄公的曾孙，该年是其元年（二年）。包围宋国彭城。
五　景公五年。
十九　侵宋，救郑⑪。共王十九年。楚军入侵宋国，救援郑国。
四　楚侵我，取犬丘⑫。晋诛鱼石⑬，归我彭城。平公四年。楚军入侵我国，占领了犬丘。晋人杀死鱼石，将彭城归还我国。
五　围宋彭城。献公五年。包围宋国彭城。
二十七　成公二十七年。
二十　景侯二十年。
六　成公六年。
十三　晋伐败我兵于洧上⑭，楚来救。成公十三年。晋军进攻我军，在洧水边上打败了我军，楚军前来救援。
二　武公二年。
十四　寿梦十四年。

【注释】

前575—前572

①宣伯告晋,欲杀季文子:叔孙宣伯向晋诬告季孙、孟孙两族阻止鲁成公服从晋国,让晋人杀掉季文子。宣伯,叔孙氏,名乔如。叔孙得臣之子。谥宣伯。鲁大夫。尝与鲁成公之母穆姜私通。季文子,季孙氏,名行父。谥文子。鲁正卿,历相宣、成、襄三君。曾率军参加鞌之战。

②文子得以义脱:晋卿郤犨听从宣伯拘捕了季文子,士燮以为季文子久执鲁政,而妾不衣帛,马不食粟,可称忠良,郤犨遂释放了季文子。

③败楚鄢陵:此即鄢陵之战。鄢陵,郑邑名。在今河南许昌鄢陵西北。

④子反醉,军败:鄢陵之战当日楚军未能获胜,双方都准备来日再战。但当晚子反喝醉,楚军遂不能再战,彻底失败。

⑤杀子反:楚共王本不想杀子反,子重以城濮之战子玉失败自杀为例迫使子反自杀。

⑥“晋”格:晋厉公多嬖姬,欲尽除诸大夫而立诸姬兄弟。八年,命胥童以兵八百人,攻杀郤绮、郤犨、郤至三大夫。不久他被大夫栾书、中行偃所袭捕,囚禁,后被杀。按,晋用夏历,厉公之弑实在去年,今年悼公已改元;鲁用周历,比夏历早两个月,遂记厉公之弑于今年,悼公改元于明年。杨伯峻据钱绮《左传札记》改今年为悼公元年。表内“晋”格自此年至悼公去世的周灵王十四年(前558)括注杨说纪年。栾书时已为晋正卿。中行偃,荀氏,又以中行为氏,名偃,字伯游,荀林父之孙,《世本》作“献伯偃”。晋厉公时任上军佐。后官代荀罃为中军帅,掌国权。悼公,晋悼公,名周。

⑦为鱼石伐宋彭城:宋共公去世时(前576)宋国内乱,鱼石等五人逃奔楚国,至此年楚与郑伐宋,送鱼石等五人回国。鱼石,鱼氏,名石。公子目夷曾孙(目夷字子鱼,其后裔故姓鱼氏)。宋共公

时,任左师。彭城,宋邑名。今江苏徐州。

⑧封鱼石:楚、郑伐取彭城,将其授予鱼石,并留下三百辆兵车戍守。

⑨晋伐我:晋率诸侯讨伐彭城,齐国未曾参与,于是晋讨伐齐国。

⑩围宋彭城:晋率鲁、宋、卫、曹、莒、邾、滕、薛等国共同围困彭城,彭城投降。

⑪侵宋,救郑:晋与诸侯取彭城后,又率军伐郑,楚侵宋,援救郑国。

⑫楚侵我,取犬丘:按,据《左传》,楚侵宋之吕、留,郑之子然取了犬丘。犬丘,宋邑名。在今河南商丘永城西北。

⑬晋诛鱼石:据《左传》晋人将鱼石等人带回去,安置在瓠丘(今山西运城垣曲东南)。

⑭洧上:洧水边。洧,洧水。在今河南中部。源出今郑州登封东阳城山,东流经新密、新郑、长葛、鄢陵、扶沟,至西华西入颍水。

前571

周	**灵王元年**①　生有髭②。周灵王名泄心,是周简王的儿子,该年是其元年。他天生长有髭须。
鲁	**二**　会晋城虎牢。襄公二年。鲁军与晋军会合在虎牢筑城。
齐	**十一**　灵公十一年。
晋	**二〔三〕**　率诸侯伐郑,城虎牢③。悼公二年(悼公三年)。晋人率诸侯联军进攻郑国,在虎牢筑城。
秦	**六**　景公六年。
楚	**二十**　共王二十年。
宋	**五**　平公五年。
卫	**六**　献公六年。
陈	**二十八**　成公二十八年。
蔡	**二十一**　景侯二十一年。
曹	**七**　成公七年。
郑	**十四**　成公薨。晋率诸侯伐我。成公十四年。郑成公去世。晋人率诸侯联军进攻我国。
燕	**三**　武公三年。
吴	**十五**　寿梦十五年。

前 570

二　灵王二年。	
三　襄公三年。	
十二　灵公十二年。	
三〔四〕　魏绛辱杨干④。悼公三年（悼公四年）。魏绛杀死了晋悼公弟弟杨干的车夫以惩罚杨干。	
七　景公七年。	
二十一　使子重伐吴，至衡山⑤。使何忌侵陈⑥。共王二十一年。派令尹子重进攻吴国，到达衡山。又派司马何忌侵袭陈国。	
六　平公六年。	
七　献公七年。	
二十九　倍楚盟，楚侵我。成公二十九年。我国背叛了与楚国订下的盟约，楚国侵袭我国。	
二十二　景侯二十二年。	
八　成公八年。	
郑釐公恽元年⑦　郑釐公名恽，是郑成公的儿子，该年是其元年。	
四　武公四年。	
十六　楚伐我。寿梦十六年。楚军进攻我国。	

前569

周	三　灵王三年。
鲁	四　公如晋。襄公四年。鲁襄公出访晋国。
齐	十三　灵公十三年。
晋	四〔五〕　魏绛说和戎、狄⑧,狄朝晋。悼公四年(悼公五年)。魏绛劝说悼公与戎狄交好,狄人朝见悼公。
秦	八　景公八年。
楚	二十二　伐陈。共王二十二年。楚军进攻陈国。
宋	七　平公七年。
卫	八　献公八年。
陈	三十　楚伐我。成公薨。成公三十年。楚军进攻我国。陈成公去世。
蔡	二十三　景侯二十三年。
曹	九　成公九年。
郑	二　釐公二年。
燕	五　武公五年。
吴	十七　寿梦十七年。

前 568	前 567
	甲午
四　灵王四年。	五　灵王五年。
五　季文子卒。襄公五年。季文子去世。	六　襄公六年。
十四　灵公十四年。	十五　灵公十五年。
五［六］悼公五年（悼公六年）。	六［七］悼公六年（悼公七年）。
九　景公九年。	十　景公十年。
二十三　伐陈。共王二十三年。楚军进攻陈国。	二十四　共王二十四年。
八　平公八年。	九　平公九年。
九　献公九年。	十　献公十年。
陈哀公弱元年⑨　陈哀公名弱，是陈成公的儿子，该年是其元年。	二　哀公二年。
二十四　景侯二十四年。	二十五　景侯二十五年。
十　成公十年。	十一　成公十一年。
三　釐公三年。	四　釐公四年。
六　武公六年。	七　武公七年。
十八　寿梦十八年。	十九　寿梦十九年。

前566

周	六 灵王六年。
鲁	七 襄公七年。
齐	十六 灵公十六年。
晋	七〔八〕 悼公七年（悼公八年）。
秦	十一 景公十一年。
楚	二十五 围陈。共王二十五年。楚军包围陈国。
宋	十 平公十年。
卫	十一 献公十一年。
陈	三 楚围我，为公亡归⑩。哀公三年。楚军包围我国都城，是因为哀公逃回国的缘故。
蔡	二十六 景侯二十六年。
曹	十二 成公十二年。
郑	五 子驷使贼夜杀釐公⑪，诈以病卒赴诸侯。釐公五年。子驷派刺客在夜晚杀死釐公，诈称病死向诸侯报丧。
燕	八 武公八年。
吴	二十 寿梦二十年。

前565

七　灵王七年。
八　公如晋。襄公八年。襄公出访晋国。
十七　灵公十七年。
八[九]　悼公八年（悼公九年）。
十二　景公十二年。
二十六　伐郑。共王二十六年。楚军进攻郑国。
十一　平公十一年。
十二　献公十二年。
四　哀公四年。
二十七　郑侵我。景侯二十七年。郑军侵袭我国。
十三　成公十三年。
郑简公嘉元年　釐公子。郑简公名嘉，该年是其元年。他是郑釐公的儿子。
九　武公九年。
二十一　寿梦二十一年。

前564

周	八　灵王八年。
鲁	九　与晋伐郑，会河上，问公年十二，可冠，冠于卫⑫。襄公九年。与晋悼公联合进攻郑国，两君在黄河边会盟，晋悼公问知襄公十二岁，认为他可以举行冠礼，就为他在卫国举行了加冠礼。
齐	十八　与晋伐郑。灵公十八年。齐军会合晋军进攻郑国。
晋	九［十］　率齐、鲁、宋、卫、曹伐郑。秦伐我。悼公九年（悼公十年）。晋人率齐、鲁、宋、卫、曹诸国联军进攻郑国。秦军进攻我国。
秦	十三　伐晋，楚为我援⑬。景公十三年。秦军进攻晋国，楚国出兵成为我军后援。
楚	二十七　伐郑⑭，师于武城⑮，为秦。共王二十七年。楚军进攻郑国，驻扎在武城，作为秦军的后援。
宋	十二　晋率我伐郑。平公十二年。晋人率领我军进攻郑国。
卫	十三　晋率我伐郑。师曹鞭公幸妾⑯。献公十三年。晋人率领我军进攻郑国。乐师曹鞭打献公的宠妾。
陈	五　哀公五年。
蔡	二十八　景侯二十八年。
曹	十四　晋率我伐郑。成公十四年。晋人率领我军进攻郑国。
郑	二　诛子驷⑰。晋率诸侯伐我，我与盟。楚怒，伐我。简公二年。诛杀子驷。晋人率诸侯联军进攻我国，郑国与晋国结盟。楚人为此发怒，出兵进攻我国。
燕	十　武公十年。
吴	二十二　寿梦二十二年。

前563

九　王叔奔晋⑱。灵王九年。王叔陈生逃亡到晋国。	
十　楚、郑侵我西鄙。襄公十年。楚军、郑军侵袭我国西部边境。	
十九　令太子光、高厚会诸侯锺离⑲。灵公十九年。令太子光、高厚到锺离与诸侯会盟。	
十〔十一〕　率诸侯伐郑。荀罃伐秦⑳。悼公十年（悼公十一年）。晋人率诸侯联军进攻郑国。中军帅荀罃率军攻打秦国。	
十四　晋伐我。景公十四年。晋军进攻我国。	
二十八　使子囊救郑㉑。共王二十八年。派令尹子囊援救郑国。	
十三　郑伐我，卫来救。平公十三年。郑军进攻我国，卫军前来救援。	
十四　救宋。献公十四年。卫军救援宋国。	
六　哀公六年。	
二十九　景侯二十九年。	
十五　成公十五年。	
三　晋率诸侯伐我，楚来救。子孔作乱，子产攻之㉒。简公三年。晋人率诸侯联军进攻我国，楚军前来救援。子孔（应为尉止）在国内作乱，子产攻杀了他。	
十一　武公十一年。	
二十三　寿梦二十三年。	

前 562

周	十　　灵王十年。
鲁	十一　　三桓分为三军，各将军㉓。襄公十一年。季孙氏、叔孙氏、孟孙氏三大家族将鲁国公室军队一分为三，各掌握一支军队。
齐	二十　　灵公二十年。
晋	十一［十二］　率诸侯伐郑。秦败我栎。公曰："吾用魏绛，九合诸侯㉔。"赐之乐㉕。悼公十一年（悼公十二年）。晋人率诸侯联军进攻郑国。秦军在栎邑打败我军。悼公说："我听从魏绛的教导，八年中九次会合诸侯。"赐魏绛乐舞。
秦	十五　　我使庶长鲍伐晋救郑㉖，败之栎㉗。景公十五年。派庶长鲍进攻晋国救援郑国，在栎邑大败晋军。
楚	二十九　　与郑伐宋。共王二十九年。楚军与郑军联合进攻宋国。
宋	十四　　楚、郑伐我。平公十四年。楚、郑联军进攻我国。
卫	十五　　伐郑。献公十五年。卫军进攻郑国。
陈	七　　哀公七年。
蔡	三十　　景侯三十年。
曹	十六　　成公十六年。
郑	四　　与楚伐宋，晋率诸侯伐我，秦来救。简公四年。郑军与楚军联合进攻宋国，晋人率诸侯联军来进攻我国，秦军前来援救。
燕	十二　　武公十二年。
吴	二十四　　寿梦二十四年。

前561

十一　灵王十一年。
十二　公如晋。襄公十二年。襄公出访晋国。
二十一　灵公二十一年。
十二［十三］　悼公十二年（悼公十三年）。
十六　景公十六年。
三十　共王三十年。
十五　平公十五年。
十六　献公十六年。
八　哀公八年。
三十一　景侯三十一年。
十七　成公十七年。
五　简公五年。
十三　武公十三年。
二十五　寿梦卒。寿梦二十五年。寿梦去世。

【注释】

前571—前562

①灵王：周灵王，名泄心，一作"大心"。周简王之子。

②髭：嘴唇上边的胡子。泛指胡须。

③率诸侯伐郑，城虎牢：郑在楚的指使下侵宋，晋率鲁、宋、卫、曹等国讨伐郑国。接受鲁国建议在虎牢筑城来威胁郑国。虎牢，本属郑国西北边境的险要之地，此时为晋所占。

④魏绛辱杨干：晋悼公会诸侯，杨干傲慢无礼，乘车冲乱了军阵行列，魏绛不便处置杨干本人，便杀了杨干的车夫，以示惩戒。悼公开始发怒欲杀魏绛，魏绛上书曰："臣闻：'师众以顺为武，军事有死无犯为敬。'君合诸侯，臣敢不敬君？师不武，执事不敬，罪莫大焉。臣惧其死，以及扬干，无所逃罪。不能致训，至于用钺。臣之罪重，敢有不从以怒君心？请归死于司寇。"悼公以魏绛能以刑佐民，对其更加重用。魏绛，谥庄子，也称"魏庄子"。魏犫之孙。时任中军司马。杨干，晋悼公之弟。

⑤使子重伐吴，至衡山：子重，名婴齐，字子重。楚庄王之弟，故也称"公子婴齐"。时为楚国令尹。衡山，即横山，吴地名。今安徽马鞍山当涂东北。按，此战楚国先攻克鸠兹，遂至衡山，"使邓廖帅组甲三百、被练三千以侵吴。吴人要而击之，获邓廖。其能免者，组甲八十、被练三百而已"。吴人随即伐楚，取驾。"驾，良邑也；邓廖，亦楚之良也。"君子谓："子重于是役也，所获不如所亡。"子重因而忧愤而死。

⑥使何忌侵陈：楚欲侵小国，陈叛楚投靠晋国，楚侵陈。何忌，公子何忌，楚司马。

⑦郑釐公恽：郑釐公，名恽。《左传》作"髡顽"，《公羊传》《穀梁传》作"髡原"。

⑧魏绛说和戎、狄：魏绛认为和戎有五利，即："戎狄荐居，贵货易土，

土可贾焉,一也。边鄙不耸,民狎其野,穑人成功,二也。戎狄事晋,四邻振动,诸侯威怀,三也。以德绥戎,师徒不勤,甲兵不顿,四也。鉴于后羿,而用德度,远至迩安,五也。"以此五利说服晋悼公与戎狄修好。

⑨陈哀公弱:陈哀公,名弱,《左传》作"溺"。

⑩楚围我,为公亡归:楚围陈,晋、鲁、陈、宋、卫、曹等国诸侯为此在郏地相会。陈人害怕楚的围攻,与楚合谋,陈哀公借机逃回陈国。

⑪子驷使贼夜杀釐公:郑釐公对子驷无礼,子驷就在他去参加郏之会的途中派人杀了他。子驷,名騑,字子驷。郑穆公之子。时为郑卿执政。反对郑釐公从晋,欲从楚。

⑫"问公年十二"几句:鲁襄公参与伐郑盟会时,只有十二岁。晋悼公认为十二年岁星已运行一周天,国君十五岁即可生子,行冠礼后生子,是合乎礼仪的。于是鲁襄公便在卫国举行了加冠礼。古人通常都是二十而冠,这是特殊情况下的变通之举。

⑬伐晋,楚为我援:秦联络楚国伐晋,楚军做后援。

⑭伐郑:楚共王为郑与晋盟伐郑,与为秦后援是两事。

⑮武城:楚邑名。在今河南南阳北。

⑯师曹鞭公幸妾:卫献公有个喜爱的侍妾,让师曹教她弹琴,师曹鞭打了她。师曹,名为曹的乐师。按,此事《左传》追记于卫献公十八年(前559),并未云确为何年。

⑰诛子驷:子驷专横跋扈,杀郑釐公,立简公。简公元年(前565),觉察诸公子欲杀己,反尽诛诸公子。三年,被反对者所杀。按,事在下一年,此表误书于此。

⑱王叔奔晋:周灵王的卿士王叔陈生与伯舆争夺执政权,周灵王支持伯舆,晋士匄居中调停。王叔陈生理屈词穷,逃奔晋国。王叔,名陈生,王叔氏。《左传》记载他执政时"政以贿成,而刑放于宠"。

⑲太子光、高厚会诸侯锺离：此年晋、鲁、宋、卫、曹、齐、吴等十三国诸侯在柤相会，齐国高厚作为太子光之相礼先期与诸侯会于锺离。高厚，齐国上卿。太子光，齐灵公太子，后被废。崔杼弑灵公，立其为君，即齐庄公。

⑳荀罃：其父荀首食于知，因号知氏。又称"知罃"。时为中军帅，为晋正卿，执政。

㉑使子囊救郑：此年楚、郑侵宋、侵鲁，晋率诸侯伐郑，楚派子囊救郑，诸侯军自知不能取胜而撤兵。子囊，名贞，字子囊。楚庄王之子，共王之弟。时为楚令尹。

㉒子孔作乱，子产攻之：据《左传》，尉止等人作乱，杀死子驷、子国、子耳，劫持郑简公，子孔知之，故未死，而代子驷当国。子产所攻杀者为尉止。按，此与《郑世家》皆言子孔作乱，事实有误。子孔，名嘉，字子孔。郑穆公之子。子产，名侨，字子产，又字子美，谥成子。郑穆公之孙，成公之少子，又称"公孙侨"。因居车里，又称"车里子产"。郑国杰出的政治家。博识多闻，为政贤明。

㉓三桓分为三军，各将军：鲁国本来无中军，只有上、下二军，皆属于公室。季武子打算组建三军，于是孟孙、叔孙、季孙三家盟誓，重新改组编制，把公室的军队一分为三，增立中军，是为三军，每家各率领一军。有军队，就有兵员，也有了军赋，也就有了政治上的实力，此所谓"三分公室"，鲁公室则被架空。三桓，春秋时鲁国孟孙（仲孙）、叔孙、季孙三大贵族都是鲁桓公的后代，故称"三桓"。军，一万二千五百人为军。

㉔吾用魏绛，九合诸侯：晋悼公在其四年重用魏绛后，六年与诸侯会于戚，又会于城棣救陈；八年会于邢；九年会于邢丘；十年盟于戏；十一年会于柤；又戍郑虎牢；十二年盟于亳城北；又会于萧鱼。八年之中九合诸侯。

㉕赐之乐：郑人弃楚从晋，送给晋悼公配有相应镈和磬的两架歌钟，

　　女乐二队十六人,晋悼公分出一半给了魏绛,以表示对他的褒奖。

㉖庶长鲍:名叫鲍的庶长。庶长,秦国官爵名。按,据《左传》,此次伐晋是庶长鲍与庶长武共同领军。

㉗败之栎(lì):秦军兵力较晋军少,利用晋军轻敌之心,在栎地大败晋军。栎,晋地名。在今山西运城永济西。

前560

周	十二　灵王十二年。
鲁	十三　襄公十三年。
齐	二十二　灵公二十二年。
晋	十三〔十四〕　悼公十三年（悼公十四年）。
秦	十七　景公十七年。
楚	三十一　吴伐我，败之①。共王薨。共王三十一年。吴军进攻我国，我军打败了它。楚共王去世。
宋	十六　平公十六年。
卫	十七　献公十七年。
陈	九　哀公九年。
蔡	三十二　景侯三十二年。
曹	十八　成公十八年。
郑	六　简公六年。
燕	十四　武公十四年。
吴	吴诸樊元年②　楚败我。诸樊是寿梦的长子，该年是其元年。楚军打败我军。

前559

十三	灵王十三年。
十四	日蚀。襄公十四年。发生日食。
二十三	卫献公来奔。灵公二十三年。卫献公逃亡来到我国。
十四〔十五〕	率诸侯大夫伐秦，败棫林③。悼公十四年（悼公十五年）。晋人率诸侯大夫进攻秦国，在棫林战败。
十八	晋诸侯大夫伐我，败棫林。景公十八年。晋人率诸侯大夫进攻我国，在棫林战败。
楚康王昭元年	共王太子出奔吴④。楚康王名昭，是楚共王的儿子，该年是其元年。楚共王太子逃亡到吴国（康王即共王太子，无出逃之事）。
十七	平公十七年。
十八	孙文子攻公，公奔齐⑤，立定公弟狄⑥。献公十八年。卫大夫孙文子攻击献公，献公逃亡到齐国，卫人立定公的弟弟狄为君。
十	哀公十年。
三十三	景侯三十三年。
十九	成公十九年。
七	简公七年。
十五	武公十五年。
二	季子让位⑦。楚伐我⑧。诸樊二年。季札辞让吴国君位。楚军进攻我国。

前558

周	十四 灵王十四年。
鲁	十五 日蚀。齐伐我[9]。襄公十五年。发生日食。齐军进攻我国。
齐	二十四 伐鲁。灵公二十四年。齐军进攻鲁国。
晋	十五［十六］ 悼公麃。悼公十五年（悼公十六年）。晋悼公去世。
秦	十九 景公十九年。
楚	二 康王二年。
宋	十八 平公十八年。
卫	卫殇公狄元年 定公弟。卫殇公名狄，该年是其元年。他是卫定公的弟弟。
陈	十一 哀公十一年。
蔡	三十四 景侯三十四年。
曹	二十 成公二十年。
郑	八 简公八年。
燕	十六 武公十六年。
吴	三 诸樊三年。

前557

甲辰

十五　灵王十五年。

十六　齐伐我。地震。齐复伐我北鄙。襄公十六年。齐军进攻我国。发生地震。齐军又进攻我国北部边境。

二十五　伐鲁。灵公二十五年。齐军进攻鲁国。

晋平公彪元年　伐败楚于湛坂⑩。晋平公名彪,是晋悼公的儿子,该年是其元年。我军在湛坂打败楚军。

二十　景公二十年。

三　晋伐我,败湛坂。康王三年。晋军进攻我国,我军在湛坂战败。

十九　平公十九年。

二　殇公二年。

十二　哀公十二年。

三十五　景侯三十五年。

二十一　成公二十一年。

九　简公九年。

十七　武公十七年。

四　诸樊四年。

前556

周	十六 灵王十六年。
鲁	十七 齐伐我北鄙。襄公十七年。齐军进攻我国北部边境。
齐	二十六 伐鲁。灵公二十六年。齐军进攻鲁国。
晋	二 平公二年。
秦	二十一 景公二十一年。
楚	四 康王四年。
宋	二十 伐陈。平公二十年。我军进攻陈国。
卫	三 伐曹。殇公三年。我军进攻曹国。
陈	十三 宋伐我。哀公十三年。宋军进攻我国。
蔡	三十六 景侯三十六年。
曹	二十二 卫伐我。成公二十二年。卫军进攻我国。
郑	十 简公十年。
燕	十八 武公十八年。
吴	五 诸樊五年。

前555

十七　灵王十七年。
十八　与晋伐齐。襄公十八年。我军与晋军联合进攻齐国。
二十七　晋围临淄。晏婴⑪。灵公二十七年。晋军包围临淄城。晏婴……（此处原文有缺文）
三　率鲁、宋、郑、卫围齐，大破之。平公三年。晋人率鲁、宋、郑、卫联军包围齐国，大破齐军。
二十二　景公二十二年。
五　伐郑。康王五年。楚军进攻郑国。
二十一　晋率我伐齐。平公二十一年。晋人率领我军进攻齐国。
四　殇公四年。
十四　哀公十四年。
三十七　景侯三十七年。
二十三　成公薨。成公二十三年。曹成公去世。
十一　晋率我围齐。楚伐我。简公十一年。晋人率领我军包围齐国。楚军进攻我国。
十九　武公薨。武公十九年。燕武公去世。
六　诸樊六年。

前554

周	**十八**　灵王十八年。
鲁	**十九**　襄公十九年。
齐	**二十八**　废光,立子牙为太子⑫。光与崔杼杀牙自立⑬。晋、卫伐我。灵公二十八年。灵公废太子光,立其妾生的儿子牙为太子。太子光与崔杼杀死牙,自立为齐君。
晋	**四**　与卫伐齐。平公四年。晋军与卫军联合进攻齐国。
秦	**二十三**　景公二十三年。
楚	**六**　康王六年。
宋	**二十二**　平公二十二年。
卫	**五**　晋率我伐齐。殇公五年。晋人率领我军进攻齐国。
陈	**十五**　哀公十五年。
蔡	**三十八**　景侯三十八年。
曹	**曹武公胜元年**　曹武公名胜,是曹成公的儿子,该年是其元年。
郑	**十二**　子产为卿⑭。简公十二年。郑国人立子产为卿。
燕	**燕文公元年**　该年是燕文公元年。
吴	**七**　诸樊七年。

前553

十九	灵王十九年。
二十	日蚀。襄公二十年。发生日食。
齐庄公元年	齐庄公名光,是齐灵公的儿子,该年是其元年。
五	平公五年。
二十四	景公二十四年。
七	康王七年。
二十三	平公二十三年。
六	殇公六年。
十六	哀公十六年。
三十九	景侯三十九年。
二	武公二年。
十三	简公十三年。
二	文公二年。
八	诸樊八年。

【注释】

前560—前554

①吴伐我,败之:楚共王去世,吴认为楚在国丧之中不能出兵,趁机侵伐楚国。楚利用其轻敌不加戒备而大败吴军。

②诸樊:又名"遏""谒"。吴王寿梦之长子。

③率诸侯大夫伐秦,败棫(yù)林:晋率领诸侯伐秦,以报复在栎地的失败,但诸侯都不愿先渡泾水,待渡过泾水到达棫林,秦师不退,晋军将帅不和而后撤,栾鍼冲击秦军被杀。晋军败回。棫林,秦邑名。在今陕西咸阳礼泉东,泾水西南。

④共王太子出奔吴:楚共王太子即康王,无出奔之事。此为误记。

⑤孙文子攻公,公奔齐:卫献公忌恨孙文子跋扈不臣,孙文子恐被杀,先发制人,进攻卫献公,卫献公逃奔齐国。孙文子,孙林父。孙良夫之子。

⑥立定公弟狄:此即卫殇公。《左传》云其名"剽",《卫康叔世家》作"秋"。卫穆公之孙。实为卫"定公弟之子",此与《卫康叔世家》皆云定公弟,误。

⑦季子让位:季子名札,是吴王寿梦第四子。寿梦欲立其为君,他推辞不受,遂立诸樊。诸樊服丧期满,又欲让位与他,他再次推辞不受。

⑧楚伐我:楚国为报复去年吴趁楚国丧来侵而伐吴。吴打败楚国,俘获楚公子宜穀。楚令尹子囊还而去世,遗言必城郢以备吴。

⑨齐伐我:齐国与晋国不和,遂叛晋而攻击晋的盟国鲁国。

⑩伐败楚于湛坂:晋悼公十三年,楚子囊、秦庶长无地伐宋,师于杨梁。此年晋欲报此役而伐楚,在湛坂打败楚军。湛坂,楚邑名。在今河南平顶山北。

⑪"齐"格:按,本格内容未完。事实是晋率诸侯为鲁伐齐,齐灵公带兵在平阴抵御。晋人以兵力雄厚吓唬齐人,晏婴认为齐灵公本

来就没有勇气,听到这些话坚持不了多久。后齐灵公果然逃回了都城临淄。晋军遂进军包围了临淄,齐灵公又打算逃跑,被太子与郭荣拦住。

⑫子牙:齐灵公姬妾仲子之子,托付给戎子抚养。戎子有宠于灵公,于是立子牙为太子,取代太子光。

⑬光与崔杼杀牙自立:据《左传》,齐灵公生病,崔杼暗中接回太子光,在灵公病危时复立为太子,杀死戎子。待灵公去世,太子光即位,又拘捕了公子牙。《左传》未言杀子牙,此与《齐太公世家》皆言杀之。

⑭子产为卿:郑国执政子孔独断专行,郑人杀了他,立子产为卿。

前 552

周	二十　灵王二十年。
鲁	二十一　公如晋。日再蚀①。襄公二十一年。襄公出访晋国。两次发生日食。
齐	二　庄公二年。
晋	六　鲁襄公来。杀羊舌虎②。平公六年。鲁襄公来访。范宣子杀死羊舌虎。
秦	二十五　景公二十五年。
楚	八　康王八年。
宋	二十四　平公二十四年。
卫	七　殇公七年。
陈	十七　哀公十七年。
蔡	四十　景侯四十年。
曹	三　武公三年。
郑	十四　简公十四年。
燕	三　文公三年。
吴	九　诸樊九年。

前551

二十一　灵王二十一年。

二十二　孔子生③。襄公二十二年。孔子出生。

三　晋栾逞来奔④，晏婴曰："不如归之。"庄公三年。晋人栾逞逃亡到我国，晏婴说："不如把他送回晋国。"

七　栾逞奔齐。平公七年。栾逞逃亡齐国。

二十六　景公二十六年。

九　康王九年。

二十五　平公二十五年。

八　殇公八年。

十八　哀公十八年。

四十一　景侯四十一年。

四　武公四年。

十五　简公十五年。

四　文公四年。

十　诸樊十年。

前550

周	二十二	灵王二十二年。
鲁	二十三	襄公二十三年。
齐	四	欲遣栾逞入曲沃伐晋⑤,取朝歌⑥。庄公四年。庄公想要派遣栾逞进入曲沃为内应,齐国出兵进攻晋国,因栾逞失败,齐军攻取朝歌而返。
晋	八	平公八年。
秦	二十七	景公二十七年。
楚	十	康王十年。
宋	二十六	平公二十六年。
卫	九	齐伐我。殇公九年。齐军进攻我国。
陈	十九	哀公十九年。
蔡	四十二	景侯四十二年。
曹	五	武公五年。
郑	十六	简公十六年。
燕	五	文公五年。
吴	十一	诸樊十一年。

前549

二十三　灵王二十三年。
二十四　侵齐。日再蚀[⑦]。襄公二十四年。我军侵袭齐国。两次发生日食。
五　畏晋通楚，晏子谋。庄公五年。齐人害怕晋国与楚国通好，晏子为此设谋。
九　平公九年。
二十八　景公二十八年。
十一　与齐通。率陈、蔡伐郑救齐。康王十一年。楚国与齐国通好。率陈、蔡两国军队进攻郑国救援齐国。
二十七　平公二十七年。
十　殇公十年。
二十　楚率我伐郑。哀公二十年。楚人率领我军进攻郑国。
四十三　楚率我伐郑。景侯四十三年。楚人率领我军进攻郑国。
六　武公六年。
十七　范宣子为政[⑧]。我请伐陈。简公十七年。范宣子当时执掌晋国大政。简公朝晋，请求进攻陈国。
六　文公六年。
十二　诸樊十二年。

前548

周	**二十四**　灵王二十四年。
鲁	**二十五**　齐伐我北鄙，以报孝伯之师⑨。襄公二十五年。齐军进攻我国北部边境，以报复去年孝伯率军伐齐一事。
齐	**六**　晋伐我，报朝歌。崔杼以庄公通其妻，杀之，立其弟，为景公。庄公六年。晋军进攻我国，以报复朝歌一役。崔杼因为庄公与他妻子通奸，杀死庄公，立庄公的弟弟为君，这就是齐景公。
晋	**十**　伐齐至高唐⑩，报太行之役⑪。平公十年。晋军进攻齐国到达高唐，以报复太行一役。
秦	**二十九**　公如晋，盟不结⑫。景公二十九年。景公出访晋国，没有结盟（事在上一年）。
楚	**十二**　吴伐我，以报舟师之役⑬。射杀吴王⑭。康王十二年。吴军进攻我国，以报复舟师一役。我军射死了吴王诸樊。
宋	**二十八**　平公二十八年。
卫	**十一**　殇公十一年。
陈	**二十一**　郑伐我。哀公二十一年。郑军进攻我国。
蔡	**四十四**　景侯四十四年。
曹	**七**　武公七年。
郑	**十八**　伐陈，入陈⑮。简公十八年。郑军进攻陈国，攻入陈国。
燕	**燕懿公元年**　该年是燕懿公元年。
吴	**十三**　诸樊伐楚，迫巢门⑯，伤射以薨。诸樊十三年。吴王诸樊进攻楚国，逼近巢门，被射伤而死。

前547

甲寅
二十五　灵王二十五年。
二十六　襄公二十六年。
齐景公杵臼元年⑰　如晋，请归卫献公⑱。齐景公名杵臼，是齐庄公的异母弟弟，该年是其元年。齐景公出访晋国，请求释放卫献公，让他回国。
十一　诛卫殇公，复入献公⑲。平公十一年。诛杀卫殇公，送卫献公归国，恢复君位。
三十　景公三十年。
十三　率陈、蔡伐郑。康王十三年。楚人率陈、蔡两国军队进攻郑国。
二十九　平公二十九年。
十二［卫献公衎后元年］⑳　齐、晋杀殇公，复内献公。殇公十二年（卫献公后元元年）。齐人、晋人杀死殇公，送献公回国，恢复他的君位。
二十二　楚率我伐郑。哀公二十二年。楚军率我军进攻郑国。
四十五　景侯四十五年。
八　武公八年。
十九　楚率陈、蔡伐我。简公十九年。楚人率陈、蔡两国军队进攻我国。
二　懿公二年。
吴馀祭元年㉑　吴王馀祭，是诸樊的二弟，该年是其元年。

【注释】

前552—前547

① 日再蚀：发生两次日食。按，据《左传》，本年九月庚戌朔（前552年8月20日）发生日环食，十月庚辰朔又发生日食。一年内不会连续两个月都发生日食，第二次日食是史官误记。

② 杀羊舌虎：晋范氏与栾氏有矛盾，范宣子士匄驱逐了栾盈，杀死了其党羽羊舌虎等人。羊舌虎，羊舌氏，名虎，字叔黑。叔向之弟。

③ 孔子生：按，《公羊传》《穀梁传》都说孔子生于去年，即鲁襄公二十一年（前552）。

④ 晋栾逞来奔：栾逞即栾盈，去年被晋驱逐逃奔楚国，此年从楚来齐。

⑤ 欲遣栾逞入曲沃伐晋：齐庄公借送陪嫁女子到晋国的机会，偷偷送栾盈和他的门人进入晋国曲沃。栾盈率领曲沃人进入绛都作乱被打败，逃回曲沃后被杀。

⑥ 取朝歌：齐庄公一面派栾盈潜回晋国，一面出兵伐卫准备进攻晋国，占领了朝歌。朝歌，在今河南鹤壁淇县东北。

⑦ 日再蚀：发生两次日食。第二次是史官误记。参见注①。

⑧ 范宣子：范氏，名匄，一作"士匄"。《世本》作"宣叔匄"。范武子士会之孙，范文子士燮之子。攻灭栾氏后为晋国执政。

⑨ 孝伯之师：去年鲁国孟孝伯侵齐。孝伯，孟孙氏，名羯，字孝伯。又称"仲孙羯"。

⑩ 高唐：齐邑名。在今山东聊城高唐东北。

⑪ 太行之役：晋平公八年（前550）齐伐晋取朝歌，之后兵分两路，其中一路登上太行陉。

⑫ 公如晋，盟不结：据《左传》："会于夷仪之岁……秦晋为成，晋韩起如秦莅盟，秦伯东如晋莅盟，成而不结。"夷仪之会在去年，即秦景公二十八年。《秦本纪》误记此于景公二十七年，此又误记于二十九年。

⑬舟师之役：指去年楚派水师侵吴一役。舟师，水军。

⑭射杀吴王：吴王诸樊亲率军伐楚，攻打巢国城门，被巢牛臣射死。

⑮伐陈，入陈：郑子产、子展伐陈，并攻入陈国都城。陈哀公表示臣服，郑人并未吞并陈国。

⑯迫巢门：诸樊身先士卒攻打巢国城门。巢，古国名。偃姓（一说子姓）。在今安徽合肥巢湖东北。后被吴所灭。

⑰齐景公杵臼：齐景公，名杵臼。齐庄公异母弟。

⑱如晋，请归卫献公：卫献公回国复位后杀了卫殇公，攻逐孙氏，晋国在澶渊会合诸侯，拘捕了卫献公，带回晋国。齐景公与郑简公到晋国为卫献公说情，晋人释放了卫献公。

⑲诛卫殇公，复入献公：卫献公被孙林父赶出卫国，逃到齐国；后晋人将他安置在卫国的夷仪。他派人联系卫大夫甯喜，攻打驱逐孙氏，杀了卫殇公和太子角，回国复位。晋国并未参与杀卫殇公与入卫献公之事。此处与下面"卫"格所记皆误。

⑳"卫"格：《史记》此表与《卫康叔世家》皆以明年为卫献公后元元年，实则卫献公复位当年即改元，今年即为卫献公后元元年。表内"卫"格自此年至卫献公去世的周景王元年（前544）括注卫献公后元实际纪年。

㉑馀祭：也作"戴吴"。吴王寿梦次子，诸樊之弟。

前 546

周	二十六　灵王二十六年。
鲁	二十七　日蚀。襄公二十七年。发生日食。
齐	二　庆封欲专,诛崔氏,杼自杀①。景公二年。齐大夫庆封想要独专齐政,讨伐崔杼,崔杼自杀。
晋	十二　平公十二年。
秦	三十一　景公三十一年。
楚	十四　康王十四年。
宋	三十　平公三十年。
卫	卫献公衎后元年［二］　卫献公名衎,是卫定公的儿子,该年是他恢复君位后的第一年。(后元二年)。
陈	二十三　哀公二十三年。
蔡	四十六　景侯四十六年。
曹	九　武公九年。
郑	二十　简公二十年。
燕	三　懿公三年。
吴	二　馀祭二年。

前545

二十七　灵王二十七年。
二十八　公如楚②。葬康王③。襄公二十八年。襄公出访楚国。为楚康王送葬。
三　冬,鲍、高、栾氏谋庆封,发兵攻庆封④,庆封奔吴⑤。景公三年。冬天,鲍国、公孙虿、公孙灶谋攻庆封,出兵攻击庆封,庆封逃亡到吴国。
十三　平公十三年。
三十二　景公三十二年。
十五　康王薨。康王十五年。楚康王去世。
三十一　平公三十一年。
二[三]　献公后元二年(后元三年)。
二十四　哀公二十四年。
四十七　景侯四十七年。
十　武公十年。
二十一　简公二十一年。
四　懿公薨。懿公四年。燕懿公去世。
三　齐庆封来奔。馀祭三年。齐国庆封逃亡来到我国。

前544

周	景王**元年**　周景王名贵,是周灵王的儿子,该年是其元年。
鲁	**二十九**　吴季札来观周乐,尽知乐所为⑥。襄公二十九年。吴人季札出使来到鲁国观赏周王室的音乐,他尽知乐曲之意。
齐	**四**　吴季札来使,与晏婴欢⑦。景公四年。吴人季札出使来到我国,与晏婴关系友好。
晋	**十四**　吴季札来,曰:"晋政卒归韩、魏、赵。"平公十四年。吴人季札来到我国,说:"晋国政权最终要归韩、魏、赵三家所有。"
秦	**三十三**　景公三十三年。
楚	**楚熊郏敖元年**⑧　楚熊郏敖名员,该年是其元年。
宋	**三十二**　平公三十二年。
卫	**三〔四〕**　献公后元三年(后元四年)。
陈	**二十五**　哀公二十五年。
蔡	**四十八**　景侯四十八年。
曹	**十一**　武公十一年。
郑	**二十二**　吴季札谓子产曰:"政将归子,子以礼,幸脱于厄矣。"简公二十二年。吴人季札对子产说:"郑国国政必将归您执掌,您用礼来处事,当能幸免于难。"
燕	**燕惠公元年**⑨　齐高止来奔⑩。该年是燕惠公元年。齐人高止逃亡来到我国。
吴	**四**　守门阍杀馀祭⑪。季札使诸侯。馀祭四年。守门人杀死馀祭。季札出使各诸侯国。

前543

二　景王二年。
三十　襄公三十年。
五　景公五年。
十五　平公十五年。
三十四　景公三十四年。
二　郏敖二年。
三十三　平公三十三年。
卫襄公恶元年　卫襄公名恶，是卫献公的儿子，该年是其元年。
二十六　哀公二十六年。
四十九　为太子取楚女，公通焉，太子杀公自立。景侯四十九年。为太子班在楚国娶妻，又和儿媳私通，太子杀死了景侯自立为蔡侯。
十二　武公十二年。
二十三　诸公子争宠相杀，又欲杀子产，子皮止之⑫。简公二十三年。郑国诸公子因争权而互相攻杀，又想杀子产，被子皮制止。
二　惠公二年。
五 [馀昧元年]⑬　馀祭五年（馀昧元年）。

前542

周	三　景王三年。
鲁	三十一　襄公薨。昭公年十九,有童心⑭。襄公三十一年。鲁襄公去世。当时鲁昭公已经十九岁了,还像孩子一样不懂事。
齐	六　景公六年。
晋	十六　平公十六年。
秦	三十五　景公三十五年。
楚	三　王季父围为令尹⑮。郏敖三年。他的叔父围担任令尹。
宋	三十四　平公三十四年。
卫	二　襄公二年。
陈	二十七　哀公二十七年。
蔡	蔡灵侯班元年⑯　蔡灵侯名班,是蔡景侯的儿子,该年是其元年。
曹	十三　武公十三年。
郑	二十四　简公二十四年。
燕	三　惠公三年。
吴	六［二］　馀祭六年（馀昧二年）。

前541

四　景王四年。
鲁昭公稠元年[17]　鲁昭公名稠,是鲁襄公的儿子,该年是其元年。
七　景公七年。
十七　秦后子来奔。平公十七年。秦景公的弟弟后子逃亡来到我国。
三十六　公弟后子奔晋[18],车千乘。景公三十六年。景公的弟弟后子逃亡到晋国,有车千乘。
四　令尹围杀郏敖,自立为灵王。郏敖四年。令尹围杀死郏敖,自立为楚王,他就是楚灵王。
三十五　平公三十五年。
三　襄公三年。
二十八　哀公二十八年。
二　灵侯二年。
十四　武公十四年。
二十五　简公二十五年。
四　惠公四年。
七［三］　馀祭七年（馀眛三年）。

【注释】

前 546—前 541

① "庆封欲专"几句：庆封利用崔杼家族内乱灭了崔氏，掠取崔家所有的人口和财物，崔杼与其妻也自杀而死，遂掌握了齐国大权。庆封，字子家，庆克之子。齐国大夫。两年前（齐庄公六年，前548）与崔杼合谋杀死齐庄公，立景公，崔杼任右相，他为左相。

② 公如楚：去年向戌弭兵，晋、楚平分霸权，所以鲁侯朝楚。

③ 葬康王：按，事在下年。

④ 鲍、高、栾氏谋庆封，发兵攻庆封：鲍，桓公大臣鲍叔牙之后，此指鲍国。高，此指惠公之孙公孙虿（chài），字子尾。栾，此指惠公之孙公孙灶，字子雅，公子栾之子。按，据《左传》发兵攻庆封的还有陈氏。

⑤ 庆封奔吴：庆封失败后先奔鲁，后奔吴，聚族居于吴之朱方。

⑥ 吴季札来观周乐，尽知乐所为：季札出使鲁国，请求欣赏周乐，能够完全理解周乐的意义并据以预测各国的国运。周乐，周王室的乐舞。因周公的特殊功勋，天子赠鲁以周乐。

⑦ 与晏婴欢：季札与晏婴交好，并看出齐国将有祸乱，政有所归，劝晏婴交还封邑与权力。

⑧ 熊郏敖：郏敖名员，康王之子。无谥，葬于郏（今河南平顶山郏县），故称郏敖。"熊"字衍。

⑨ 燕惠公：《左传》作"简公"。

⑩ 齐高止来奔：齐国高止喜欢生事而且居功，又专横，故公孙虿、公孙灶把他放逐到北燕。高止，字子容。齐大夫。

⑪ 守门阍杀馀祭：吴国讨伐越国，让俘虏做门人去看守船只。吴王馀祭来观看船只，看门人杀死了馀祭。阍，守门人。

⑫ "诸公子争宠相杀"几句：郑国驷氏攻打伯有，伯有奔许。后伯有潜回攻打郑北门，被驷氏杀死。当时双方都召子产加入，子产都

拒绝了，战后又安葬了伯有。驷氏想杀子产，被子皮制止。子皮，罕氏，名虎，字子皮。郑穆公之孙，子展之子。为郑国上卿，受人拥护，后将政权交与子产。

⑬ "吴"格：按，去年吴王馀祭已被杀，其弟馀眛继立，此年不应再用其纪年，当是馀眛元年，格内括注"馀眛元年"。馀祭在位四年，馀眛在位十七年，此表颠倒。表内"吴"格自此年至周景王十八年（前527）括注馀眛实际纪年。

⑭ 昭公年十九，有童心：鲁昭公继位时已十九岁，还像孩子一样嬉戏无度。据《左传》，在安葬鲁襄公时三次给他换丧服，他还是把丧服弄得和旧的一样。

⑮ 王季父围：楚王郏敖的叔父公子围。楚共王之子，康王之弟。

⑯ 蔡灵侯班：蔡灵侯，名班，一作"般"。

⑰ 鲁昭公稠：鲁昭公，名稠，一作"裯"。鲁襄公无嫡子，去世后始立敬归之子子野为国君，子野很快也死去，乃立敬归之妹齐归之子，即鲁昭公。

⑱ 公弟后子奔晋：后子，名铖。秦桓公之子，秦景公同母弟，深受桓公宠爱，秦景公时与景公如两君并列。其母惧景公会加害他，让他离开秦国，后子遂出奔晋国。

前540

周	**五** 景王五年。
鲁	**二** 公如晋，至河，晋谢还之①。昭公二年。昭公欲往晋国吊晋平公宠妾少姜之丧，走到黄河边，被晋人谢绝，让他返回。
齐	**八** 田无宇送女。景公八年。齐大夫田无宇送齐女少姜嫁入晋国。
晋	**十八** 齐田无宇来送女②。平公十八年。齐大夫田无宇前来送齐女少姜嫁入晋国。
秦	**三十七** 景公三十七年。
楚	**楚灵王围元年③ 共王子，肘玉④。** 楚灵王名围，该年是其元年。他是楚共王的儿子。楚共王为选立嗣君，埋玉璧于室，召五个儿子参拜，灵王的肘压在玉璧上。
宋	**三十六** 平公三十六年。
卫	**四** 襄公四年。
陈	**二十九** 哀公二十九年。
蔡	**三** 灵侯三年。
曹	**十五** 武公十五年。
郑	**二十六** 简公二十六年。
燕	**五** 惠公五年。
吴	**八**［四］ 馀祭八年（馀昧四年）。

前539

六	景王六年。
三	昭公三年。
九	晏婴使晋,见叔向,曰:"齐政归田氏⑤。"叔向曰:"晋公室卑⑥。"景公九年。晏婴出使晋国,见到叔向,对他说:"齐国政权将归田氏所有。"叔向说:"晋国公室将要衰微。"
十九	平公十九年。
三十八	景公三十八年。
二	灵王二年。
三十七	平公三十七年。
五	襄公五年。
三十	哀公三十年。
四	灵侯四年。
十六	武公十六年。
二十七	夏,如晋。冬,如楚。简公二十七年。夏天,简公出访晋国。冬天,出访楚国。
六	公欲杀公卿立幸臣⑦,公卿诛幸臣,公恐,出奔齐。惠公六年。惠公想尽杀公卿重用他的宠臣,公卿杀死宠臣,惠公恐惧,逃亡到齐国。
九［五］	馀祭九年(馀昧五年)。

前538

周	七 景王七年。
鲁	四 称病不会楚。昭公四年。昭公用生病推辞没有参加楚国召集的会盟。
齐	十 景公十年。
晋	二十 平公二十年。
秦	三十九 景公三十九年。
楚	三 夏,合诸侯宋地,盟[8]。伐吴朱方,诛庆封[9]。冬,报我,取三城[10]。灵王三年。夏天,在宋地会合诸侯,结盟。诸侯联军进攻吴国朱方,诛杀庆封。冬天,吴国报复我国,占领了我国棘、栎、麻三城。
宋	三十八 平公三十八年。
卫	六 称病不会楚。襄公六年。襄公用生病推辞没有参加楚国召集的会盟。
陈	三十一 哀公三十一年。
蔡	五 灵侯五年。
曹	十七 称病不会楚。武公十七年。武公用生病推辞没有参加楚国召集的会盟。
郑	二十八 子产曰:"三国不会[11]。"简公二十八年。子产说:"有三个国家不会来参加盟会。"
燕	七 惠公七年。
吴	十[六] 楚诛庆封。馀祭十年(馀眜六年)。楚人诛杀庆封。

前537

甲子
八　景王八年。
五　昭公五年。
十一　景公十一年。
二十一　秦后子归秦。平公二十一年。后子回归秦国。
四十　公卒。后子自晋归。景公四十年。秦景公去世。后子从晋国回国。
四　率诸侯伐吴⑫。灵王四年。率诸侯联军进攻吴国。
三十九　平公三十九年。
七　襄公七年。
三十二　哀公三十二年。
六　灵侯六年。
十八　武公十八年。
二十九　简公二十九年。
八　惠公八年。
十一［七］　楚率诸侯伐我。馀祭十一年（馀昧七年）。楚人率诸侯联军进攻我国。

前536

周	**九** 景王九年。
鲁	**六** 昭公六年。
齐	**十二** 公如晋,请伐燕,入其君[13]。景公十二年。景公出访晋国,请晋国同意进攻燕国,让燕惠公回国。
晋	**二十二** 齐景公来,请伐燕,入其君。平公二十二年。齐景公来到我国,请求进攻燕国,让燕惠公回国。
秦	**秦哀公元年**[14] 秦哀公(《秦始皇本纪》作毕公)是秦景公的儿子,该年是其元年。
楚	**五** 伐吴,次乾谿。灵王五年。楚军进攻吴国,驻扎在乾谿。
宋	**四十** 平公四十年。
卫	**八** 襄公八年。
陈	**三十三** 哀公三十三年。
蔡	**七** 灵侯七年。
曹	**十九** 武公十九年。
郑	**三十** 简公三十年。
燕	**九** 齐伐我。惠公九年。齐军进攻我国。
吴	**十二**[八] 楚伐我,次乾谿[15]。馀祭十二年(馀昧八年)。楚军进攻我国,驻扎在乾谿。

前535

十	景王十年。
七	季武子卒。日蚀。昭公七年。季武子去世。发生日食。
十三	入燕君⑯。景公十三年。齐、晋共同帮助燕惠公回国。
二十三	入燕君。平公二十三年。齐、晋共同帮助燕惠公回国。
二	哀公二年。
六	执芋尹亡人入章华⑰。灵王六年。芋尹申无宇进入章华台抓捕逃犯。
四十一	平公四十一年。
九	夫人姜氏无子⑱。襄公九年。襄公夫人姜氏没有子嗣。
三十四	哀公三十四年。
八	灵侯八年。
二十	武公二十年。
三十一	简公三十一年。
燕悼公元年	惠公归至卒。该年是燕悼公元年。燕惠公回到燕国就去世了。
十三［九］	馀祭十三年（馀眛九年）。

【注释】

前540—前535

① "公如晋"几句：晋平公宠姬少姜死，鲁昭公前往吊唁。晋国辞谢，昭公行至黄河返回。

② 田无宇来送女：晋平公聘娶齐女少姜，田无宇送亲至晋国。田无宇，《左传》作"陈无宇"，谥桓子，又称"陈桓子""田桓子"。

③ 楚灵王围：公子围弑楚郏敖，自立为楚王，即楚灵王。

④ 肘玉：楚共王无嫡子，为选嗣君，埋璧于祖庙的庭院里，依次让五个儿子入拜。灵王的胳膊压在玉璧上，所以有机会成为国君。

⑤ 齐政归田氏：晏婴见齐国田氏收买民心，而齐侯不恤百姓，预言田氏将会取代姜氏而有齐国。

⑥ 晋公室卑：叔向认为晋国公室奢侈，大失民心，宗族衰落，而不知悔改，国政掌握在私家手里，晋国公室已经到了末世。

⑦ 公欲杀公卿立幸臣：燕惠公（《左传》作"简公"）多宠臣，欲杀掉诸大夫而立宠臣。按，此表与《左传》俱云为宠臣，《燕召公世家》云为"宠姬"。

⑧ 合诸侯宋地，盟：据《左传》，此年楚、蔡、陈、郑、许、徐、滕、顿、胡、沈、小邾、宋、淮夷会于申。这是楚灵王第一次大会诸侯。申在今河南南阳，属楚地；《左传》说"郑伯先待于申"，此申似属郑邑；皆非宋地。

⑨ 伐吴朱方，诛庆封：庆封逃奔吴国后，吴让其居于朱方。楚灵王以庆封弑杀齐庄公为由率诸侯诛灭了他的全族。朱方，吴县名。在今江苏镇江丹徒东南。

⑩ 三城：指楚国的棘、栎、麻。

⑪ 三国不会：据此表，未来参加申地盟会的有鲁、卫、曹三国；《左传》云为鲁、卫、曹、邾四国；《楚世家》云为鲁、宋、曹三国。

⑫ 率诸侯伐吴：楚灵王为报复去年吴取楚棘、栎、麻三城，率诸侯伐

吴。吴早有防备,楚军无功而还。

⑬请伐燕,入其君:燕惠公(《左传》作"简公")在两年前逃亡到齐国,此时晋为盟主,故齐景公赴晋,请晋同意伐燕以纳惠公,而后齐伐之。

⑭秦哀公:《秦始皇本纪》作秦毕公。

⑮伐我,次乾谿:楚伐徐,吴救徐,楚另派令尹子荡伐吴,驻扎在乾谿。乾谿,楚邑名。在今安徽亳州东南。

⑯入燕君:据《左传》,齐、燕平,燕国把燕姬嫁给齐景公,并送上重礼,齐退兵,未能纳燕君。《燕召公世家》则云齐高偃入晋,齐、晋共伐燕而入燕君。

⑰执芋尹亡人入章华:楚灵王建章华宫,收纳逃亡之人。芋尹的守门人有罪逃入宫中,芋尹去抓捕,管理宫殿的官员把他抓去见灵王。灵王将守门人交给他,将他释放。芋尹,楚国官名。此芋尹是申无宇。

⑱夫人姜氏无子:卫卿立卫襄公宠姬之子元为国君。据《左传》,子元出生前,卫卿孔成子与史朝皆梦卫始祖康叔命立元。卫襄公去世后,二人根据前梦及占卜结果,遂立子元。

前534

周	十一　景王十一年。
鲁	八　公如楚,楚留之①。贺章华台。昭公八年。昭公出访楚国,楚灵王把他留下来。庆贺章华台的建成。
齐	十四　景公十四年。
晋	二十四　平公二十四年。
秦	三　哀公三年。
楚	七　就章华台,内亡人实之②。灭陈③。灵王七年。建成章华台,楚灵王下令把逃亡来的人都收容充实在台内。灭了陈国。
宋	四十二　平公四十二年。
卫	卫灵公元年　卫灵公名元,是卫襄公的儿子,该年是其元年。
陈	三十五　弟招作乱,哀公自杀④。哀公三十五年。哀公的弟弟招作乱,哀公自杀。
蔡	九　灵侯九年。
曹	二十一　武公二十一年。
郑	三十二　简公三十二年。
燕	二　悼公二年。
吴	十四［十］　馀祭十四年(馀眛十年)。

前533

十二　景王十二年。

九　昭公九年。

十五　景公十五年。

二十五　平公二十五年。

四　哀公四年。

八　弟弃疾将兵定陈⑤。灵王八年。灵王的弟弟弃疾率兵安定陈国（实为灭陈）。

四十三　平公四十三年。

二　灵公二年。

陈惠公吴元年⑥　哀公孙也。楚来定我⑦。陈惠公名吴,该年是其元年（惠公实未即位）。惠公是哀公的孙子。楚人前来安定我国（实为灭陈）。

十　灵侯十年。

二十二　武公二十二年。

三十三　简公三十三年。

三　悼公三年。

十五〔十一〕　馀祭十五年（馀昧十一年）。

前 532

周	十三	景王十三年。
鲁	十	昭公十年。
齐	十六	景公十六年。
晋	二十六	春,有星出婺女⑧。七月,公薨。平公二十六年。春天,有颗星出现在婺女宿。七月,晋平公去世。
秦	五	哀公五年。
楚	九	灵王九年。
宋	四十四	平公薨。平公四十四年。宋平公去世。
卫	三	灵公三年。
陈	二	惠公二年(陈被楚所灭,惠公未即位)。
蔡	十一	灵侯十一年。
曹	二十三	武公二十三年。
郑	三十四	简公三十四年。
燕	四	悼公四年。
吴	十六［十二］	馀祭十六年(馀昧十二年)。

前531

十四	景王十四年。
十一	昭公十一年。
十七	景公十七年。
晋昭公夷元年	晋昭公名夷,是晋平公的儿子,该年是其元年。
六	哀公六年。
十	醉杀蔡侯⑨,使弃疾围之。弃疾居之,为蔡侯⑩。灵王十年。把蔡侯灌醉杀死,又派弃疾包围蔡邑。弃疾在那里住下来,成为蔡侯(应为陈蔡公)。
宋元公佐元年	宋元公名佐,是宋平公的儿子,该年是其元年。
四	灵公四年。
三	惠公三年(陈被楚所灭,惠公未即位)。
十二	灵侯如楚,楚杀之,使弃疾居之,为蔡侯。灵侯十二年。灵侯出访楚国,楚灵王派人杀死了他,又派弃疾住在蔡邑,成为蔡侯(应为陈蔡公)。
二十四	武公二十四年。
三十五	简公三十五年。
五	悼公五年。
十七[十三]	馀祭十七年(馀眛十三年)。

前 530

周	**十五** 景王十五年。
鲁	**十二** 朝晋至河,晋谢之归⑪。昭公十二年。昭公到晋国朝见,到黄河边,晋人辞谢请他回国。
齐	**十八** 公如晋。景公十八年。景公出访晋国。
晋	**二** 昭公二年。
秦	**七** 哀公七年。
楚	**十一** 王伐徐以恐吴,次乾谿。民罢于役,怨王。灵王十一年。灵王率军进攻徐国,目的是恐吓吴国,驻扎在乾谿。民众疲于徭役,怨恨灵王。
宋	**二** 元公二年。
卫	**五** 公如晋,朝嗣君。灵公五年。灵公出访晋国,朝见嗣君晋昭公。
陈	**四** 惠公四年(陈被楚所灭,惠公未即位)。
蔡	**蔡侯庐元年**⑫ 景侯子⑬。蔡侯名庐,该年是其元年(应在下一年)。他是蔡景侯的儿子(应为曾孙)。
曹	**二十五** 武公二十五年。
郑	**三十六** 公如晋。简公三十六年。简公出访晋国。
燕	**六** 悼公六年。
吴	**吴馀眛元年〔十四〕**⑭ 吴王馀眛是诸樊的三弟,该年是其元年(馀眛十四年)。

前529

十六　景王十六年。
十三　昭公十三年。
十九　景公十九年。
三　昭公三年。
八　哀公八年。
十二　弃疾作乱自立⑮,灵王自杀。复陈、蔡⑯。灵王十二年。弃疾制造祸乱,自立为楚王,灵王自杀。使陈国、蔡国复国。
三　元公三年。
六　灵公六年。
五[陈惠公吴元年]　楚平王复陈,立惠公⑰。惠公五年(惠公元年)。楚平王使陈国复国,复立惠公为陈君。
二[蔡侯庐元年]　楚平王复我,立景侯子庐⑱。平侯二年(平侯元年)。楚平王使蔡国复国,立蔡景侯的儿子庐为君。
二十六　武公二十六年。
郑定公宁元年　郑定公名宁,是郑简公的儿子,该年是其元年。
七　悼公七年。
二[十五]　馀昧二年(馀昧十五年)。

【注释】

前534—前529

① 公如楚，楚留之：按，此是去年之事。

② 就章华台，内亡人实之：按，此是去年之事。

③ 灭陈：陈国发生内乱，楚伐陈，遂灭陈。

④ 弟招作乱，哀公自杀：陈哀公所宠之次妃生公子留，哀公将其托付
　　给弟弟司徒公子招与公子过。哀公患有不治之症，公子招与公子
　　过杀了太子偃师而立公子留。陈哀公愤而自杀。

⑤ 弟弃疾将兵定陈：弃疾灭陈之事在去年，此年被封为陈公。弃疾，
　　即后之楚平王。

⑥ 陈惠公吴元年：陈惠公，名吴。陈悼太子偃师之子，陈哀公之孙。
　　去年，其父被公子招等杀死后，楚人以拥戴他的名义灭陈，并未立
　　他为君。此年并非其元年。陈复国在四年后，故表内陈格这四年
　　不应纪年，更不应以陈惠公纪年。

⑦ 楚来定我：楚灭陈，非“定”之。

⑧ 有星出婺（wù）女：有彗星出现在婺女宿。婺女，星宿名。即女
　　宿。又名须女。二十八宿之一，玄武七宿之第三宿，有星四颗。

⑨ 醉杀蔡侯：据《左传》，楚灵王在申地招蔡灵侯往会，在宴会上趁
　　蔡侯酒醉抓了他，不久后将他杀死。

⑩ 弃疾居之，为蔡侯：楚灵王杀了蔡灵侯，又杀死其太子，灭了蔡国，
　　让弃疾作了蔡公而非蔡侯。蔡侯，应作“蔡公”。蔡公即蔡邑的
　　行政长官，即后来的县长、县令。弃疾前已为陈公，此时又有蔡，
　　故为“陈蔡公”。

⑪ 朝晋至河，晋谢之归：两年前，鲁占领莒国的郠（gěng）地，莒国
　　向晋国控诉，晋国因为有平公的丧事没有追究，所以这次拒绝鲁
　　昭公。

⑫ 蔡侯庐元年：按，楚灭蔡，蔡复国在下一年，此格不当纪年。蔡侯

庐，即后来的蔡平侯，名庐。

⑬景侯子：按，蔡侯庐之父是蔡灵公之子太子友，蔡侯庐是蔡灵公之孙，蔡景侯曾孙。此表与世家皆误。

⑭吴馀眛元年：按，馀眛早在十四年前（即周景王二年，前543）已即位，此年是其十四年。司马迁弄反了馀祭与馀眛的在位年数，致有此误。馀眛，《左传》作"夷末"，诸樊三弟。

⑮弃疾作乱自立：弃疾利用楚灵王与诸大夫贵族的矛盾，与两位兄长公子比、公子黑肱杀灵王太子，又设计逼公子比、公子黑肱自杀，乃自立为王。

⑯复陈、蔡：弃疾本为陈蔡公，为求自立，与陈、蔡之人结盟，答应为其复国。

⑰楚平王复陈，立惠公：按，此年方为陈惠公元年，格内括注"陈惠公吴元年"。惠公在位二十四年。表内"陈"格自此年至周敬王十四年（前506）括注惠公实际纪年。

⑱楚平王复我，立景侯子庐：按，此年方为蔡平侯元年，格内括注"蔡侯庐元年"。蔡平侯在位八年，表内"蔡"格自此年至周景王二十三年（前522）括注平侯实际纪年。蔡国从此迁于新蔡，即今河南驻马店新蔡。

前 528

周	十七 景王十七年。
鲁	十四 昭公十四年。
齐	二十 景公二十年。
晋	四 昭公四年。
秦	九 哀公九年。
楚	楚平王居元年① 共王子,抱玉②。楚平王名居,即弃疾,该年是其元年。他是楚共王的儿子,当年共王占验五子选嗣时,他被人抱着参拜,把玉璧压在胸前。
宋	四 元公四年。
卫	七 灵公七年。
陈	六[二] 惠公六年(惠公二年)。
蔡	三[二] 平侯三年(平侯二年)。
曹	二十七 武公二十七年。
郑	二 定公二年。
燕	燕共公元年 该年是燕共公元年。
吴	三[十六] 馀眛三年(馀眛十六年)。

前527

甲戌

十八 后、太子卒③。景王十八年。王后、太子寿去世。

十五 日蚀。公如晋，晋留之葬④，公耻之。昭公十五年。发生日食。昭公出访晋国，晋人让他留下来参加晋昭公的葬礼，昭公以此为耻（实无此事）。

二十一 景公二十一年。

五 昭公五年。

十 哀公十年。

二 王为太子取秦女⑤，好，自取之。平王二年。平王为太子建迎娶秦国姑娘，她长得漂亮，就自己娶了她。

五 元公五年。

八 灵公八年。

七［三］ 惠公七年（惠公三年）。

四［三］ 平侯四年（平侯三年）。

曹平公须元年 曹平公名须，是曹武公的儿子，该年是其元年。

三 定公三年。

二 共公二年。

四［十七］ 馀昧四年（馀昧十七年）。

前526

周	**十九**　景王十九年。
鲁	**十六**　昭公十六年。
齐	**二十二**　景公二十二年。
晋	**六**　公卒。六卿强⑥,公室卑矣。昭公六年。晋昭公去世。范、中行、知、韩、赵、魏六家在晋国势力强大,公室衰微了。
秦	**十一**　哀公十一年。
楚	**三**　平王三年。
宋	**六**　元公六年。
卫	**九**　灵公九年。
陈	**八**［四］　惠公八年（惠公四年）。
蔡	**五**［四］　平侯五年（平侯四年）。
曹	**二**　平公二年。
郑	**四**　定公四年。
燕	**三**　共公三年。
吴	**吴僚元年**⑦　吴王僚是寿梦庶子（一说是馀眛之子）,该年是其元年。

前525

二十	景王二十年。
十七	五月朔，日蚀。彗星见辰⑧。昭公十七年。五月初一，发生日食。彗星在大火星旁边出现。
二十三	景公二十三年。
晋顷公去疾元年	晋顷公名去疾，是晋昭公的儿子，该年是其元年。
十二	哀公十二年。
四	与吴战。平王四年。楚军与吴军交战。
七	元公七年。
十	灵公十年。
九〔五〕	惠公九年（惠公五年）。
六〔五〕	平侯六年（平侯五年）。
三	平公三年。
五	火，欲禳之，子产曰："不如修德。"⑨定公五年。发生火灾，郑国人想举行祭祀祈求免灾，子产说："不如修养德行。"
四	共公四年。
二	与楚战⑩。王僚二年。吴军与楚军交战。

前 524

周	二十一　景王二十一年。
鲁	十八　昭公十八年。
齐	二十四　景公二十四年。
晋	二　顷公二年。
秦	十三　哀公十三年。
楚	五　平王五年。
宋	八　火。元公八年。发生火灾。
卫	十一　火。灵公十一年。发生火灾。
陈	十〔六〕　火。惠公十年（惠公六年）。发生火灾。
蔡	七〔六〕　平侯七年（平侯六年）。
曹	四　平公须。平公四年。曹平公去世。
郑	六　火。定公六年。发生火灾。
燕	五　共公须。共公五年。燕共公去世。
吴	三　王僚三年。

前 523

二十二　景王二十二年。
十九　地震。昭公十九年。发生地震。
二十五　景公二十五年。
三　顷公三年。
十四　哀公十四年。
六　平王六年。
九　元公九年。
十二　灵公十二年。
十一〔七〕　惠公十一年（惠公七年）。
八〔七〕　平侯八年（平侯七年）。
曹悼公午元年　曹悼公名午,是曹平公的儿子,该年是其元年。
七　定公七年。
燕平公元年　该年是燕平公即位的第一年。
四　王僚四年。

前 522

周	二十三　景王二十三年。
鲁	二十　齐景公与晏子狩,入鲁问礼⑪。昭公二十年。齐景公与晏子打猎,进入鲁境询问周礼。
齐	二十六　猎鲁界,因入鲁。景公二十六年。在齐鲁边境打猎,因便进入鲁国境内。
晋	四　顷公四年。
秦	十五　哀公十五年。
楚	七　诛伍奢、尚⑫,太子建奔宋,伍胥奔吴⑬。平王七年。诛杀太子建师傅伍奢及其长子伍尚,太子建逃亡到宋国,伍子胥逃亡到吴国。
宋	十　公毋信。诈杀诸公子⑭。楚太子建来奔,见乱,之郑。元公十年。元公没有信义。用诡计杀死诸公子。楚太子建逃亡来到我国,见我国政治混乱,就到郑国去了。
卫	十三　灵公十三年。
陈	十二［八］　惠公十二年(惠公八年)。
蔡	九［八］　平侯甍。灵侯孙东国杀平侯子而自立⑮。平侯九年(平侯八年)。蔡平侯去世。蔡灵侯的孙子东国杀了平侯的儿子自立为君(实为平侯之子朱已即位,东国逐朱自立,事在下一年)。
曹	二　悼公二年。
郑	八　楚太子建从宋来奔。定公八年。楚太子建从宋国逃亡来到我国。
燕	二　平公二年。
吴	五　伍员来奔。王僚五年。伍子胥逃亡来到我国。

前521

二十四　景王二十四年。

二十一　公如晋至河,晋谢之⑯,归。日蚀。昭公二十一年。昭公到晋国朝见,到黄河边,被晋国辞谢,回国。发生日食。

二十七　景公二十七年。

五　顷公五年。

十六　哀公十六年。

八　蔡侯来奔⑰。平王八年。蔡侯(实为蔡平侯的太子朱)逃亡来到我国。

十一　元公十一年。

十四　灵公十四年。

十三[九]　惠公十三年(惠公九年)。

蔡悼侯东国元年　奔楚。蔡悼侯名东国,是蔡灵侯的孙子,该年是其元年。悼侯(实为平侯太子朱)逃亡去了楚国。

三　悼公三年。

九　定公九年。

三　平公三年。

六　王僚六年。

【注释】

前528—前521

① 楚平王居：即弃疾。楚灵王之弟。即位后改名居。

② 共王子，抱玉：楚共王确定嗣位人选时，曾埋璧于祖庙，让几个儿子依次来拜，平王正好压在璧纽上，像把玉抱在胸前的样子。

③ 后、太子卒：周景王的太子、王后先后去世。后，穆后，太子之母。太子，名寿。按，"后"后当书"崩"字。

④ 公如晋，晋留之葬：此误说。据《左传》，鲁昭公于十五年冬去晋，晋因为鲁国攻打莒国夺取郠地事扣留昭公，至十六年夏返鲁。晋昭公之死在十六年八月，"如晋葬昭公"者乃季平子，与鲁昭公无关。

⑤ 王为太子取秦女：此事《秦本纪》云在楚平王三年，《左传》书于平王六年。太子，名建。

⑥ 六卿：指晋国韩、赵、魏、范、中行、知氏六个家族。

⑦ 吴僚：吴王名僚，一名州于。寿梦长庶子。《史记》以为是馀眛之子。

⑧ 辰：心宿。二十八宿之一。

⑨ "火，欲禳之"几句：按，郑国此年未发生火灾。只是大夫裨灶精通星相占卜，预言郑国将要发生火灾，请子产进行祭祀以求免灾，子产没有答应。明年，郑大火，裨灶又建议祭祀，子产以为"天道远，人道迩"，仍然未禳灾，郑也没再发生火灾。

⑩ 与楚战：吴伐楚，两军在长岸交战，楚胜吴，缴获吴的馀皇船，后又被吴夺回。

⑪ 齐景公与晏子狩，入鲁问礼：按，齐、鲁两世家亦记此事，而《左传》未记。

⑫ 诛伍奢、尚：费无极向楚平王诬陷伍奢与太子建谋反，楚平王囚伍奢以召其子伍尚、伍员（yún）。伍尚至，父子被杀。

⑬伍胥：即伍子胥，名员。事迹详见《伍子胥列传》。

⑭公毋信。诈杀诸公子：宋元公无信多私心，而厌恶华氏、向氏。华定、华亥、向宁等谋诛元公之党公子寅、公子御戎、公子朱、公子固、公孙援、公孙丁等人。元公与华氏、向氏相互扣人为质。后元公杀死人质进攻二族，华氏、向氏逃往陈国。

⑮灵侯孙东国杀平侯子而自立：按，事实是蔡平侯太子朱已即位，楚国的费无极收受东国索取贿赂，威胁蔡人，蔡人驱逐蔡侯朱，而立东国，是为蔡悼侯。事在下一年。东国，蔡灵侯之孙，蔡平侯之弟，蔡侯朱叔父。平侯子，即蔡平侯太子，名朱。

⑯公如晋至河，晋谢之：鲁昭公朝晋，走到黄河边。当时鼓国背叛晋国归附鲜虞，晋国正准备攻打鲜虞，所以辞谢了昭公。

⑰蔡侯来奔：此指蔡侯朱到楚国控诉蔡人立东国而自己被驱逐之事。下"蔡"格中，"奔楚"者亦指蔡侯朱，并非蔡悼侯东国。

前 520

周	二十五 景王二十五年。
鲁	二十二 日蚀。昭公二十二年。发生日食。
齐	二十八 景公二十八年。
晋	六 周室乱[1]，公平乱，立敬王[2]。顷公六年。周王室发生王子朝之乱，顷公平定祸乱，立敬王。
秦	十七 哀公十七年。
楚	九 平王九年。
宋	十二 元公十二年。
卫	十五 灵公十五年。
陈	十四 [十] 惠公十四年（惠公十年）。
蔡	二 悼侯二年。
曹	四 悼公四年。
郑	十 定公十年。
燕	四 平公四年。
吴	七 王僚七年。

前 519

敬王元年③　周敬王是周景王的儿子,该年是其元年。
二十三　地震④。昭公二十三年。发生地震。
二十九　景公二十九年。
七　顷公七年。
十八　哀公十八年。
十　吴伐败我。平王十年。吴军进攻我国,打败我军。
十三　元公十三年。
十六　灵公十六年。
十五[十一]　吴败我兵,取胡、沈⑤。惠公十五年(惠公十一年)。吴军打败我军,占领胡国、沈国。
三　悼侯三年。
五　悼公五年。
十一　楚建作乱,杀之⑥。定公十一年。楚太子建作乱,郑国人杀死了他(《郑世家》记此事于上一年)。
五　平公五年。
八　公子光败楚⑦。王僚八年。公子光打败了楚军。

前518

周	二　敬王二年。
鲁	二十四　鸜鹆来巢⑧。昭公二十四年。有只八哥飞到鲁国来作窝（《鲁周公世家》记此事于下一年）。
齐	三十　景公三十年。
晋	八　顷公八年。
秦	十九　哀公十九年。
楚	十一　吴卑梁人争桑，伐取我锺离⑨。平王十一年。吴国卑梁人与我国锺离人争夺桑树，吴军进攻占领了我国锺离。
宋	十四　元公十四年。
卫	十七　灵公十七年。
陈	十六［十二］　惠公十六年（惠公十二年）。
蔡	蔡昭侯申元年　悼侯弟。蔡昭侯名申，该年是其元年。他是蔡悼侯的弟弟。
曹	六　悼公六年。
郑	十二　公如晋，请内王⑩。定公十二年。定公出访晋国，请求护送周敬王回国（《郑世家》记此事于上一年）。
燕	六　平公六年。
吴	九　王僚九年。

前517

甲申
三　敬王三年。
二十五　公欲诛季氏,三桓氏攻公,公出居郓⑪。昭公二十五年。 昭公想诛杀季氏,三桓联合攻击昭公,昭公外逃住在郓邑。
三十一　景公三十一年。
九　顷公九年。
二十　哀公二十年。
十二　平王十二年。
十五　元公十五年。
十八　灵公十八年。
十七[十三]　惠公十七年(惠公十三年)。
二　昭侯二年。
七　悼公七年。
十三　定公十三年。
七　平公七年。
十　王僚十年。

【注释】

前520—前517

①周室乱:周景王欲立王子朝,其卿士单穆公、刘蚠(fén)不欲。周景王去世,单穆公、刘蚠立王子猛为王,是为周悼王。杀王子朝之傅宾起。王子朝发动叛乱,双方混战。

②公平乱,立敬王:单穆公向晋求援,晋国出兵送周悼王回王城。悼王去世后,立周敬王。按,此年王子朝之乱并未彻底平息。

③敬王元年:周人向晋军报告局势好转,晋军回国。不久王子朝又率军攻打王城,周敬王失败,王子朝入居王城,敬王逃到东郊狄泉(又作"翟泉",今河南洛阳孟津金村附近)。周王室两王并立,人称王子朝为西王,周敬王为东王。敬王,名丐,一作"匄"。周悼王之弟。

④地震:是年八月,鲁国地震,两日后周又地震。

⑤吴败我兵,取胡、沈:吴伐楚,先攻击陈、胡、沈三国。杀死胡、沈国君和陈国大夫。灭胡、沈。胡,归姓诸侯国,在今安徽阜阳。沈,古国名。在今河南驻马店平舆北。二国皆楚国附庸,今被吴国所取。

⑥楚建作乱,杀之:楚太子建逃到郑国,郑国以礼相待。他与晋人勾结袭郑,被郑发觉处死。《郑世家》记此事发生在上一年。

⑦公子光败楚:吴用公子光之计打败楚国。公子光,馀眛之子。《史记》以为吴王诸樊之子。

⑧鸲鹆来巢:有只八哥飞来鲁国筑巢。时人以为怪异。按,《左传》记此事于下一年,以为鲁昭公出走之先兆。鸲鹆,八哥。

⑨吴卑梁人争桑,伐取我锺离:吴国卑梁人与楚国锺离人争桑树,继而引发两国边境战争。吴攻占了楚国的锺离。卑梁,吴邑名。在今安徽滁州天长西北。锺离,楚邑名。在今安徽滁州凤阳东北。两邑相邻。按据《左传》,此年楚平王组织水军巡行吴楚边境,吴军紧追楚军,而楚边境守军没有防备,吴军灭楚巢和锺离。

⑩公如晋,请内王:郑定公去晋国,随行的大夫子太叔对晋卿范献子说王室不安是晋国的耻辱。晋于是准备会合诸侯平定王子朝之乱,送周敬王回王城。按,《郑世家》记此事于上一年。

⑪公出居郓(yùn):鲁昭公在与三桓夺权的斗争中失败,逃出国都后先到了齐国,到明年齐景公占领了鲁国的郓邑,鲁昭公从齐国回到郓邑。郓,鲁邑名。在今山东菏泽郓城东。

前 516

周	**四**　敬王四年。
鲁	**二十六**　齐取我郓以处公。昭公二十六年。齐军攻取我国郓邑安置昭公住在那里。
齐	**三十二**　彗星见。晏子曰："田氏有德于齐,可畏。"景公三十二年。出现彗星。晏子说:"田氏家族施恩于齐人,这很可怕。"
晋	**十**　知栎、赵鞅内王于王城①。顷公十年。知栎、赵鞅率军帮助周敬王打回都城。
秦	**二十一**　哀公二十一年。
楚	**十三**　欲立子西②,子西不肯。秦女子立③,为昭王。平王十三年。平王想立子西为太子,子西没有同意。秦国女子生的儿子被立,他就是楚昭王。
宋	**宋景公头曼元年**④　宋景公名头曼,是宋元公的儿子,该年是其元年。
卫	**十九**　灵公十九年。
陈	**十八**［十四］　惠公十八年(惠公十四年)。
蔡	**三**　昭侯三年。
曹	**八**　悼公八年。
郑	**十四**　定公十四年。
燕	**八**　平公八年。
吴	**十一**　王僚十一年。

前515

五　敬王五年。

二十七　昭公二十七年。

三十三　景公三十三年。

十一　顷公十一年。

二十二　哀公二十二年。

楚昭王珍元年⑤　**诛无忌以说众**⑥。楚昭王名珍,该年是其元年。他诛杀费无忌以取悦民众。

二　景公二年。

二十　灵公二十年。

十九〔十五〕　惠公十九年(惠公十五年)。

四　昭侯四年。

九　悼公九年。

十五　定公十五年。

九　平公九年。

十二　公子光使专诸杀僚,自立⑦。王僚十二年。公子光派专诸杀死吴王僚,自立为王,这就是吴王阖闾。

前514

周	**六**　敬王六年。
鲁	**二十八**　公如晋，求入，晋弗听，处之乾侯[8]。昭公二十八年。昭公出访晋国，请求晋人护送他回国，晋人没有答应，安排他住在乾侯。
齐	**三十四**　景公三十四年。
晋	**十二**　六卿诛公族[9]，分其邑，各使其子为大夫[10]。顷公十二年。晋国六卿灭了晋公族祁氏、羊舌氏二族，把他们的封邑分为十个县，并派六卿子弟去那里做大夫。
秦	**二十三**　哀公二十三年。
楚	**二**　昭王二年。
宋	**三**　景公三年。
卫	**二十一**　灵公二十一年。
陈	**二十〔十六〕**　惠公二十年（惠公十六年）。
蔡	**五**　昭侯五年。
曹	**曹襄公元年**[11]　曹襄公（《管蔡世家》作声公）名野，是曹悼公的弟弟，该年是其元年。
郑	**十六**　定公十六年。
燕	**十**　平公十年。
吴	**吴阖闾元年**[12]　吴王阖闾，该年是其元年。

前513

七　敬王七年。

二十九　公自乾侯如郓⑬。齐侯曰"主君"⑭,公耻之,复之乾侯。
昭公二十九年。昭公从乾侯回到郓邑。齐侯称他为"主君",昭公感到耻辱,又回到乾侯。

三十五　景公三十五年。

十三　顷公十三年。

二十四　哀公二十四年。

三　昭王三年。

四　景公四年。

二十二　灵公二十二年。

二十一［十七］　惠公二十一年(惠公十七年)。

六　昭侯六年。

二　襄公二年。

郑献公虿元年　郑献公名虿,是郑定公的儿子,该年是其元年。

十一　平公十一年。

二　阖闾二年。

前512

周	八　敬王八年。
鲁	三十　昭公三十年。
齐	三十六　景公三十六年。
晋	十四　顷公薨。顷公十四年。晋顷公去世。
秦	二十五　哀公二十五年。
楚	四　吴三公子来奔⑮，封以扞吴⑯。昭王四年。吴国三位公子（应为两位，即王僚之弟掩馀、烛庸）逃亡到我国，封给他们田邑，想利用他们去抵御吴国。
宋	五　景公五年。
卫	二十三　灵公二十三年。
陈	二十二［十八］　惠公二十二年（惠公十八年）。
蔡	七　昭侯七年。
曹	三　襄公三年。
郑	二　献公二年。
燕	十二　平公十二年。
吴	三　三公子奔楚⑰。阖闾三年。吴国的三位（应为两位）公子逃亡到楚国。

前511

九　敬王九年。
三十一　日蚀。昭公三十一年。发生日食。
三十七　景公三十七年。
晋定公午元年　晋定公名午,是晋顷公的儿子,该年是其元年。
二十六　哀公二十六年。
五　吴伐我六、潜⑱。昭王五年,吴国进攻我国六、潜两地。
六　景公六年。
二十四　灵公二十四年。
二十三〔十九〕　惠公二十三年（惠公十九年）。
八　昭侯八年。
四　襄公四年。
三　献公三年。
十三　平公十三年。
四　伐楚六、潜。阖闾四年。吴军进攻楚国的六、潜两地。

【注释】

前516—前511

① 知栎、赵鞅内王于王城：周敬王一再败于王子朝，晋国派知栎、赵鞅率军援助，打败王子朝，王子朝逃奔楚国，周敬王进入王城。知栎，知盈之子。《左传》作"荀跞"。卒谥文，因又称"知伯文子""文伯"。晋卿。赵鞅，赵武之孙。谥简子，又称"赵简子""赵简主"。时为晋正卿执政。

② 欲立子西：楚平王去世，令尹子常认为太子年幼，欲立子西。子西，名宜申。楚平王长庶子，昭王庶兄。

③ 秦女子：楚平王太子。其母即楚平王为太子建所聘而自娶之秦女。

④ 宋景公头曼：宋景公，名头曼，《左传》作"栾"。

⑤ 楚昭王珍：楚昭王，名珍。一作"轸"，《左传》作"壬"。

⑥ 诛无忌以说众：费无忌先进谗杀了伍奢、伍尚，逼走太子建，又谗杀楚人爱戴的郤宛，并灭了郤氏、阳氏、晋陈氏，楚人都憎恨他。令尹子常为取悦国人杀了费无忌，灭其族。无忌，费无忌，《左传》作"费无极"。说，同"悦"，取悦。

⑦ 公子光使专诸杀僚，自立：公子光利用吴王僚发兵袭楚、国内空虚之机，与专诸设计刺杀吴王僚，自立为国君，即吴王阖闾。专诸，《左传》作"鲇设诸"。吴国勇士。伍子胥察觉公子光有杀吴王僚自立的心思，将他推荐给公子光。

⑧ "公如晋"四句：鲁昭公本想依靠齐景公的力量回国复位，但不能如愿，所以想去晋国求助，但他不肯去鲁国边境等候而请晋人到齐国来接他，晋人拒绝，让他回鲁国边境，然后派人将他迎至晋邑乾侯。乾侯，在今河北邯郸成安东南。

⑨ 六卿诛公族：此年晋六卿灭祁氏、羊舌氏。祁氏为晋献公之后，羊舌氏为晋武公之后。

⑩ 分其邑，各使其子为大夫：魏献子将祁氏、羊舌氏之田分为十县，

任命贾辛、司马乌、知徐吾、赵朝、韩固、魏戊、司马弥牟、孟丙、乐霄、僚安为大夫。按，十人中只有知徐吾、赵朝、韩固、魏戊为六卿之子，此云"各使其子"并不恰当。

⑪曹襄公：《管蔡世家》作"声公"，名野，曹悼公之弟。悼公朝宋国被扣留，曹人立野。

⑫吴阖闾：公子光继位后改名阖闾。阖闾，一作"阖庐"。

⑬公自乾侯如郓：鲁昭公在晋国不受欢迎，又回到郓邑。

⑭主君：卿大夫的家臣称其主为"主君"，是将昭公比为大夫，有意羞辱他。

⑮吴三公子来奔：三公子，当作二公子，指吴王僚的两个弟弟公子掩馀、烛庸。二人本率军伐楚，吴王僚被杀，掩馀逃到徐，烛庸逃到锺吾。吴王阖闾又让徐、锺吾逮捕他们，他们就逃到了楚国。

⑯封以扞吴：楚昭王赐给吴公子大片田地，住在养地，又把城父和胡邑封给他们，想让他们抵御吴国。扞，抵御，抵抗。按，《左传》作"危吴"，意谓是让二公子骚扰吴国。

⑰三公子奔楚：三，当作"二"。

⑱六：楚邑名。即今安徽六安。潜：楚邑名。在今安徽六安霍山县东北。

前 510

周	十　晋使诸侯为我筑城①。敬王十年。晋国派各诸侯国为我修筑都城。
鲁	三十二　公卒乾侯。昭公三十二年。昭公在乾侯去世。
齐	三十八　景公三十八年。
晋	二　率诸侯为周筑城。定公二年，晋人率诸侯为周修筑都城。
秦	二十七　哀公二十七年。
楚	六　昭王六年。
宋	七　景公七年。
卫	二十五　灵公二十五年。
陈	二十四［二十］　惠公二十四年（惠公二十年）。
蔡	九　昭侯九年。
曹	五　平公弟通杀襄公自立②。襄公五年。曹平公的弟弟通杀死曹襄公，自立为君。
郑	四　献公四年。
燕	十四　平公十四年。
吴	五　阖闾五年。

前509

十一　敬王十一年。

鲁定公宋**元**年　昭公丧自乾侯至。鲁定公名宋,是鲁昭公的弟弟,该年是其元年。昭公的灵柩由乾侯运到鲁国。

三十九　景公三十九年。

三　定公三年。

二十八　哀公二十八年。

七　囊瓦伐吴,败我豫章③。蔡侯来朝。昭王七年。令尹囊瓦率军进攻吴国,在豫章大败。蔡昭侯来我国朝见。

八　景公八年。

二十六　灵公二十六年。

二十五［二十一］　惠公二十五年(惠公二十一年)。

十　朝楚,以裘故留④。昭侯十年。昭侯去楚国朝见,因为囊瓦想要昭侯的皮衣,昭侯不给,被扣留。

曹隐公**元**年　曹隐公名通,是曹平公的弟弟,该年是其元年。

五　献公五年。

十五　平公十五年。

六　楚伐我,迎击,败之,取楚之居巢⑤。阖闾六年。楚军进攻我国,我军迎击,打败楚军,占领了楚国的居巢。

前 508

周	十二　敬王十二年。
鲁	二　定公二年。
齐	四十　景公四十年。
晋	四　定公四年。
秦	二十九　哀公二十九年。
楚	八　昭王八年。
宋	九　景公九年。
卫	二十七　灵公二十七年。
陈	二十六［二十二］　惠公二十六年（惠公二十二年）。
蔡	十一　昭侯十一年。
曹	二　隐公二年。
郑	六　献公六年。
燕	十六　平公十六年。
吴	七　阖闾七年。

前507

甲午
十三　敬王十三年。
三　定公三年。
四十一　景公四十一年。
五　定公五年。
三十　哀公三十年。
九　蔡昭侯留三岁,得裘,故归。昭王九年。蔡昭侯被扣留三年,囊瓦得到了皮衣,因此放他回国。
十　景公十年。
二十八　灵公二十八年。
二十七［二十三］　惠公二十七年(惠公二十三年)。
十二　与子常裘,得归,如晋,请伐楚⑥。昭侯十二年。昭侯将皮衣给了子常,得以回国,随后到晋国去,请求进攻楚国。
三　隐公三年。
七　献公七年。
十七　平公十七年。
八　阖闾八年。

前506

周	**十四**　与晋率诸侯侵楚⑦。敬王十四年。周室刘文公与晋人率领诸侯联军侵袭楚国。
鲁	**四**　定公四年。
齐	**四十二**　景公四十二年。
晋	**六**　周与我率诸侯侵楚。定公六年。周室与我国率领诸侯联军侵袭楚国。
秦	**三十一**　楚包胥请救⑧。哀公三十一年。楚大夫申包胥来我国请求出兵救楚。
楚	**十**　吴、蔡伐我⑨，入郢，昭王亡。伍子胥鞭平王墓⑩。昭王十年。吴、蔡两国进攻我国，攻入郢都，昭王逃亡。伍子胥掘开平王坟墓，鞭打平王尸体。
宋	**十一**　景公十一年。
卫	**二十九**　与蔡争长⑪。灵公二十九年。结盟时灵公争取到在蔡昭侯前歃血。
陈	**二十八**［二十四］　惠公二十八年（惠公二十四年）。
蔡	**十三**　与卫争长。楚侵我，吴与我伐楚，入郢。昭侯十三年。昭侯试图争取在盟会上先于卫灵公歃血。楚军侵入我国，吴军与我军联合进攻楚军，攻入郢都。
曹	**四**　隐公四年。
郑	**八**　献公八年。
燕	**十八**　平公十八年。
吴	**九**　与蔡伐楚，入郢。阖闾九年。吴军与蔡军联合进攻楚国，攻入郢都。

前505

十五　敬王十五年。

五　阳虎执季桓子,与盟,释之⑫。日蚀。定公五年。季孙氏的家臣阳虎抓住季桓子,与之盟誓后,释放了他。发生日食。

四十三　景公四十三年。

七　定公六年。

三十二　哀公三十二年。

十一　秦救至,吴去⑬,昭王复入。昭王十一年。秦国的救兵到来,吴军撤离,昭王重新回到郢都。

十二　景公十二年。

三十　灵公三十年。

陈怀公柳元年　陈怀公名柳,是陈惠公的儿子,该年是其元年。

十四　昭侯十四年。

曹靖公路元年　曹靖公名路,该年是其元年。

九　献公九年。

十九　平公十九年。

十　阖闾十年。

【注释】

前510—前505

①晋使诸侯为我筑城：周敬王请晋修筑成周的城墙，晋于是在狄泉会合诸侯国大夫，命令修筑成周城。

②平公弟通杀襄公自立：通为襄公叔父，即曹隐公。按，《春秋》及《世本》悼公后即靖公，无声公、隐公两代，更无隐公弑声公之事。

③囊瓦伐吴，败我豫章：此役实为吴诱楚来伐，双方在豫章对峙，吴同时暗中出兵巢地。吴在豫章打败楚军，然后包围并攻占巢地。豫章，楚地名。说法不一，大体在淮水以南、长江以北的今安徽合肥至河南信阳光山、湖北黄冈红安一带地区。囊瓦，字子常。子囊之孙。时为楚令尹。按，此表与《楚世家》皆系此役于楚昭王七年，《左传》系于下一年。

④朝楚，以裘故留：蔡昭侯朝楚，子常想要他的好裘衣，他不给。子常向楚昭王进谗言，蔡侯被楚扣留。

⑤居巢：即巢地，在今安徽合肥巢湖东北。

⑥"与子常裘"四句：蔡昭侯在楚被扣三年，在给了子常裘衣后被放回，发誓再不朝楚。归国后即去晋国，以儿子元与大夫的儿子为人质，请求晋国出兵伐楚。

⑦与晋率诸侯侵楚：周敬王派刘子与晋、鲁、齐、宋、蔡、郑等十八诸侯会于召陵侵楚。因晋荀寅向蔡索贿未得，实际并未对楚用兵。

⑧楚包胥请救：吴攻入楚郢都，楚昭王出逃。申包胥到秦国请出兵相救。包胥，申包胥，芈姓，名包胥（一作"勃苏"），封于申，因以为氏。楚君蚡冒的后代，故也称王孙包胥、棼冒勃苏。楚国大夫。伍子胥好友。

⑨吴、蔡伐我：蔡国请晋伐楚不成，乃依附吴国，共同伐楚。按，伐楚者还有唐国。

⑩伍子胥鞭平王墓：按，《左传》并无鞭墓之事。

⑪与蔡争长：召陵会盟时，主持者准备把蔡国位置排在卫国之前，卫
　灵公派祝佗说服众人，将卫国排在蔡国前。

⑫"阳虎执季桓子"几句：阳虎是季孙氏家臣，欲主季孙氏之政，故
　拘禁季桓子，除掉季孙氏中不服从自己的人，在与季桓子盟誓后
　才释放了他。季桓子，季孙斯，谥桓。鲁国执政大夫。

⑬秦救至，吴去：在申包胥请求下，秦派兵车五百乘救援楚国，秦楚
　联军大败吴军，阖闾率军撤回。

前504

周	**十六**　王子朝之徒作乱故①,王奔晋②。敬王十六年。因为王子朝的党人作乱,周敬王逃亡到了晋国(《左传》说是出居姑莸,并非逃到晋国)。
鲁	**六**　定公六年。
齐	**四十四**　景公四十四年。
晋	**八**　定公八年。
秦	**三十三**　哀公三十三年。
楚	**十二**　吴伐我番③,楚恐,徙郢④。昭王十二年。吴军进攻我国番地,楚人恐惧,把都城迁到了郢。
宋	**十三**　景公十三年。
卫	**三十一**　灵公三十一年。
陈	**二**　怀公二年。
蔡	**十五**　昭侯十五年。
曹	**二**　靖公二年。
郑	**十**　鲁侵我。献公十年。鲁军侵袭我国。
燕	**燕简公元年**　该年是燕简公元年。
吴	**十一**　伐楚,取番。阖闾十一年。我军进攻楚国,占领番地。

前503

十七　刘子迎王,晋人王⑤。敬王十七年。周卿士刘桓公等迎接敬王,晋人护送敬王回到王城。

七　齐伐我。定公七年。齐军进攻我国。

四十五　侵卫⑥。伐鲁。景公四十五年。我军侵袭卫国。我军进攻鲁国。

九　入周敬王。定公九年。护送周敬王回王城。

三十四　哀公三十四年。

十三　昭王十三年。

十四　景公十四年。

三十二　齐侵我。灵公三十二年。齐军侵袭我国。

三　怀公三年。

十六　昭侯十六年。

三　靖公三年。

十一　献公十一年。

二　简公二年。

十二　阖闾十二年。

前502

周	**十八** 敬王十八年。
鲁	**八** 阳虎欲伐三桓,三桓攻阳虎,虎奔阳关⑦。定公八年。阳虎准备讨伐三桓,三桓进攻阳虎,阳虎逃亡到了阳关。
齐	**四十六** 鲁伐我⑧。我伐鲁。景公四十六年。鲁军进攻我国。我军进攻鲁国。
晋	**十** 伐卫。定公十年。我军进攻卫国。
秦	**三十五** 哀公三十五年。
楚	**十四** 子西为民泣⑨,民亦泣,蔡昭侯恐。昭王十四年。令尹子西为蔡国入侵时民众受到的苦难向昭王哭诉,民众也向昭王哭诉,蔡昭侯闻知恐惧(《管蔡世家》记于上一年)。
宋	**十五** 景公十五年。
卫	**三十三** 晋、鲁侵伐我。灵公三十三年。晋军、鲁军侵袭攻击我国。
陈	**四** 公如吴,吴留之,因死吴⑩。怀公四年。怀公出访吴国,吴国把他扣留,因此死在吴国。
蔡	**十七** 昭侯十七年。
曹	**四** 靖公薨。靖公四年。曹靖公去世。
郑	**十二** 献公十二年。
燕	**三** 简公三年。
吴	**十三** 陈怀公来,留之,死于吴。阖闾十三年。陈怀公来到我国,把他扣留,他死在吴国。

前501

十九	敬王十九年。
九	伐阳虎,虎奔齐。定公九年。三桓进攻阳虎,阳虎逃亡到齐国。
四十七	囚阳虎,虎奔晋⑪。景公四十七年。阳虎被囚禁,后逃亡到晋国。
十一	阳虎来奔。定公十一年。阳虎逃亡来到我国。
三十六	哀公薨。哀公三十六年。秦哀公去世。
十五	昭王十五年。
十六	阳虎来奔。景公十六年。阳虎逃亡来到我国。
三十四	灵公三十四年。
陈湣公越元年⑫	陈湣公名越,是陈怀公的儿子,该年是其元年。
十八	昭侯十八年。
曹伯阳元年⑬	曹伯名阳,该年是其元年。
十三	献公薨。献公十三年。郑献公去世。
四	简公四年。
十四	阖闾十四年。

前500

周	二十 敬王二十年。
鲁	十 公会齐侯于夹谷。孔子相。齐归我地⑭。定公十年。定公与齐景公在夹谷会盟。孔子担任傧相。齐国归还我国汶阳之田。
齐	四十八 景公四十八年。
晋	十二 定公十二年。
秦	秦惠公元年⑮ 彗星见。秦惠公是秦哀公太子夷公之子,该年是其元年。彗星出现。
楚	十六 昭王十六年。
宋	十七 景公十七年。
卫	三十五 灵公三十五年。
陈	二 湣公二年。
蔡	十九 昭侯十九年。
曹	二 伯阳二年。
郑	郑声公胜元年 郑益弱。郑声公名胜,是郑献公的儿子,该年是其元年。郑国更加衰弱。
燕	五 简公五年。
吴	十五 阖闾十五年。

前 499

二十一　敬王二十一年。
十一　定公十一年。
四十九　景公四十九年。
十三　定公十三年。
二　生躁公、怀公、简公⑯。惠公二年。秦惠公生了躁公、怀公、简公。（躁公、怀公实为惠公曾孙；简公是怀公之子。）
十七　昭王十七年。
十八　景公十八年。
三十六　灵公三十六年。
三　滑公三年。
二十　昭侯二十年。
三　国人有梦众君子立社宫⑰，谋亡曹。振铎请待公孙彊⑱，许之。伯阳三年。国内有人梦见曹国很多先人站在祖庙里，议论曹国将要灭亡一事。曹叔振铎请求等到公孙彊出现，先人们答应了。
二　声公二年。
六　简公六年。
十六　阖闾十六年。

前498

周	二十二　敬王二十二年。
鲁	十二　齐来归女乐⑲,季桓子受之,孔子行。定公十二年。齐人来赠送给鲁国一班歌舞女伎,季桓子接受了,孔子于是离开了鲁国。
齐	五十　遗鲁女乐。景公五十年。送给鲁国歌舞女伎。
晋	十四　定公十四年。
秦	三　惠公三年。
楚	十八　昭王十八年。
宋	十九　景公十九年。
卫	三十七　伐曹。灵公三十七年。卫军进攻曹国。
陈	四　湣公四年。
蔡	二十一　昭侯二十一年。
曹	四　卫伐我。伯阳四年。卫军进攻我国。
郑	三　声公三年。
燕	七　简公七年。
吴	十七　阖闾十七年。

前497

甲辰
二十三　敬王二十三年。
十三　定公十三年。
五十一　景公五十一年。
十五　赵鞅伐范、中行⑳。定公十五年。赵鞅（当是荀踯、韩不信、魏曼多）进攻范氏、中行氏。
四　惠公四年。
十九　昭王十九年。
二十　景公二十年。
三十八　孔子来，禄之如鲁。灵公三十八年。孔子来到我国，灵公给他和在鲁国时一样的俸禄。
五　湣公五年。
二十二　昭侯二十二年。
五　伯阳五年。
四　声公四年。
八　简公八年。
十八　阖闾十八年。

【注释】

前504—前497

①王子朝之徒作乱：王子朝已在去年被杀于楚国，其在成周的余党儋翩率领其旧部在成周作乱。

②王奔晋：据《左传》，周敬王逃出成周，住在周地姑莸，并未逃至晋国。

③吴伐我番：据《左传》，此年吴打败楚国水军，获水军帅潘子臣、小惟子及大夫七人，未言战于何地。《楚世家》所记与此相同。

④鄀（ruò）：在今湖北襄阳宜城东南。

⑤刘子迎王，晋入王：王子朝余党被打败，刘子到姑莸迎接周敬王，周敬王在晋大夫籍秦护送下回到王城。刘子，刘桓公。周卿士。

⑥侵卫：卫灵公想背叛晋国，大夫们反对。时齐已叛晋，卫灵公遂请齐侵卫。

⑦"阳虎欲伐三桓"几句：阳虎欲尽杀三桓之嫡子，而更立其所善之庶子，遭三桓联合攻伐，兵败，逃至阳关。阳关，鲁邑名。在今山东泰安东南。

⑧鲁伐我：鲁国此年两次伐齐，一为伐阳州，一为攻廪丘。

⑨子西为民泣：子西因蔡导吴伐楚，为楚国百姓遭受的苦难向楚王哭诉。按，此事《管蔡世家》记于上一年。

⑩"公如吴"几句：按，此事在《陈杞世家》中也有记载，梁玉绳据《左传》认为并无其事。以下"吴"格同误。

⑪囚阳虎，虎奔晋：鲁国在阳关打败阳虎，阳虎逃到齐国，游说齐景公伐鲁，景公听从劝谏，不伐鲁而囚阳虎。阳虎设计逃脱，先逃往宋国，以转逃晋国。

⑫陈潜公越：陈潜公，名越，又名周。

⑬曹伯阳：曹伯，名阳。伯为爵位。

⑭"公会齐侯于夹谷"几句：此即夹谷之会。因孔子有勇有谋，挫败

　　齐人劫持鲁公的阴谋,齐归还鲁汶阳之田。夹谷,齐地名。在今
　　山东济南莱芜南。孔子相,孔子只是鲁定公傧相,引导赞礼,而非
　　国相。

⑮秦惠公:名失考。秦哀公之孙,夷公之子。夷公早死不得立,他继
　　哀公为君。

⑯生躁公、怀公、简公:按,据《秦本纪》及《秦始皇本纪》所附《秦
　　纪》,躁公、怀公都为秦惠公曾孙。据《秦本纪》和《六国年表》,
　　简公为怀公之子。

⑰众君子:此指曹国很多先人。社宫:祭祀土神的宫殿。

⑱振铎:曹国的始封之君。周武王之弟。

⑲齐来归女乐:齐向鲁赠送女乐,想以此引诱鲁国君臣耽于享乐疏
　　远孔子,从而败坏鲁国朝政。归,通“馈”,赠送。

⑳赵鞅伐范、中行:按,此说有误。事实是,此年赵鞅杀死同族邯郸
　　午,范氏、中行氏与邯郸午有姻亲关系,遂攻打赵鞅,赵鞅逃往晋
　　阳。知文子荀跞、韩简子韩不信、魏襄子魏曼多奉晋定公攻打范
　　氏、中行氏。范氏首领范吉射、中行氏首领荀寅逃往朝歌。赵鞅
　　回到晋都。赵鞅,赵简子。

前496

周	二十四	敬王二十四年。
鲁	十四	定公十四年。
齐	五十二	景公五十二年。
晋	十六	定公十六年。
秦	五	惠公五年。
楚	二十	昭王二十年。
宋	二十一	景公二十一年。
卫	三十九	太子蒯聩出奔①。灵公三十九年。卫太子蒯聩逃亡国外。
陈	六	孔子来②。湣公六年。孔子来到我国（孔子在来陈途中被围于匡，而后返卫，未到陈）。
蔡	二十三	昭侯二十三年。
曹	六	公孙彊好射③，献雁，君使为司城④，梦者子行⑤。伯阳六年。公孙彊爱好射猎，献给伯阳一只雁，伯阳让他做了司城，做梦人的儿子于是离开了曹国。
郑	五	子产卒⑥。声公五年。子产去世（子产死于二十六年前的郑定公八年）。
燕	九	简公九年。
吴	十九	伐越，败我，伤阖闾指，以死⑦。阖闾十九年。吴军进攻越国，被打败，阖闾脚趾受伤，因伤死去。

前 495

二十五　敬王二十五年。
十五　定公薨。日蚀。定公十五年。鲁定公去世。发生日食。
五十三　景公五十三年。
十七　定公十七年。
六　惠公六年。
二十一　灭胡。以吴败我,倍之⑧。昭王二十一年。楚国灭了胡国。因为吴国打败了我国,胡国背叛了我国。
二十二　郑伐我。　景公二十二年。郑军进攻我国。
四十　灵公四十年。
七　湣公七年。
二十四　昭侯二十四年。
七　伯阳七年。
六　伐宋。声公六年。郑军进攻宋国。
十　简公十年。
吴王夫差元年　吴王夫差是阖闾的儿子,该年是其元年。

前494

周	二十六	敬王二十六年。
鲁	鲁哀公将元年	鲁哀公名将,是鲁定公的儿子,该年是其元年。
齐	五十四	伐晋。景公五十四年。齐军进攻晋国。
晋	十八 赵鞅围范、中行朝歌。齐、卫伐我⑨。定公十八年。赵鞅出兵包围范氏、中行氏于朝歌。齐军、卫军进攻我国。	
秦	七	惠公七年。
楚	二十二 率诸侯围蔡⑩。昭王二十二年。楚人率领诸侯联军包围蔡国。	
宋	二十三	景公二十三年。
卫	四十一	伐晋。灵公四十一年。卫军进攻晋国。
陈	八	吴伐我⑪。湣公八年。吴军进攻我国。
蔡	二十五 楚伐我,以吴怨故。昭侯二十五年。楚军进攻我国,因为怨恨吴国的缘故。	
曹	八	伯阳八年。
郑	七	声公七年。
燕	十一	简公十一年。
吴	二 伐越⑫。夫差二年。吴军进攻越国。	

前493

二十七　敬王二十七年。
二　哀公二年。
五十五　输范、中行氏粟⑬。景公五十五年。齐国给范氏、中行氏（实无中行氏）输送粮食。
十九　赵鞅围范、中行，郑来救，我败之⑭。定公十九年。赵鞅出兵包围范氏、中行氏，郑国派兵前来救援，被赵鞅军队打败。
八　惠公八年。
二十三　昭王二十三年。
二十四　景公二十四年。
四十二　灵公薨。蒯聩子辄立。晋纳太子蒯聩于戚⑮。灵公四十二年。卫灵公去世。太子蒯聩的儿子辄被立为君。晋人护送蒯聩到卫国的戚邑。
九　湣公九年。
二十六　畏楚，私召吴人，乞迁于州来，州来近吴⑯。昭侯二十六年。蔡人畏惧楚国，私下偷偷召请吴人，乞求迁都到州来，州来靠近吴国。
九　伯阳九年。
八　救范、中行氏，与赵鞅战于铁，败我师。声公八年。郑军援救范氏、中行氏，与赵鞅的军队在铁邑作战，赵鞅军队打败我军。
十二　简公十二年。
三　夫差三年。

【注释】

前496—前493

①太子蒯聩出奔：卫灵公太子蒯聩欲杀夫人南子未遂，逃奔宋国，不久又至晋，依附于赵简子。

②孔子来：按，此说有误。孔子曾准备到陈国，从卫国都城行至匡地（卫邑名。在今河南新乡长垣西）被围，解围后返回卫都。

③公孙彊：此即曹伯阳三年卫人所梦曹叔振铎所说之人。

④司城：官职名。《管蔡世家》云"使（公孙彊）为司城以听政"，则司城为曹国主政大臣。

⑤梦者子行：《管蔡世家》云梦者死前告诫其子："我亡，尔闻公孙彊为政，必去曹，无离曹祸。"此时梦者子见公孙彊主事遂依嘱离开曹国。

⑥子产卒：按，据《左传》子产死于鲁昭公二十年，当郑定公八年（前522）。早于此26年。

⑦"伐越"四句：此即吴越檇李之战。时越王允常死，句践即位，吴国乘丧进攻越国，并报复柏举之战吴入楚郢（阖闾十年，前505）次年越侵吴之役。指，脚趾。

⑧"灭胡"几句：吴入楚郢时，胡国国君把靠近胡国的楚国城邑掳掠一空，楚国安定后，又不事奉楚国。楚国遂灭胡国。按，此表与《左传》相同，《楚世家》误系于上一年。

⑨齐、卫伐我：齐军、卫军与鲜虞人为救范氏而伐晋。

⑩率诸侯围蔡：柏举之战蔡导吴伐楚，楚率陈、随、许包围蔡国。

⑪吴伐我：吴楚柏举之战时，吴曾召陈怀公，陈怀公未去。此年吴清算以前的仇怨而入侵陈国。

⑫伐越：此即夫椒之战。吴王夫差为报檇李之战而讨伐越国，在夫椒打败越国。越王句践退守会稽山，表示服从，两国讲和。

⑬输范、中行氏粟：按，据《左传》，齐只给范氏运粟；前文齐还曾为

范氏而伐晋；齐似只助范氏。此"中行"二字疑衍。

⑭郑来救，我败之：按，据《左传》，郑国与齐国一同为范氏运粟，赵鞅进行抵御，败之于铁（卫地。在今河南濮阳西北）。并非郑来救范氏、中行氏。

⑮晋纳太子蒯聩于戚：蒯聩逃亡在晋，依附赵鞅。卫灵公去世，卫人立蒯聩之子辄为国君，即卫出公。赵鞅则送他到戚地欲与辄争位。戚，卫邑名。一作"宿"。在今河南濮阳东北。

⑯"畏楚"四句：蔡国畏惧楚国，上一年曾请求迁于吴，此年暗中召吴军带入蔡国，迁都州来。州来，在安徽淮南寿县。本为州来国。春秋为楚所灭。后或为楚邑，或为吴邑，变易不定。此时当为吴邑。因蔡迁于此，改称下蔡。

前 492

周	二十八　敬王二十八年。
鲁	三　地震。哀公三年。发生地震。
齐	五十六　景公五十六年。
晋	二十　定公二十年。
秦	九［惠公薨］　惠公九年（秦惠公去世。）
楚	二十四　昭王二十四年。
宋	二十五　孔子过宋，桓魋恶之①。景公二十五年。孔子经过宋国，桓魋讨厌他。
卫	卫出公辄元年　卫出公名辄，该年是其元年。
陈	十　湣公十年。
蔡	二十七　昭侯二十七年。
曹	十　宋伐我。伯阳十年。宋军进攻我国。
郑	九　声公九年。
燕	燕献公元年［燕孝公元年］②　该年是燕献公元年（燕孝公元年）。
吴	四　夫差四年。

前491

二十九　敬王二十九年。
四　哀公四年。
五十七　乞救范氏③。景公五十七年。齐大夫田乞救援晋国范氏。
二十一　赵鞅拔邯郸、柏人,有之④。定公二十一年。赵鞅军队攻占了邯郸、柏人,占有了它们(占柏人是在下一年)。
十[秦悼公元年]　惠公薨⑤。惠公十年(秦悼公元年)。秦惠公去世。
二十五　昭王二十五年。
二十六　景公二十六年。
二　出公二年。
十一　潜公十一年。
二十八　大夫共诛昭侯⑥。昭侯二十八年。蔡国大夫合力诛杀了蔡昭侯。
十一　伯阳十一年。
十　声公十年。
二[二]　献公二年(孝公二年)。
五　夫差五年。

前490

周	**三十** 敬王三十年。
鲁	**五** 哀公五年。
齐	**五十八** 景公薨。立嬖姬子为太子⑦。景公五十八年。齐景公去世。立他的宠姬生的儿子为太子。
晋	**二十二** 赵鞅败范、中行,中行奔齐⑧。伐卫⑨。定公二十二年。赵鞅军队打败范氏、中行氏,中行氏(《左传》《晋世家》言并范氏)逃亡到齐国。晋军进攻卫国。
秦	**秦悼公元年**［二］ 秦悼公是秦惠公的儿子,该年是其元年。(悼公二年)。
楚	**二十六** 昭王二十六年。
宋	**二十七** 景公二十七年。
卫	**三** 晋伐我,救范氏故。出公三年。晋军进攻我国,是因为我国援救范氏的缘故。
陈	**十二** 湣公十二年。
蔡	**蔡成侯朔元年** 蔡成侯名朔,是蔡昭侯的儿子,该年是其元年。
曹	**十二** 伯阳十二年。
郑	**十一** 声公十一年。
燕	**三**［三］ 献公三年(孝公三年)。
吴	**六** 夫差六年。

前489

三十一　敬王三十一年。
六　哀公六年。
齐晏孺子元年　田乞诈立阳生，杀孺子⑩。齐晏孺子是齐景公的少子，该年是其元年。田乞用欺骗手段立阳生为齐君，杀死孺子。
二十三　定公二十三年。
二［三］　悼公二年（悼公三年）。
二十七　救陈，王死城父⑪。昭王二十七年。楚军救援陈国，昭王死在城父。
二十八　伐曹。景公二十八年。宋军进攻曹国。
四　出公四年。
十三　吴伐我，楚来救。湣公十三年。吴军进攻我国，楚军前来援救。
二　成侯二年。
十三　宋伐我。伯阳十三年。宋军进攻我国。
十二　声公十二年。
四［四］　献公四年（孝公四年）。
七　伐陈。夫差七年。吴军进攻陈国。

前488

周	三十二　敬王三十二年。
鲁	七　公会吴王于缯⑫。吴征百牢，季康子使子贡谢之⑬。哀公七年。哀公与吴王夫差在缯邑盟会。吴人索要百牢，子服景伯责其违背周礼。太宰嚭召见季康子，季康子派子贡谢绝。
齐	齐悼公阳生元年　齐悼公名阳生，是齐景公庶子，该年是其元年。
晋	二十四　侵卫。定公二十四年。晋军侵袭卫国。
秦	三［四］　悼公三年（悼公四年）。
楚	楚惠王章元年　楚惠王名章，是楚昭王的儿子，该年是其元年。
宋	二十九　侵郑⑭，围曹。景公二十九年。宋军侵袭郑国，包围曹国。
卫	五　晋侵我⑮。出公五年。晋军侵袭我国。
陈	十四　湣公十四年。
蔡	三　成侯三年。
曹	十四　宋围我，郑救我。伯阳十四年。宋军包围我国都城，郑军前来救援。
郑	十三　声公十三年。
燕	五［五］　献公五年（孝公五年）。
吴	八　鲁会我缯。夫差八年。鲁国与我国在缯邑会盟。

前487

甲寅
三十三　敬王三十三年。
八　吴为邾伐我,至城下[16],盟而去。齐取我三邑[17]。哀公八年。吴军因我国曾伐邾国而进攻我国,直到都城下,结盟后撤兵。齐国攻取我国三个城邑(实为两个城邑)。
二　伐鲁,取三邑。悼公二年。我军进攻鲁国,攻取三个城邑。
二十五　定公二十五年。
四〔五〕　悼公四年(悼公五年)。
二　子西召建子胜于吴,为白公[18]。惠王二年。子西从吴国招来太子建的儿子胜,让他做了白公。
三十　曹倍我,我灭之。景公三十年。曹国背叛了我国,我国灭了曹国。
六　出公六年。
十五　潘公十五年。
四　成侯四年。
十五　宋灭曹,虏伯阳[19]。伯阳十五年。宋国灭亡曹国,俘虏了曹伯阳。
十四　声公十四年。
六〔六〕　献公六年(孝公六年)。
九　伐鲁。夫差九年。吴军进攻鲁国。

【注释】

前492—前487

① 孔子过宋,桓魋(tuí)恶之:桓魋时为宋景公司马,他讨厌孔子。孔子过宋,与弟子在大树下习礼,桓魋拔其树。

② 燕献公:按,据《史记》,燕献公上接简公下接孝公,而《竹书纪年》无献公,杨宽《战国史·大事年表》以此年为燕孝公元年。与《燕召公世家》相对照,杨说合理。本表"燕"格自此年后均括注杨说纪年。

③ 乞救范氏:齐国田乞、弦施,卫国甯跪救援范氏。

④ 赵鞅拔邯郸、柏人,有之:上年中行寅逃至邯郸,今年赵鞅围邯郸,邯郸降。中行寅逃往鲜虞。齐人会合鲜虞把他送到柏人。明年,赵鞅包围并攻下柏人。柏人,晋邑名。在今河北邢台隆尧西。

⑤ "秦"格:秦惠公在位九年,死于去年,今年为秦悼公元年。"惠公薨"当书于去年格内,此格当书"秦悼公元年",今括注补出。本表"秦"格自此年后均括注秦悼公正确纪年。

⑥ 大夫共诛昭侯:蔡昭侯准备去吴国,蔡国大夫们担心他又要迁都,想阻止他。公孙翩射杀蔡昭侯,自己被其他大夫杀死。此云"共诛",不确。

⑦ 嬖姬子:齐景公少子晏孺子荼(一作"安孺子")。嬖姬,鬻姒。

⑧ 赵鞅败范、中行,中行奔齐:据《左传》,赵鞅攻下柏人,中行寅、范吉射一同奔齐。

⑨ 伐卫:因为卫曾与齐援助范氏,故赵鞅伐卫,围卫中牟(今河南鹤壁西)。

⑩ 田乞诈立阳生,杀孺子:齐景公死后,公子阳生逃到鲁国。田乞将他召回,诈称奉鲍牧之命,与诸大夫盟誓立阳生为国君,即齐悼公。悼公杀晏孺子。阳生,齐景公庶子。

⑪ 城父:楚邑名。在今河南平顶山市西北。

⑫缯：鲁邑名。在今山东临沂兰陵西北。

⑬吴征百牢，季康子使子贡谢之：按，据《左传》与《孔子世家》，吴征百牢与季康子使子贡谢绝吴的召唤本为二事。吴要求享百牢之礼，鲁大夫子服景伯说明吴的要求违背周礼，但还是给了他们。吴太宰嚭召季康子，康子使子贡谢绝。此误合为一事。征，索要。百牢，牛、羊、猪各百头。牢，古代祭祀或宴享时用的牲畜。牛、羊、猪各一曰太牢，羊、猪各一曰少牢。季康子，季孙肥，季桓子之子，鲁之执政。子贡，孔子弟子，以辞令见称。

⑭侵郑：郑国背叛晋国，宋侵郑。

⑮晋侵我：卫国支持范氏、中行氏，晋曾因此进攻卫国。卫国不服，所以再次讨伐。

⑯吴为邾伐我，至城下：去年，鲁攻入邾国，俘虏邾隐公。邾人向吴国求救，吴伐鲁，至鲁都曲阜附近泗水边。

⑰齐取我三邑：按，据《左传》，齐攻鲁，取鲁谨与阐二邑，而非三邑。谨，在今山东泰安肥城南。阐，在今山东泰安宁阳西北。

⑱白公：白县之长。楚称县长为公。白，楚邑名。在今河南信阳息县东。

⑲宋灭曹，虏伯阳：宋景公讨伐曹国，准备撤兵时，曹人辱骂宋军，宋景公大怒，回师灭了曹国，俘虏了曹伯阳和司城公孙彊。

前486

周	**三十四**　敬王三十四年。
鲁	**九**　哀公九年。
齐	**三**　悼公三年。
晋	**二十六**　定公二十六年。
秦	**五**〔六〕　悼公五年(悼公六年)。
楚	**三**　伐陈,陈与吴故。惠王三年。我军进攻陈国,是因为陈国亲附吴国的缘故。
宋	**三十一**　郑围我,败之于雍丘①。景公三十一年。郑军包围我国都城,我军在雍丘打败了他们。
卫	**七**　出公七年。
陈	**十六**　倍楚,与吴成。湣公十六年。我国背叛楚国,与吴国和解。
蔡	**五**　成侯五年。
曹	
郑	**十五**　围宋,败我师雍丘,伐我。声公十五年。我军包围宋国都城,宋军在雍丘打败我军,进攻我国。
燕	**七**〔七〕　献公七年(孝公七年)。
吴	**十**　夫差十年。

前485

三十五　敬王三十五年。
十　与吴伐齐②。哀公十年。鲁军与吴军联合进攻齐国。
四　吴、鲁伐我。鲍子杀悼公③,齐人立其子壬为简公。悼公四年。吴军、鲁军联合进攻我国。大夫鲍牧(应为田恒)杀死齐悼公,齐人立悼公的儿子壬为齐君,他就是简公。
二十七　使赵鞅伐齐。定公二十七年。派赵鞅进攻齐国。
六〔七〕　悼公六年(悼公七年)。
四　伐陈。惠王四年。楚军进攻陈国。
三十二　伐郑。景公三十二年。宋军进攻郑国。
八　孔子自陈来④。出公八年。孔子从陈国来到我国。
十七　湣公十七年。
六　成侯六年。
十六　声公十六年。
八〔八〕　献公八年(孝公八年)。
十一　与鲁伐齐,救陈⑤。诛伍员⑥。夫差十一年。我军与鲁军进攻齐国,救援陈国。诛杀伍子胥。

前 484

周	**三十六** 敬王三十六年。
鲁	**十一** 齐伐我⑦。冉有言,故迎孔子⑧,孔子归。哀公十一年。齐军进攻我国。因为孔子弟子冉有的话,季康子去接孔子,孔子回国。
齐	**齐简公元年** 鲁与吴败我。该年是简公元年。鲁军与吴军联合打败我军。
晋	**二十八** 定公二十八年。
秦	**七[八]** 悼公七年(悼公八年)。
楚	**五** 惠王五年。
宋	**三十三** 景公三十三年。
卫	**九** 孔子归鲁。出公九年。孔子返回鲁国。
陈	**十八** 湣公十八年。
蔡	**七** 成侯七年。
曹	
郑	**十七** 声公十七年。
燕	**九[九]** 献公九年(孝公九年)。
吴	**十二** 与鲁败齐⑨。夫差十二年。我军与鲁军打败齐军。

前483

三十七　敬王三十七年。

十二　与吴会橐皋⑩。用田赋⑪。哀公十二年。哀公与吴王夫差在橐皋会盟。按田亩数量征收赋税。

二　简公二年。

二十九　定公二十九年。

八［九］　悼公八年（悼公九年）。

六　白公胜数请子西伐郑，以父怨故⑫。惠王六年。白公胜屡次请求子西进攻郑国，因为怨恨父亲被郑人杀死的缘故。

三十四　景公三十四年。

十　公如晋⑬，与吴会橐皋⑭。出公十年，出公出访晋国（应为吴国），与吴王夫差在橐皋盟会。

十九　湣公十九年。

八　成侯八年。

十八　宋伐我。声公十八年。宋军进攻我国。

十［十］　献公十年（孝公十年）。

十三　与鲁会橐皋。夫差十三年。与鲁哀公在橐皋会盟。

前 482

周	三十八　敬王三十八年。
鲁	十三　与吴会黄池⑮。哀公十三年。哀公与吴王夫差在黄池会盟。
齐	三　简公三年。
晋	三十　与吴会黄池，争长⑯。定公三十年。定公与吴王夫差在黄池会盟，争当诸侯盟主。
秦	九〔十〕　悼公九年（悼公十年）。
楚	七　伐陈。惠王七年。我军进攻陈国。
宋	三十五　郑败我师⑰。景公三十五年。郑军打败我军。
卫	十一　出公十一年。
陈	二十　湣公二十年。
蔡	九　成侯九年。
曹	
郑	十九　败宋师。声公十九年。我军打败宋军。
燕	十一〔十一〕　献公十一年（孝公十一年）。
吴	十四　与晋会黄池。夫差十四年。与晋定公在黄池会盟。

前481

三十九　敬王三十九年。
十四　西狩获麟⑱。卫出公来奔⑲。哀公十四年。有人在西郊打猎捕获了一只麟。卫出公逃亡来到我国（事在下一年）。
四　田常杀简公⑳，立其弟骜，为平公。常相之，专国权。简公四年。田常杀死简公，立他的弟弟骜为齐君，这就是齐平公。田常辅佐他，独掌齐国大权。
三十一　定公三十一年。
十［十一］　悼公十年（悼公十一年）。
八　惠王八年。
三十六　景公三十六年。
十二　父蒯聩入，辄出亡㉑。出公十二年。出公的父亲蒯聩回到卫国，出公辄外逃。
二十一　湣公二十一年。
十　成侯十年。
二十　声公二十年。
十二［十二］　献公十二年（孝公十二年）。
十五　夫差十五年。

【注释】

前486—前481

①郑围我,败之于雍丘:郑大夫罕达的宠臣许瑕想得到城邑,请求到国外去占领,所以包围宋国雍丘,被宋军反包围,进而大败。雍丘,邑名。在今河南开封杞县。

②与吴伐齐:齐、鲁在鲁哀公八年战后讲和,去年齐向吴通报此事并辞谢吴国的出兵,吴王夫差不满,今年遂联合鲁国出兵伐齐。

③鲍子杀悼公:按,《史记》言杀悼公者为鲍牧,而据《左传》,鲍牧已在齐悼公二年被杀。梁玉绳据《晏子春秋》云"田氏杀阳生",认为杀悼公者应是田恒。鲍子,此指鲍牧。时为齐国正卿。

④孔子自陈来:按,此表与《卫康叔世家》皆云孔子于卫出公八年自陈来卫,《孔子世家》则称孔子于卫出公三年自楚来卫。

⑤救陈:陈国亲近吴国,楚国进攻陈国,吴救陈。

⑥诛伍员:夫差杀伍子胥,此表与《吴太伯世家》皆系于夫差十一年,《左传》系于夫差十二年。

⑦齐伐我:齐报复去年鲁同吴伐齐,故来伐鲁,被鲁国打败。

⑧冉有言,故迎孔子:此战冉有作为季氏宰率领鲁国左军,大败齐军。冉有向季康子称赞孔子的才能,季康子迎回孔子。

⑨与鲁败齐:此即艾陵之战。吴军大败齐军,杀死国书等五位卿大夫,缴获革车八百辆,斩首三千级。

⑩橐皋:吴邑名。在今安徽合肥巢湖西北柘皋镇。

⑪用田赋:按田亩数征收赋税。

⑫白公胜数请子西伐郑,以父怨故:白公胜之父太子建被郑所杀,故多次请令尹子西伐郑。

⑬公如晋:按,当作"如吴"。

⑭与吴会橐皋:据《左传》,卫与吴会于郧。《吴太伯世家》记此年吴召鲁、卫之君会于橐皋。

⑮黄池：宋邑名。在今河南新乡封丘西南。

⑯与吴会黄池，争长：晋定公、吴王夫差、鲁哀公在黄池会盟，晋与吴
　争先歃血为盟主。

⑰郑败我师：郑、宋之间原有几块空地，相约都不占有。后宋平公、
　宋元公的族人逃往郑国，郑国人为他们在那里筑城。宋郑为此开
　战，宋军失败。两国毁掉城邑，仍旧都不占有。

⑱西狩获麟：鲁哀公在城西打猎，捕获了一只麒麟。据说形状像鹿，
　头上有角，全身有鳞甲，尾像牛尾。古人以为仁兽、瑞兽，拿它象
　征祥瑞。

⑲卫出公来奔：按，据《左传》，此事发生在下一年。

⑳田常杀简公：齐简公信任曾与他一起流亡鲁国的阚止，即位后让
　其与田常共同执政。田常忌惮阚止，遂与族人杀死阚止。齐简公
　出逃，被田常拘禁后杀死于舒州。

㉑父蒯聩入，辄出亡：蒯聩在晋赵鞅支持下住在卫国的戚地，与姐姐
　孔姬等人密谋策划，劫持卫国正卿孔悝，与党徒作乱，袭攻出公
　辄，出公辄逃往鲁国。按，此事《左传》记于下一年。

前480

周	**四十** 敬王四十年。
鲁	**十五** 子服景伯使齐①,子贡为介,齐归我侵地②。哀公十五年。子服景伯出使齐国,子贡担任副手,齐国归还了此前侵占的城邑。
齐	齐平公**骜元年** 景公孙也。齐自是称田氏③。齐平公名骜,该年是其元年。他是齐景公的孙子。齐国从此由田氏家族执掌大权。
晋	**三十二** 定公三十二年。
秦	**十一**［十二］ 悼公十一年(悼公十二年)。
楚	**九** 惠王九年。
宋	**三十七** 荧惑守心④,子韦曰"善"⑤。景公三十七年。火星停留在心宿附近。景公不将灾祸转嫁给臣民,宋史官子韦称赞说"好"。
卫	［十三］卫庄公**蒯聩元年**⑥ (出公十三年)。卫庄公名蒯聩,该年是其元年。
陈	**二十二** 湣公二十二年。
蔡	**十一** 成侯十一年。
曹	
郑	**二十一** 声公二十一年。
燕	**十三**［十三］ 献公十三年(孝公十三年)。
吴	**十六** 夫差十六年。

前479

四十一　敬王四十一年。
十六　孔子卒[7]。哀公十六年。孔子去世。
二　平公二年。
三十三　定公三十三年。
十二［十三］　悼公十二年（悼公十三年）。
十　白公胜杀令尹子西,攻惠王[8]。叶公攻白公[9],白公自杀。惠王复国。惠王十年。白公胜杀死令尹子西,发兵攻打惠王。叶公攻打白公,白公自杀。惠王恢复王位。
三十八　景公三十八年。
二［卫庄公蒯聩元年］[10]　庄公二年（卫庄公蒯聩元年）。
二十三　楚灭陈,杀湣公[11]。湣公二十三年。楚国灭亡陈国,杀死了陈湣公。
十二　成侯十二年。
二十二　声公二十二年。
十四［十四］　献公十四年（孝公十四年）。
十七　夫差十七年。

前478

周	**四十二** 敬王四十二年。
鲁	**十七** 哀公十七年。
齐	**三** 平公三年。
晋	**三十四** 定公三十四年。
秦	**十三**［十四］ 悼公十三年（悼公十四年）。
楚	**十一** 惠王十一年。
宋	**三十九** 景公三十九年。
卫	**三**［二］⑫ 庄公辱戎州人,戎州人与赵简子攻庄公,出奔⑬。庄公三年（庄公二年）。庄公污辱戎州人,戎州人与赵简子攻打庄公,庄公逃亡国外。
陈	
蔡	**十三** 成侯十三年。
曹	
郑	**二十三** 声公二十三年。
燕	**十五**［十五］ 献公十五年（孝公十五年）。
吴	**十八** 越败我⑭。夫差十八年。越军打败我军。

前477

甲子
四十三 敬王崩⑮。敬王四十三年。周敬王去世。
十八 二十七卒⑯。哀公十八年。鲁哀公在位二十七年去世。
四 二十五卒。平公四年。齐平公在位二十五年去世。
三十五 三十七卒。定公三十五年。晋定公在位三十七年去世。
十四〔十五〕 卒,子厉共公立。悼公十四年(悼公十五年)。秦悼公去世,他的儿子厉共公继位。
十二 五十七卒。惠王十二年。楚惠王在位五十七年去世。
四十 六十四卒。景公四十年。宋景公在位六十四年(《左传》记为四十八年)去世。
卫君起元年⑰ 石傅逐起出,辄复入⑱。卫君名起,是卫庄公的弟弟,该年是其元年。卫国大夫石傅驱逐卫君起,出公辄回国复位。
十四 十九卒。成侯十四年。蔡成侯在位十九年去世。
二十四 三十八卒。声公二十四年。郑声公在位三十八年去世。
十六〔十六〕 二十八卒。献公十六年。燕献公在位二十八年去世。(孝公十六年。孝公在位二十八年去世。)
十九 二十三卒。夫差十九年。吴王夫差在位二十三年去世。

【注释】

前480—前477

①子服景伯：名何，谥景伯。孟献子之后。

②齐归我侵地：鲁国成邑宰公孙宿得罪孟孺子，以成叛鲁投降齐国。齐、鲁讲和后，齐国将成邑归还鲁国。

③齐自是称田氏：田氏收买人心，受到百姓称赞。称，称赞，称颂。

④荧惑守心：火星停留在心宿。宋国是心宿对应的分野，这种现象意味着宋国将有大灾。荧惑，古指火星。因隐现不定，令人迷惑，故名。守，停留。古代指某一星辰进入别的星辰的天区。心，心宿，二十八宿之一。

⑤子韦曰"善"：宋国史官子韦见到"荧惑守心"，对宋景公说"祸当于君"，但可以移于相、移于民，或移于岁。宋景公都不同意，宁可自己承当。子韦对景公的这种明智、无私极为赞赏。

⑥卫庄公蒯聩元年：按，此年蒯聩袭攻出公，出公出逃，其元年在下一年。此年当书"十三"。

⑦孔子卒：据《左传》，孔子卒于鲁哀公十六年四月十一日。

⑧白公胜杀令尹子西，攻惠王：白公胜怨令尹子西不伐郑为其父报仇，与其党羽作乱，杀死令尹子西、司马子期，劫持了楚惠王。

⑨叶公：沈诸梁，字高，《左传》作"子高"。沈尹戌之子。封在叶（今河南平顶山叶县南），故号为"叶公"。

⑩"卫"格：此格括注"卫庄公蒯聩元年"。

⑪楚灭陈，杀湣公：按《陈杞世家》记于陈湣公二十四年，即下一年。

⑫"卫"格：此年为卫庄公二年。此格括注"二"。

⑬"庄公辱戎州人"几句：卫庄公蒯聩欺负戎州人，戎人告赵简子，简子伐卫，卫人出庄公，晋立襄公之孙般师，庄公复入，戎人杀之。齐人伐卫而立公子起。戎州，戎族人聚居区。在今山东菏泽曹县东南。按，卫庄公辱戎州人，《左传》云卫庄公见戎州在都城附

近，认为戎人不配居住在此，毁掉了戎州。他还见戎州己氏之妻发美，强行剃下给自己的夫人做假发。

⑭越败我：越王句践在笠泽（即今太湖）击败吴军。

⑮敬王崩：按，《左传》《竹书纪年》皆云敬王在位四十四年，其崩在明年。

⑯二十七卒：鲁哀公在位二十七年去世。按，此列除秦、卫有新君继位外，皆记当前君主在位总年数。

⑰卫君起：卫庄公之弟。

⑱石傅逐起出，辄复入：石傅驱逐卫君起，卫出公辄从齐国回国复位。石傅，卫国大夫。《卫康叔世家》作"石曼専"。

【集评】

茅坤曰："孔子作《春秋》，而太史公得因之以表十二诸侯本末盛衰之迹也。"（《史记钞》卷八）

汪越曰："冠周于上，尊王室也。书甲子于周之上，纪天道也。表元年诸侯各以次相及，详历数也。书孔子生，尊圣人也。书孔子去留，悼道之不行也。书诸侯相侵伐，明王室不能讨也。书篡逆，罪无君也。灾异必书，敬天也。书会盟，重息民，且见夷、夏之势所由分也。书杀逆臣，明法也。诸侯之事，必举其要，谓《春秋》《国语》学者所讥盛衰大指也。观"世家"所载之详，乃知此表断其义，不骋其词，非独具年月世谱而已。盖自厉而宣，自幽而平，周辙既东，以及春秋二百四十年之大势也。"（《读史记十表》）

牛运震曰："十二诸侯莫盛于桓、文，纪十二诸侯之事莫大于《春秋》，故《史记》作十二国世家，于桓、文霸迹、孔子生平、历聘之事，往往及之，而年表总论惟举四国更伯，孔子作《春秋》，为一篇纲领也。"（《史记评注》）

潘永季曰："《十二诸侯》先鲁者，此篇据《春秋》鲁史也。次齐、晋、秦、楚,政由五伯也。宋至燕以爵叙,燕封于周初,而顾居郑后者,在春秋时燕之交于中国仅矣。世家言有管、杞而不列者,杞微甚而管不传世也。越不列于《年表》,何也? 吴越相持,事在春秋之季;又《年表》主于年,而句践以后其历年不可得详,故不列也。夫世家首吴,而句践有禹之遗烈,苏氏贱夷之论,盖不然矣。句践之霸,当春秋战国之间,前不足(列于)十二诸侯,后不足列于六国也。《十二诸侯年表》,其首在《世表》,周以后述鲁至燕十一国之世次是也;其尾在《六国年表》,晋、卫附于魏,郑附于韩,蔡、鲁、吴、越附于楚,宋附于齐是也。"(《读史记札记》)

李景星曰:"表名《十二诸侯》,而实数则十有三。……乃不数秦也。何以不数秦? 殊之也。何殊乎尔? 十二国皆世家,独秦本纪,故殊之。"(《史记评议》)

【评论】

《十二诸侯年表》起止年的设计颇可玩味。它起于共和元年(前841),这是周王朝走向全面衰落的标志性事件;至于"讫孔子"(孔子卒于前479年,本表实止于周敬王末年的前477年),应该是出于对于孔子的尊崇,把孔子的去世作为一个时代的结束。虽然这种做法一直有人提出异议,但是从《周本纪》中司马迁将厉王、宣王、幽王时期看作从西周到东周的过渡阶段,可知他认为其与春秋时期紧密相关,而春秋时期又有着既不同于西周、又不同于战国的历史特征,所以将厉、宣、幽时期与春秋时期合在一起作为一个历史阶段,单独制成年表。

《十二诸侯年表》以年为经,以国为纬,编织成一张时空交错的网格,将这一时段内发生的历史事件填充进这个网格后,在本纪、世家、列传中写到的各个事件就在时空中有了确切的定位,不仅可以使人更清楚地看清每个事件的来龙去脉,而且可以看清事件之间的关联,构成一个时空并举的历史长卷,宏观地、全局性地展现了历史演变。而这些置于时空长卷中的事件,会超出它们本身所在的那一格里面的字面意思,"通过读者的联想,具有一种穿越时空、自我重组的力量。二维平面的表格,因此在一定条件下也得以立体化,成为读者心目中可以回溯的三维的历史空间"(陈正宏《时空——〈史记〉的本纪、表与书》)。这正是本表最有价值的创意。

王国维曾说:"太史公作《十二诸侯年表》,实为《春秋》《国语》作目录。"这一方面说明了本表资料的主要来源,另一方面也说明了本表主要为春秋史事纲目的意义。但是,本表不仅仅是"作目录"而已,而是学习了孔子的"春秋笔法",在记要中寓褒贬,表现了鲜明的惩恶扬善的倾向性。如"翟伐我。公好鹤,士不战,灭我国"(周惠王十七年"卫"格)、"缪公薨。葬殉以人,从死者百七十人,君子讥之,故不言卒"(周襄王三十一年"秦"格)、"魏绛说和戎、狄,狄朝晋"(周灵王三年"晋"格)、"宣伯告晋,欲杀季文子,文子得以义脱"(周简王十一年"鲁"格),都是在叙事中带有批评和表彰。这一点正是司马迁在表序中所言"表见《春秋》《国语》学者所讥盛衰大指著于篇"的作表原则的直观体现。

《十二诸侯年表》里也有记事不够细致、体例有失严谨之处,也有一些史实记述的错误。比较重要的,如对于陈厉公的记述:周桓王十四年(前706)"陈"格:"陈厉公他元年。"周桓王二十年(前700)"陈"格:"公淫蔡,蔡杀公。"这两条都是不对的。事实是:陈厉公名"跃",是陈桓公的儿子。周桓王十三年(前707),陈桓公去世,他的弟弟公子他(即陈他)杀了太子免自立为君。十四年,陈他淫于蔡,被蔡人所杀(据《春秋公羊传》《春秋穀梁传》说),陈人立陈跃为君,即陈厉公。所以这两条,司马迁都因误以为陈他是陈厉公而发生了误记。再如周景王十二年(前533)"陈"格:"陈惠公吴元年,哀公孙也。楚来定我。"事实是:去年,陈国内乱,其太子被杀,陈哀公自杀。今年楚人打着拥戴陈哀公之孙陈吴的名义讨伐陈国,没有"定陈",而是灭了陈国,更没有立陈吴为国君。司马迁应该是误会了《左传·昭公十一年》叔向所说"楚王奉孙吴以讨于陈,曰将定而国,陈人听命,而遂县之"的文意,只注意了"将定而国",却没注意"而遂县之"。朱熹曾说:"司马迁才高识亦高,然粗耳。"大概就指这类问题。然而考虑到此表为首创,且记事长达三百多年,在当时的条件下,司马迁能做到目前这样的水平,这些小错实为瑕不掩瑜。